W0413205

K. Knirsch / M. Minnich

Gerätturnen mit Mädchen und Frauen

Knirsch, Kurt

Kapitel: Information und Wahrnehmung
Bewegungslernen
Fachsprache

Abschnitte: Bewegungssehen und Beobachtungsstandort
Turnelemente – Sprung, Stufenbarren/Reck, Boden

Vorworte

Zeichnungen

Dr. Minnich, Marlis

Kapitel: Bewegungsvermittlung
Turnspezifische Voraussetzungen
Bewegungsvorstellung und Bewegungsbeobachtung
Fehlerkorrektur

Abschnitte: Gymnastische Grundformen
Turnelemente – Schwebebalken, Boden

2. Auflage 1997.
Zeichnungen: Kurt Knirsch, Fotos: Marlis Minnich, Joachim Baumgartner
ISBN 3-927091-12-X

Inhalt

Vorwort

Dieses Buch ist im Hinblick auf die Ausbildungs- und Unterrichtsinhalte des Gerätturnens in Schule, Verein und Hochschule geschrieben worden. Es kann Lehrern, Übungsleitern und Studenten diese Sportart näherbringen und das Lehren erleichtern.

Wenngleich die Erarbeitung der Kapitel unter den Autoren aufgeteilt war, sind alle Inhalte gemeinsam diskutiert und abgestimmt worden. Obwohl wir nicht immer einer Meinung waren, so ist es uns jedoch stets gelungen, Kompromisse zu finden.

Besonders in der Schlußphase der Fertigstellung ist allen Beteiligten deutlich geworden, daß dieses aufwendige Buch nur durch eine sehr gut funktionierende Teamarbeit herzustellen war.
Deshalb gilt unser ganz besonderer Dank Bärbel Knirsch, die mit viel Geduld und Schaffenskraft Satz und Layout erstellt hat. Ihr ist es zu verdanken, daß das Buch in der jetzt vorliegenden Form erscheinen kann.
Außerdem möchten wir allen, die an diesem Buch mitgearbeitet haben, danken.
Vor allem Joachim Baumgartner, der die Aufnahen für die Reihenbildserien mit einer Canon EOS-1N RS herstellte, die 10 Bilder pro Sekunde ermöglicht.
Für die Schnitte im Scanner, die Bearbeitung der ca. 2.700 Zeichnungen, 29 Fotos und die Anfertigung von 91 Reihenbildserien möchten wir Frau Stefanie Speier herzlich danken.
Unser ganz besonderer Dank gilt den Turnerinnen, die an vielen Terminen ihre Zeit und ihr turnerisches Können für die Fotoaufnahmen zur Verfügung stellten. Dies waren: Frau Marie-Luise Probst-Hindermann und die Kaderturnerinnen des Schwäbischen Turnerbundes Franziska Biedritzky, Desirée Hamacher, Patricia Krafczyk, Sibylle Pfender und Simone Seichter.
Dank an Kollegen und Kolleginnen, Studenten und Studentinnen der Sportwissenschaftlichen Institute der Universität Koblenz-Landau, insbesondere an Gisela Helleken, Helga Pollähne und Stefan Reiser.
Ein herzliches Dankeschön auch unseren Familien, die unser Vorhaben überaus verständnisvoll und hilfreich unterstützt haben.

Die Verfasser

Einführung

Die Fachliteratur im Gerätturnen der letzten zwei Jahrzehnte weist eine Fülle von Veröffentlichungen auf. Mit Recht wurde jedoch bei Tagungen, in der Lehreraus- und fortbildung sowie in der Traineraus- und Fortbildung im weiblichen Bereich immer wieder der Vorwurf erhoben, daß es kein bewegungsanalytisch ausgerichtetes Lehrbuch für das Gerätturnen der Mädchen in gleicher Qualität wie für Jungen gibt. Ersatzweise wird in einigen Veröffentlichungen zum Jungen-/Männerturnen darauf verwiesen, daß die Bewegungstechniken und die methodische Erarbeitung der Elemente für Mädchen und Jungen gleich sind. Dies stimmt zwar für einen Teil der Elemente des Gerätturnens, ist jedoch für die Geräte Stufenbarren und Schwebebalken nur bedingt anwendbar. Außerdem fehlen in nahezu allen Gerätturnlehrbüchern Hinweise und Vorschläge für die gymnastische Ausbildung.
Mit dem vorliegenden Buch „Gerätturnen mit Mädchen und Frauen" soll diese Lücke geschlossen werden.
Es kommt uns darauf an:

- die Besonderheiten der turnerischen und gymnastischen Elemente des Mädchengerätturnens herauszuarbeiten,
- Möglichkeiten einer zeitgemäßen Gestaltung für das Lehren und Lernen aufzuzeigen,
- eine enge Verzahnung von Theorie und Praxis durch das fachlich-methodische Konzept des Buches für die Unterrichtspraxis zu verdeutlichen und
- das Übungsgut auf das „Machbare" in Schule, Verein und Hochschule zu reduzieren.

Für das Lehrbuch wurden 65 Turnbewegungen ausgewählt. Sie wurden überwiegend aus bewegungsanalytischer Sicht behandelt, gut verständlich und praktikabel aufbereitet.
Damit das Vermitteln und Erlernen dieser Turnelemente – auch in Verbindung mit gymnastischen Teilen – erfolgreich verlaufen kann, werden theoretische Positionen und Hintergründe für eine zielgerichtete methodische Arbeit angeboten. Sie unterstreichen als unverzichtbare Bestandteile ihre Bedeutung für eine

- bewegungsanalytische „Aufbereitung" der Turnelemente,
- verstärkte Berücksichtigung von informationstheoretischen Erkenntnissen,
- intensivere kognitive Auseinandersetzung mit dem Bewegungsablauf,
- bewußte Entwicklung von Vorstellungs- und Beobachtungsfähigkeit auch im Zusammenhang mit Fehlerkorrektur,
- intensivere Nutzung von Bewegungswahrnehmungen,
- integrierte gymnastische Ausbildung,
- altersgemäße Entwicklung der allgemeinen und turnspezifischen Voraussetzungen,
- sichere Handhabung von Helfen und Sichern.

Mit diesen Schwerpunkten ist das theoretische Konzept des vorliegenden Lehrbuches einerseits auf eine bewegungsanalytische Orientierung und rationale, technikorientierte Vermittlung von Turnelementen ausgerichtet. Andererseits will das Konzept dazu anregen, erfahrungsorientiert vorzugehen und noch stärker die offene Lehrweise mit einzubeziehen.

Aufbau und Anleitung

Im ersten Teil des Buches **„Theoretische Grundlagen"** werden aus bewegungstheoretischer Sicht Fragen beantwortet, die für den Lehr-Lernprozeß in der Turnpraxis von Bedeutung sind.
Sie sollen dem Lehrenden helfen

- Informationen gezielter einzusetzen,
- bewegungsanalytische Kenntnisse für methodische Konsequenzen zu nutzen,
- Bewegungsbeobachtung und Fehlerursachenfindung für Fehlerkorrektur zu effektivieren,
- die Fähigkeitsentwicklung zielgerichtet und vielfältig zu gestalten,
- die technik- und erfahrungsorientierten methodischen Vorgehensweisen miteinander zu verknüpfen.

Im zweiten Teil **„Praktische Umsetzung"** erhält der Leser sowohl Informationen über die Technik und Methodik der Turnelemente als auch bewegungstechnische Hinweise zu den gymnastischen Grundformen mit Beispielen für Ausführungsvarianten.
Die Beschreibungen und Hinweise für **Turnelemente** werden auf der Grundlage biomechanisch-funktionaler und wahrnehmungstheoretischer Erkenntnisse gegeben.
Die Bewegungsabläufe sind mit Reihenbildern dargestellt und spiegeln weitgehend die zur Zeit gültige Technik der Turnelemente wider. Die mit 10 Bildern/sec. erstellten Reihenbilder erlauben eine bewegungsanalytische Zuordnung zu den Phasenabschnitten eines Turnelements. Da jedoch für die schnellen Bewegungen 10 Bilder/sec. nicht ausreichen, muß manchmal eine Abgrenzungstoleranz von ± 1 Bild eingeräumt werden.
Die Bewegungsanalysen beziehen sich auf die Aktionen des Körpers in den einzelnen Bewegungsphasen, vorrangig auf die Energiebereitstellung in der einleitenden Phase (Hilfsfunktionsphase) zum Erreichen einer optimalen Ausgangsposition *vor* der Hauptfunktionsphase und auf die Realisierung *der* Hauptfunktionsphase.
Da die Reihenbildserien im behandelten Abschnitt auf jeder Seite präsent sind, kann der Leser seine Informationen vom Bewegungsablauf durch wechselseitigen Zugriff von Zeichnung und Text komplettieren.
In den methodischen Abschnitten werden aus der Technikanalyse Empfehlungen für effiziente Vorübungen als auch für Übungen zur Fähigkeitsentwicklung gegeben. Besonderer Wert wurde auf das Herausarbeiten von Übungen gelegt, die den Lernenden helfen sollen, Körperpositionen im Raum und zum Gerät, Zeitpunkte von Aktionen, Bewegungsrichtungen und Spannungszustände von Körperteilen wahrzunehmen.
Möglichkeiten des Helfens werden durch Beschreibung, Kennzeichnung von Helfergriffen, Arten des Helfens oder mit Hilfe von Abbildungen ausgewiesen.
Die **gymnastischen Grundformen** werden beschrieben und nach turnerischen Gesichtspunkten systematisiert. Ihre Vielfalt und Kombinationsmöglichkeiten werden in zahlreichen Bildern und Bildreihen dargestellt. Sie sollen für die Turnausbildung Anregung geben, gymnastische Formen in der aufgezeigten Vielfalt und in weiteren Varianten abwechslungsreich, in enger Verzahnung mit turnerischen Bewegungen, in festgelegten oder improvisierten Übungsfolgen anzuwenden.

Für das inhaltliche Erfassen des komplex angesprochenen Sachverhaltes „Lehren und Lernen im Gerätturnen" wird das Durcharbeiten der Kapitel in der vorgegebenen Reihenfolge empfohlen. Danach können interessierende Themen herausgegriffen und nach Belieben mit theoretischen Fragestellungen oder Fragen der praktischen Umsetzung verbunden und ergänzt werden.
Wer nicht nur methodische oder biomechanische Aspekte von Bewegungsabläufen der Turnelemente vertiefen, sondern auch seine Bewegungsvorstellung schulen möchte, sollte das gekoppelte Angebot an Informationen durch Bild und Text in der „Praktischen Umsetzung" nutzen. Durch „Anzapfen" beider Informationsquellen läßt sich in wechselseitiger Aufnahme und Verarbeitung der angebotenen optischen und textverarbeiteten Informationen die Bewegungsvorstellung schrittweise präzisieren.
Die vorgeschlagenen Lernschrittfolgen sind aus bewegungstheoretischen Überlegungen abgeleitet. Aus der Sicht der Verfasser haben sie sich in der praktisch-methodischen Arbeit als erfolgreich erwiesen und sind daher empfehlenswert. Dennoch können sie nicht immer direkt für die Vermittlung übernommen werden, da sowohl Leistungsfähigkeit und Vorkenntnisse der Schülerinnen als auch die Absicht des Lehrenden ein differenziertes und flexibles methodisches Vorgehen erfordern.

Theorie-Praxis-Verständnis

Seit Gerätturnen in Vereinen und Schulen unterrichtet wird, ist das Bemühen bei vielen Turnfachleuten zu erkennen, auch die theoretischen Voraussetzungen für die Unterrichtspraxis zu verbessern.

Im Verlauf der geschichtlichen Entwicklung des Gerätturnens ist das Wissen über die Zusammenhänge von Theorie und Praxis ständig gewachsen und erweitert worden. Insbesondere nach dem zweiten Weltkrieg, etwa ab 1960, wurden mit der Entwicklung der Sportwissenschaft auf der ganzen Welt neue Maßstäbe und Grundlagen für die Sportart Gerätturnen gesetzt.

Als besonders bedeutsam war zunächst die Ausrichtung auf die Bewegungslehre, die mit ihren biomechanischen Untersuchungen von turnerischen Bewegungen in ihren räumlichen, zeitlichen und dynamischen Aspekten eine grundlegend neue, naturwissenschaftlich ausgerichtete Betrachtungsweise ermöglichte.

Als Konsequenz daraus erfolgte eine Hinwendung zur Methodik mit dem Ziel, eine Verbesserung des Lehrens und Lernens zu erreichen. An dieser Zielstellung waren im wesentlichen drei Wissenschaftsbereiche beteiligt:

- die erziehungswissenschaftlichen Schwerpunkte mit Pädagogik und Psychologie,
- die trainingswissenschaftlichen Erkenntnisse aus der Biologie und Trainingslehre und
- die naturwissenschaftliche Zuwendung zur Bewegungslehre mit ihren biomechanischen, funktionalen und analytischen Ansätzen.

Die aus diesen drei Bereichen entstandene Literatur in bewegungstheoretischer, methodischer und trainingstheoretischer Hinsicht ermöglichte auch neuere Zugänge zur praktisch-methodischen Arbeit.

Vor allem durch die Veröffentlichungen zwischen 1972 und 1993 in der ehemaligen UdSSR, der DDR und der Bundesrepublik Deutschland entwickelten sich starke Impulse für die Weiterentwicklung des Gerätturnens.

Die Umsetzung aus den theoretischen Forschungsergebnissen in die methodische Unterrichtspraxis führt zu einer Lernzeitverkürzung bei gleichzeitiger Qualitätssteigerung.

Die erwähnten Untersuchungen über die Lehr- und Trainingspraxis in der ehemaligen UdSSR und DDR im Gerät- und Kunstturnen zeigen, daß mit Erweiterungen bzw. Differenzierungen des Lehrens in bezug auf die Bewegungssteuerung und Rückmeldung über bewußt erlernte und wahrgenommene Bewegungen effektivere Möglichkeiten für das Lehren und Lernen sowie für Bewegungskorrekturen bestehen. Besonders bedeutsam sind die Erkenntnisse zur Erarbeitung der konditionellen und koordinativen Fähigkeiten im Kindesalter.

Weitere Teilaspekte aus diesen Untersuchungsergebnissen, zum Beispiel Wahrnehmungslernen, Informationsumsetzung, Angstkompensation, werden und wurden diskutiert. Diese Zugänge sind jedoch für das Lehren und Lernen bisher nur in geringem Umfang für das Gerätturnen in einer methodischen Konzeption für die Lehr-, Lern- und Trainingspraxis umgesetzt worden. Mit den beiden Kapiteln des Buches „Theoretische Grundlagen“ und „Praktische Umsetzung“ haben wir versucht, den konzeptionellen Zugang mit diesen Aspekten zu erweitern.

Abkürzungen

Abb.	Abbildung
ARW	Arm-Rumpfwinkel
AP	Ausgangsposition
BRW	Bein-Rumpfwinkel
DA	Drehachse
DP	Durchgangsposition
EP	Endposition
f. DA	feste Drehachse
FIG	Fédération Internationale de Gymnastique
F–U–K	Fehler–Ursachen–Korrektur
G	geschlossen
GT	Gerätturnen
HK	Haltekraft
Ha.F.Ph.	Hauptfunktionsphase
Hi.F.Ph.	Hilfsfunktionsphase
KSP	Körperschwerpunkt
KZG	Kurzzeitgedächtnis
KBA	Körperbreitenachse
KLA	Körperlängenachse
KTA	Körpertiefenachse
LAD	Längsachsendrehung
LZG	Langzeitgedächtnis
O	offen
OK	Oberkörper
OS	Oberschenkel
rl.	rücklings
RB	Reihenbilder
rw.	rückwärts
SK	Schwerkraft
sw.	seitwärts
Sek.	Sekunden
TK	Trägheitskraft
UKZG	Ultrakurzzeitgedächtnis
vl.	vorlings
vw.	vorwärts
WBM	Weichbodenmatte
ZNS	Zentralnervensystem

Theoretische Grundlagen

Bewegungsvermittlung

Bewegungen lassen sich auf verschiedene Art und Weise vermitteln. Da eine Vielfalt in der methodisch-didaktischen Arbeit für das Bewegungslernen nicht nur interessant ist, sondern Lernenden wie Lehrenden immer wieder neue oder andere Erfahrungen im Umgang mit Bewegungen, mit dem Prozeß des Lernens und in der Interaktion zwischen Lehrenden und Lernenden ermöglicht, sollten methodisch-didaktische Entscheidungen mit Bedacht und unter Berücksichtigung ihrer vielfältigen Kombinationen getroffen werden.
Zu fragen bleibt, welche Überlegungen für den motorischen Lernprozeß unverzichtbar sind und welche Vermittlungsvarianten sich ergeben.

Wenn der Ausbildungsstand der Lernenden, der Schwierigkeitsgrad der Turn- und Gymnastikelemente und der Zeitfaktor für den Lernprozeß Berücksichtigung finden sollen, sind methodisch-didaktische Entscheidungen auf den folgenden drei Ebenen zu treffen:

Vermittlungsabsicht

Mit der Wahl der Vermittlungsabsicht entscheidet der Lehrende, ob Bewegungen eher rational in Abhängigkeit von der Technik gelehrt werden, oder ob der Weg eher über „Erfahren-Lernen" führen soll bzw., inwiefern beide Absichten miteinander zu verknüpfen sind (technik- und erfahrungsorientierte Vermittlungsabsicht).

Lehrmethode

Mit der Wahl der Lehrmethode wird entschieden, ob der Bewegungsablauf als Ganzes oder in Teilen vermittelt/erlernt werden soll (Ganzlern- und Teillernmethode).

Lehrweise

Mit der Wahl der Lehrweise entscheidet der Lehrende, welche Maßnahmen, Hinweise, Anleitungen usw. für das Bewegungslernen und für den Übungsbetrieb im allgemeinen von ihm selbst eingebracht bzw. vorgegeben werden und welche inhaltlichen, methodischen oder organisatorischen Aufgaben von den Lernenden übernommen werden (geschlossene und offene Lehrweise).

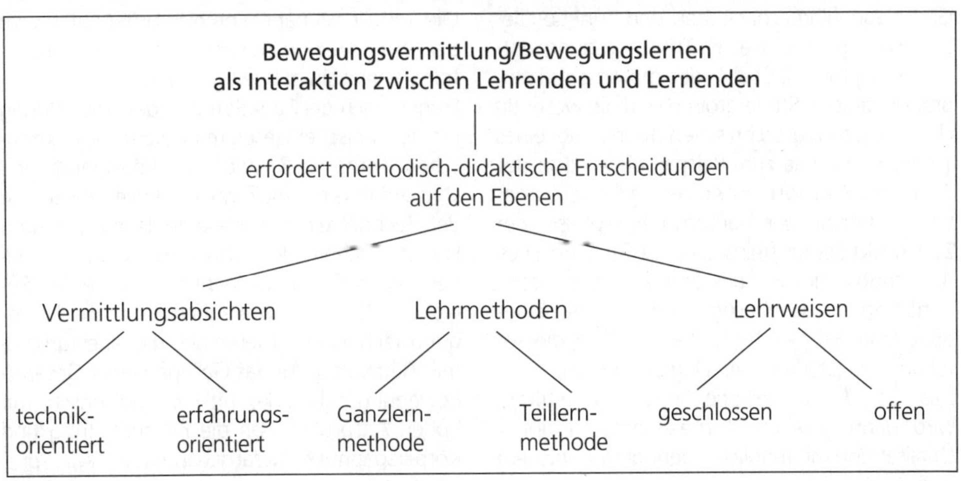

Je nach Beantwortung der folgenden Fragen ergibt sich für den Lehrenden die für den Übungsprozeß gewählte methodisch-didaktische Ausrichtung.

- Beabsichtige ich für das Bewegungslernen eher ein technikorientiertes und/oder eher ein erfahrungsorientiertes Vorgehen (Frage nach Vermittlungsabsicht)?
- Kann der Bewegungsablauf als Ganzes oder in Teilen vermittelt/erlernt werden (Frage nach Lehrmethode)?
- In welchen Lernsituationen bevorzuge ich eher eine geschlossene und/oder eher eine offene Lehrweise (Frage nach Lehrweise)?

Die Varianten, die sich aus der unterschiedlichen Beantwortung der zuvor aufgeworfenen Fragen für die Bewegungsvermittlung ergeben, sollen im Überblick dargestellt werden.

Anschließend werden „Vermittlungsabsicht“, „Lehrmethode“ und „Lehrweise“ näher erläutert und mit turnspezifischen Beispielen ergänzt.

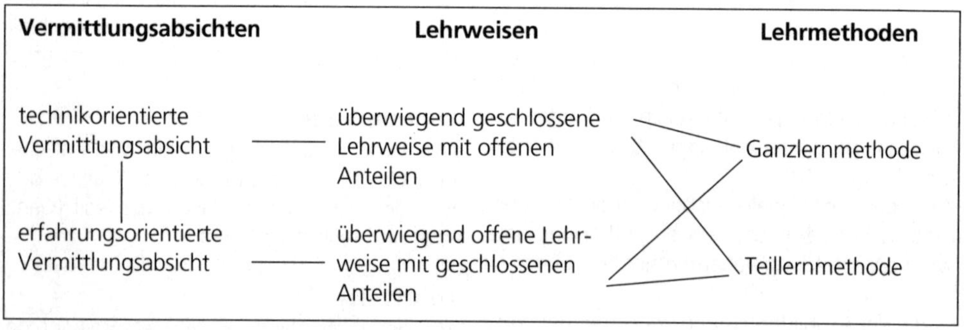

•2

Vermittlungsabsichten

Technikorientierte Vermittlung

Bei einer technikorientierten Vermittlung legen bewegungstechnische Vorgaben/Leitbilder die Art und Weise des Lösens einer Bewegungsaufgabe fest.

Mit Hilfe dieser Vorgaben, die vorrangig auf der Grundlage biomechanischer und funktionaler Betrachtungsweisen einer Turnbewegung entwickelt werden, läßt sich der motorische Lernprozeß steuern. Steuergrößen sind die wesentlichen bewegungstechnischen Merkmale eines Turnelements wie zum Beispiel die **Aktion** der Arme, die **Position** des Körpers oder Teilen davon zu Beginn der Hauptfunktionsphase, der **Zeitpunkt** des Krafteinsatzes, die **Richtung** des Beinschubs. Sie alle besitzen eine spezifische **Funktion** für das Gelingen der Gesamtbewegung (zum Beispiel den KSP anzuheben, die Rotation zu verstärken, den Flug zu steuern).

Das Ziel der technikorientierten Vermittlung wird darin gesehen, Turnelemente in hoher Qualität und mit möglichst geringem zeitlichem Aufwand zu erlernen.

Dafür ist es notwendig, die wesentlichen bewegungstechnischen Merkmale eines Turnelements „herauszulesen“ (s. S. 27 ff.) und das Üben von Anfang an so auszurichten, daß die Bewegungsausführung dem technischen Leitbild möglichst nahe kommt. Unterstützt wird der Lernprozeß durch Kenntnisse über die Funktion der einzelnen Bewegungen.

Fragen nach der Funktion und der Anwendung biomechanischer Gesetzmäßigkeiten im motorischen Lernprozeß sind zweckbestimmt und stets auf eine optimale wie effektive Umsetzung der Technik eines Turnelements ausgerichtet. Für eine technikorientierte Vermittlung wird daher angestrebt, biomechanisches Wissen für Bewegungslernen anzuwenden und alle bewegungstechnischen Merkmale, die eine funktionale Bedeutung für das Gelingen einer Gesamtbewegung haben, kognitiv wie motorisch, mit hohen Ansprüchen an die Körperhaltung und Körperspannung herauszuarbeiten. Wir sprechen in diesem Zusammenhang auch von *funktionalem Lernen bzw. Lehren.*

Das ***Beispiel*** Felgrolle zeigt, welche gedankliche Auseinandersetzung mit der Technik eines Turnelements erforderlich ist, wenn technikorientiert gelehrt bzw. gelernt werden soll.
Die **Bewegungsanalyse** bezieht sich dabei auf:

- Funktionsphasen und Positionen
- biomechanische Prinzipien
- Aktionen und Funktionen
- zeitliche Abgrenzung
- räumliche Abgrenzung

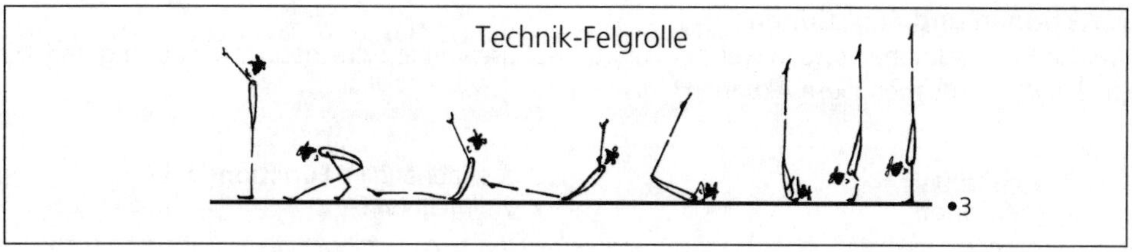

1. Funktionsphasen und Positionen

Wie ist die Funktionsphaseneinteilung vorzunehmen?
Wo ist der Übergang zur Hauptfunktionsphase?
Welche Körperpositionen (▭) haben eine besondere Funktion für den Gesamtablauf?

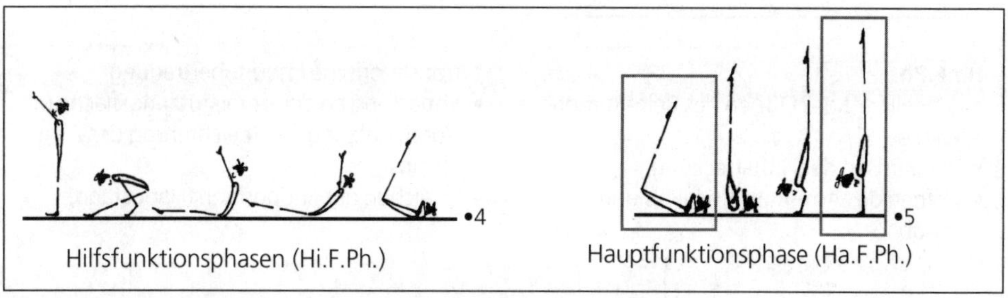

2. Biomechanische Aspekte

Welche biomechanischen Aspekte sind für die Felgbewegung bedeutsam?
Welche Konsequenzen ergeben sich aus der Anwendung biomechanischer Aspekte für die Bewegungsausführung?

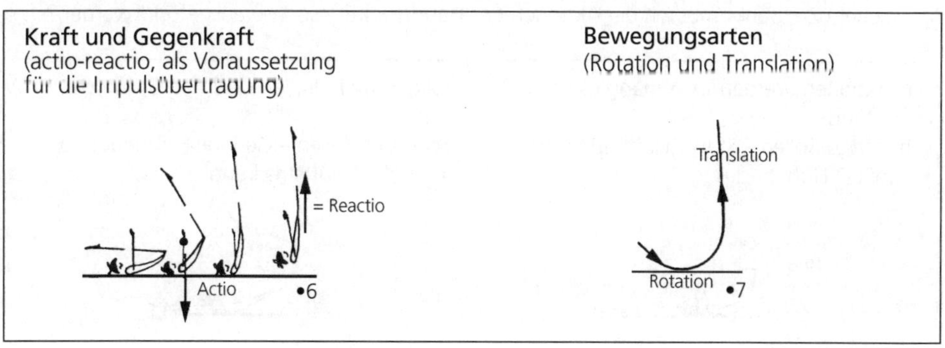

Konsequenzen für die Bewegungsausführung:

- Schnellkräftige Hüftstreckung
- Abruptes Abbremsen der Hüftstreckung

3. Aktionen und Funktionen

Welche Körperaktionen sind in welcher Funktionsphase von entscheidender Bedeutung und welche Funktionen haben diese Aktionen?

Phasenabhängige Körper**aktionen**	Phasenabhängige **Funktionen** der Körperaktionen
Hi.F.Ph. • Zurückrollen mit Hüftbeugen und Handaufsatz  •8	• Erreichen der optimalen Ausgangsposition vor Beginn der Ha.F.Ph. • Energiebereitstellung (Rollgeschwindigkeit)
Ha.F.Ph. • schnellkräftiges Öffnen des Bein-Rumpf-winkels • Abbremsen der Hüftstreckung • Öffnen des Arm-Rumpfwinkels und Armschub 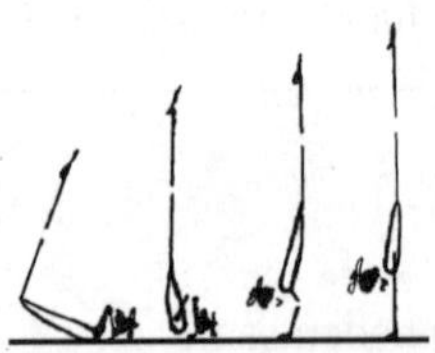 •9	• translatorische Impulsübertragung • Entlastung an der Unterstützungsfläche (als Voraussetzung zur Erleichterung des Armschubs) • Erreichen der Endposition (Handstand)

4. Zeitliche Abgrenzung (hier nur Ha.F.Ph.)

Zu welchem Zeitpunkt müssen die Aktionen der Hauptfunktionsphase ausgeführt werden?

Die Aktionen werden in Abhängigkeit von der Rollgeschwindigkeit und der Größe des BRW ausgeführt:

Langsames Rollen – Starke Hüftbeugung
- „späte" Hüftstreckung

•10

Schnelles Rollen – Geringe Hüftbeugung
- „frühe" Hüftstreckung

•11

5. Räumliche Kriterien (hier nur Ha.F.Ph.)
In welche Richtung verlaufen die Aktionen in der Ha.F.Ph.?

Es erfolgt eine fußwärts gerichtete Hüftstrekkung in die Vertikale (Abb. 12/2) und der Armschub in die gleiche Richtung (Abb. 12/2–3).

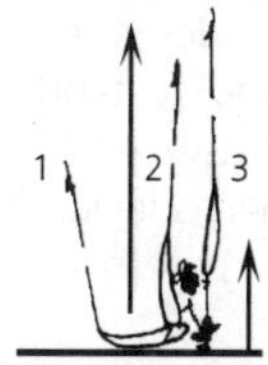

•12

Für die **technikorientierte Vermittlung** läßt sich schlußfolgern, daß Aktionen, Zeitpunkte, Körperpositionen und räumliche Bezugspunkte eines jeden Phasenabschnittes, insbesondere der Hilfs- und Hauptfunktionsphase, in guter Bewegungsqualität herausgearbeitet werden müssen, weil jedes dieser Teile mittel- oder unmittelbare Bedeutung, also Funktion für das Gelingen des Gesamtbewegungsablaufes hat.
Je deutlicher und funktionsbezogener diese Teile auch kognitiv erfaßt werden, umso besser lassen sich die turntechnischen Anforderungen, gegebenenfalls mit selbst abgeleiteten methodischen Übungen, motorisch umsetzen.

Erfahrungsorientierte Vermittlung

Der erfahrungsorientierte Vermittlungsansatz will Lernenden ermöglichen, ihren Körper und die Bewegungen des Körpers

- in technikorientierten Bewegungsbereichen durch Aufmerksamkeitslenkung auf wichtige Sachverhalte sowie
- in vielfältig sich ändernden Bewegungssituationen

zu erfahren.
Die (sinnliche) Erfahrung wird in den Mittelpunkt des Bewegungslernens gestellt und versteht sich sowohl als Mittel einer motorischen als auch emotionalen, kognitiven und sozialen Selbsterfahrung. Die Erlebbarkeit des Körpers in der Bewegung und das Bewußtmachen von Körperreaktionen und Fähigkeiten des Körpers sollen mit einer erfahrungsorientierten Vermittlung gesichert werden (vgl. BREHM/TIEMANN 1992, 256).

Eine Betonung und Differenzierung elementarer Wahrnehmungserfahrungen, vor allem im kinästhetisch-vestibularen Bereich, aber auch im optischen, akustischen und taktilen sind notwendig und werden als ***Basis jeglichen Lernens*** im Gerätturnen angesehen. Deshalb zielt die erfahrungsorientierte Vermittlung darauf ab, ganz unterschiedliche Bewegungssituationen mit ausgewählten Wahrnehmungsaufgaben anzubieten, in denen Lernende mit allen ihren Sinnen gefordert sind. Körper- und Bewegungserlebnisse werden dadurch zugänglicher und nachhaltiger für andere Bewegungsaufgaben.

Turnspezifische Bewegungserfahrungen lassen sich besonders gut beim *Experimentieren* mit funktionstragenden Teilen einer Bewegung sammeln. Dabei geht es um das Erfahren von Körperaktionen, Winkelstellungen der Körpergelenke zueinander, von Spannungszuständen einzelner Körperteile, Zeitpunkten usw. und um das Erkennen der technikbezogenen oder strukturabhängigen Zusammenhänge der einzelnen Teile zum Ganzen.

Mit entsprechenden Frage- bzw. Aufgabenstellungen wird die Konzentration des Lernenden auf das jeweils Wesentliche (auf das, was spezifisch vom Bewegungsablauf erfahren und erkannt werden soll) gelenkt.

Mit dem ***Beispiel*** Kopfstütz-Überschlag werden zwei Bewegungsaufgaben formuliert, die Lernenden **turnspezifische Erfahrungen** ermöglichen.

1. Probier, Deinen Beinschlag für den Kopfstütz-Überschlag aus verschiedenen Kopfstütz-Positionen zu turnen (zum Beispiel mit geringer oder ohne Körpervorlage). Aus welcher Körperposition mußt Du den Beinschlag zum Erreichen einer hohen, dynamisch geturnten Flugphase beginnen?

Lösung:
- BRW 90°
- Hüfte vor der Stützstelle des Kopfes
- KSP – senkrecht über der Stützstelle

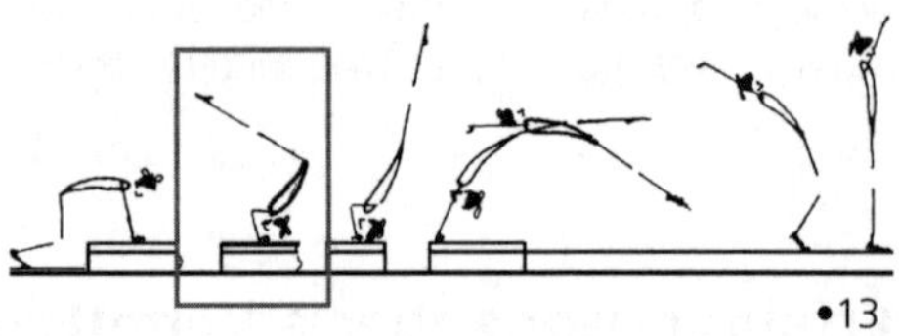

•13

2. Nimm die Kopfstütz-Position für den Kopfstütz-Überschlag ein. Laß Dich ohne Beinschlag „umkippen". Versuch dabei, Deine Körperposition im Zeitpunkt des „Umkippens" genau wahrzunehmen. Zeig mir mit der Gliederpuppe, welche Körperposition Du zum Zeitpunkt des „Umkippens" eingenommen hast.

Lösung:

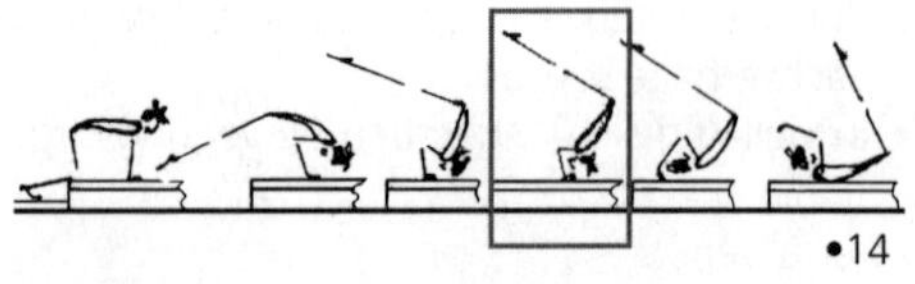

•14

Allgemeine Bewegungserfahrungen können besonders mit Grundtätigkeiten in unterschiedlichen Raum- und Zeitdimensionen, auf der schiefen Ebene, beim Wippen, Schaukeln, in schwindelnder Höhe, kopfunter, mit geschlossenen Augen, in unterschiedlichen Gerätearrangements, unter Einbeziehung verschiedener, auch turnuntypischer Materialien oder von Musik und Phantasiegeschichten usw. gesammelt werden.
Uneingeschränkte Möglichkeiten, Bewegungsvielfalt zu erfahren, bieten auch gymnastische Formen in Verbindung mit Bewegungen des Turnens (vgl. GERLING 1995).
Dabei sind Bewegungsaufgaben, die keine Lösungswege vorschreiben, besonders geeignet. Lernende können durch Experimentieren, Erfinden, Entdecken und Ausprobieren ihren Körper in der Bewegung erfahren und mit dem Körper eine anregende Bewegungswelt erschließen.

Da erfahrungsorientiertes Vorgehen Kenntnisse und eigene Erfahrungen im Umgang mit diesem Vermittlungsansatz voraussetzen, wollen wir zunächst allgemeine und dann aufgabenbezogene Erfordernisse am Beispiel der Bewegungsaufgabe „Irrgarten" exemplarisch ausweisen.
Für die Planung und Durchführung von Bewegungsaufgaben ist im allgemeinen zu beachten, daß

- die körperlichen **Voraussetzungen** der Lernenden für die Bewältigung der Bewegungsaufgabe gegeben sind,
- die Aufgabenstellung den Lernenden in **Vorgesprächen** deutlich wird, gemeinsame Vorstellungen für Lösungsmöglichkeiten entwikkelt und eingegrenzt werden,
- eventuell auftretende Ängste abgebaut werden und die **Sicherheit** durch vorbereitende Maßnahmen gewährleistet ist,
- der **Handlungsprozeß** mit helfenden Fragen durch den Lehrenden begleitet wird,
- Zeit für die Bearbeitung der Aufgabe und für eine **Reflexion** großzügig eingeplant wird.

Beispiel „Irrgarten":

Stellt Turngeräte und/oder Turnhilfsgeräte so auf, daß sich Taue, Seile, Reifen (oder was sich sonst noch eignet) an ihnen verknoten lassen. Baut dann Eure Geräte- und Materiallandschaft so zu einem „Irrgarten" aus, daß Ihr Euch nur mit kleinen Bewegungspausen hängend, stützend, rutschend, kriechend usw. hindurchbewegen könnt. Versucht dabei, besonders oft in eine „Kopfabwärts-Position" zu gelangen und Euch auch, wo es möglich ist, kopfabwärts durch den „Irrgarten" zu bewegen.

•15

Voraussetzungen

Allgemeine körperliche Voraussetzungen sollen entwickelt und Vorstellungen von den hauptsächlich durchzuführenden Bewegungsformen vorhanden sein.

- Für die Bewegungsaufgabe „Irrgarten" müssen Hangeln am Tau, an Leitern u.a.m. sowie kopfabwärts Hängen und Hangeln, Rutschen, bzw. Kriechen, Klettern, Hochziehen anwendungsbereit sein. Die Griffestigkeit, die Fähigkeit, den Körper in unterschiedlichen Raumpositionen zu halten und weiterzubewegen, muß gegeben sein.

Einweisung / Vorgespräche

Vorstellungen für Lösungsmöglichkeiten der gestellten Aufgabe sind im gemeinsamen Gespräch zu entwickeln.

Der Lehrende unterstützt bei der Bewältigung technisch-organisatorischer Probleme und vermittelt ein Gefühl der Sicherheit.

Zur Konstruktion des „Irrgartens":

- Was ist ein „Irrgarten"; wie kann er aussehen?
- Welche Großgeräte, Sprossenwände könnten das Gerüst des „Irrgartens" bilden?
- Welche Möglichkeiten gibt es, um Verbindungen zwischen den Geräten herzustellen?
- Welche Materialien eignen sich als Verbindungsstücke?

Zum Bau des „Irrgartens":

- Mit welchen Knoten (vgl. NOLTE 1980, 218) lassen sich Taue, Seile und andere Materialien befestigen?
- Wie können die Geräteverbindungen getestet werden?
- Wie groß kann der „Irrgarten" werden, wenn man bedenkt, wieviel Materialien für Querverbindungen zur Verfügung stehen?
- Beginnt mit dem Bau des „Irrgartens" auf kleiner Fläche und erweitert allmählich.

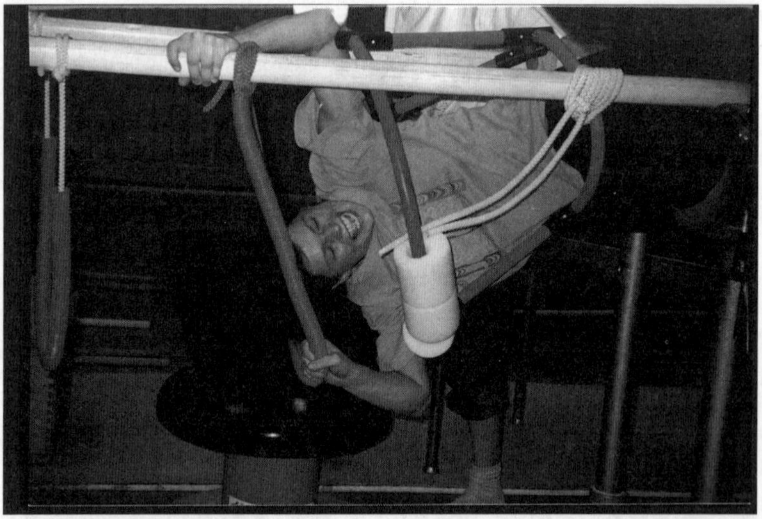

•16

Handlungsprozeß

Der Lehrende begleitet das Experimentieren und Üben mit Hilfsfragen.

- Überlegt, wo Ihr „Kopfabwärtselemente" einbauen könnt.
- Wie kann ich mich in „Kopfabwärtssituationen" absichern?
- Welche Varianten gibt es, um aus dieser Position weiterzukommen?
- Wo müssen im Parcours Möglichkeiten zum Abstützen, Absetzen geschaffen werden?

Der Lehrende zeigt, daß er Vertrauen in die Selbständigkeit und Leistungsfähigkeit der Schüler hat.

- Die Lernenden entscheiden selbst, an welchen Stellen des „Irrgartens" sie es für erforderlich halten, mit Matten oder anderen Hilfsmitteln abzusichern.
- Die Lernenden legen mit der eigenständigen Gestaltung des Gerätearrangements (mehr oder weniger bewußt) ihren Schwierigkeitsgrad fest, den sie für angemessen halten.

Zeit

Werden vielfältige Lösungen für die Bewältigung der Bewegungsaufgabe angestrebt, so benötigt das Experimentieren und Üben viel Zeit.
Für den „Irrgarten" ist Zeit einzuplanen zum:

- Bauen und Konstruieren von Geräteverbindungen,
- Experimentieren mit Grundtätigkeiten in Bewegungsverbindungen,
- Üben in der Gruppe.

Gespräch/Reflexion/Schlußfolgerung

Erfahrungen sollen im Gespräch ausgetauscht werden, um Körper- und Bewegungserlebnisse zugänglicher und nachhaltiger für andere Bewegungsaufgaben zu machen. Damit werden Lernprozesse in Gang gesetzt, die nicht nur die motorische, sondern auch kognitive und soziale Handlungsfähigkeit betreffen.
Die Lernenden können mit der Bewegungsaufgabe „Irrgarten" beispielsweise erfahren/erleben/spüren, daß

- es möglich ist, den Körper auch in ungewohnten Positionen und Stellungen im Raum fortzubewegen,
- volle Konzentration, Geschicklichkeit und manchmal auch viel Kraft erforderlich sind,
- für die Bewegungsausführungen Ruhe und Zeit benötigt werden,
- sich der Schwierigkeitsgrad in kleinen Schritten nach eigenem Ermessen steigern läßt,
- der Reiz und die Anstrengungsbereitschaft mit jeder „neu eroberten" Schwierigkeit erhöht werden kann (ich werde mutiger),
- die Bewegungshandlungen durch das gleichzeitige Üben der Mitschüler ständig angepaßt werden müssen und unvorhersehbare Situationen dabei zu interessanten neuen Bewegungsmöglichkeiten führen können,
- die Positionen und Aktionen der Hände, Arme, Beine und des Mittelkörpers aufeinander abgestimmt sein müssen und sich die Bewegungsaktionen nur langsam nacheinander vollziehen lassen,
- der „Irrgarten" konzentriertes Bewegen mit Rücksichtnahme auf die Mitschüler erfordert,
- die Ideen der Mitschüler sofort für eigene Bewegungsideen übernommen werden können,
- der Aufbau von Gerätearrangements als auch das Finden von Bewegungsformen Kreativität herausfordern.

Auf der Grundlage der gesammelten Selbsterfahrungen und den Erfahrungen der Gruppenarbeit können neue Bewegungsaufgaben/Ideen entwickelt werden.

- Gelingt es, unsere Körperaktionen so aufeinander abzustimmen, daß die Bewegungen fließender ineinander übergehen?
- Wie läßt sich der Schwierigkeitsgrad im „Irrgarten" erhöhen? Können wir ein Spiel entwickeln?
- Wie läßt sich der „Irrgarten" erweitern?
- Schafft Ihr es, den „Irrgarten" so zu bauen, daß sich die Gruppe gleichzeitig durch den „Irrgarten" bewegen kann, ohne, daß Ihr Euch behindert oder Wartezeiten entstehen?

•17

Körpererfahrungen erweitern unsere Einsichten und führen zu neuen Bewegungskompetenzen, Interessen und Einstellungen. Sie sind immer auch Selbsterfahrung und haben meist Auswirkungen auf das Selbstwertgefühl und das Selbstvertrauen. Sie geben dem Lernenden die Gelegenheit, sich selbst in der Bewegung zu erproben und den eigenen Körper erlebnisreich zu erfahren, aber auch die eigenen Fähigkeiten und Grenzen kennenzulernen sowie Möglichkeiten für Weiterentwicklungen zu entdecken.

Lehrmethoden

Ganzlernmethode

Die Ganzlernmethode sollte angewandt werden, wenn das Turnelement selbständig oder mit Hilfe und ohne Angst geturnt werden kann. Es bietet sich beispielsweise an, die Rolle, die am Boden beherrscht wird, auch auf dem Balken (mit Hilfe) auszuführen. So kann sich für den Übenden schnell ein Lernerfolg einstellen und das Bewegungsrepertoire erweitert werden. Die Ganzlernmethode kann auch zur Anwendung kommen, wenn nicht mehr als zwei neue Bewegungsaktionen abverlangt werden, die Bewegung weitestgehend vorstellungsmäßig vom Lernenden erfaßt wurde und keine Gefährdung für die Ausführung zu erwarten ist.
Grundsätzlich ermöglicht die Ganzlernmethode dem Lernenden, bereits mit den ersten Versuchen die angezielte Bewegung als Ganzes in ihrem räumlich-zeitlich-dynamischen Verlauf wahrzunehmen und zu turnen.

Teillernmethode

Die Teillernmethode sollte gewählt werden, wenn Turnelemente

- koordinativ anspruchsvoll sind,
- aus mehr als zwei Einzelaktionen bestehen,
- zwei Strukturanteile vorweisen,
- koordinative und konditionelle Voraussetzungen bei den Lernenden noch nicht ausreichend vorhanden sind,
- die Vorstellungsfähigkeit vom Bewegungsablauf noch nicht gegeben ist,
- Angst sichtbar ist bzw. geäußert wird.

Bei der Teillernmethode wird die zu erlernende Bewegung in Teile, zum Beispiel in Phasenabschnitte, einzelne Körperaktionen oder Positionen (vgl. S. 52–55 und 89–90) zerlegt. Die Teile werden einzeln geübt und nach einer konzipierten Teillernschrittfolge sukzessiv zur Gesamtbewegung zusammengefügt.

Im Gegensatz zur Gesamtbewegung fällt vielen Lernenden die Aneignung von Teilen eines Turnelements leichter, weil

- die Aufmerksamkeit auf ein wesentliches Bewegungsmerkmal konzentriert ist,
- die Bewegungsabläufe kürzer sind,
- sich die Bewegungsabläufe langsamer ausführen lassen und die Energiebereitstellung geringer sein kann,
- sich Teile auch unter anderen gerätspezifischen Bedingungen turnen oder imitieren lassen,
- die psychische Belastung (zum Beispiel Angst) reduziert werden kann.

Die durch Zerlegung entstandenen Teile sollen alle bewegungstechnischen Merkmale, die eine entscheidende Funktion für die Realisierung des Gesamtablaufes besitzen, aufweisen. Der Lernende kann so Schritt für Schritt die jeweiligen funktionsabhängigen Bewegungsaktionen, Zeitpunkte usw. für die Ausführung des zu erlernenden Turnelements mit der erforderlichen Körperspannung erarbeiten. Das Lehren und Lernen wird damit auf die funktionstragenden Teile der zu erlernenden Bewegung ausgerichtet.

Dabei muß die Reihung der einzelnen Lernschritte nicht immer stringent mit den Aktionen der Hauptfunktionsphase beginnen. Je nach Voraussetzungen der Lernenden, kann der erste Lernschritt durchaus mit einer Position oder einer Aktion in der Hilfs- bzw. Übergangsfunktionsphase beginnen (vgl. Seite 86–88, Beispiel Handstütz-Sprungüberschlag).

Wenn alle funktionstragenden Teile für das anzueignende Turnelement erlernt sind, lassen sie sich miteinander verbinden und zum Gesamtablauf der Bewegung zusammensetzen. Das funktioniert nicht immer problemlos, da das Zusammensetzen von Bewegungsteilen hohe konzentrative und koordinative Ansprüche stellt. Außerdem können beim Koppeln der einzelnen Bewegungsaktionen zur Gesamtbewegung Abweichungen eines Turnelements in dynamisch-zeitlicher und energetischer Hinsicht auftreten, weil für die Ausführung der Einzelteile teilweise andere dynamische Prozesse oder positionelle Ausgangslagen als bei der Endbewegung erforderlich sind.

Da jedoch die Vorteile der Teillernmethode gegenüber den Nachteilen weit überwiegen, wird sie in der technisch-kompositorischen Sportart Gerätturnen als wirkungsvoll für den motorischen Aneignungsprozeß angesehen. Auch, weil sich mit Hilfe der Teillernmethode Bewegungsaufgaben für Lernende besonders gut differenzieren lassen und damit der unterschiedliche Könnensstand der Gruppe Berücksichtigung finden kann, sollen einige Vorteile für die psychologische, motorische und kognitive Arbeit im Lernprozeß hervorgehoben werden.

Vorteile der Teillernmethode für den Lernprozeß

Vorteile für die psychische Vorbereitung	Vorteile für die motorische und kognitive Vorbereitung
• das Üben von Teilen bringt dem Übenden Sicherheit, weil der Schwierigkeitsgrad reduziert und der Bewegungsablauf für den Übenden überschaubarer wird • vorhandene Ängste können minimiert und durch Lernschritte überwunden werden • das Lernen ist mit relativ schnellem Erfolg auf jeder neuen Lernstufe verbunden, das Selbstvertrauen kann gestärkt werden • diese Methode minimiert Mißerfolge und motiviert für das Erlernen neuer Bewegungsabläufe; die Aufnahmebereitschaft und -fähigkeit kann erhöht werden • differenzierte Teilaufgaben sind geeignet, Zutrauen in die eigene Leistungsfähigkeit zu gewinnen und Akzeptanz für das eigene Leistungsvermögen zu entwickeln	• alle Körperpositionen und -aktionen, die für die Realisierung der Bewegung notwendig sind, können (wenn auch nicht immer vollständig mit der Gesamtbewegung übereinstimmend) räumlich, zeitlich und/oder energetisch mit erforderlichem Spannungszustand der Muskulatur wahrgenommen werden • geforderte Körperhaltungen und Spannungen können in Teilbewegungen leichter aufgebaut bzw. aufrecht erhalten werden • das Kennenlernen von Körperpositionen und Aktionen kann gleichzeitig dazu beitragen, auch deren Funktion für die Realisierung der Gesamtbewegung zu erkennen und zu verstehen • die geistige Auseinandersetzung mit Teilen der Bewegung und ihre motorische Umsetzung können sich sowohl positiv auf die Entwicklung der Bewegungsvorstellung der Teilbewegungen auswirken, als auch die Vorstellungsfähigkeit über die Gesamtbewegung erweitern • Kraft-, Beweglichkeits- und Koordinationsanforderungen können spezifisch auf Körperaktionen und Positionen der jeweiligen Bewegung ausgerichtet werden • mit dem Üben von Teilen der Gesamtbewegung kann an bereits erlernten Bewegungsstrukturen angeknüpft und der Effekt der Transferenz bewußt genutzt werden

•18

Für den Umgang mit der Teillernmethode ergeben sich folgende **Merksätze:**

- Teillernschritte müssen für Lernende einsichtig sein,
- Teillernschritte müssen den aktuellen Leistungsstand der Lernenden berücksichtigen,
- beim Üben von Teilen der Bewegung sind höchste Ansprüche an die technikadäquate Ausführung sowie an die Körperhaltung und -spannung zu stellen,
- Teillernschritte müssen die wesentlichen Aktionen des Gesamtablaufes in räumlich-zeitlicher und dynamischer Hinsicht vorbereiten und für Lernende erfahrbar machen,
- Teillernschritte sollen die Funktionen der geübten Körperaktionen, Zeitpunkte usw. für Lernende erkennbar machen,
- Teillernschritte sollen so oft wiederholt werden, daß
  - Lernende in der Lage sind, ihren Bewegungsablauf einzuschätzen und zu steuern,
  - sich die Bewegungsteile miteinander möglichst problemlos zusammensetzen lassen,
- Teillernschritten sollen so wenig wie möglich, aber so oft wie nötig durchgeführt werden,
- Teilbewegungen sollen so langsam wie nötig, aber im Vergleich zum realen Ablauf der Gesamtbewegung so schnell wie möglich geturnt werden.

Beim Anwenden der Teillernmethode geht es nicht nur um das stringente „Abarbeiten" einer Lernschrittfolge, sondern um einen ständigen Wechsel im Üben der einzelnen Teillernschritte. Wenn beim Turnen des Gesamtablaufs Fehler auftreten, sollte immer wieder zu Teillernschritten zurückgegangen werden. Fehler in der Übungsausführung oder auftretende Lernplateaus können so schrittweise überwunden werden.

Entwicklung von Teillernschritten

Funktionales Lehren/Lernen ist Ausdruck der kognitiven Auseinandersetzung mit dem zu erlernenden Bewegungsablauf. Wer die Fähigkeit erworben hat, Bewegungsabläufe nach biomechanisch-funktionalen Gesichtspunkten zu analysieren, ist auch in der Lage, daraus eigene Teillernschritte für das Erarbeiten von Turnelementen abzuleiten.

Um Anregung für das Ableiten von Teillernschritten zu geben und um die biomechanisch-funktionale Aufbereitung der Turnelemente in der „Praktischen Umsetzung" nachvollziehbar zu machen, wollen wir mit diesem Abschnitt unsere Strategie für das Herausarbeiten von Teillernschritten aufzeigen.

1. Auseinandersetzen mit den technischen Anforderungen eines Elements
Körperpositionen, -aktionen, Zeitpunkte, Bewegungsrichtungen, die für die Bewegungsausführung funktionstragende Bedeutung haben, sollen „herausgelesen" werden.

TECHNIK LESEN

2. Übungen ableiten, die Voraussetzungen zum Erlernen der Technik beinhalten
Für die „herausgelesenen" Bestandteile der Technik sollen Übungen (Teilübungen, Positionen, Bewegungen aus dem Repertoire der Grundtätigkeiten) abgeleitet werden, die einer psychischen, kognitiven, konditionellen und koordinativen Vorbereitung dienen.

ÜBUNGEN ABLEITEN

3. Methodisches Vorgehen – Schwerpunkte, Reihenfolge von Teillernschritten festlegen
Die abgeleiteten Übungen sind so zu gewichten, daß sie in eine sinnvolle und praktisch umsetzbare Reihenfolge gebracht werden können. Danach sind die Einzelteile miteinander zu koppeln.
Vergiß dabei nicht:
So wenig Teillernschritte wie möglich, aber so viele wie nötig!

TEILLERNSCHRITTE FESTLEGEN

•19

Im folgenden ***Beispiel*** Felgunterschwung sollen **Teillernschritte** abgeleitet und ein **technikorientierter Lehrweg** unter Berücksichtigung von biomechanisch-funktionalen Gesichtspunkten konstruiert werden.

1. TECHNIK LESEN

Folgende Merkmale sind beim Felgunterschwung durchgängig von Bedeutung:

- Arme immer gestreckt
- Kopf in normaler Haltung (weder in den Nacken nehmen, noch das Kinn auf die Brust ziehen)

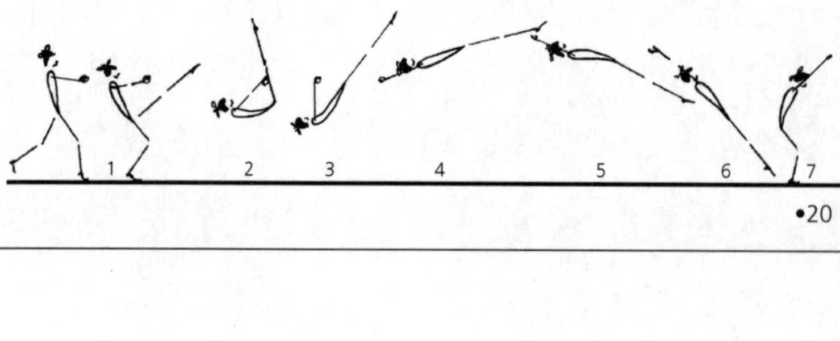

•20

Folgende **bewegungstechnische Merkmale** müssen berücksichtigt werden in der:

Hi.F.Ph.

- Erreichen **der optimalen AP** vor Beginn der Ha.F.Ph. – Felghang (21/3)

•21

Ha.F.Ph.

- Mit Passieren des KSP senkrecht unter der DA (22/1) **Öffnen des BRW** bis zur völligen Streckung und Blockieren der Streckung (22/1–2)
- **Öffnen des ARW** bis zur völligen Streckung (23/1–2) im Maximum der entlastenden Impulsübertragung
- **Rotationsumkehr** von Rückwärts- in Vorwärtsrotation (23/2–3)
- **Grifflösen** mit der völligen Körperstreckung bzw. Überstreckung (Abb. 23/2)

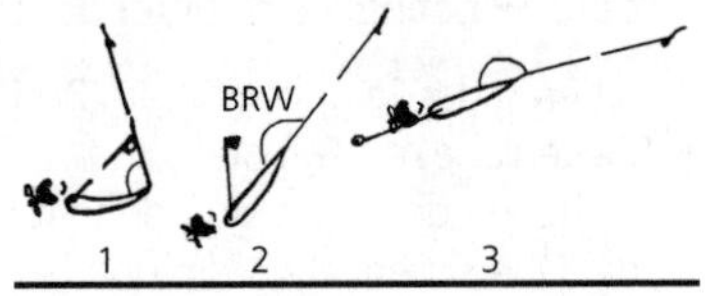

•22

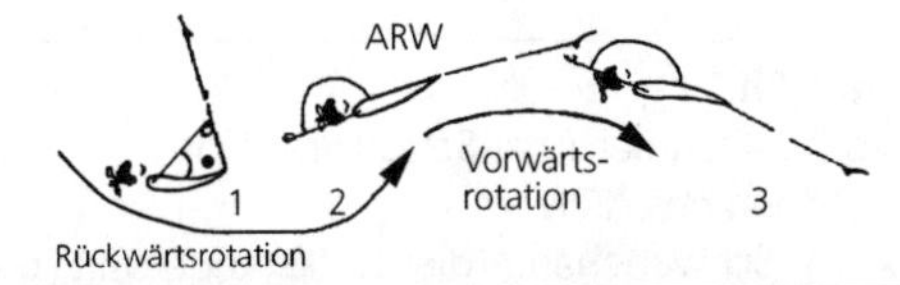

•23

Ü.F.Ph. (Flugphase)

- Beibehalten der Körperposition und Vorbereitung der Landephase

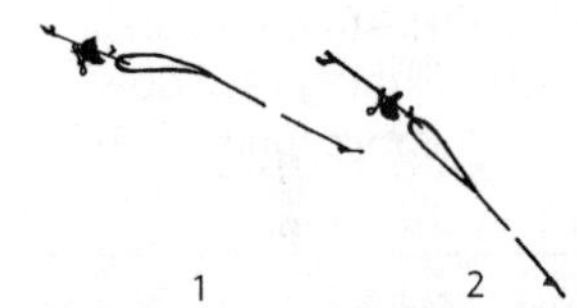

•24

Landephase (Amortisationsphase)

- Bei Fußkontakt maximale Muskelspannung der Beine
- „bremsendes" Beugen der Knie- und Hüftgelenke bis maximal 90° in **Knie- und BRW**

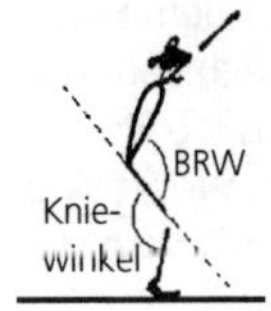

•25

2. Übungen ableiten

Die aus der Technik abzuleitenden Übungen sollen gewährleisten, daß alle funktionstragenden Bewegungsmerkmale (einschließlich Kopf- und Armpositionen) für die Ausführung des Felgunterschwungs erfahren bzw. gelernt werden. Beispielsweise können folgende Übungen abgeleitet werden für die:

Hi.F.Ph.
Vorbereiten der **optimalen Ausgangsposition**
– Felghang am Reck –
- Aufschwingen mit und ohne Partnerhilfe bis die Beine oberhalb der Knie an der Stange sind; der KSP befindet sich unter der DA (26)

•26

– Imitieren der Felgposition am Boden –
- Rückenlage mit Turnstab, Anheben der Beine und den Stab gegen die Oberschenkel knapp oberhalb der Knie drücken (27)

•27

Ha.F.Ph.
Vorbereiten der **Arm-Schulteraktion**
– Öffnen des ARW –
- im Schwebehang die Reckstange mit gestreckten Armen nach hinten drücken, so daß man leicht schaukelt (28)
  (Dreiergruppe am Reck, zwei Helfer fassen von links und rechts an den Füßen)
- im Sitz, Arme und Stab in Vortiefhalte; Stab schnellkräftig nach oben gegen den Druck eines Partners führen (29)

•28

•29

Ha.F.Ph./Ü.F.Ph.
Vorbereiten der **Hüftaktion**
– Öffnen des BRW –
- aus dem Hangstand vorlings am Reck nach vorn mit gestreckten Armen laufen bis die Hüfte und der ARW völlig gestreckt sind, danach Griff lösen und nach vorn weggehen (30)

•30

Amortisationsphase
Vorbereiten des **Landeverhaltens**
- Niedersprung von einem drei- bis vierteiligen Kasten mit Beugen der Knie- und Hüftgelenke bis maximal 90° (31)

•31

3. TEILLERNSCHRITTE FESTLEGEN

Die für den motorischen Lernprozeß abgeleiteten Übungen sind in eine sinnvolle Reihenfolge zu bringen.
Zu berücksichtigen ist dabei, daß die Übungen, die ein Bewegungsmerkmal bzw. einen Bewegungsabschnitt vorbereiten sollen, aufeinander aufbauen (zum Beispiel erst die Position in der Ruhelage erfahren, dann in die Position hineinpendeln und danach den Zeitpunkt für den Übergang aus der Position kennenlernen).

Außerdem gilt in Abhängigkeit vom Leistungsstand der Lernenden zu entscheiden, welche bewegungstechnischen Merkmale vorbereitet werden müssen und welche vernachlässigt werden können. Sind die einzelnen (für die Lerngruppe wichtigen) Bewegungsmerkmale/-abschnitte nach dem methodischen Prinzip, wie zuvor beschrieben, erarbeitet, können sie zur Gesamtbewegung zusammengesetzt werden. (s. auch Reihung von Lernschritten, S. 87–88).

Folgende **Teillernschritte** haben wir in unserem ***Beispiel*** für die Erarbeitung des Felgunterschwungs festgelegt:

A: Kennenlernen der optimalen Position zu Beginn der Ha.F.Ph. (Felghang) • Aufschwingen in den Felghang mit Partnerhilfe (32) • Aufschwingen und Pendeln im Felghang (33)	 •32  •33
B: (Voraussetzung ist A) Kennenlernen des **Zeitpunkts** für den Beginn der Hüftstreckung im Felghang wenn der KSP senkrecht unter der DA ist (34, auch mit Partnerhilfe)	 •34
C: (Voraussetzung sind A und B) Kennenlernen der **Aktionen** • Öffnen des ARW und BRW zum kennengelernten Zeitpunkt im Felghang (35)	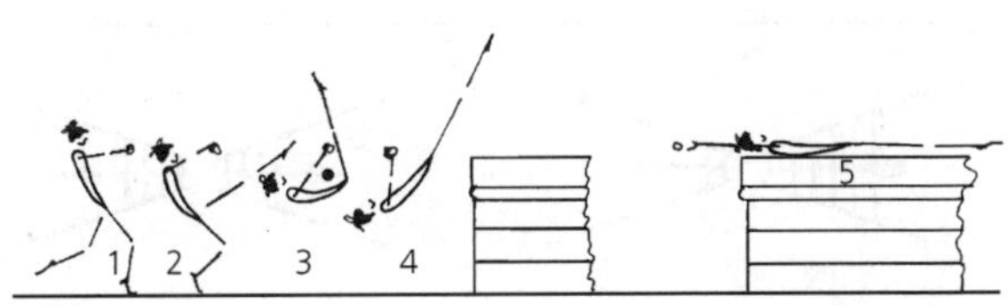 •35
D: (Voraussetzung sind A, B und C) Turnen der **Gesamtbewegung** mit dem Ziel, die gelernten Teile • Position (A), • Zeitpunkt (B) und • Aktionen (C) anzuwenden (36/1–6)	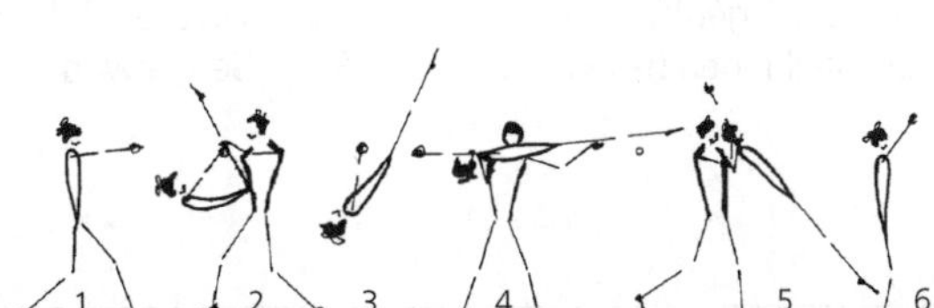 •36

Geschlossene und offene Lehrweise

Bei der **geschlossenen Lehrweise** werden vom Lehrenden weitgehend alle Entscheidungen für das Bewegungslernen allein geplant und im Übungsprozeß umgesetzt.
Eine präzise vorgedachte methodische Systematik/Reihung wird dem Lernenden als „fertiges Programm" angeboten. Es soll dem Übenden einen problemlosen Zugang zum neuen Lehrstoff ermöglichen. Der Vorteil der geschlossenen Lehrweise ist darin zu sehen, daß das Lernen stringent auf die Zielübung ausgerichtet ist und Turnelemente ökonomisch angeeignet werden können. Der Nachteil der geschlossenen Lehrweise liegt darin, daß die Lernenden die methodisch-didaktischen Hintergründe für das Erstellen des „fertigen Programms" nur bedingt kennenlernen. Der Lernende übernimmt vorwiegend vorgegebene Wissens- und Könnensbestände des Lehrenden.
Die **offene Lehrweise** ermöglicht hingegen das „Offenhalten" von Entscheidungen, bzw. das Arrangieren von Lehrsituationen, in denen Lernende zu Mitgestaltern des Übungsprozesses in methodischer, inhaltlicher und organisatorischer Hinsicht werden (vgl. FUNKE 1991).
Im Mittelpunkt des Bewegungslernens steht nicht das Nachvollziehen „fertiger Programme", sondern das selbstentdeckende, experimentierende Lernen.
Die Auseinandersetzung mit Bewegungsproblemen und -aufgaben soll den Prozeß des Lernens erlebbarer machen, aber auch Fachverständnis, Selbstbewußtsein und Lernfreude fördern.
Nachteile können mit der offenen Lehrweise in zeitlicher und bewegungstechnischer Hinsicht sowie in Fragen der Sicherheit entstehen. Das heißt,

- das Erlernen eines Elements kann unverhältnismäßig lange dauern,
- Elemente oder Teilbewegungen können fehlerhaft erlernt werden und ein Umlernen erforderlich machen,
- mögliche Risiken lassen sich schwer kalkulieren.

Für das Anwenden der offenen Lehrweise gilt es, nach Abwägen von Vor- und Nachteilen das richtige Maß an „Öffnung" zu finden. Da es nicht um „Öffnung" um jeden Preis (auch nicht: je offener, um so besser) gehen kann, ist das richtige Maß an „Öffnung" durch den Wechsel im methodische Vorgehen von mehr geschlossenen zu mehr offenen Formen und umgekehrt immer wieder neu zu überdenken und zu gestalten (vgl. FUNKE 1991).

Drei Varianten scheinen für den Übungsprozeß im Zusammenspiel von offener (O) und geschlossener (G) Lehrweise praktikabel.
Es können Lernsituationen entstehen,

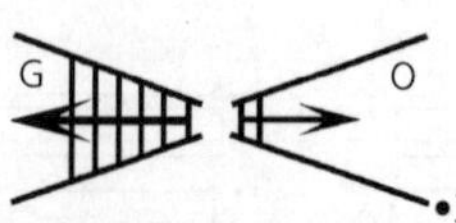

•37

- die überwiegend geschlossene Anteile besitzen, aber punktuell geöffnete Aufgabenstellungen beinhalten.

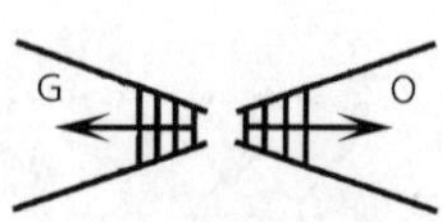

•38

- die sich annähernd gleichgewichtig im ständigen Fluß zwischen Öffnen und Schließen bewegen.

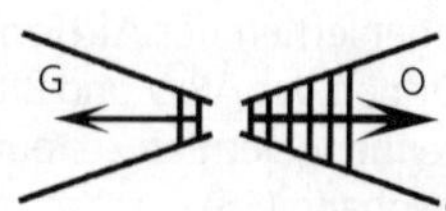

•39

- die überwiegend geöffnete Anteile besitzen und durch geschlossene Aufgabenstellungen eingeleitet, weitergeführt werden oder der Diskussion/Reflexion usw. dienen.

Ein ***Beispiel*** für das Zusammenspiel von **geschlossener und offener Lehrweise** sowie für den Zusammenhang von Vermittlungsabsicht, Lehrmethode und Lehrweise wird auf den nachfolgenden Seiten gegeben. Hierbei soll die Felgposition zu Beginn der Hauptfunktionsphase des Felgunterschwungs **technikorientiert mit der Teillernmethode** und einer Lehrweise, die sowohl geschlossene wie offene Anteile enthält, vermittelt werden.

1. Technik lesen

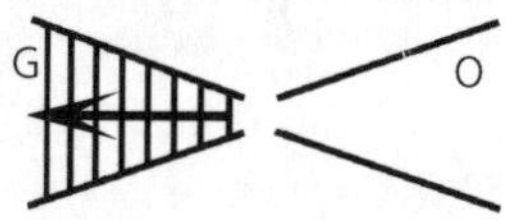

•40

Der Lehrende erklärt die Bedeutung und Funktion von Körperpositionen zu Beginn der Hauptfunktionsphase für Bewegungsabläufe im allgemeinen.

Aufgaben für Lernende:

- Arbeitet die Körperposition zu Beginn der Hauptfunktionsphase beim Felgunterschwung (Felgposition) anhand der Bewegungsskizze heraus.
- Beschreibt und übertragt diese Position auf die Gliederpuppe!

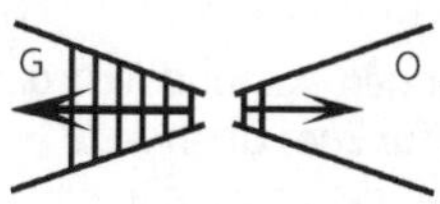

•41

•42

Mögliche Hilfen des Lehrenden:

- Überlegt, wie die Lage des Körpers zum Gerät ist!
- Welche Stellung nehmen Arme, Kopf und Körper ein?
- Wie sind die Winkel im Hüft- und Schulterbereich?
- Welches Körperteil berührt die Stange?
- Wo befindet sich das Gesäß (KSP)?
- Überlegt Euch, warum die Felgposition optimal für das Gelingen des Felgunterschwungs ist und wann sie erreicht werden muß.

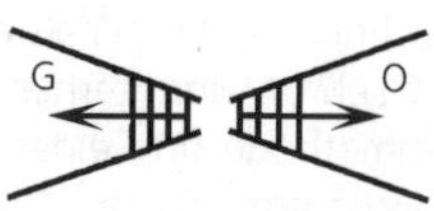

•43

Die gefundenen Lösungen werden gemeinsam diskutiert.

2. Übungen ableiten

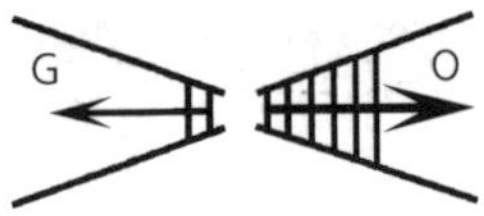 •44	Aufgabe für Lernende: • Versucht Übungen zu finden, mit denen Ihr diese wichtige Position einnehmen oder erreichen könnt. • Probiert Eure Ideen aus! • Überprüft, ob Eure gefundenen Übungen mit der „gelesenen Technik" übereinstimmen.
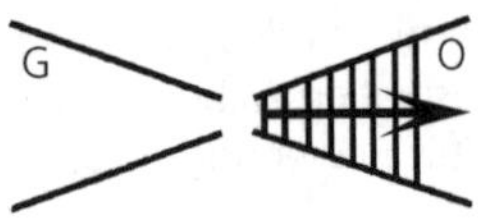 •45	Die herausgefundenen Übungen werden von den einzelnen Gruppen vorgestellt und kommentiert.
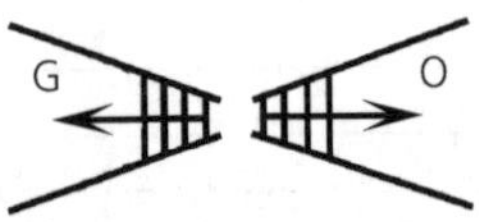 •46	Die Übungen können gemeinsam diskutiert werden.

3. Teillernschritte festlegen

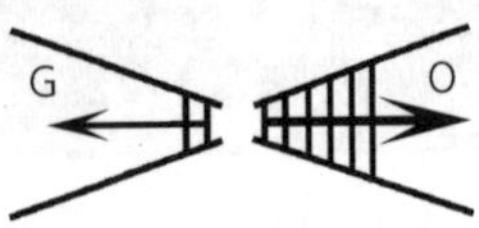 •47	Aufgaben für Lernende: • Probiert die vorgestellten Übungen aus und legt dann eine Auswahl und Reihenfolge für Euer Üben fest. • Überlegt Euch, wie Ihr das Üben der Felgposition in der Gruppe organisiert. Der Lehrende bringt sich auf Anfragen ein.

Obwohl wir die in der „Praktischen Umsetzung" ausgewiesenen Turnelemente auf bewegungsanalytischer Grundlage gemäß dem Teillernverfahren aufbereitet haben und damit auf kurze Lernzeiten und hohe technische Qualität der Fertigkeitsaneignung abzielen, wollen wir damit keine einseitige Vorgehensweise favorisieren.
Wir hoffen, mit den Ausführungen zur Bewegungsvermittlung dem erfahrungsorientierten Ansatz und der offenen Lehrweise einen besonderen Stellenwert für die Gestaltung des motorischen Lernprozesses zu geben.
Lernsituationen, in denen Lernende ihren Körper in der Bewegung bewußt erfahren oder sich mit dem Lerngegenstand auf verschiedene Art und Weise auseinandersetzen können und dabei lernen, auch eigene Entscheidungen zu treffen, in denen sie ihre Phantasie ausleben und entwickeln können, gehören genauso zu einem erfolgreichen und freudvollen Übungsbetrieb im Gerätturnen wie das stringent am Turnelement ausgerichtete Lernen. Wir plädieren daher für eine **vielseitige methodisch-didaktische Arbeit**, die sowohl technikorientiertes als auch erfahrungsorientiertes Lehren und Lernen mit Teillern- und Ganzlernmethode und einer darauf angepaßten Lehrweise ermöglicht.

Information und Wahrnehmung

Das Gehirn des Menschen oder das Zentralnervensystem (ZNS) steuert alle seine Aktionen, Verhaltensweisen und Reaktionen.
Die Forschungen in der Neurobiologie, der Physik, der Kybernetik und in einigen anderen Wissenschaftsbereichen haben mit vielen neuen Erkenntnissen etwas Licht in die Arbeitsweise dieses wohl faszinierendsten Organs des Menschen gebracht. Gleichwohl steht die Gehirnforschung noch am Anfang. Einige Zahlen, die zum Verständnis für die Möglichkeiten, aber auch Begrenzungen der Informationsaufnahmefähigkeit des menschlichen Gehirns beitragen könnten, sollen erwähnt werden. So besitzt nach KINZEL (1993) der Mensch ca. 500 Milliarden Nervenzellen (Neuronen), von denen jede mit etwa 10.000 anderen Nervenzellen direkt verbunden ist (das sind 500 Trillionen Verbindungen).
Die Verbindungsstellen zwischen den Nervenzellen, die sogenannten Synapsen, sind die eigentlichen „Schaltzentralen" des Gehirns und für das Lernen und Erinnern verantwortlich. Die Art und Weise, wie sich die einzelnen Nervenzellen miteinander vernetzen, d.h., wie sie auswählen, mit welchen anderen Zellen sie Kontakt aufnehmen, ist bisher nicht erklärbar. So ist verständlich, wenn KINZEL (1993) das ZNS (im Vergleich mit einem Computer) als „unerreichbaren Superrechner" beschreibt.
Wie bekannt, werden von der Gesamtmasse des menschlichen Gehirns nur etwa 40% bis ca. Ende des ersten Lebensjahres aktiviert. Warum dies so ist, kann bisher (noch) nicht erklärt werden.
Die Signale oder Reize, die der Mensch aufnimmt, werden über seine Wahrnehmungsorgane (Sinne), in das ZNS weitergeleitet. Die im ZNS gespeicherten Wahrnehmungen können unter anderem natürlich auch für das Bewegungslernen abgerufen werden.
Als Wahrnehmungsorgane sind neben den Augen (optische), den Ohren (akustische), dem Tastsinn (taktile) besonders das Gleichgewichtsorgan (vestibulare) und vor allem das Muskel-, Sehnen- und Gelenkgefühl (kinästhetische) besonders bedeutsam für das Lernen.
Leider hat der Mensch kein Organ für die zeitliche Wahrnehmung. Die zeitliche Orientierung des Menschen für seine Körperbewegungen geschieht über die Erfahrung als Koppelung von optischer und vestibularer (in diesem Fall räumlicher) Wahrnehmung.

Das Gehirn als Gedächtnisspeicher

Ein kurzer Blick in die Arbeitsweise, die Leistungsfähigkeit, aber auch die Grenzen des ZNS sollen uns helfen zu verstehen, wie das Gehirn für das Lehren und Lernen funktionieren kann. Obwohl die Gehirnforschung noch am Anfang steht, wollen wir für unsere Arbeit das bisher Bekannte für die praktisch-methodische Umsetzung in diesem Buch nutzen.
Die auf diesem Gebiet forschenden Wissenschaftsbereiche sind sich weitgehend einig, daß das ZNS über 3 Speichersysteme verfügt, in das auch das motorische Gedächtnis eingeschlossen ist:
Das **Ultrakurzzeitgedächtnis** (UKZG)
Das **Kurzzeitgedächtnis** (auch Arbeitsgedächtnis genannt, KZG)
Das **Langzeitgedächtnis** (LZG).

	UKZG	KZG	LZG
Speichermenge	groß	begrenzt 7 ± 2 Einheiten	groß
Haltezeit ohne Informationsverlust	bis 1 sec.	bis 12 sec.	Stunden bis lebenslang
Haltezeit mit Informationsverlust	1–20 sec. (modalitäts-spezifisch)	bis 60 sec. (bei Wiederholung bis zu Stunden)	lebenslang
Kodierung	neurophysiologisch	neurophysiologisch	biochemisch
Löschen von Informationen	spontaner Spurenzerfall	Interferenz, Spurenzerfall	Interferenz, Spurenzerfall

•48: Vergleich verschiedener Gedächtnisarten (in Anlehnung an JANSSEN 1983; KUHN 1984)

Gespeichert werden grundsätzlich alle Informationen, nur die Verweildauer innerhalb der einzelnen Systeme ist unterschiedlich lang.
Die Frage, wie die Überleitung von einem Gedächtnisspeicher in den nächsten funktioniert, warum einige Informationen ausgewählt, andere verworfen werden, ist noch weitgehend ungeklärt. Zur Zeit wird die Auffassung vertreten, daß die Intensität und der Umfang der elektrischen Impulse dafür verantwortlich sind.
Das **UKZG** ist der erste Filter, hier ist die Verweildauer oder Behaltenszeit ohne Verlust zwischen 0,25 Sek. bis 1,0 Sek.möglich (mit Verlusten bis zu ca. 10 Sek.), wobei die Anzahl der Informationseinheiten unglaublich hoch sein kann. Nach ca. 1,0 Sek. verflüchtigen sich die aufgenommenen Informationen bis zum völligen Verlust bei ca. 10 Sekunden.
Das **KZG** als zweiter Filter weist eine Verweildauer ohne Verlust zwischen 1,0 Sek. bis 12,0 Sek. auf. Mit Verlusten kann die Verweildauer bis zu ca. 60 Sek. betragen. Die Anzahl der wahrnehmbaren Informationseinheiten beträgt maximal 7. Neuere Forschungen deuten jedoch auf die Speicherung einer geringeren Informationsmenge hin (nicht mehr als zwei Informationen). Das KZG wird auch als der Arbeitsspeicher für das Neulernen bezeichnet.

Das **LZG** speichert alle Informationen für eine lebenslange Verweildauer. Innerhalb des LZG befinden sich sogenannte Sonderspeicher, auch Randspeicher genannt. Es können aus dem LZG Informationen in diesen Randspeicher „verbannt" werden, die jedoch nur unter bestimmten, genau dazu passenden Reizen wieder in Erinnerung kommen.

Über die Informationsmenge, die im LZG gespeichert werden kann, bestehen unterschiedliche Meinungen. Zur Zeit nimmt man eine Speicherkapazität von ca. 15 bis 30 Billionen Informationseinheiten im LZG an.

Vergessenszeiträume und Informationsbegrenzung

Bei Experimenten über Verweildauer und die mögliche Überleitung in den nächst höheren Gedächtnisspeicher wurde festgestellt, daß mehr oder weniger große Anteile der gespeicherten Bewegungsinformationen nach bestimmten Zeiträumen entweder vergessen oder in den sogenannten Randspeicher „verbannt" werden.

Die dabei außerdem gewonnenen Ergebnisse gehen vom Neulernen und der ersten fehlerfreien Reproduktion der neu gelernten Bewegung aus.

Demnach werden **20 bis 30%** der bereits gespeicherten Informationen wieder **vergessen** beziehungsweise in den Randspeicher „verbannt", wenn keine Wiederholung der erlernten Bewegung **innerhalb einer Stunde** stattfindet.

Nach 24 Stunden ohne Wiederholung steigt der Prozentsatz der nicht mehr direkt „abrufbaren" Informationen auf 40–50%, nach einer Woche sind dies bereits bis zu 70% und nach einem Monat sogar bis 90% aller beim ersten Mal gespeicherten Informationen, die nicht mehr direkt abgerufen werden können.

Aus diesen Fakten wird deutlich, daß es insbesondere bei der ersten Lernbegegnung mit einem strukturell neuen Turnelement ganz wichtig ist, dieses neu gelernte Element über mehrere Wochen hinweg mehrmals in jeder Woche zu wiederholen, zu trainieren.

Je stabiler die „Bewegungsreproduktion" während der wöchentlichen Wiederholungen wird, desto geringer wird die Anzahl der jeweils erforderlichen Wiederholungen insgesamt sein.

Je einfacher ein Turnelement in koordinativer Hinsicht ist, desto weniger Wiederholungen sind nötig, je schwieriger, desto häufiger muß dieses Element wiederholt werden, damit es auf Dauer im LZG gespeichert und von dort wieder abrufbar wird.

Es gilt deshalb der **Grundsatz:**
Wenig Elemente neu lernen und durch entsprechende Wiederholungen stabilisieren. Nur so kann die erlernte relativ stabile Bewegungstechnik gut auf ein anderes Turnelement der gleichen Bewegungsstruktur (auch eines anderen Gerätes) übertragen werden.

Am ***Beispiel*** der Felgbewegung soll der **Transfer** von **Gedächtnisleistungen** angesprochen werden.

Alle Felgbewegungen weisen in ihrem bewegungsentscheidenden Abschnitt, der Hauptfunktionsphase, an allen möglichen Geräten **zwei Aktionen** auf:

- eine fußwärts gerichtete **Hüftstreckung** mit Blokkieren (49/1–2) und

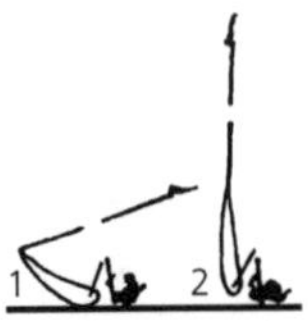

•49

- eine gerätebedingte (in diesem Fall der Boden) **Armstreckung** (50/1–2)

•50

Das heißt, alle Felgbewegungen führen in der Ha.F.Ph. in ihrem maximalen Bewegungsumfang zur völligen Streckung des ARW und BRW (51/1–3), **unabhängig vom Gerät und davon, ob viel oder wenig Energie bereitgestellt wird** (vgl. 52, 53).

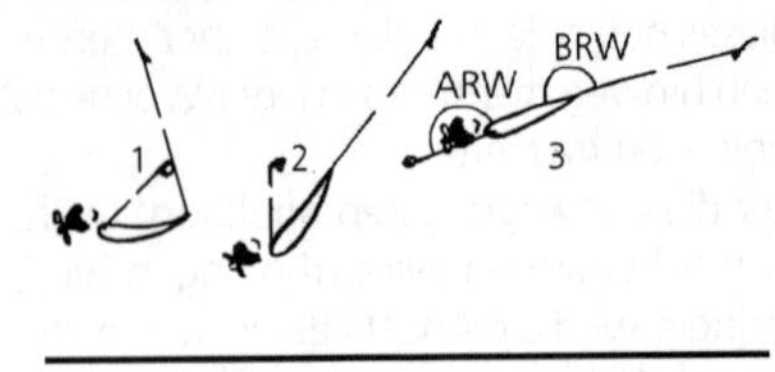

•51

•52

•53

Je weniger Bewegungsenergie (beim Schwingen oder Rollen) bereitgestellt wird, desto größer muß die Hüftbeugung vor Streckbeginn sein. Die Hüftbeugung ist maximal, wenn aus der Ruhelage geturnt wird (z.B. am Boden oder an den Ringen, 52 und 53).

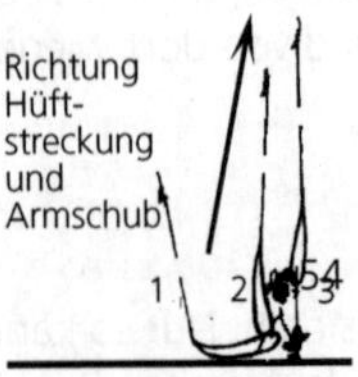

Lernende können demnach die Aktion Hüftstreckung mit Blockieren mit jeder Felgbewegung, also auch der Felgrolle (Abb. 54), erlernen. Sie können sowohl den Sinn oder die Funktion der Hüftstreckung mit Blockieren als Entlastung an den Kontaktstellen erfahren und verstehen lernen.

Das bedeutet:
Je besser die Lernenden bewußt wahrnehmen und verstehen lernen, warum bei dem jeweilig zu erlernenden Element bestimmte **Aktionen** zu einem bestimmten **Zeitpunkt** mit der dafür notwendigen **Kraft** in eine bestimmte **Richtung** durchgeführt werden müssen, umso dauerhafter können gespeicherte Informationen aus dem **Gedächtnis „abgerufen"** und auf andere Turnelemente (auch an anderen Geräten) übertragen werden.

Information und Wahrnehmungslernen

Nachdem bekannt ist, daß die Aufnahmemenge von Informationen begrenzt, außerdem die Verweildauer vor allem im KZG unterschiedlich lang ist, müssen die Lernenden Hinweise darüber erhalten, wie und in welcher Art und Weise sie die Umsetzung der Informationen in Bewegungen während der Lernschritte selbst kontrollieren und steuern können. Dabei ist zu berücksichtigen, wie bei der Entwicklung und Ausbildung der koordinativen und konditionellen Fähigkeiten auch, daß Kinder alters- und erfahrungsabhängige Phasen (sensible Phasen) durchlaufen, die von unterschiedlichen Lernvoraussetzungen geprägt sind.

Während sie bis ca. zum 5.–6. Lebensjahr durch Nachahmungslernen über „Versuch und Irrtum" ihren Lernerfolg (oder Mißerfolg) registrieren, beginnt etwa mit dem 6./7. Lebensjahr eine ständige, kontinuierlich verlaufende Verlagerung in Richtung „Lernen durch Verstehen" als geistige Auseinandersetzung mit den an sie gestellten Anforderungen.

Es ist außerdem von Bedeutung zu wissen, ob weitere, das Lernen begrenzende Faktoren existieren, die der Lehrende zu berücksichtigen hat (vgl. dazu auch Seite 49 f.). Wird dies versäumt, kann der Lernerfolg dadurch wesentlich beeinträchtigt oder gar unmöglich gemacht werden. Nach WIEMEYER (1993, 187) ist unter Bewegungslernen „die Gesamtheit der Gedächtnisprozesse, die dem prozeßhaften Erwerb der Fähigkeiten zugrunde liegen" zu verstehen.

Für die Praxis bedeutet dies, daß nach dem Aufbau einer Bewegungsvorstellung und mit dem Erfassen der Gesamtbewegung exakte Lernhinweise oder Anregungen, das heißt Informationen über die notwendigen Aktionen hinsichtlich der räumlichen und zeitlichen Steuerung gegeben werden müssen.

Diese Informationen sollten alle für den Lernprozeß benötigten Wahrnehmungsanalysatoren ansprechen und damit in den Gedächtnisprozeß eingehen. Für den Lehrenden ist es zudem manchmal notwendig, die Fähigkeit der Gedächtnisleistung und der Informationsumsetzung bei den Schülerinnen in etwa zu kennen.

Außerdem ist es für die Lehrenden wichtig, die Wahrnehmungsorgane anzusprechen, die für die Bewegungssteuerung beim Lernen eines Elements erforderlich sind, damit die Lernenden weder unter- noch überfordert werden.

Besondere Bedeutung muß dabei der Informationsmenge in Abhängigkeit von den einzelnen Bewegungsphasen für die Wahrnehmungssteuerung beigemessen werden. So werden zum Beispiel für die Hi.F.Ph. meistens weniger Informationen, als für die Ha.F.Ph. erforderlich sein.

Sobald Bewegungen mit mehreren Aktionen in kurzer zeitlicher Aufeinanderfolge erlernt werden, ist das Wissen der Lehrenden und Lernenden über diese bewegungsentscheidenden Phasenabschnitte im Lernprozeß besonders bedeutsam.

Aus den Aussagen über die Aufnahmefähigkeit und der Wahrnehmungssteuerung sind nachstehende Grundsätze zu berücksichtigen.

Grundsätze für die Informationsumsetzung

- **Erster Grundsatz:** Gebe so wenig Anweisungen wie möglich, aber so viele wie nötig!

Unter Berücksichtigung der Aufnahmefähigkeit der Lernenden, der Behaltenszeit von Informationen, dem Trainingsalter und den koordinativen Anforderungen durch das zu erlernende Element bedeutet dies, daß jeweils beim Neulernen oder der Korrektur höchstens **zwei** neue Anweisungen gegeben werden sollten. Hier ist zu berücksichtigen, daß die Verweildauer im KZG von einer Aktionsanweisung ohne Vergessen ca.12 Sekunden frisch bleibt, d.h., bei zwei Aktionsanweisungen beträgt die Verweildauer im KZG nur noch 6 Sekunden.

- **Zweiter Grundsatz**: Richte in der Regel Deine ersten Anweisungen auf die Hauptfunktionsphase oder die Hilfsfunktionsphase I. Ordnung aus!

Ausnahmen von diesem Grundsatz sind zum Beispiel dann denkbar, wenn Lernschritte eine andere Funktion wie zum Beispiel Angstabbau haben (vgl. S. 86–88).

Vor allem beim Neulernen bzw. der Fehlerkorrektur müssen in der Regel vorrangig die Lernschritt- bzw. Korrekturanweisungen auf die unmittelbar vor und in der Hauptfunktionsphase liegenden entscheidenden Positionen und Aktionen für die bewegungstechnische Kennlinie begrenzt werden. Das bedeutet, daß den zu erlernenden oder zu korrigierenden Aktionen dieser beiden Phasenabschnitte erste Priorität eingeräumt werden muß.

Dritter Grundsatz: Beziehe möglichst alle Wahrnehmungsbereiche mit ein!

Die Bereiche beziehen sich auf die optische, akustische, vestibulare, taktile und kinästhetische Wahrnehmung.

Für verstehendes, kognitives Lernen während des Lehr- Lernprozesses ist es wichtig, daß das bewußte Wahrnehmen und Steuern von Informationen über einen oder mehrere Analysatoren sowohl für das Lernen, als auch beim Trainieren und Korrigieren vom Lehrenden angesprochen werden muß.

Daraus resultiert auch die Fähigkeit der Lernenden, ihre Bewegungen wahrzunehmen und kontrolliert zu erlernen. Gleichzeitig besteht damit die Möglichkeit für den Lehrenden, mit seinen Anweisungen (der Steuerung von aussen), eine Deckungsgleichheit zwischen den Wahrnehmungen des Lernenden (Steuerung von innen) und seinen eigenen herzustellen. Erst dadurch sind die Bezugsvoraussetzungen zwischen Lehrendem und Lernenden zum Beispiel für Bewegungsanweisungen und Bewegungskorrekturen vorhanden.

Informationsumsetzung zur Wahrnehmungssteuerung

Wie kann im Lernprozeß die Steuerung der Wahrnehmungen des Lernenden durch die Bewegungsanweisungen des Lehrenden erreicht werden?

Je nach Schwierigkeit eines Elements und Lernalter (d.h. wie lange ein Lernender mit dieser Form der Wahrnehmungssteuerung bereits befaßt ist), müssen die Informationen oder Hinweise sowohl die

- optische,
- akustische,
- taktile,
- kinästhetische als auch
- vestibulare

Wahrnehmung betreffen.

Die Bewegungsanweisungen müssen selbstverständlich adressatenspezifisch unterschiedlich formuliert werden, d.h., bei Kindern oder im Anfängerbereich anders als bei Jugendlichen, Erwachsenen oder im Leistungsbereich. Dabei werden zunächst die optische und akustische Wahrnehmung im Kindesalter und bei Anfängern Vorrang haben. Gleichwohl sollten für die Entwicklung der Wahrnehmungssteuerungsfähigkeit bereits im Kindesalter auch alle anderen Analysatoren angesprochen werden.

Am ***Beispiel*** des Hüft-Aufschwungs soll verdeutlicht werden, welche **Informationen** für eine **bewußt gesteuerte Wahrnehmung** beim Neulernen erforderlich sind.

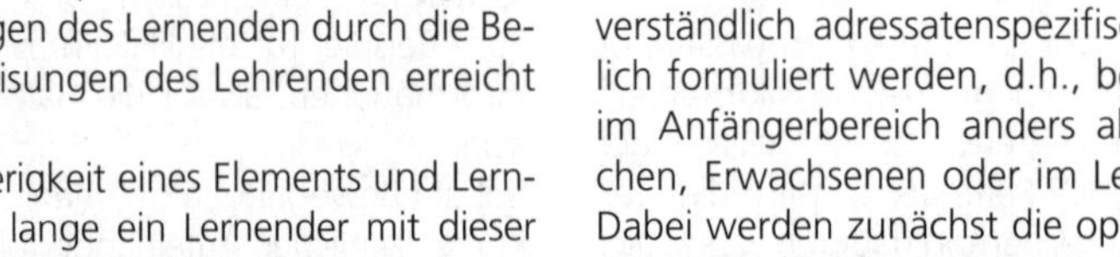

Um die optische und akustische Wahrnehmung mit der **Bewegungssteuerung** in Einklang zu bringen, müssen folgende **Informationen** in nachstehender Reihung gegeben werden:

Information zur Ausgangsposition: *Setz Deinen Druckbeinfuß genau unter den Holm /die Stange = DA* (56). Die **Funktion für diese Information** liegt darin, daß mit der Positionsangabe die Richtung des Kraftstoßes vorgegeben wird und der Lernende erfährt, daß durch den Druckbeinimpuls die Hüfte auf dem kürzesten Weg an die DA herangebracht werden kann (58/1).	 •56
Information zur ersten Aktion: *Schwing Dein Schwungbein so hoch, bis Du die Fußspitze in Höhe Deiner Augen siehst* (57). Die **Funktion dieser Information** ist, die Rotationsrichtung des Schwungbeins (über die DA hinweg) optisch bewußt steuern zu können (57).	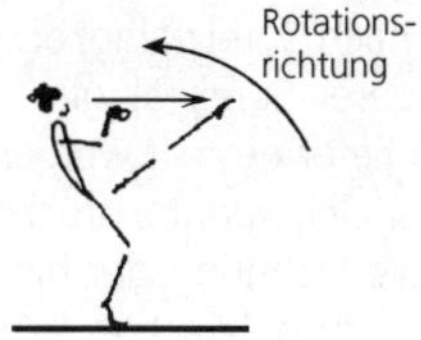 •57
Informationen zur zweiten Aktion: *Spring erst dann vom Boden mit dem Druckbein ab, wenn die Schwungbeinfußspitze Deine Augenhöhe nach oben passiert (58/1).* *Bring dann Deine Hüfte auf dem kürzesten Wege an den Holm/ die Stange bis Du Hüftkontakt an der Stange hast* (58/2–3). Die **Funktion dieser Informationen** ist, den Zeitpunkt für den zweiten Kraftstoß und den Druckbeinimpuls (als entscheidende Größe für den Beginn und die Richtung der Annäherung der Hüfte an die DA) zu erfassen.	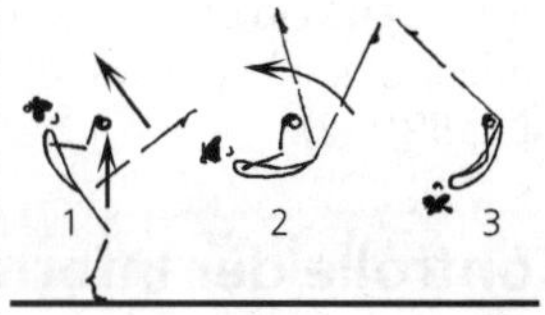 •58

Nachdem die Informationen über die räumlichen, zeitlichen und dynamischen Größen (Position, Aktionen und deren Funktionen) dem Lernenden deutlich gemacht wurden, sollen die **beteiligten Wahrnehmungsorgane** bei der Aufnahme und Umsetzung der Informationen beim Hüft-Aufschwung angesprochen werden.

Die **optische Wahrnehmung** ist

a) auf die Ausgangsposition des Druckbeins ausgerichtet, d.h.auf die sichtbare Kontrolle, dort wo der Fuß stehen muß (Abb. 56), und

b) auf das Erkennen gerichtet, wann die räumlich-zeitliche Steuerung zwischen der kurzzeitigen Durchgangsposition des Schwungbeins (Fußspitze in Augenhöhe) und dem Beinabdruck beginnt (Abb. 57).

Als **akustische Wahrnehmung** sind die gehörten Informationen für die Lernschritte zu bezeichnen. Dies kann zum Beispiel durch den Zuruf „jetzt" geschehen, wenn der Beinabdruck erfolgen soll.

Die **taktile Wahrnehmung** wird zum Beispiel bei der Bewegungshilfe (durch den Kontakt der einen Hand an der Oberschenkelrückseite des Schwungbeins und der anderen an der Schulter) oder beim Kontakt der Hüfte an der DA gespürt.

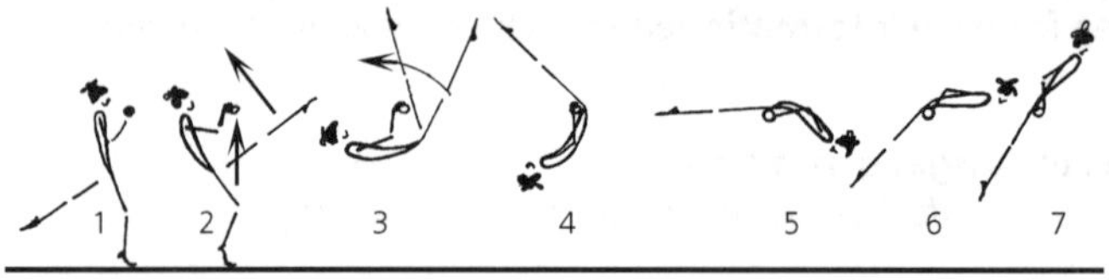

•59

Die **kinästhetische Wahrnehmung** wird über die Muskel-, Sehnen- und Gelenkspindeln in den nachfolgend beschriebenen Bereichen der Beine empfunden:

a) Je nach Spreizfähigkeit und Gerätehöhe (bei geringerer Spreizfähigkeit muß die Stange/der Holm tiefer gestellt werden) kann der Lernende an der Schwungbeinrückseite des Oberschenkels die Dehnung der hinteren Muskelschlinge spüren (Abb. 59/2).

b) Da das Abdrücken vom Druckbeinfuß aktiv erfolgen muß, kann die Muskelkraft für diesen Abdruck auch in der Fuß/Beinmuskulatur empfunden, d.h. bewußt wahrgenommen werden (Abb. 59/1–2).

c) Die Haltekraft wird bei der „Hüftannäherung" in der kurzzeitlich notwendigen Kontraktion der Schulter- und Armmuskulatur wahrgenommen (Abb. 59/3–4).

Die **vestibulare Wahrnehmung** ist für das Raumempfinden verantwortlich. Sie kann bewußt empfunden werden, wenn sich der Körper bei der Drehung rückwärts (bei Hüftkontakt an der Stange) von der „Kopfuntenposition zur Normalposition" in den Stütz aufgerichtet (Abb. 59/6–7, Hüftstreckung), und der Kopf dabei leicht in den Nacken zurückgeführt wird. Bei den beiden letzten Aktionen ist ein direkter Zusammenhang zur kinästhetischen Wahrnehmung gegeben.

Kontrolle der Informationsumsetzung

Die „eigene Wahrnehmungskontrolle" geschieht durch die genannten Analysatoren des Lernenden (innere Steuerung). Im Vergleich zwischen Bewegungsvorstellung und Bewegungsablauf kann der Lehrende feststellen, ob der Lernende die Information für die Bewegungs- bzw. Korrekturanweisung (äußere Steuerung) umgesetzt hat.

Es ist deshalb für ein qualitativ hohes Lehr-Lernniveau erforderlich, daß beide Bereiche, die innere und äußere Steuerung, möglichst „eng zusammenkommen" (vgl. S. 40–42).

Nun ist das qualitative Niveau für die Bewegungssteuerung bei Lernenden nicht nur individuell sondern auch anlagebedingt verschieden. Wird jedoch mit dem Erlernen der Entwicklung der Wahrnehmungssteuerungsfähigkeit mit dem 7.–8. Lebensjahr oder noch eher begonnen, kann diese Fähigkeit erheblich verbessert werden.

Es gilt als wissenschaftlich gesichert (vgl. NÜSKE 1993), daß Kinder vom 7./8. bis etwa zum 12. Lebensjahr dafür besonders „sensibel" sind und die Fähigkeit für die Entwicklung der bewußten kognitiven Bewegungssteuerung daher während dieser Zeit positiv beeinflußbar ist. Wird dieser zeitliche Abschnitt der besonderen „Sensibilität" (sensible Phase) nicht genützt, kann diese Fähigkeit nach der genannten Altersgrenze nur noch in begrenztem Umfang erworben werden.

Die Ausbildung dieser Fähigkeit hat nicht nur weitreichende Bedeutung für das Neulernen, sondern auch für die Umsetzung von Bewegungsanweisungen und Korrekturinformationen. Außerdem kann durch diese Fähigkeit eine Verkürzung der Lernzeit erreicht werden.

Die Funktion der Wahrnehmungsbereiche im Gerätturnen ist am Beispiel des Hüft-Aufschwungs (vgl. S. 43) deutlich zu erkennen.

In der Unterrichtspraxis vergleicht der Lehrende, ob das von ihm optisch wahrgenommene Bewegungsbild (Ist-Stand) und die von ihm gegebenen Informationen (Soll-Stand) mit der Rückmeldung durch den Lernenden übereinstimmen. Durch diesen Vergleich können nicht nur eventuelle Bewegungsfehler bereits beim

Neulernen ausgemerzt und durch den Lehrenden und die „Mitlernenden" erkannt werden, sondern es besteht damit auch die Möglichkeit festzustellen, ob beim Lernenden eine exakte innere Steuerung vorhanden ist, oder eine subjektive Fehleinschätzung über das Wahrgenommene vorliegt.

Am ***Beispiel*** des Hüft-Aufschwungs wird deutlich, welche **Kontrollfragen** der Lehrende für die **Eigenwahrnehmung** an den Lernenden stellen kann.

Hast Du Deine Fußspitze in Augenhöhe gesehen, als Du mit dem anderen Bein abgedrückt hast (60)?	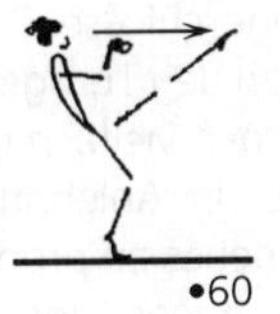 •60
Erfolgt Dein Abdruck vom Standbein, bevor Du mit dem Schwungbein die Stangenhöhe erreicht hast (also zu früh)? Wenn der Abdruck zu früh geturnt wird (Abb. 61/1), pendelt der Körper nach vorn weg, weil die Richtung des Teil-KSP vom Schwungbein in diesem Moment nicht über den Holm geht (61/2). Bei geringer Armkraft der Lernenden und falscher zeitlicher Koordination der Beinaktionen ist der Mißerfolg vorprogrammiert (61/3).	 •61

Bedingt durch die Behaltenszeit von Informationen muß der **Vergleich** zwischen der **inneren** Wahrnehmung beim Lernenden und der **äußeren Wahrnehmung** durch den Lehrenden unmittelbar nach einem Bewegungsversuch erfolgen, damit eine eventuell erforderliche Korrekturanweisung zwischen 10 und 20 Sekunden nach dem Versuch gegeben werden kann.

Je nachdem, welchem Ursachenbereich die Fehler zugeordnet werden können, ist der Lehrende in der Lage, mit seiner gezielten Korrekturinformation (der äußeren Steuerung) unmittelbar in die innere Steuerung des Lernenden für dessen Eigensteuerung einzugreifen (vgl. dazu auch S. 60 und 67–70).

Bewegungslernen

Kinder nehmen von Beginn ihrer Sehfähigkeit an mit dem wichtigsten Analysator, den Augen, wahr. Das heißt, sie lernen zunächst über die optische Wahrnehmung. Im Verlauf ihrer weiteren Entwicklung werden die anderen Wahrnehmungsbereiche durch die Auseinandersetzung mit den neuen Umgebungsbedingungen in den Lernprozeß eingeschlossen.
Dies ist auch bei Bewegungen an den Turngeräten nicht anders. Kinder versuchen vielfach das Gesehene nachzumachen oder in Anlehnung an das bereits Gelernte etwas neues zu probieren bzw. zu erkunden (Nachahmungs- und Erkundungslernen).

Da Lernen immer eine Erweiterung auf der Basis von bereits Bekanntem darstellt, wurde und wird von vielen Autoren zum Gerätturnen nach dem kleinsten gemeinsamen Bewegungsnenner (vgl. STARK, 1985) einer Bewegungstechnik/-struktur, dem sogenannten Fundamentum, gesucht. Auf der Grundlage der strukturellen Zuordnung nach Bewegungsgruppen (LEIRICH/RIELING, 1972) wurden diese strukturausgerichteten Elemente als Fundamentalbewegungen des Gerätturnens (KNIRSCH, 1991) bezeichnet.

Die Bedeutung für das Erlernen von Techniken der Fundamentalbewegungen ist, daß die gelernten Aktionen und deren Funktionen während der Hauptfunktionsphase (GÖHNER, 1992) transferierbar sind und daß dadurch nach SUCILIN mit einem Schlag für gleichartige Elemente einer Gruppe die Basistechnik verfügbar wird. Auch KRUG (1986, 94) meint: „Die Basisfertigkeiten (oder Fundamentalbewegungen) besitzen im lernmethodischen Gesamtkonzept eine Schlüsselfunktion."
Von den Grundtätigkeiten der Alltagsmotorik wie Schaukeln, Springen und Purzeln usw. ausgehend macht es daher Sinn, eine niveauabhängige Einteilung in Lernebenen mit ansteigenden Anforderungen (KNIRSCH, 1991) zu erstellen.

Lernebenen im Gerätturnen

Erste Lernebene

Viele Grundtätigkeiten der Alltagsmotorik (KNIRSCH, 1991), das sind Bewegungen des Menschen, die er tagtäglich ausführt, stellen in Verbindung mit den vielen Bewegungsmöglichkeiten an den Turngeräten eine bedeutende Erweiterung seiner Bewegungserfahrungen dar. Sie sind somit der Ausgangspunkt für das erste Lehrangebot im Gerätturnen.
Bereits während dieser Erfahrungs- und Auseinandersetzungsphase zwischen dem Körper, der Schwerkraft und den Turngeräten ist das Kennenlernen von turntypischen Positionen, wie Halten, Lagen im Raum und Ständen u.s.w. besonders wichtig für das spätere Gerätturnen.
Die Kipp- oder Felglage am Boden, der Kipp- oder Felghang am Stufenbarren, oder verschiedene Möglichkeiten des Stützens, die bereits erlernt wurden, sind als grundsätzliche Positionserfahrungen Voraussetzung für das Gerätturnen. Sie können bereits als Teile eines methodischen Weges im Sinne des Übertragens von einfachsten Positionen oder Bedingungen zu immer etwas weiter ansteigenden schwierigeren Anforderungen des Gerätturnens angesehen werden.
Wie aus dem Übersichtsschema zu den Lernebenen des Gerätturnens zu erkennen ist (Abb. 62), werden in der ersten Lernebene die Grundtätigkeiten der Alltagsmotorik nach fuß/bein-, hand/arm- und rumpfzentrierten Bewegungen eingeteilt.
Dies hängt mit der Bedeutung der „Hauptkraftansätze" (Abb. 63) für großmotorische Bewegungen zusammen.

Erste Lernebene

↓

Grundtätigkeiten der Alltagsmotorik

Fuß-, Bein-, Hüft-/Hand-, Arm-, Schulter-/Rumpf-zentrierte Bewegungen

•62

Hauptkraftansätze

Fußzentrierte Bewegungen (Bein- und Hüftgelenke)	**Handzentrierte Bewegungen** (Arm- und Schultergelenke)	**Rumpfzentrierte Bewegungen** (Wirbelsäulengelenke)
z.B. Stehen	z.B. Greifen	z.B. Liegen
• Gehen	• Ziehen	• Wälzen/Drehen
• Laufen	• Schieben/Stützen	• Purzeln
• Springen	• Hängen	• Rollen

•63

Zweite Lernebene

Die Abb. 63 verdeutlicht die engen Zusammenhänge zwischen den Grundtätigkeiten der Alltagsmotorik, den Hauptkraftansätzen und den „ersten" turntechnischen Bewegungen, der zweiten Lernebene und damit den Übergang von Bewegungen der Alltagsmotorik und dem Beginn der turntechnischen Ausbildung (Abb. 64).

Zweite Lernebene

↓

Zentrale Fundamentalbewegungen des Gerätturnens

Sprung-, Schwung- und Rollbewegungen

•64

Die motorische Fähigkeitsentwicklung im allgemeinen und die Verbesserung der koordinativen Fähigkeiten (Abb. 65) im besonderen ist eng mit dem Erlernen von Fertigkeiten verbunden. So sind in der Einteilung der drei Lernebenen nicht nur methodische Prinzipien erkennbar, sondern es können gleichzeitig Grundtätigkeiten der Alltagsmotorik für das Erlernen der Fundamentalbewegungen des Gerätturnens verwendet werden.
Die dabei erworbenen Erfahrungen im Springen, Schwingen und Rollen sind der Ausgangspunkt für die wichtigsten turntechnischen Bewegungen des Gerätturnens.
Da sie zudem strukturtragende Bedeutung in dieser Sportart haben, werden sie auch als die zentralen Fundamentalbewegungen des Gerätturnens bezeichnet und in die zweite Lernebene eingeordnet (Abb. 64). Sie sind die Grundlage für das Entwickeln und Erlernen der einfachsten turntechnischen Fertigkeiten.

Springen
So werden zum Beispiel, ausgehend von den Erfahrungen der ein- und beidbeinigen Absprünge aus der ersten Lernebene, die verschieden zu steuernden Absprungtechniken, wie prellende (reaktive) oder „normale" (nicht reaktive) Absprünge, zunächst ohne Absprunggeräte, erlernt. Danach werden durch die differenzierten Absprungverhalten vom Reutherbrett oder dem Minitrampolin die Möglichkeiten geschaffen, die verschiedenen Stützsprünge über die Geräte zu erlernen.

Schwingen
Die Erfahrungen vom Schaukeln im Hang, an den Ringen und Tauen oder anderen Geräten der ersten Lernebene können auf das Schwingen des Körpers im Hang am Stufenbarren und Reck übertragen werden.
Beim Schwingen unterscheiden wir zwischen Stütz- und Hangschwüngen.
Die **Hangschwünge** wiederum unterteilen wir in Schwünge im Lang-, Felg/Kipp- und Schwebehang. Dabei ist es wichtig zu erfahren, wie man in diesen verschiedenen Positionen den Schwung erhöhen (verstärken) kann.
Für das **Schwingen im Stütz** sind Vorerfahrungen aus der ersten Lernebene von den Positionen im Seit- oder Querstütz für das Stützschwingen vorhanden. Von diesen Erfahrungen ausgehend kann der Übergang von bekannten Verhaltensweisen am Gerät zum Schwingen im Seit- und Querstütz relativ einfach erfolgen (in diesem Buch behandeln wir in der „Praktischen Umsetzung" nur das Schwingen im Seitstütz).

Rollen
Von den verschiedenen Formen des Purzelns der ersten Lernebene ausgehend, lernt man, wie mit den Händen und Armen bei der Rolle vorwärts der Körper zu bremsen ist, damit der Hinterkopf sanft auf den Boden aufsetzt oder wie die zeitliche Abstimmung der Aktionen des „Kleinmachens" und für das Aufstehen erfolgen muß, um eine Rolle vorwärts in den Stand turnen zu können.
Gleiches ist bei der Rolle rückwärts anzuwenden.

Diese **drei Bewegungsgruppen** sind die **zentralen** fundamentalen Bewegungen des Gerätturnens und können als Sprung-, Schwung- und Rollbewegungen in einer Lernebene zusammengefaßt und definiert werden.
Mit diesen drei Bewegungsgruppen des strukturierten Gerätturnens erfaßt die zweite Lernebene die grundlegenden dynamischen, bewegungstechnischen Voraussetzungen für alle später zu entwickelnden Elemente des Gerätturnens.
Aus diesen drei Bewegungsgruppen können die Techniken für die Stützsprünge über Geräte (ohne und mit Absprunghilfen), Hang- und Stützschwünge in verschiedenen Positionen sowie die Rollen am Boden und an den anderen möglichen Geräten entwickelt werden.

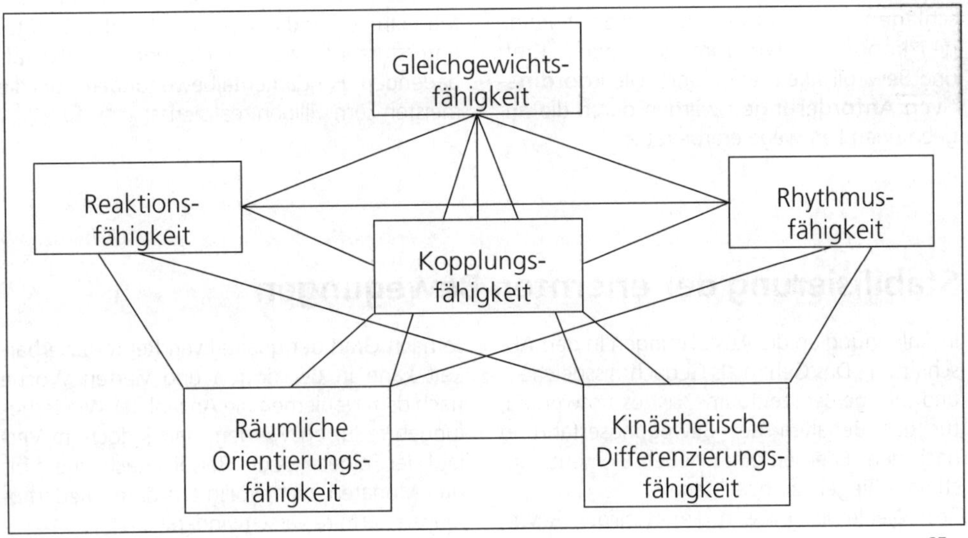

•65

Koordinative Fähigkeiten nach HIRTZ (1985)

Dritte Lernebene

Neben den drei Bewegungsgruppen der zweiten Lernebene des „normierten" Gerätturnens kennen wir weitere fundamentale Bewegungstechniken im Gerätturnen, die auf den Wissens-, Erfahrungs- und Könnensstand der zentralen Fundamentalbewegungen der zweiten Lernebene aufbauen und sie erweitern. Wir nennen sie deshalb aufbauende Fundamentalbewegungen des Gerätturnens (Abb. 66).

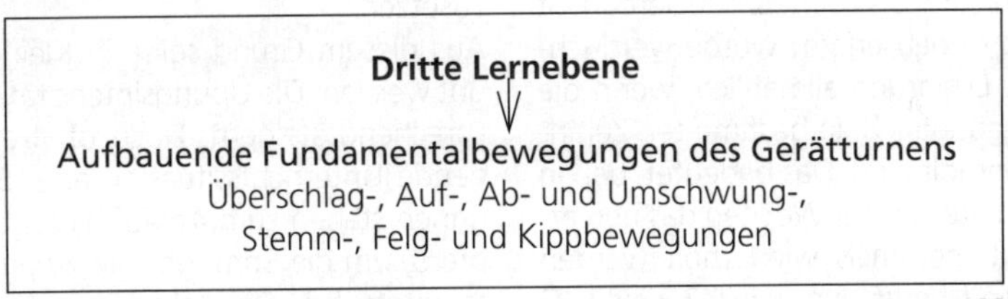

•66

Sie umfassen alle fundamentalen Bewegungstechniken des Gerätturnens. Sie sind gleichsam die Voraussetzung für das Wettkampf- und Leistungsgerätturnen bzw. Kunstturnen. Sie können durch mehr Kraft und Schwung erweitert, mit anderen Elementen gekoppelt und zu Übungen kombiniert werden.
Sie stellen mit der dritten Lernebene den Grundstock für alle weiteren Bemühungen im Gerätturnen dar.
Die aufbauenden Fundamentalbewegungen sind die klassischen Bewegungen des Gerätturnens, sie werden ebenfalls in Strukturgruppen eingeteilt und als Ab-, Auf- und Umschwung-, Felg-, Kipp-, Stemm,- und Überschlagbewegungen bezeichnet. Die Beinschwungbewegungen haben wir den Schwungbewegungen zugeordnet.
Für das Erlernen von Elementen der aufbauenden Fundamentalbewegungen des Gerätturnens sind jedoch neben dem Beherrschen der zentralen Fundamentalbewegungen bestimmte konditionelle Voraussetzungen und koordinative Grundlagen erforderlich (vgl. S. 46).

Wir haben deshalb **in den Lernschrittvorschlägen** zu jedem Turnelement die notwendigen **konditionellen** Voraussetzungen (Kraft und Beweglichkeit) angeführt. Die **koordinativen Anforderungen** werden durch die angebotenen Lehrwege erarbeitet.

Mit gezielten Bewegungshilfen, methodischen Maßnahmen und der entsprechenden Geräteunterstützung bzw. -absicherung sind alle aufbauenden Fundamentalbewegungen für die meisten Lernwilligen realisierbar.

Stabilisierung der erlernten Bewegungen

In Anlehnung an die Ausführungen in den Abschnitten „Das Gehirn als Gedächtnisspeicher" und „Vergessenszeiträume" ist es notwendig, für das Behalten der Bewegungserfahrung nach dem Erlernen eines neuen Elements bestimmte Regeln zu beachten.

Beim Neulernen müssen die jeweiligen Bewegungsaufgaben auf die koordinativen Anforderungen abgestimmt und mehrfach wiederholt werden. Je nach den bewegungstechnischen Anforderungen eines Elements sind dies zwischen **5 bis 10 Wiederholungen in unmittelbarer Folge für alle funktionstragenden Lernschritte.**

Dies sichert bei den Lernenden in der Regel eine Behaltenszeit des neu Erlernten bis zu zwei Minuten im KZG.

Auch wenn die Bewegungstechnik einer Fundamentalbewegung bis zur Reproduzierbarkeit in der Grobform neu erlernt wurde, verflüchtigt sich diese Erfahrung allmählich, wenn die erlernte Bewegung nicht in bestimmten Zeitintervallen wiederholt wird. Das bedeutet, daß in den folgenden drei bis vier Wochen das neu erlernte Element mehrmals wiederholt werden muß, damit die Überleitung vom KZG ins LZG auf Dauer gesichert werden kann.

Koordinativ schwierige Elemente müssen in der ersten Woche nach dem Neulernen in zwei zeitlich auseinanderliegenden Unterrichtseinheiten jeweils 10 bis 50 Mal wiederholt werden. Dabei muß die qualitative Reproduzierbarkeit von der Grobform in die Feinform führen.

Je nach Grad der qualitativen Reproduzierbarkeit kann in der dritten und vierten Woche nach dem Neulernen die Anzahl der Wiederholungen reduziert werden, darf jedoch im Verlauf der Folgezeit, zum Beispiel nach einem bis drei Monaten, nicht völlig aus dem Wiederholungsrepertoire verschwinden.

Die Geschwindigkeit des Vergessens weist außerdem individuelle Unterschiede auf. Die Erfahrung zeigt jedoch und dies scheint auch logisch, daß Bewegungstechniken mit hohen koordinativen Anforderungen mehr Wiederholungen benötigen als solche mit geringeren Anforderungen.

Wenn außerdem auch noch der Faktor Angst berücksichtigt werden muß, dann sind die Wiederholungen entsprechend höher und der Wiederholungszeitraum in kürzerer Folge anzusetzen.

Aus diesem Grund sollte in Kleingruppen geübt werden. Die Übungsintensität läßt sich entsprechend steigern. Doch oft treffen wir folgende Unterrichtssituation an: 15–25 Schülerinnen stehen zum Anlauf hinter dem Sprungpferd, um die Sprunghocke zu erlernen (Frontalunterricht). Die Lehrerin steht hinter dem Pferd zur Hilfestellung. In einer Unterrichtseinheit springt dann jede Schülerin ca. 5–10 Mal.

Bei so organisiertem Unterricht ist

a) die Übungsintensität zu gering und

b) der Zeitraum bis zur nächsten Wiederholung für den einzelnen Lernenden zu lang (vgl. S. 37 f.).

Besser wären in diesem Fall selbständig arbeitende Gruppen an drei bis vier Geräten mit je fünf bis sechs Schülerinnen pro Gruppe.

Lernlimitierende Größen

Unabhängig von den verschiedenen Lernebenen, sind einige weitere, den Lernprozeß beeinflussende Faktoren anzuführen beziehungsweise zu berücksichtigen. So sind beim Erlernen von Bewegungen des Gerätturnens Belastungsanforderungen in psychischer, physischer, motivationaler und emotionaler Hinsicht verbunden (WIEMEYER, 1993).
Während die **emotionalen Bedingungen** des Lernens im Gerätturnen weitgehend vom Lernklima und somit auch von den pädagogischen Fähigkeiten des Lehrenden abhängen, sind **motivationale Größen** von vielen Randbedingungen geprägt. Neben dem Lernerfolg sind subjektive Einstellungen zum äußeren Umfeld und zu den „inneren Stimmungen", die von Tag zu Tag verschieden sein können (.... heute bin ich gut bzw. schlecht drauf), mit entscheidend für die Motivation im Gerätturnen lernen zu wollen und zu können.
Die **physischen Belastungsanforderungen** als lernlimitierende Größe im Gerätturnen sind im weitesten Sinne den konditionellen Voraussetzungen zuzuordnen. Dabei sind die Bedingungszusammenhänge zwischen dem Schwierigkeitsgrad des zu erlernenden Elements, der dafür erforderlichen Relativkraft, der Beweglichkeit und dem Anspruch an das qualitative Niveau vorhanden.
Ohne im Detail hier darauf einzugehen, sind für das Erlernen der Fundamentalbewegungen einer jeweiligen Bewegungsstruktur in der „Praktischen Umsetzung" elementespezifische Hinweise gegeben.
Während des Unterrichts im Gerätturnen werden Positionen, Bewegungen und Situationen auftreten, die bei Lernenden unter Umständen **psychische Barrieren** (Angstgefühle) auslösen können. Grundsätzlich hat jeder Mensch eine unterschiedlich große Angstschwelle. Man verwendet in diesem Zusammenhang Begriffe wie Draufgänger, sehr mutig oder weniger mutig. Besondere Bedeutung muß deshalb bei den angebotenen Lernschritten der Begrenzung angstauslösender Faktoren beigemessen werden.
So können alle Aktionen, Positionen, zum Beispiel Einnehmen bzw. Erreichen möglicherweise unkontrollierter Lagen im Raum, Kopfuntenpositionen, schnelle Drehungen um die Breitenachse oder anderweitige Orientierungsverluste teilweise angstauslösend sein. Das bedeutet, es müssen alle Elemente unter Bedingungen und Hilfen angeboten werden, die weitgehend vom Lernenden überschau- und kontrollierbar realisiert werden können, damit so wenig wie möglich Angst entstehen kann.
So tritt zum Beispiel während einer Breitenachsendrehung (Salto vor- oder rückwärts) mit schneller Kopfbewegung ein Orientierungsverlust auf. Dies kann insbesondere beim Neulernen Angstreaktionen hervorrufen (vgl. S. 86–89).

Die Sicherung der Bewegungsausführung muß durch Bewegungshilfen gewährleistet sein, d.h., die Schülerin muß aus einer sicheren Ausgangslage in eine sichere Endlage gelangen. Durch Partner, bzw. Gelände- oder Gerätesicherung muß und kann der Lernende Vertrauen zum Lehrenden, Partner und zu sich selbst gewinnen.
Die Lernschrittangebote in der „Praktischen Umsetzung" berücksichtigen diese Überlegungen als eine wichtige Funktion beim Lernen turnerischer Bewegungen.
Der **Lehrende** muß aufgrund seiner Bewegungserfahrung und -vorstellung wissen, wann, bei welchen Lernschrittfolgen und welchem Element Angstreaktionen auftreten könnten und danach auch seine Unterrichtsplanung ausrichten, damit mögliche Angstreaktionen vermieden werden.
Sollten sie trotzdem auftreten, müssen Arrangements getroffen werden, damit sie vom Lernenden weitgehend kontrollierbar sind. Der Lernende kann dadurch Erfahrungen sammeln, wie er mit seinen verschiedenen Ängsten umgehen kann und muß, damit er sie beherrschen lernt.

Neben diesen genannten lernbeeinflussenden Faktoren existieren noch **drei weitere begrenzende Bedingungen,** die das Erlernen aller Bewegungen des Gerätturnens limitieren:

- die Konstruktionsmerkmale des menschlichen Körpers,
- die Konstruktion und Beschaffenheit der Turngeräte,
- die begrenzende, aber auch unterstützende Wirkungsweise der Schwerkraft und den daraus resultierenden mechanischen Gesetzmäßigkeiten.

Zwei dieser Bedingungen sind unveränderlich. Nur die Beschaffenheit der Turngeräte kann durch neue Materialien oder durch das Erfinden neuer Turngeräte verändert werden.

Diese drei Bedingungen sind die wesentliche Ursache dafür, warum sich die besonderen, zur Zeit bekannten Bewegungstechniken des Gerätturnens entwickelt haben.

Turnspezifische Voraussetzungen

Auf der Basis einer breit angelegten allgemeinen körperlichen Grundausbildung und einer speziellen turnspezifischen Vorbereitung lassen sich notwendige Voraussetzungen für eine erfolgreiche Aneignung von Turnelementen entwickeln.
Das Schaffen von Voraussetzungen ist darauf gerichtet,

- alle für das Gerätturnen erforderlichen Muskelgruppen zu kräftigen,
- die nötige Körperspannung/Körperhaltung herauszubilden,
- eine angemessene Dehnbarkeit der Muskeln und Sehnen sowie eine erforderliche Bewegungsweite der Gelenke zu erreichen und
- die Ausprägung von Steuerungs- und Regelungsfähigkeiten der Muskulatur und des Zentralnervensystems durch gezielte Ausbildung der Analysatoren zu unterstützen.

Allgemeine körperliche Vorbereitung

Allgemeine körperliche Grundlagen lassen sich mit Bewegungen entwickeln, die sich aus der alltäglichen Lebensbewältigung ergeben. Es sind **Grundtätigkeiten** wie Gehen, Laufen, Steigen, Springen, Hängen, Schwingen, Purzeln, Wälzen, Klettern, Ziehen, Schieben, Balancieren usw. (vgl. KNIRSCH 1991). Die Kinder sollen mit Hilfe von Grundtätigkeiten „Sich-Bewegen-Lernen", „sich in vielfacher Art rollend, springend, schwingend, überschlagend bewegen können" (BRUCKMANN 1993, 9).
Wenn wir heute an die körperlichen Defizite unserer Kinder denken, die in der Mehrzahl nicht in der Lage sind zu stützen, zu hängen oder gar einen Klimmzug auszuführen, dann wird verständlich, warum wir den *grundlagenschaffenden Voraussetzungen* so viel Bedeutung beimessen. Können doch in Abhängigkeit der körperlichen Betätigung alle Körperregionen – die oberen und unteren Extremitäten und der Rumpf – sowie alle motorischen Steuermechanismen beansprucht und gezielt entwickelt werden. Auf spielerische Weise sollen Kinder im Umgang mit Grundtätigkeiten an Geräten und in Gerätekombinationen, mit Materialien und Musik, in unterschiedlichen Gruppen, in Turnhallen oder auf Spielplätzen usw. ihren eigenen Körper in der Bewegung erfahren und entwickeln.
Eine so verstandene allgemeine Fähigkeitsentwicklung ist im wesentlichen an drei Ziele geknüpft:
Kinder sollen

- ihr Bewegungsbedürfnis ausleben und ihre Bewegungserfahrungen erweitern können,
- körperliche wie koordinative Defizite ausgleichen sowie
- ihre allgemeine körperliche Leistungsfähigkeit verbessern.

Spezielle turnspezifische Vorbereitung

Wenn mit zunehmendem Erschließen neuer Bewegungsmöglichkeiten bei den Kindern der Wunsch nach Erlernen sportlicher Formen der Bewegung auftaucht, und wenn sie herausfinden wollen, ob sie wie andere Kinder auch mit dem Hüft-Aufschwung in den Stütz am Reck gelangen können, muß sich der Übergang von alltagsmotorischen Bewegungen zu genormten turnerischen Bewegungen vollziehen.

Erfolgreich praktiziert wird dieser Übergang mit den für die Kinder bekannten **Grundtätigkeiten**, die in dieser Phase jedoch eine *spezielle, sportartspezifische Ausprägung* erfahren.

So werden beispielsweise aus den spielerisch-normfreien Sprüngen gezielte turnspezifische Übungen für das An-, Auf- und Abspringen vom Sprungbrett entwickelt, die sowohl der Dehnung und Kräftigung der bewegten Muskulatur als auch dem Einüben von Koordinationsmustern mit der geforderten Körperspannung dienen. Da diese Übungen Grundlagencharakter und wesentliche Anteile zur Realisierung der später zu erlernenden Turnelemente besitzen, beginnt mit der turnspezifischen Ausprägung der Grundtätigkeiten die eigentliche Arbeit an den Turnelementen. Nur wer im Sinne der Sportart technisch richtig, mit Körperspannung stützen kann, wird auch später problemlos das Schwingen im Stütz erlernen. Der speziellen Fähigkeitsentwicklung, die turnspezifische Voraussetzungen an Körperhaltung und -spannung, an Kraft, Beweglichkeit und Koordination für Hang, Stütz, Schwung, Sprung, Landen, Rollen, Überschlagen, Kippen, Felgen usw. schafft, ist daher besondere Aufmerksamkeit zu widmen.

Neben den Grundtätigkeiten dienen **Vorübungen** der speziellen turnspezifischen Vorbereitung.

Die Vorübungen werden von der Technik der Turnelemente abgeleitet und beziehen sich

- auf einzelne Körperhalten *(Positionen)*,
- auf Teile des Bewegungsablaufes *(Teilübungen)*,
- oder auf den *Gesamtablauf*, sofern er *unter erleichterten Bedingungen*, die durch Geräte- und Partnerhilfe entstehen können, durchgeführt wird.

Positionen (vgl. dazu auch S. 89–90) sind charakteristische Körperlagen im Hang, Stütz, Stand usw. Sie können als Ausgangs- (AP), Durchgangs- (DP) oder Endposition (EP) einer Bewegung auftreten.

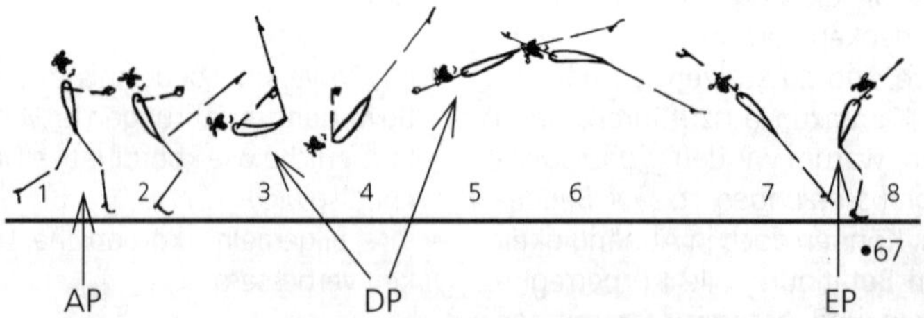

AP (Seitstand vorlings) — DP (z.B. Felghang und Position vor dem Lösen des Griffes) — EP (Seitstand rücklings)

Mit dem Üben von Positionen sollen charakteristische Gelenkwinkel, Körperwinkel zum Gerät, Spannungszustände des Körpers oder Zeitpunkte erfahren und kontrollierbar gemacht werden.

Für das Erarbeiten von Positionen schlagen wir folgende Reihenfolge vor:

1. Die Position wird als extrahierte, statische Körperlage eingenommen. Körperwinkel und Körperspannung sowie die Lage des Kopfes und der Extremitäten werden bewußt gemacht und kontrolliert nachgebessert. Imitationsübungen in der Ruhelage am Boden sind besonders dafür geeignet.
2. Danach wird versucht, die Position aus der Bewegung heraus in eine Endposition zu turnen.

3. Schließlich wird versucht, diese Position während des Gesamtablaufes als Durchgangsposition zu erreichen und sie bewußt einzunehmen bzw. zu steuern.

Am ***Beispiel*** der Felgposition des Felgunterschwungs wird das Vorgehen zum **Erarbeiten von Positionen** deutlich.

1. Statische Positionserfahrung sammeln

Lernaufgabe: Die zu erlernende Felgposition soll differenziert in der Ruhelage kennengelernt werden; das betrifft

- den Hüftwinkel von ca. 90°,
- die gestreckten Arme, die sich in Höhe der Knie befinden und Druck Richtung Beine geben,
- das Vorneigen des Kopfes mit Blickrichtung zum Turnstab
- die gespannten und fest aneinandergepreßten Beine.

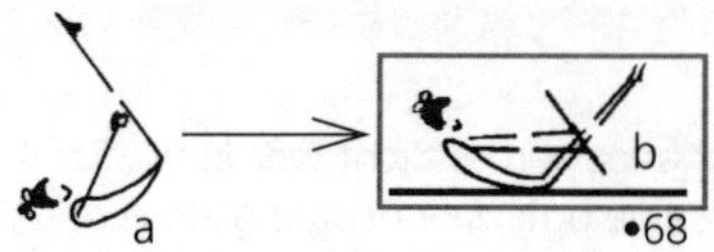

•68

Übung:
Die Felgposition wird vom Reck (Abb. 68a) auf den Boden „übertragen" (Abb. 68b) und geübt.

2. Position aus der Bewegung erreichen

Lernaufgabe: Die Felgposition soll am Reck nach dem Aufschwingen mit gleichen Qualitätsmerkmalen wie am Boden erreicht werden.

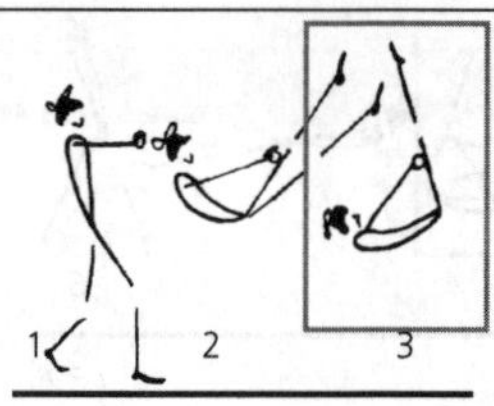

•69

Übung:
Aufschwingen in den Felghang/Felgposition mit und ohne Partnerhilfe.

3. Positionserreichung im Gesamtablauf

Lernaufgabe: Die erworbene Positionserfahrung „Felghang" soll auf den Gesamtablauf Felgunterschwung übertragbar sein. Das heißt, die Felgposition soll auch im schnellen Ablauf wie zuvor mit gleichen Qualitätsmerkmalen bewußt eingenommen werden.

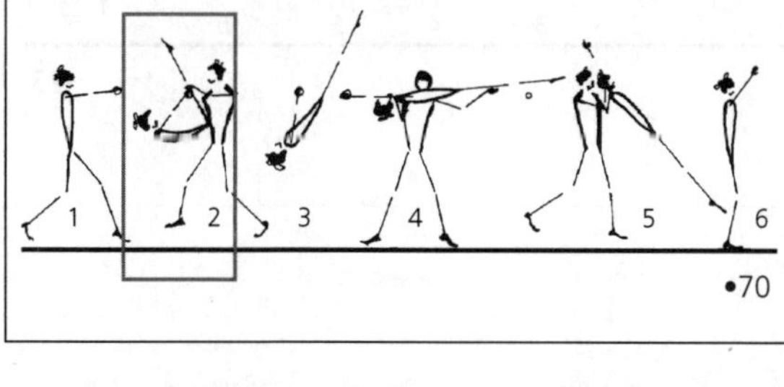

•70

Übung:
Felgunterschwung mit Hilfe.

Da Positionen Bestandteil vieler Turnelemente an verschiedenen Geräten sind, haben sie eine entscheidende Funktion für die Schulung der inneren Wahrnehmung. Nachweislich lassen sich bei stabiler Bewegungsausführung die gespeicherten kinästhetischen, taktilen, vestibu-

laren und optischen Informationen, die beim Erlernen der Turnpositionen entstehen, abrufen und auf neue Turnelemente mit gleicher Position transferieren. Die Chance der **Übertragung von Positionserfahrungen** ist groß, weil die bewegungstechnischen Anforderungen für eine Position im Vergleich zur Ausführung einer Gesamtbewegung wesentlich geringer sind.
Auch damit kommt dem Üben von Positionen eine entscheidende und nicht zu unterschätzende Rolle in der Fertigkeitsentwicklung des Gerätturnens zu.

Wichtige Lernvoraussetzungen können geschaffen werden, wie:

- ein kontrolliertes und bewußt gesteuertes „Einnehmen-Lernen" der wiederholt auftretenden Körperstellung bei unterschiedlichen Bewegungsabläufen,
- eine Kontrolle der Muskelspannung, der Gelenkwinkel und der Lage des Körpers im Raum,
- eine räumlich-zeitliche Abschätzung und Bestimmung der Körperposition zum Gerät bzw. zur Umgebung (vgl. KNIRSCH 1996, 21).

Der **Transfergedanke** soll am ***Beispiel*** des Spreiz-Kipphangs verdeutlicht werden:
Der Spreiz-Kipphang stellt für verschiedene Turnelemente eine optimale Ausgangsposition vor Beginn der Hauptfunktionsphase dar.

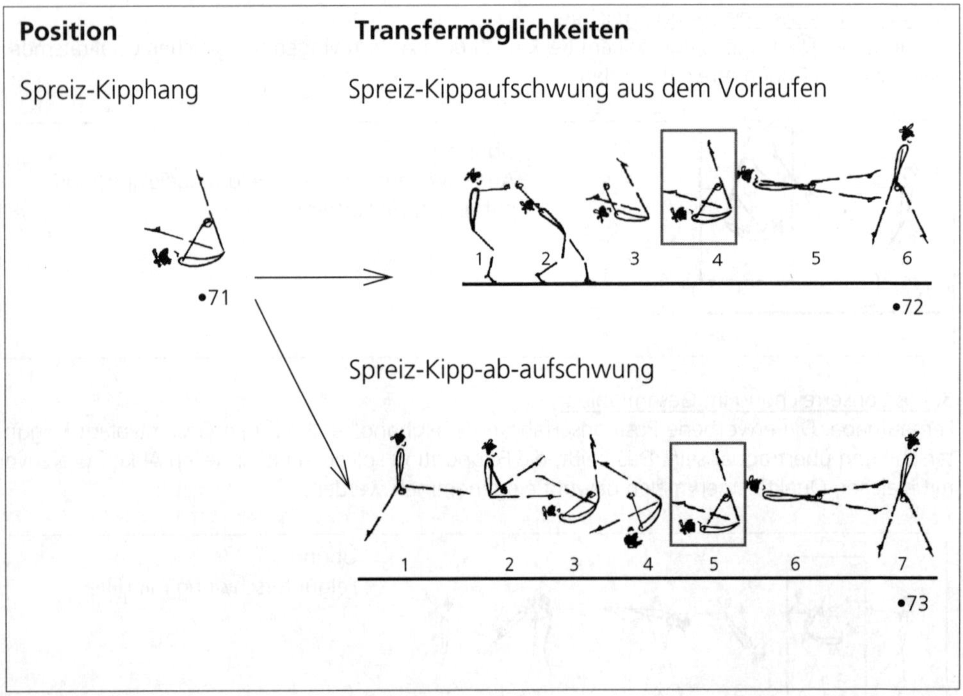

Positionserfahrungen können zudem durch geringfügige Veränderungen der „Grundposition" erweitert werden. So lassen sich durch eine veränderte Beinhaltung der „Grundposition" Spreiz-Kipphang zwei neue Positionen gewinnen:

•Beide Beine vor der Stange; es entsteht die Position Kipphang vl.

•74

•Beide Beine zwischen Rumpf und Stange; es entsteht die Position Kipphang rl.

•75

Da die optimale Ausgangsposition zu Beginn der Hauptfunktionsphase bei den Pendelaufschwüngen der Kipphang (gespreizt, vl. oder rl.) ist, kann diese „Grundposition" für alle Pendelaufschwünge verwendet, transferiert werden.

Der Spreiz-Kipphang hat damit sowohl aus methodischer, als auch bewegungstechnischer Sicht eine universale Bedeutung (vgl. S. 54).

Die besondere Bedeutung weiterer bewegungsentscheidender Positionen für die Techniken des Gerätturnens wird auf S. 89–90 erläutert.

Mit **Teilübungen** werden *Bewegungsaktionen* oder *Phasen* des zu erlernenden Turnelements in räumlich-zeitlichen beziehungsweise dynamischen Dimensionen vorbereitet.
Ziel ist die exakte technische Ausrichtung der einzelnen Teile auf den Gesamtablauf.
So kann zum Beispiel mit Teilübungen gelernt werden, ***warum*** und ***wie*** der Arm-Rumpfwinkel in der Hauptfunktionsphase zu öffnen ist, oder **wann** der Zeitpunkt für das Zurückverlagern der Schultern ***in welche Richtung*** erfolgen muß.

Teilübungen haben damit die Aufgabe, Lernenden die **funktionstragenden, bewegungstechnischen Merkmale** des zu erlernenden Bewegungsablaufes sukzessiv in Teilen zu vermitteln.
Wie sich Teilübungen aus der Technik ableiten und in eine sinnvolle Reihenfolge bringen lassen, ist im Abschnitt „Entwicklung von Teillernschritten für das funktionale Lehren" (S. 27–31) beschrieben und kann anhand der aufbereiteten Turnelemente in der „Praktischen Umsetzung" nachvollzogen werden.

Am ***Beispiel*** des Felgunterschwungs soll die **vorbereitende Funktion** von **Vorübungen** für das Erlernen des Gesamtablaufs deutlich werden.

1. Vorübung:

Aufschwingen in die Felgposition
(der Felghang wird durch Helfer fixiert)

•76

Mit der Vorübung werden vorbereitet:

- die angestrebte Körperposition zu Beginn der Ha.F.Ph.
- das Turnen mit gestreckten Armen
- die Aufwärtsverlagerung des KSP
- die angestrebte Körperhaltung und -spannung
- die Kopfhaltung

2. Vorübung:
Aus dem Hangstand vorlings am Reck nach vorn mit gestreckten Armen laufen bis die Hüfte und der ARW völlig gestreckt sind, dann Griff lösen und nach vorn weggehen.

•77

Mit der Vorübung werden vorbereitet:

- die Bewegungsaktionen Öffnen von ARW und BRW bis die Hüfte und der ARW völlig gestreckt sind
- das Turnen mit gestreckten Armen
- die überstreckte Körperhaltung im Rumpf mit Kopfposition
- der Zeitpunkt für das Lösen des Griffes
- das Lösen des Griffes

Die **Bedeutung** einer **speziellen turnspezifischen Vorbereitung** liegt darin,

- genau die Muskelgruppen zu aktivieren, die zur Realisierung des jeweiligen Turnelements benötigt werden (ohne Tendenzen einseitiger Muskelverkürzung zu fördern),
- die Elastizität und Stabilität in Gelenken, Bändern und Sehnen zu entwickeln, die für technikadäquate Bewegungsweiten erforderlich sind (ohne Reduzierung der Rumpf- und Gliederstabilität) und
- die Bewegungsmuster zu erlernen, die bei der Steuerung und Regelung des Bewegungsablaufes beteiligt sind.

Dabei gilt grundsätzlich:
Je präziser Grundtätigkeiten und Vorübungen (Positionen, Teilübungen) für die spezielle turnspezifische Vorbereitung ausgewählt und je konsequenter ihre qualitative Ausbildung entsprechend der technischen Kennlinie erfolgt, desto problemloser kann das Turnelement erlernt werden.

Der Zusammenhang einer allgemeinen und turnspezifischen Vorbereitung zur Entwicklung von Turnelementen stellt sich in der Übersicht wie folgt dar:

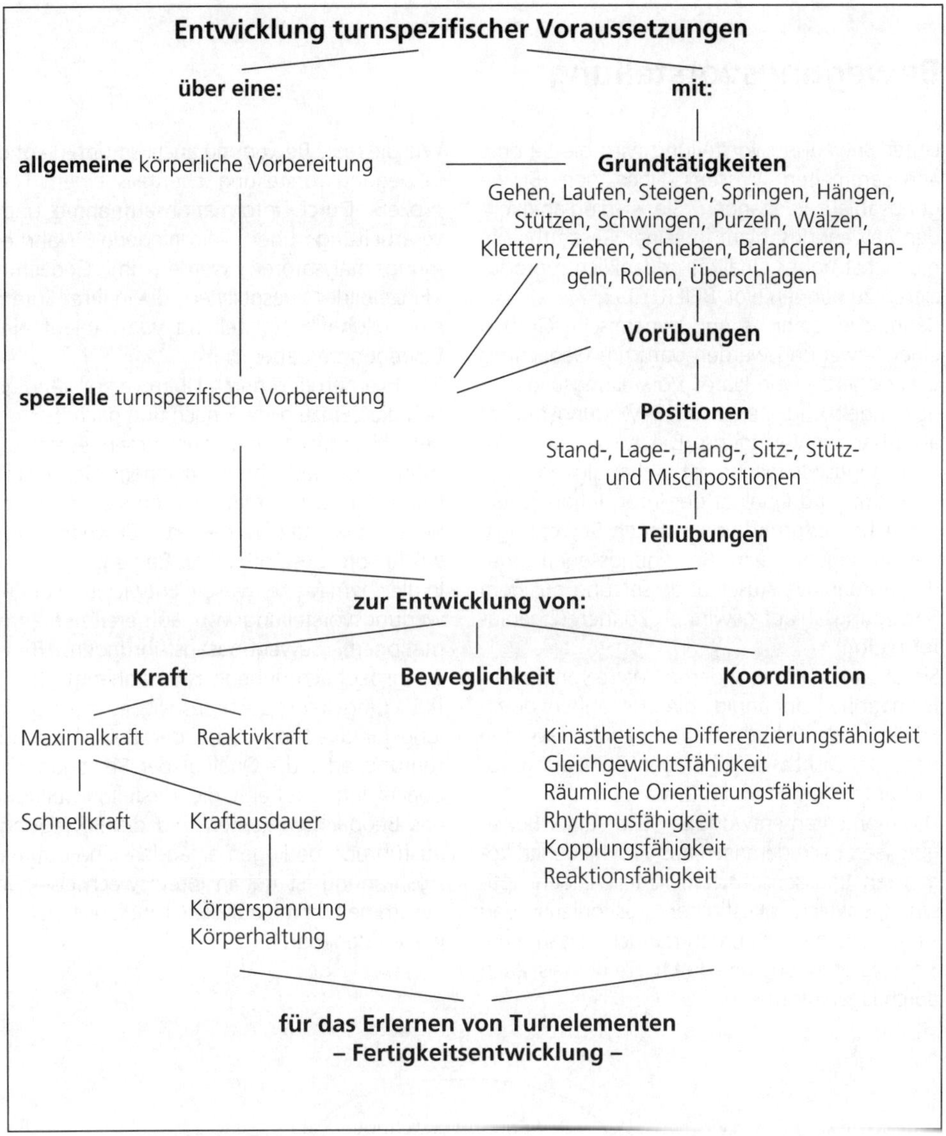

Bewegungsvorstellung und Bewegungsbeobachtung

Bewegungsvorstellung

Unter Bewegungsvorstellung wird die Summe angesammelten Wissens über den Bewegungsablauf verstanden. Sie ist die Fähigkeit, den Bewegungsablauf in seiner Gesamtheit in möglichst hoher Qualität gedanklich reproduzieren zu können (vgl. BEIER 1993, 7).
Räumliche, zeitliche und dynamische Größen einer Bewegung werden dafür im Gedächtnis gespeichert, in ein klares Vorstellungsbild umgewandelt und stehen als Bewegungsmuster abrufbar zur Verfügung. Die Ausprägung der Bewegungsvorstellung ist abhängig von der Quantität und Qualität der Informationen, die wir selbst aufgrund von eigenen Bewegungsausführungen, beim Bewegungssehen oder durch kognitive Auseinandersetzung mit dem Bewegungsablauf gewinnen können (Eigeninformation).
Sie ist zudem in besonderem Maße von den Informationen abhängig, die von außen durch Erklären oder Fehlerkorrektur gegeben werden bzw. bei Diskussion über den Bewegungsablauf entstehen (Fremdinformation).
Das momentan entworfene „Bild" einer Bewegung setzt sich demnach aus verschiedenen kognitiven und sensorischen Anteilen, den optischen, taktilen, akustischen, vestibularen und kinästhetischen Wahrnehmungen zusammen. Sie entstehen sowohl durch Fremd- als auch durch Eigeninformation.

Wie die reale Bewegung auch, so unterliegt die Bewegungsvorstellung ebenfalls einem Lernprozeß. Durch Informationsaufnahme und -verarbeitung über verschiedene Wahrnehmungsanalysatoren werden im Gedächtnis „Einzelbilder" gespeichert, die in ihrer Summe eine bildhafte Vorstellung vom Ablauf einer Bewegung ergeben.
Beim Lernen und durch Üben vervollständigen sich die „Einzelbilder" nach und nach. Sie werden wie Mosaiksteine zusammengesetzt und führen im Gedächtnis zu einem Gesamtbild. Durch Zusatzinformationen entstehen ständig neue, qualitativ verbesserte Bewegungsentwürfe vom Gesamtbild der Bewegung.
In gleichem Maße, wie die Entwicklung der Bewegungsvorstellung von aufbereiteten Informationen, Bewegungsausführungen, Bewegungsbeobachtungen usw. abhängt, beeinflußt umgekehrt auch das Niveau der Vorstellungsfähigkeit die Güte der Bewegungsausführung oder die Qualität der Bewegungsbeobachtung. Das heißt, die Vorstellungsbildung, das Beobachten-Lernen und die Bewegungsausführung bedingen einander. Eine optimale Ausprägung ist nur in ihrem wechselseitigen Zusammenwirken auf der Grundlage von Fachwissen denkbar.

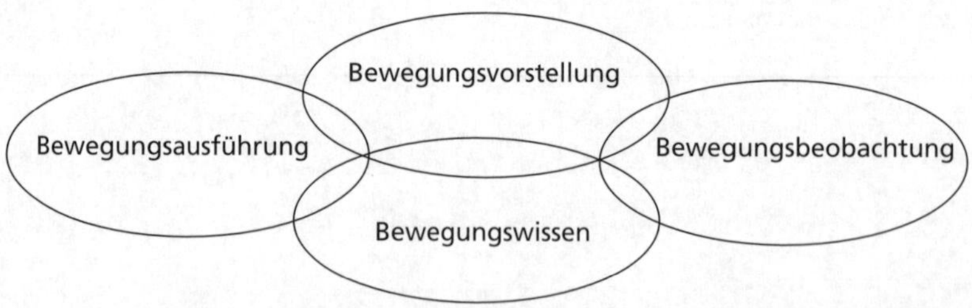

Die sprachliche Darstellung wahrgenommener Bewegungsabläufe nimmt eine weitere Funktion bei der Vorstellungsbildung ein. Einerseits drückt das Niveau der sprachlichen Repräsentanz weitestgehend den erreichten Stand der Vorstellungsbildung aus und andererseits wirkt die sprachliche Auseinandersetzung mit dem Bewegungsablauf auf die Entwicklung der Vorstellungsfähigkeit zurück.
Wie das intensive gedankliche Nachvollziehen einer Bewegung (ideomotorisches Training), so haben auch sprachliche Auseinandersetzungen Einfluß auf die Motorik. Neurophysiologische Reaktionen können in den Muskeln ausgelöst werden.
Abschließend sollen einige Möglichkeiten für die **Entwicklung der Vorstellungsfähigkeit** genannt werden:

- bewußte oder unbewußte optische Aufnahme von Bewegungsabläufen im realen Zeitablauf, in Zeitlupe oder durch Bildbetrachtung,
- Verbalisieren von bewegungstechnischen Merkmalen,
- Rhythmisieren von Bewegungsabschnitten,
- Ausführen, Beschreiben und Rhythmisieren eigener Abläufe als Komplexaufgabe,
- zeichnerische Auseinandersetzung mit dem Bewegungsablauf,
- Darstellen von Positionen oder Bewegungsaktionen mit der Gliederpuppe,
- Aneignung und Vertiefen von Wissen über Technik, biomechanische Größen, Fehlerquellen usw.,
- Erklären und Vermitteln von Bewegungsabläufen,
- gedanklicher Nachvollzug von Bewegungsabschnitten in bezug auf räumliche, zeitliche und dynamische Größen soeben ausgeführter Ganz- oder Teilkörperbewegungen,
- gedanklicher Nachvollzug der Zieltechnik,
- „Nachspüren" der selbst ausgeführten Bewegung durch Imitationsübungen,
- Ausführen von Bewegungen, die einen Kontrast zum bewegungstechnischen Leitbild ermöglichen (kinästhetischer Vergleich).

Bewegungsbeobachtung

Die Bewegungsbeobachtung hat einen entscheidenden Anteil am erfolgreichen Verlauf des motorischen Lernprozesses. Nur auf der Grundlage einer gut entwickelten Beobachtungsfähigkeit können für die in der Regel nicht fehlerfrei ablaufenden Lernprozesse korrigierende Entscheidungen getroffen werden. Deshalb sind Lernende wie Lehrende gefordert, ihre Beobachtungsfähigkeit auf hohem Niveau zu entwickeln. Sie müssen durch gezieltes Beobachten lernen, gesehene (fremde) und selbst ausgeführte (eigene) Bewegungen über optische, kinästhetische, taktile, vestibulare und akustische Wahrnehmungen zu erfassen. Und, sie müssen gesehene und selbst ausgeführte Bewegungen (Ist-Stand) im Vergleich mit den bewegungstechnischen Vorgaben eines Turnelements (Soll-Stand) qualitativ einschätzen lernen.

Am ***Beispiel*** des Fehlerbildes Sprunghocke läßt sich der **Soll-Ist-Vergleich** darstellen:

Erfassen der Bewegung

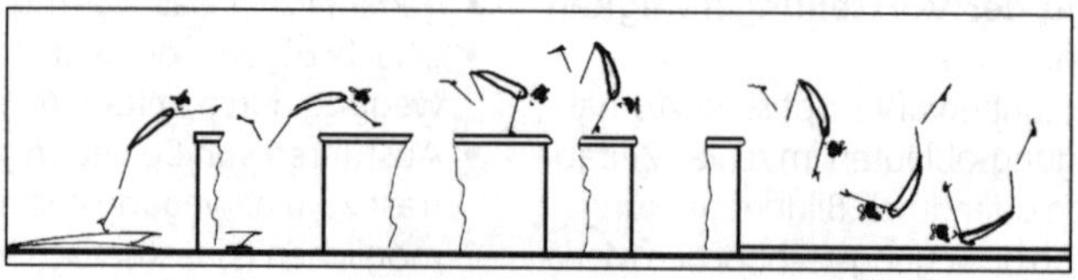

•79

Bewegung erfassen durch:

Bewegung **sehen**
– optisch wahrnehmen

Bewegung **ausführen**
– kinästhetisch, taktil, vestibular, optisch, akustisch wahrnehmen

Fremdbeobachtung

Eigenbeobachtung

Einschätzen der Bewegung

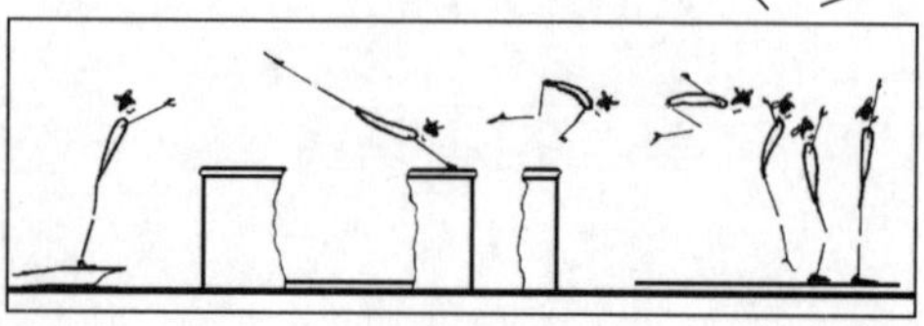

•80

Bewegung einschätzen durch:
Vergleich der wahrgenommenen Bewegung (Ist-Stand) mit der bewegungstechnischen Kennlinie des Turnelements (Soll-Stand)

Mit der Fremd- und Eigenbeobachtung haben wir zwei Zugänge, um Bewegungsabläufe zu erfassen und einzuschätzen.
Werden beide Zugänge gleichermaßen sowohl von Lehrenden wie von Lernenden genutzt, so können Lernvorgänge durch Bewegungsbeobachtung effektiviert werden. Demnach erfordert Bewegungsbeobachtung

- vom **Lehrenden,** den vorgezeigten Bewegungsablauf, auch in Detailaspekten **Sehen-Können,** um die Bewegung im Vergleich zur Zieltechnik einschätzen zu lernen,
- vom **Lernenden,** seinen eigenen Bewegungsablauf **Wahrnehmen-Können,** um ihn im Vergleich mit den technischen Vorgaben einschätzen zu lernen,

und umgekehrt:

- vom **Lehrenden,** seine eigene **Bewegungserfahrung** für das Erfassen und Einschätzen fremder Bewegungsabläufe mit einzubringen,
- vom **Lernenden,** fremde Bewegungsabläufe **Sehen-Können,** um die eigene Bewegungsvorstellung weiter zu entwickeln und sie für das Erfassen und Einschätzen der eigenen Bewegungen zu nutzen.

Bewegungssehen und Beobachtungsstandort

Fremdbeobachten setzt das optische Erfassen (Sehen) des Bewegungsablaufes voraus.
Das erweist sich in der Praxis oft als Problem. Die Bewegungen laufen sehr schnell ab und die physiologische Leistungsfähigkeit des Auges ist begrenzt. So kann das menschliche Auge in Abhängigkeit von der Entfernung nur in begrenztem Umfang scharf sehen. Bei sich schnell bewegenden Objekten entgehen uns durch Blicksprünge (Sakkaden) Informationen (BAUMANN,1986; De MARÉES/MESTER,1984). Damit der Beobachtende sich auf diese limitierenden Größen für das Bewegungssehen einstellen kann, sollen diese in vereinfachter Form dargestellt werden.
Wir unterscheiden zwischen einem Bereich des Scharfsehens und des Schemensehens (peripheres Sehen).

Der Mensch ist in der Lage, innerhalb eines Winkels zwischen ca. 1,4° bis etwa 3,5° Bilder scharf zu sehen. Das bedeutet, bei einer Entfernung von ca. 8 m vom Beobachtungsobjekt kann ein stehendes Bild nur mit einem Durchmesser von 0,35 m scharf gesehen werden (Abb. 81).

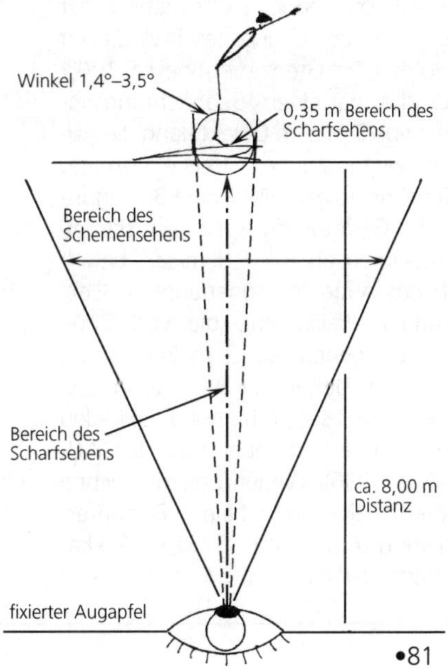

•81

Je näher sich der Beobachtende am Objekt befindet, desto kleiner wird der Durchmesser für das Scharfsehen. Alles was sich außerhalb dieses Winkelbereichs befindet, wird nur schemenhaft wahrgenommen (Abb. 82).

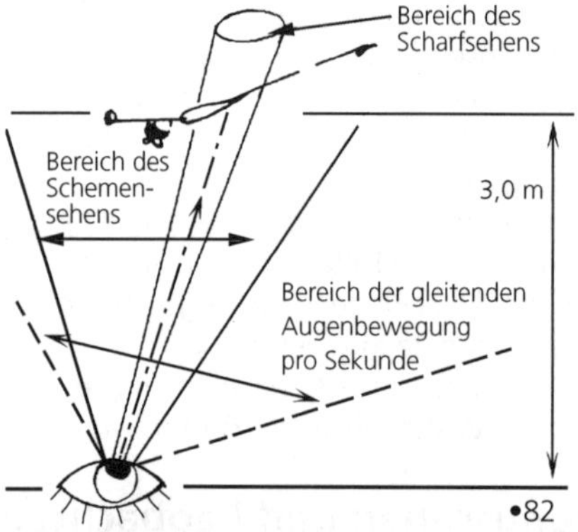

•82

Bewegt sich das Objekt, dann müssen die Augen dieser Bewegung folgen, d.h. die Augenmuskeln bewegen den Augapfel in die gewünschten Richtungen. Bei schnelleren Bewegungen ist der Augapfel jedoch nicht mehr in der Lage, der Bewegungsgeschwindigkeit zu folgen. Die Grenze liegt bei ca. **100°/sec.**, d.h. bei einem Beobachtungsabstand von **3 m** zum Objekt kann die Augenbewegung einer Strecke **von ca. 6,8 m/sec.** folgen. Weil viele Bewegungen im Gerätturnen wesentlich schneller ablaufen als mit 6,8 m/sec. behilft sich das Auge mit sogenannten Blicksprüngen (Sakkaden), die von 200–600°/sec. gehen. Bei 3 m Entfernung zum Objekt beträgt die Dauer einer Sakkade 0,1–0,3 sec., d.h., nur 3 Sakkaden pro Sekunde sind dabei möglich (BAUMANN, 1986). Wegen der räumlichen Begrenztheit sind beim Felgunterschwung (Abb. 83) noch keine Sakkaden erforderlich.

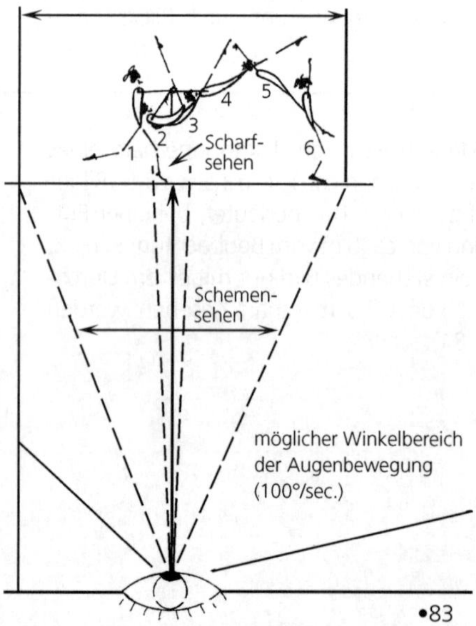

•83

Die meisten Bewegungen des Geräturnens an stationären Geräten (außer Pferdsprung und bei dynamischen Teilen des Bodenturnens) sind so schnell (vor allem der peripheren Körperteile), daß sie nur noch über Blicksprünge räumlich registriert werden können (Abb. 83).
Für die Bewegungsbeobachtung bedeutet dies, daß wir zum Beispiel bei einem Handstütz-Überschlag seitwärts mit 1/4 Drehung (Radwende) zwar die Aufsatzpositionen der Hände scharf sehen (Abb. 84/2), den Zeitpunkt für den Beginn des Beinschneppers (Kurbet, Abb. 84/2–3) jedoch nur schemenhaft wahrnehmen können.

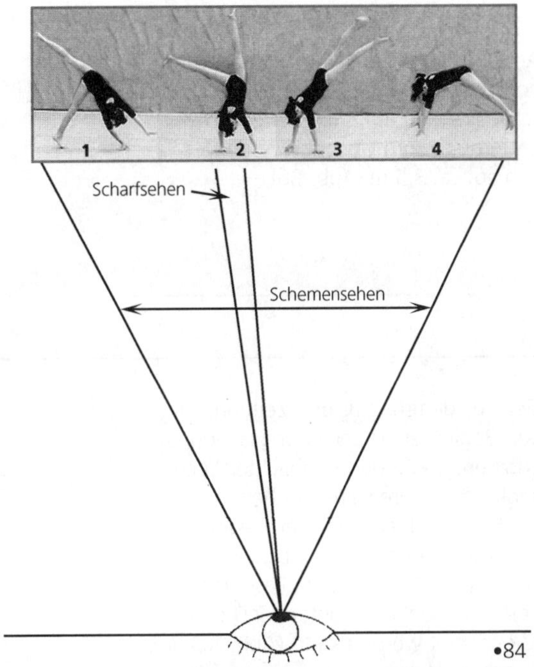

•84

Obwohl der visuelle Zugriff des Beobachters begrenzt ist, können wir Bewegungen Sehen-Lernen, indem wir unseren Blick gezielt auf die wesentlichsten Aktionen und Positionen der Bewegung lenken, stets neue Bezugspunkte für unsere Beobachtung festlegen (vgl. S. 65) und den richtigen Beobachtungsstandort wählen.
Der Beobachtungsstandort richtet sich nach der zu beobachtenden Bewegung und speziell danach, ob der räumliche Gesamtablauf, Körperpositionen oder Zeitpunkte von Körperaktionen beobachtet werden sollen. Soll der Gesamtablauf als äußeres Erscheinungsbild erfaßt werden, muß der Beobachter mindestens 8–10 m entfernt, rechtwinkelig zum Bewegungsablauf, etwa in der Mitte der räumlichen Distanz der Bewegung in bezug zu den Aktionen der Ha.F.Ph. stehen (Abb. 85/2).

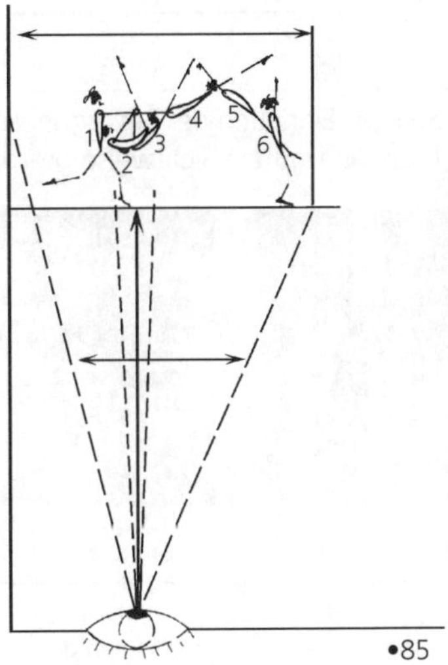

•85

Soll beispielsweise die Aktion der Arme in der Hauptfunktionsphase beobachtet werden, ist der Blick ausschließlich darauf zu fixieren. Die Entfernung zum Übenden verringert sich auf ca. 3,5 m (Abb. 86).

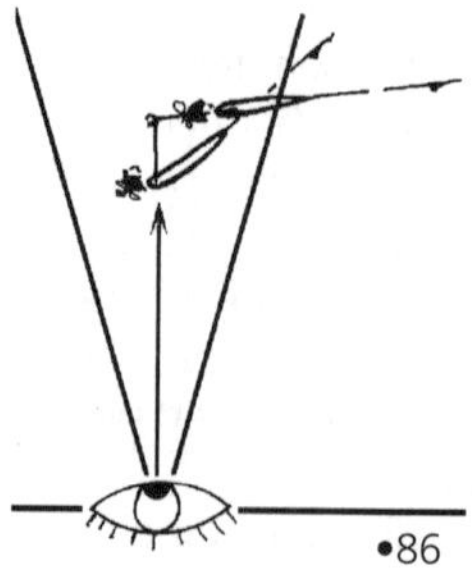

•86

Geht es darum, z.B. den Zeitpunkt für den Beginn einer Bewegungsaktion zu erfassen, muß der Beobachter rechtwinkelig zur Drehachse stehen, so daß der Blick geradeaus für den Beginn der entsprechenden Bewegungsaktion in bezug zum KSP und dem Passieren der Vertikalen senkrecht unter der Drehachse gerichtet werden kann (Abb. 87). In diesem Fall kann die Distanz zum Übenden bis auf ca. 2 m verringert werden.

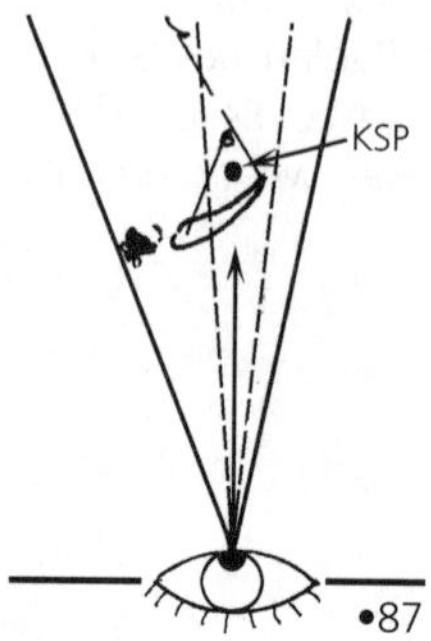

•87

Soll das Einhalten der Bewegungsebene z.B. bei der „Radwende" im Flug beobachtet werden, muß die frontale Sichtweise gewählt werden (Abb. 88).

•88

Selektive Bewegungsbeobachtung

Beim Fremdbeobachten beginnt man im allgemeinen damit, das äußere Erscheinungsbild vom Gesamtablauf einer Bewegung optisch wahrzunehmen.
Im Vergleich mit dem bewegungstechnischen Leitbild läßt sich am Gesamtablauf gut erkennen, ob die Bewegung z.B. zu flach, zu langsam, zu eckig oder zu kurz geturnt wurde.
Können jedoch zum Beispiel aus dem beobachteten Gesamtablauf keine Fehlerursachen für festgestellte Fehlerbilder abgeleitet werden, sind weitere Beobachtungsgrößen heranzuziehen. Das können sein:

• Phasenabschnitte	Vorbereitende Funktionsphase, Hauptfunktionsphase, Endphase, Übergänge zwischen den Phasen
• Positionen	Positionserreichung zum richtigen Zeitpunkt, Positionserreichung mit technikadäquater Ausführung
• Körperteilbewegungen	Aktionen des Kopfes, der Arme, der Beine, des Rumpfes, Winkelveränderung zwischen Armen und Rumpf (ARW) und zwischen Beinen und Rumpf (BRW)
• KSP-Verlauf	in räumlich-zeitlicher Zuordnung
• Zeitliche Zuordnung	Aktionen zum richtigen Zeitpunkt, Ablaufzeit für die ganze Aktion, Bewegungsbeschleunigung und -verlangsamung
• Gerät	Positionsveränderungen des Körpers zum Gerät (Distanzeinschätzung)
• Bewegungsmerkmale	Bewegungsweite, -umfang, -rhythmus, -tempo, -kopplung, -fluß
• Ästhetik	Ausdrucksfähigkeit des Gesamtkörpers, Haltung der Beine, Arme, des Oberkörpers und des Kopfes
• Musik/Gestaltung	Übereinstimmung von Musik, Bewegung und Typ, bewegungsmäßiges Herausarbeiten musikalischer Höhepunkte, phantasievolle Bewegungsgestaltung

•89

Die Vielfalt von Möglichkeiten für die Fremd- und Eigenbeobachtung gestattet ein selektives Vorgehen. Ist der Gesamtablauf einer Bewegung für die Beobachtung zu komplex, dann sollte sie auf immer kleinere „Beobachtungseinheiten" ausgerichtet werden. Die schrittweise reduzierte Bewegungsbeobachtung führt dazu, einzelne bewegungstechnische Merkmale des Bewegungsablaufes zu erkennen. Da uns die selektive Beobachtung die Informationen liefert, die für die Steuerung des motorischen Lernprozesses unabdingbar sind, gilt: Je differenzierter ein Bewegungsablauf beobachtet wird, umso mehr Informationen können für den Lernprozeß gewonnen werden.

Das nachfolgende ***Beispiel*** Felgunterschwung soll *eine Variante* zur **selektiven Bewegungsbeobachtung**, vom Erfassen des Gesamtablaufes bis hin zu Bewegungsdetails, verdeutlichen.

1. Beobachten des **Gesamtablaufs**

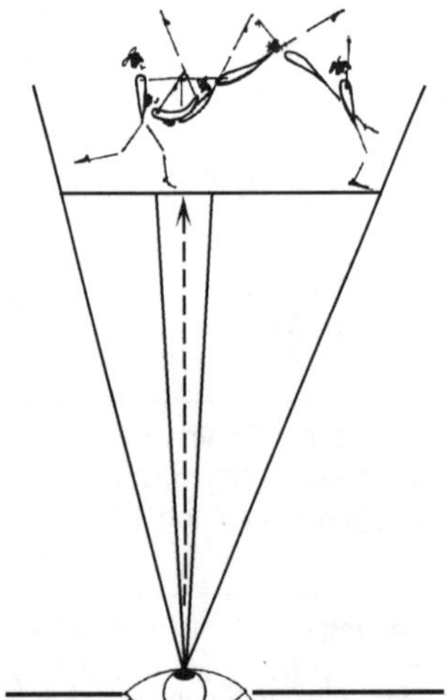

•90

2. Beobachten der **Ha.F.Ph.**

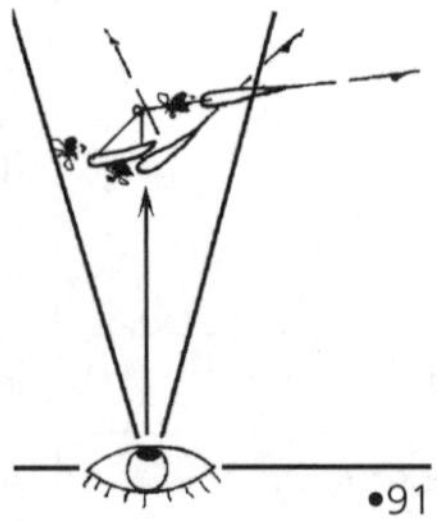

•91

3. Beobachten der **Hüft- bzw. Armaktion** in der Ha.F.Ph.

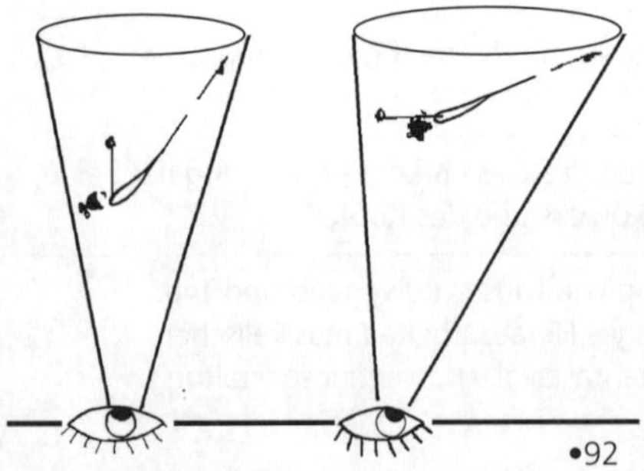

•92

4. Beobachten des **Zeitpunkts** für den Beginn der Ha.F.Ph.

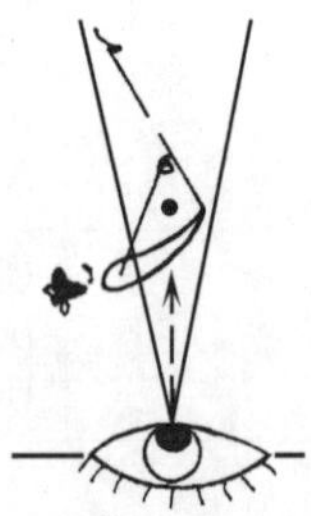

•93

Bewegungsbeobachtung als Lernprozeß

Im Zusammenhang mit der Effektivierung von Lernvorgängen interessiert besonders die Frage, welche Möglichkeiten sich für eine gezielte Entwicklung der Beobachtungsfähigkeit im Prozeß des motorischen Lernens anbieten.
Mit Hilfe eines Beispiels wollen wir dieser Frage nachgehen und zeigen, daß sich Beobachtungsfähigkeit nur im wechselseitigen Zusammenwirken von angeeignetem Bewegungswissen, der Wahrnehmung eigener Bewegungsausführungen, gesehener fremder Bewegungen und der Entwicklung der Vorstellungsfähigkeit umfassend entwickeln läßt.
In erster Linie wollen wir mit dem Beispiel anregen, das Beobachten-Lernen (eigener und fremder Bewegungsabläufe) stärker in den Mittelpunkt des motorischen Lernprozesses zu stellen. Wir wollen bewußt machen, daß auch für die Entwicklung der Beobachtungsfähigkeit ein schrittweises, ständig steigerndes Vorgehen als methodisches Prinzip Gültigkeit besitzt.

Unser ***Beispiel*** bezieht sich auf ein neu zu erlernendes Turnelement. Das methodische Vorgehen des Lehrenden, die Aufgaben für Lernende und die Absicht, die mit dem Vorgehen für die **Entwicklung der Beobachtungsfähigkeit** verbunden sind, werden ausgewiesen.
Es wird kein Anspruch auf Vollständigkeit erhoben.

Erster Aufgabenkomplex:
Morphologische Betrachtungsweise
(Gesamtablauf) / Fremdbeobachtung

Der neu zu erlernende Bewegungsablauf wird wiederholt vorgemacht bzw. anhand von Videoaufnahmen verdeutlicht („laufende“ Bilder). Ein erster unscharfer Entwurf vom Bewegungsablauf soll in der Bewegungsvorstellung entstehen.

Methodisches Vorgehen des Lehrenden	Aufgabe für Lernende	Absicht für das Beobachten-Lernen
Vormachen der Gesamtbewegung	*Versucht, einen ersten optischen Eindruck vom Gesamtablauf der Bewegung zu gewinnen.*	Schülerinnen sollen lernen, einen Bewegungsablauf aufmerksam und bewußt mit dem Blick zu verfolgen.

Zweiter Aufgabenkomplex:
Vergleichende Betrachtungsweise (Gesamtablauf)
anhand von „laufenden" und „stehenden" Bildern / Fremdbeobachtung

Da die Bewegung beim Vormachen schnell abläuft und das optische Erfassen für ein ungeübtes Auge schwierig ist, wird eine sich wiederholende vergleichende Betrachtung von „laufenden" (z.B. Video) und „stehenden" Bildern (z.B. Bildreihe) als besonders sinnvoll angesehen. Die bei den Wiederholungen neu entdeckten Bewegungsmerkmale im schnellen Gesamtablauf können nun mit der Bildreihe verglichen und im Gespräch vertieft werden. Die so entstandenen Vorstellungen vom Bewegungsablauf können durch die Verbindung von Bild und Sprache etwas erweitert werden.

Methodisches Vorgehen des Lehrenden	**Aufgabe für Lernende**	**Absicht für das Beobachten-Lernen**
Vormachen, Zeigen und Besprechen der Gesamtbewegung	*Versucht, den Gesamtablauf der Bewegung durch den Vergleich von „laufenden" und „stehenden" Bildern im Überblick optisch zu erfassen.*	Schülerinnen sollen durch bewußtes „Hinsehen" lernen, das „laufende" und „stehende" Bild zu vergleichen und sprachlich wiederzugeben.

Dritter Aufgabenkomplex:
Selektive Betrachtungsweise (ein Teil des Gesamtablaufs) / Fremdbeobachtung

Ein bewegungsentscheidendes Merkmal (zum Beispiel die Position zu Beginn der Ha.F.Ph.) wird aus der Bildreihe herausgesucht.
Die Aufmerksamkeit und der Blick werden ausschließlich auf dieses eine Bewegungsmerkmal gelenkt, um es optisch und gedanklich bewußt aufnehmen zu können. Die Aufgabe besteht nun darin, das eine bewegungstechnische Merkmal im räumlich-zeitlichen Abschnitt des „laufenden" Bildes optisch zu erfassen. Die Bewegungsvorstellung soll sich, bezogen auf dieses eine Beobachtungsmerkmal, differenzierter ausprägen.

Methodisches Vorgehen des Lehrenden	**Aufgabe für Lernende**	**Absicht für das Beobachten-Lernen**
Zeigen der Bildreihen und Besprechen eines bewegungstechnischen Merkmals	*Versucht, das eine Bewegungsmerkmal im „stehenden" Bild optisch zu erfassen und Euch die Körperposition zu merken.*	Schülerinnen sollen durch bewußtes „Hinsehen" lernen, sich ein bewegungstechnisches Merkmal einzuprägen.
Vormachen und Herausfinden des zuvor gezeigten bewegungstechnischen Merkmals	*Versucht, das gleiche Bewegungsmerkmal im „laufenden" Bild (vorgemachte Bewegung) optisch zu erfassen und es sprachlich dem Gesamtablauf zuzuordnen.*	Schülerinnen sollen lernen, die gewonnene optische Information aus dem „stehenden" Bild im „schnellen" Bewegungsablauf zu erfassen und sprachlich wiederzugeben.

Vierter Aufgabenkomplex:
Kinästhetische Betrachtungsweise (ein Teil des Gesamtablaufs) / Eigenbeobachtung

Das im dritten Aufgabenkomplex erarbeitete Bewegungsmerkmal soll mit Hilfe einer Vorübung geübt und erfahren werden. Auf diese Weise kann das bereits optisch und verbal erfaßte Merkmal auch körperlich (in der notwendigen Körperstellung und mit entsprechender Körperspannung), also kinästhetisch, wahrgenommen werden.
Die Bewegungsvorstellung vom herausgearbeiteten Bewegungsmerkmal soll durch die kinästhetische Komponente erweitert und mit den bereits gespeicherten Informationen verbunden werden.

Methodisches Vorgehen des Lehrenden	**Aufgabe für Lernende**	**Absicht für das Beobachten-Lernen**
Nachmachen/Üben und Besprechen des zuvor herausgearbeiteten bewegungstechnischen Merkmals	*Versucht, das bewegungstechnische Merkmal in den Gelenkstellungen und den Muskelspannungen bewußt wahrzunehmen.*	Schülerinnen sollen lernen, die zuvor erworbenen optischen Wahrnehmungen und anderen Informationen auf die eigene Bewegungsausführung bewußt zu übertragen.

Fünfter Aufgabenkomplex:
Gekoppelte Betrachtungsweise (alle Teile des Gesamtablaufs) /
Eigen- und Fremdbeobachtung

Alle weiteren für den Bewegungserfolg bedeutenden bewegungstechnischen Merkmale eines Elements werden sukzessiv optisch und kinästhetisch, unterstützt durch taktile und akustische Maßnahmen oder den vestibularen Bezug, immer aber auch gedanklich, wie in den Aufgabenkomplexen 3 und 4 beschrieben, erarbeitet. Eine Vorstellung über die bewegungsentscheidenden Körperaktionen und Positionen kann sich entwickeln. Die Funktionen der Körperaktionen werden kennengelernt.

Methodisches Vorgehen des Lehrenden	**Aufgabe für Lernende**	**Absicht für das Beobachten-Lernen**
Vorzeigen, Vormachen, Nachmachen/Üben und Besprechen der bedeutenden bewegungstechnischen Merkmale des Gesamtablaufs	*Versucht, alle bewegungsentscheidenden Merkmale zu sehen, sie räumlich-zeitlich zuzuordnen und sie auf die eigene Ausführung zu übertragen. Versucht, ihre Funktion für den Gesamtablauf zu erkennen.*	Schülerinnen sollen lernen, alle betroffenen Sinne und Informationen über die Bewegungsaktionen/Positionen und deren Funktionen für die Vorstellungsbildung zu nutzen.

Sechster Aufgabenkomplex:
Komplexe Betrachtungsweise (Gesamtablauf) / Eigen- und Fremdbeobachtung

Die zuvor im 5. Aufgabenkomplex kennengelernten Teile einer Bewegung werden zum Gesamtablauf zusammengesetzt.
Die beim Üben des Gesamtablaufs sichtbar bzw. spürbar werdenden Abweichungen von der Technik (eigener oder fremder Bewegungsausführungen) sollen im Soll-Ist-Vergleich mit Hilfe einer Gliederpuppe oder Bewegungsskizze usw. herausgearbeitet werden.
Die Fähigkeit zur Entwicklung der Bewegungsvorstellung kann sich jetzt auf den Gesamtablauf mit seiner dynamischen, räumlichen und zeitlichen Struktur erweitern.
Die Bewegungsbeobachtungen (eigener und fremder Bewegungen) lassen sich nun auf der Basis des geschulten Blickes und der erworbenen Fähigkeit zur Eigenwahrnehmung *gezielt* durchführen.

Methodisches Vorgehen des Lehrenden	Aufgabe für Lernende	Absicht für das Beobachten-Lernen
Anwenden der einzelnen, zuvor herausgearbeiteten Teile der Bewegung im Gesamtablauf; Besprechen und Vergleichen mit der Zieltechnik.	*Versucht, zunächst beim Turnen der Gesamtbewegung einzelne Bewegungsaktionen bewußt zu steuern. Benutzt Eure Eigenbeobachtung für den Vergleich mit der Zieltechnik und für die Fremdbeobachtung.*	Schülerinnen sollen lernen, die zuvor erworbenen Wahrnehmungen und Informationen für die Eigen- und Fremdbeobachtung des Gesamtablaufes anzuwenden und die Bewegungsqualität im Soll-Ist-Vergleich einzuschätzen.

Anhand der sechs Aufgabenkomplexe kann nachvollzogen werden, wie eng die Entwicklung der Beobachtungsfähigkeit mit dem Wahrnehmungslernen und der Bewegungsvorstellung zusammenhängen.
Der Kenntniserwerb über die einzelnen bewegungstechnischen Merkmale eines zu erlernenden Bewegungsablaufes ist für die Fähigkeit, Bewegungen beobachten zu lernen, entscheidend.
Auf jeder Stufe des Lernprozesses lassen sich für jeden Lernschritt gezielte Beobachtungsaufgaben, die sich auf Körperaktionen, Positionen, Zeitpunkte, den KSP-Verlauf usw. beziehen können, ableiten.

Fehlerkorrektur

Korrekturplan

Fehler sind Abweichungen von der angestrebten Bewegungsausführung und lassen sich auch bei guter methodischer Arbeit nicht vermeiden.
Sie lassen sich aber im Verlauf des motorischen Lernprozesses minimieren, wenn sie selbst und ihre auslösenden Ursachen erkannt und die erforderlichen Korrekturmaßnahmen eingeleitet werden.
Für das Erkennen von Fehlern ist eine gute Beobachtungsfähigkeit Voraussetzung und eine langjährige Unterrichts- und Trainingserfahrung besonders bedeutsam.
Für das Finden von Ursachen und Ableiten von Korrekturmaßnahmen sind sowohl bewegungsanalytisches Wissen, Kenntnisse über konstitutionelle, physische, psychische und kognitive Bedingungen der Schülerinnen, als auch Einschätzungen über die Wirksamkeit des methodischen Vorgehens notwendig.
Da Fehlerkorrekturen von der Qualität der Fehlererkennung und der Ursachenfindung abhängen, muß der Weg zur Korrektur in der Regel über die Stufen „Fehler erkennen" und „Ursachen finden" führen (F–U–K).

F **Fehler erkennen**
↓
U **Ursachen finden**
↓
K **Korrektur ableiten**

•94

Dabei gilt: Je differenzierter und je größer der Informationsumfang über auftretende Fehler und deren Ursachen ist, um so verläßlicher lassen sich Maßnahmen zur Fehlerkorrektur ableiten.

Fehler erkennen

Fehler sind Abweichungen des Bewegungsablaufs im Vergleich zur vorgegebenen Zieltechnik (Diskrepanz zwischen Soll-Technik und Ist-Stand). Sie sind für Lehrende am äußeren Erscheinungsbild des Bewegungsablaufes erkennbar, wenn Kenntnisse über die Technik der Turnelemente und Übung im Bewegungssehen vorhanden sind (Fremdbeobachtung).
Das Einschätzen eigener Bewegungen gelingt, wenn neben den vorhandenen Kenntnissen über die Technik auch die Fähigkeit ausgeprägt ist, unter anderem Körperpositionen oder -aktionen der eigenen Bewegung wahrzunehmen (Eigenbeobachtung).
Fehler werden besonders dann sichtbar bzw. spürbar, wenn sich die Abweichungen zum Beispiel nicht mehr durch Kraft kompensieren lassen, die Ausführung nur noch teilweise oder gar nicht mehr gelingt. Die Flugphase ist dann zu flach, die Landung erfolgt mit Sturz oder der Stütz kann nicht eingenommen werden. All diese auffälligen Abweichungen vom Bewegungsablauf können wir relativ leicht optisch und kinästhetisch wahrnehmen. Schwieriger ist zu erfassen, wodurch, in welchem Bewegungsabschnitt, in welcher Bewegungsaktion oder Position diese Fehler verursacht wurden. Denn meist sind es die „kleinen" fehlerhaften Abweichungen im Bewegungsablauf, die diese großen sichtbaren bzw. spürbaren fehlerhaften Wirkungen nach sich ziehen.

Ursachen finden

Während Fehler zumeist deutlich am äußeren Erscheinungsbild des Bewegungsablaufes erkennbar sind, fällt es oft schwer, auf Fehlerursachen zu schließen. Der Grund liegt unter anderem darin, daß sich Fehlerursachen nicht ausschließlich auf technische Unzulänglichkeiten und mangelnde koordinative bzw. konditionelle Voraussetzungen zurückführen lassen, sondern zum Beispiel auch psychisch und/oder konzentrativ bedingt sein können. Außerdem sind die

Qualität und der Umfang von Informationen, die im Verlauf des motorischen Lernprozesses gegeben oder selbst angeeignet werden, von entscheidender Bedeutung für die Bewegungsumsetzung und somit ein wichtiger Faktor für das Auslösen von Fehlern. Da sich Fehler in der Regel *nicht auf einen Ursachenbereich* zurückführen lassen und zudem von Lernenden wie auch von Lehrenden gleichermaßen ausgelöst werden können, erfordert das Finden der jeweiligen Fehlerursachen Kenntnisse über die Vielfalt der möglichen Ursachen.

Die in der folgenden Übersicht aufgeführten fünf Fehlerursachenbereiche mit den angedeuteten möglichen Ursachenformen können eine Hilfe für das Aufdecken von Fehlerursachen sein. Die Übersicht erhebt dabei keinen Anspruch auf Vollständigkeit.

Psychischer Bereich	**Physisch-konstitutioneller Bereich**	**Methodisch-didaktischer Bereich**	**Koordinativ-konzentrativer Bereich**	**Bewegungstechnisch-informativer Bereich**
•mangelndes Vertrauen in die eigene Leistungsfähigkeit •mangelndes Vertrauen zum Lehrenden •unzureichende Risikobereitschaft •mangelnde Leistungsbereitschaft •Verletzungsangst •Angst vor Blamage •Angst vor dem Unbekannten •Angst vor Orientierungsverlust •Angst vor dem Gerät •Angst aufgrund schlechter Erfahrungen •Angst vor Schmerz	•unzureichende Kraft-/Beweglichkeitsvoraussetzungen •ungünstiges Last-Kraft-Verhältnis •unzureichender Spannungsaufbau	•fehlerhafte Vermittlung •fehlende Lernschritte •unzweckmäßiger Einsatz von Lernhilfen •unzweckmäßige Übungsauswahl •unzureichend ausgeprägter Soll-Ist-Vergleich •unzureichende Differenzierung in der Fehlerkorrektur •unzweckmäßige Übungswiederholungen •unzureichende Automatisierung von Bewegungsteilen •unzweckmäßige Geräteeinstellung •fehlende oder mangelnde Hilfe- und Sicherheitsstellung	•unausgeprägtes Gefühl für Bewegungsaktionen, Zeitpunkte usw. •unzureichend ausgeprägte Konzentration für Fremd- und Eigenbeobachtungen •unzureichende Bewegungserfahrung •falsch eingeübte, verfestigte Körperhaltung •unzureichender Spannungsaufbau •zu kurze Konzentrationsphasen •tageszeitlich ungünstige Lernzeiten	•unzureichende Hintergrundinformationen (Biomechanik, Trainingslehre) •geringe Kenntnisse über Bewegungsdetails •unzureichende Bewegungsvorstellung •unzureichend ausgebildete Fähigkeiten zur Fremd- und Eigenbeobachtung •Informationsüberflutung •unzureichende Qualität in der Fehlerkorrektur

•95

Korrektur ableiten

Sind die Fehlerursachen erkannt, richten sich weitere Überlegungen auf die Korrektur. Nachdem die vielfältigen Korrekturmöglichkeiten geprüft sind, läßt sich der erste personengebundene Korrekturschritt ableiten.Das weitere Vorgehen hängt vom Korrekturerfolg ab.

Fehlerkorrekturen sind besonders wirkungsvoll, wenn

- verschiedene Wahrnehmungsbereiche des Lernenden gleichzeitig angesprochen werden, da die zumeist abgegebenen Erklärungen des Lehrenden für eine effektive Fehlerkorrektur nicht ausreichen,
- sich die Fehlerkorrektur auf das jeweils Notwendige bezieht und mit einer Information pro Korrekturschritt auskommt,
- die gedankliche Auseinandersetzung des Lernenden mit dem Bewegungsablauf zum Beispiel durch Verbalisieren, Zeichnen, Modellieren, Vergleichen, Beobachten, Nachvollziehen mit geschlossenen Augen usw. gefördert wird,
- wiederholt auftretende fehlerhafte Abweichungen den gleichen Stellenwert für die Korrektur erhalten wie neu auftretende Fehler,
- sowohl kurze und präzise Informationen für die Fremdkorrektur genutzt als auch Selbstbewertungen durch Eigenwahrnehmungen vor der Fremdkorrektur zugelassen werden,
- sich die Fehlerkorrektur von der Gruppen- zur Einzelkorrektur vollzieht,
- der Lernende für die Ausführung seiner Bewegung ein „Bezugssystem" erhält, wie z.B. den

– optischen Bezug –

•96

Versuch, beim Felgunterschwung Deine Oberschenkel in Höhe der Reckstange zu bringen.

– taktilen Bezug –

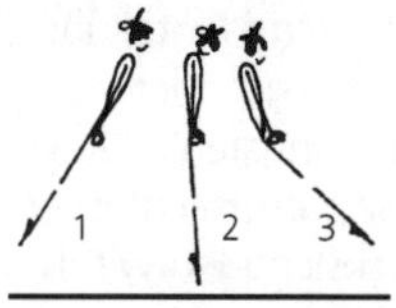

•97

In dem Moment, wenn Du beim Hüft-Umschwung vl. rw. mit der fast gestreckten Hüfte die Reckstange berührst, mußt Du Deine Schultern zurückverlagern (Abb. 97/2).

– kinästhetischen Bezug –

•98

Spürst Du im Felghang den Spannungszustand und die Kraft im Schulter-Rumpfbereich, wenn Du den Arm-Rumpf-Winkel geschlossen hältst?

– vestibularen Bezug –

•99

Beginn mit dem Strecken von Hüft- und Beingelenken für die Landung beim Salto vw., wenn sich Dein Rükken etwa in waagerechter Position befindet.

– akustischen Bezug –

•100

Rhythmisiere den Bewegungsablauf des Hopsers zum Überschlag sw.

Fehlerarten und Fehlerkorrektur

Die Besonderheit im Gerätturnen, sowohl den technischen wie ästhetischen Ansprüchen gerecht zu werden, erfordert eine Einteilung der Fehler in Technik- und Haltungsfehler.
Obwohl Technik- und Haltungsfehler auf verschiedene Art und Weise verursacht werden können (vgl. S. 72), berücksichtigen wir in diesem Abschnitt vorrangig Korrekturmöglichkeiten, die den bewegungstechnisch-informativen und koordinativ-konzentrativen Ursachenbereich betreffen.

Technikfehler sind Abweichungen von der vorgegebenen Bewegungsnorm in technisch-koordinativer Hinsicht.
Die Abweichungen können

- in den Bewegungsaktionen (bezogen auf die Verlagerung der Körperteile zueinander in räumlich-zeitlicher und dynamischer Hinsicht oder zum Gerät)
  und/oder
- in den Körperpositionen (bezogen auf die Körperlage im Raum, zum Gerät und zum Zeitpunkt) auftreten.

Beispiele

- die *Körperposition* ist nicht exakt eingenommen:

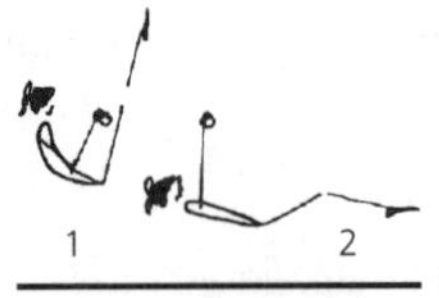

•101

Beim Felgunterschwung wird der Felghang mit gebeugten Armen ausgeführt (Abb. 101/1) – in Folge sackt der KSP ab, die Bewegung wird unrhythmisch und mit kaum erkennbarer Flugphase geturnt (Abb. 101/2).

- die *Kopplung* von Turnelementen gelingt nicht:

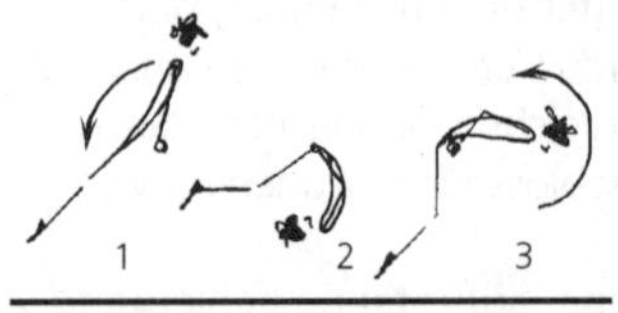

•102

Der Rückschwung im Stütz (Abb. 102/1) ist für den Hüft-Umschwung vl. rw. mit anschließendem Felgunterschwung zu niedrig – d.h., der Schwung für den Felgunterschwung reicht für „Anfänger" nicht aus, so daß die Bewegung möglicherweise nach dem Umschwung abgebrochen werden muß (Abb. 102/2–3).

- die *Bewegungsaktion* erfolgt zu langsam:

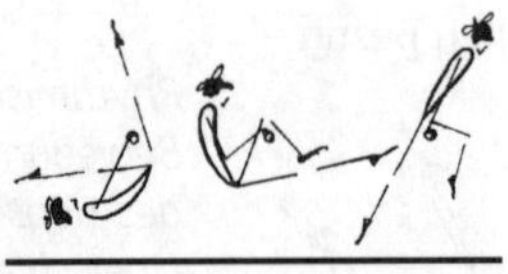

•103

Die Hüftstreckung beim Spreiz-Kippaufschwung erfolgt zu langsam (Abb. 103/1) – in Folge wird der Stütz nicht oder nur mit Knie-Aufschwung erreicht (Abb. 103/2–3).

- der *Körperwinkel* ist zu klein:

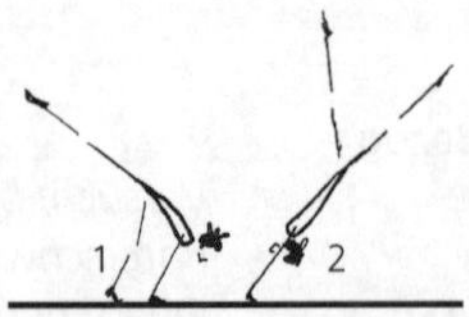

•104

Beim Handstütz-Überschlag vw. werden die Hände zu dicht an das Abdruckbein herangesetzt (Abb. 104/1), der ARW ist nicht geöffnet. Durch die Schultervorlage wird eine schlechte Abdruckmöglichkeit von den Händen geschaffen, der Abdruck ist so schwach, daß der Stand nicht oder nur der Hockstand erreicht werden kann.

- der *Zeitpunkt* für die Bewegungsaktion ist zu früh:

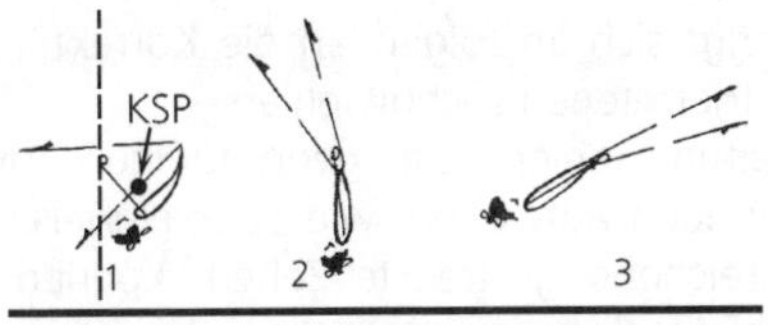

•105

Die Hüftstreckung beim Spreiz-Kippaufschwung erfolgt bevor das Gesäß (KSP) die Sekrechte unterhalb der Reckstange passiert (Abb. 105/1) – in Folge kann der Stütz nicht erreicht werden (Abb. 105/3).

Aus diesen Beispielen lassen sich vier grundsätzliche **Fragen als Korrekturhilfe** ableiten:

- Sind die Körper***positionen*** (vor allem die Position zu Beginn der Hauptfunktionsphase) in der Stellung der Körperteile zueinander und zum Gerät richtig eingenommen?
- Sind die Körper***aktionen*** (vor allem in der Hilfs- und Hauptfunktionsphase) mit der Verlagerung der Körperteile zueinander und zum Gerät im erforderlichen Umfang und mit der notwendigen Intensität erfolgt?
- Sind die Körperaktionen zum richtigen ***Zeitpunkt*** ausgeführt?
- Führen die Aktionen in die richtige ***Richtung?***

Haltungsfehler sind Abweichungen von der vorgegebenen Bewegungsnorm in ästhetischer Hinsicht. Die Abweichungen können in der Haltung der Extremitäten, des Rumpfes und des Kopfes auftreten.

Beispiele

- der Kopf wird nach dem Turnen des Hüft-Umschwungs nicht aufgerichtet,
- das Schwungbein ist beim Aufschwingen zum Hüft-Aufschwung nicht exakt bis zu den Zehenspitzen gestreckt,
- der Rumpf ist beim Strecksprung nicht ausreichend gespannt,
- die Schultern sind beim Schrittsprung hochgezogen.

Da sich **Haltungs- und Technikfehler** gegenseitig bedingen können, gilt bei ihrer Analyse zu ermitteln,

- ob Haltungsfehler zu Technikfehlern
- oder Technikfehler zu Haltungsfehlern führen.

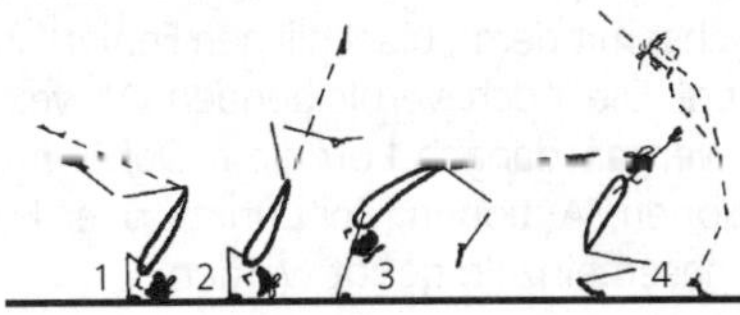

•106

(gebeugte Beine schränken die Schwungbeinwirkung beim Kopfstütz-Überschlag ein, weil die rotatorische Impulsübertragung von den Beinen auf den Oberkörper wesentlich geringer ist, Abb. 106/2).

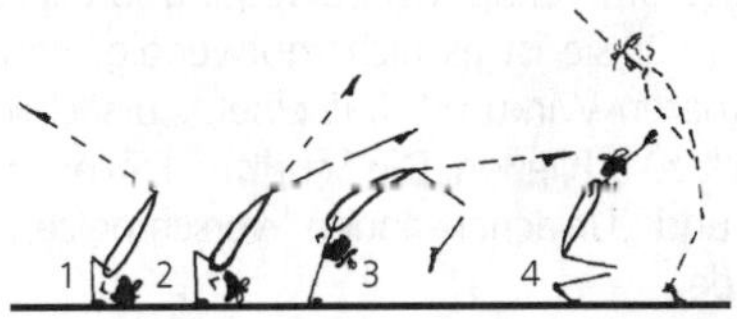

•107

(erfolgt der Armschub beim Kopfstütz-Überschlag nachdem der Beinschwung die KLA passiert (Abb. 107/2), müssen die Knie zur Landung gebeugt werden, um nicht auf den Rükken zu fallen, Abb. 107/3–4).

Fehlerkorrekturen sind variabel zu handhaben. Sie sollten den individuellen Leistungsstand der Lernenden, die Fehlerarten, ihre kombinierten und gegenseitig bedingenden Zusammenhänge berücksichtigen. Da nicht für alle im Lernprozeß entstehenden Situationen generelle Aussagen für die Fehlerkorrektur gegeben werden können, sollen hier nur einige Möglichkeiten für die **Korrekturreihenfolge** ausgewiesen werden.

- Treten Technikfehler und Haltungsfehler unabhängig voneinander auf, so sind Technikfehler vor Haltungsfehlern zu korrigieren.
- Treten Technikfehler und Haltungsfehler gekoppelt als **ein** Fehlerbild auf, sind beide Fehlerarten gleichrangig zu betrachten und gemeinsam im Komplex zu korrigieren.
- Führt ein Technikfehler zu Haltungsfehlern, muß zuerst der Technikfehler korrigiert werden. Möglicherweise erübrigt sich dann die Korrektur der aufgetretenen Haltungsfehler.
- Führen Haltungsfehler zu einem Technikfehler, liegt der Korrekturschwerpunkt zunächst bei den Haltungsfehlern. Möglicherweise erübrigt sich im folgenden die Korrektur des aufgetretenen Technikfehlers.
- Haltungsfehler, die geringfügige Abweichungen aufweisen, wie beispielsweise unzureichend gestreckte Zehen, können abschließend korrigiert werden.

Darüber hinaus muß für die Festlegung der Reihenfolge der zu korrigierenden Fehler folgendes bedacht werden: Es macht keinen Sinn, *den* Fehler zuerst korrigieren zu wollen, der für uns „auf dem ersten Blick" relativ leicht erkennbar ist wie z.B. die mißglückte Landung oder die zu flache Flugphase.
Sondern, es muß immer darum gehen, *die* Abweichung im Bewegungsablauf zu ermitteln, die den, für uns relativ leicht erkennbaren Fehler, **zuvor verursacht** hat. Wir sprechen in dem Zusammenhang auch von einem „ursächlichen Fehler".

Gemäß dem Korrekturplan kann ein Fragenkatalog für die Fehlerkorrektur entwickelt werden.

Fehler erkennen	Welche Abweichungen waren für mich deutlich erkennbar?
Ursachen finden	Wo liegt der ursächliche Fehler, der die relativ leicht sichtbaren Abweichungen ausgelöst hat?
Korrektur ableiten	Wie kann ich den ursächlichen Fehler und weitere Abweichungen korrigieren?

Lehrende mit langjähriger Erfahrung sind u.a. aufgrund ihrer gut ausgebildeten Beobachtungsfähigkeit und ihres bewegungsanalytischen Wissens in der Lage, ursächliche Abweichungen am Verlauf der Bewegung sofort zu erfassen. Für sie ist es nicht notwendig, von der „sichtbaren Wirkung" auf einen „ursächlichen Fehler" zu schließen. Die Schritte „Fehler-erkennen" und „Ursachen-finden" verschmelzen miteinander.

Oftmals treten zu Beginn des Lernprozesses eine unüberschaubare Häufung von Fehlern auf. Sie lösen sich zumeist gegenseitig aus und entwikkeln sich zu **Fehlerketten.**
Zweckmäßig für die Korrektur erscheint dann, zunächst mit dem „ursächlichen Fehler" zu beginnen. Die noch verbleibenden Abweichungen werden danach korrigiert. Dabei müssen Positionen, Aktionen, Zeitpunkte oder Funktionsphasen einzeln geübt werden.

Mit der folgenden Übersicht wird ein ***Beispiel*** für die **Fehlerkorrektur** gegeben.

1. Fehler erkennen

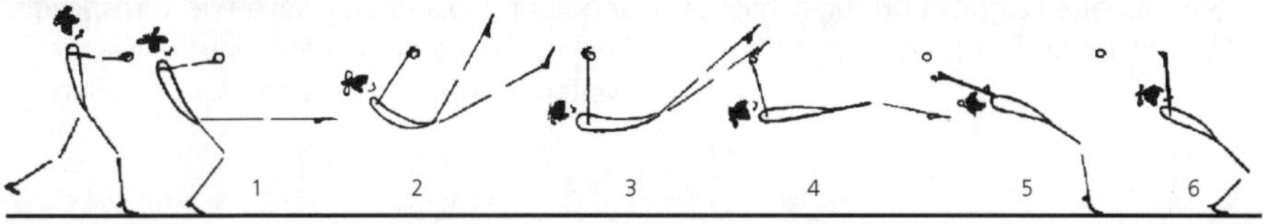

•108

Auf dem „ersten Blick", also relativ leicht erkennbar, ist, daß die *Flugphase* des Felgunterschwungs *zu flach* geturnt wird (Abb. 108/3–4) und die Landung nicht exakt ausgeführt werden kann (Abb. 108/5–6).

2. Ursachen finden

Zu fragen bleibt, welche Körperposition, Aktion oder welcher verpaßte Zeitpunkt für das flache Herausschwingen und für die mangelhafte Landung verantwortlich sind.

Im Vergleich mit der Soll-Technik läßt sich die verursachende Abweichung vom Bewegungsablauf ermitteln.

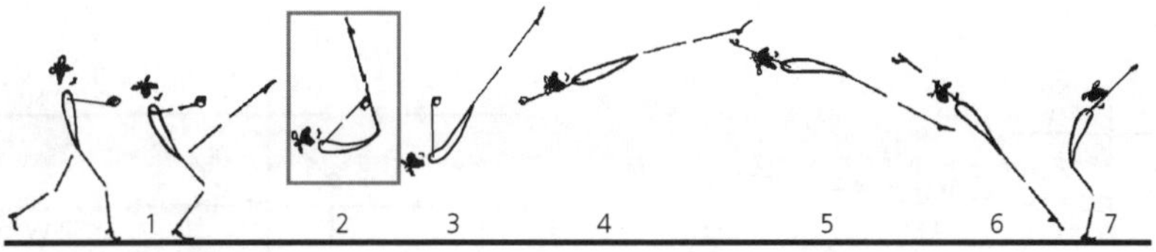

•109

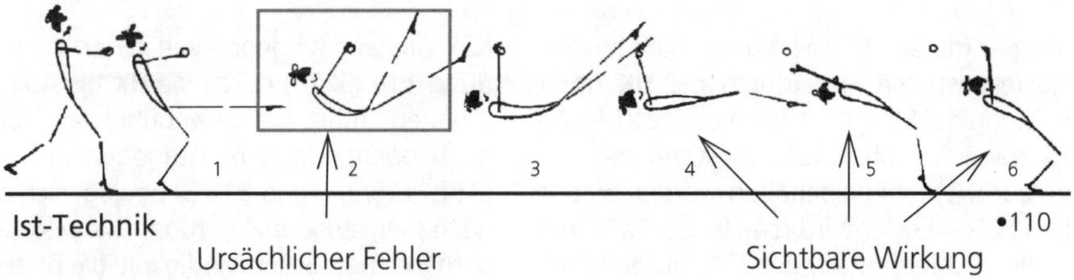

•110

Ursächlicher Fehler:	Sichtbare Wirkung:
• die Felgposition ist zu Beginn der Hauptfunktionsphase nicht exakt, der Hüftpunkt (KSP) liegt zu tief, die OS sind nicht an der Stange (Abb. 110/2) • der KSP kann nicht mehr angehoben werden, da der rotatorische Bewegungsabschnitt zu Ende ist und sich der KSP tangential nach vorn bewegt (Abb. 110/3–4)	• die Flugphase ist zu flach • die Landung kann nicht exakt ausgeführt werden

3. Korrektur ableiten

Die Korrektur muß sich zuerst auf die fehlerhaft eingenommene Felgposition (ursächlicher Fehler, Abb. 110/2 und 111/1) beziehen.

Damit der Lernende diese Körperposition erfassen kann, sollten kognitive wie turnspezifische Vorbereitungen getroffen werden. Danach sind weitere Korrekturversuche anzuschließen.

A: Kognitive Vorbereitung

- Lehrende und Lernende sammeln Informationen über den aufgetretenen Fehler; es ist zu fragen, warum der Felghang nicht erreicht wurde
  durch: Diskussion von Ergebnissen aus Fremd- und Eigenbeobachtung.
- Der Lehrende gibt Informationen über den Zusammenhang von Fehlerursache (Felgposition) und Wirkung (zu flache Flugphase)
  durch: Erklären und Demonstrieren des mechanischen Prinzips am Modell (Abb. 112).

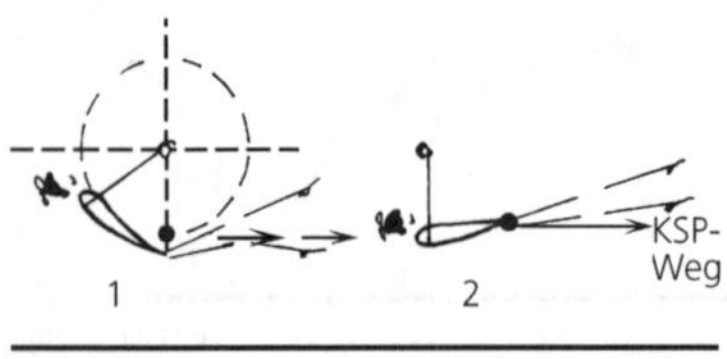

•111

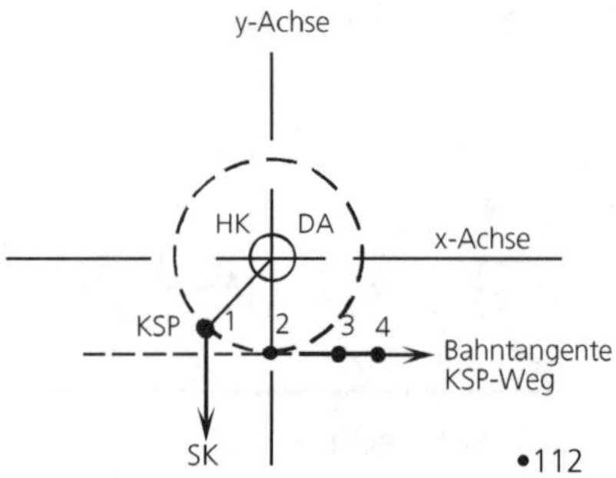

•112

Ein Körper (dessen KSP als Kugel an einem Seil dargestellt ist) schwingt durch die HK unter Einwirkung der SK um die feste DA beschleunigend abwärts (Abb. 112/1–2). Kann der Abstand zur DA nicht beibehalten werden (wie in Abb. 112/2–4) oder wird die HK bei Passieren der Senkrechten unter der DA aufgehoben (das Seil durchschnitten), bewegt sich der KSP tangential von der DA weg (in diesem Fall horizontal) d.h., die Bewegungsbahn des KSP ist flach (Abb. 111/2 und 112/2–4). Bleibt der KSP-Abstand hingegen wie in der Modellabbildung 116 (S. 79) durch die HK bis Abb. 116/3 erhalten, führt die Bewegungsbahn des KSP nach oben. Mit dem Aufheben der Position (Abb. 115/2–3 und 116/3) bewegt sich der KSP auch hier tangential von der DA weg. Je nach vorhandener Geschwindigkeit bleibt die KSP-Bewegung länger oder kürzer auf dieser Bahntangente. Durch die SK-Wirkung bewegt sich danach der KSP auf einer Parabel abwärts (KSP-Flugbahn, Abb. 116).

- Dem Lernenden soll die fehlerhaft geturnte Felgposition bewußt werden.

durch: Wahrnehmung der Bewegung im Vergleich von Ist- und Soll-Stand (Abb. 113–115) und Vergleich der KSP-Wege am Modell (Abb. 114–116).

Ist-Stand

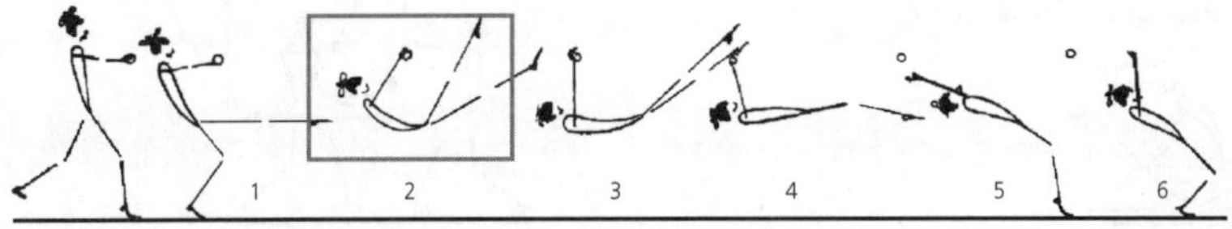

•113

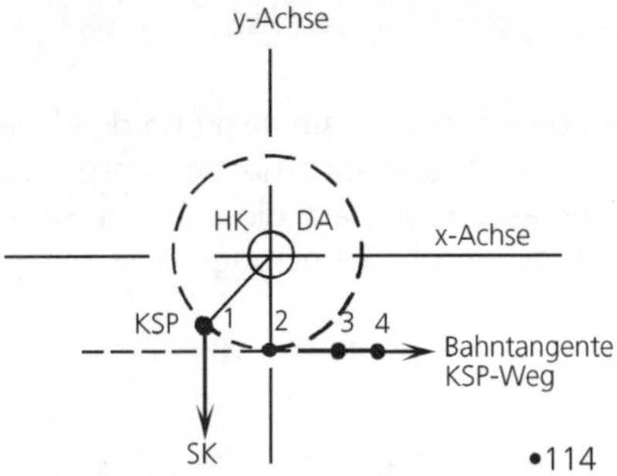

•114

Soll-Stand

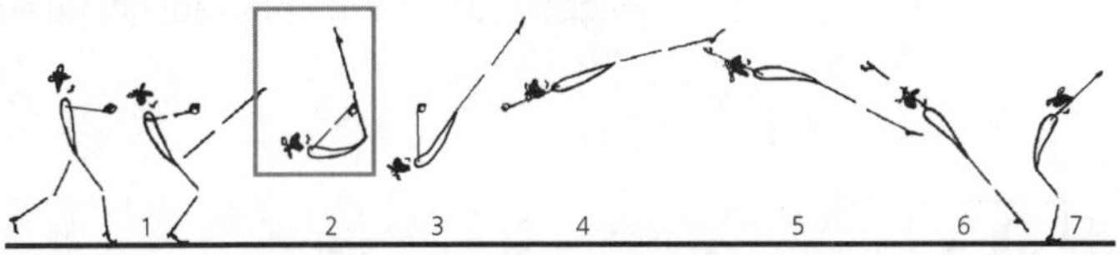

•115

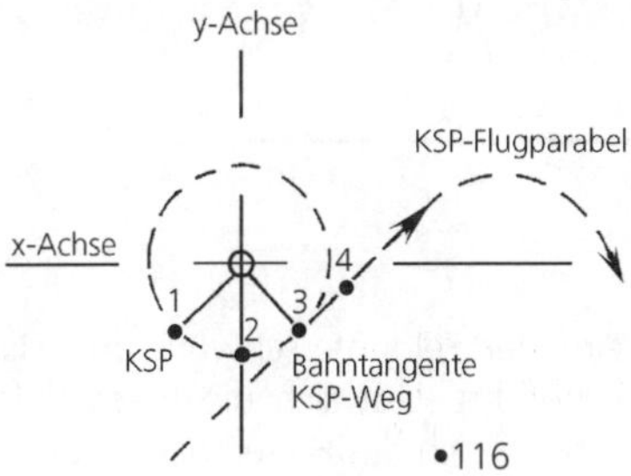

•116

B: Turnspezifische Vorbereitung

Vorübungen

- Die Felgposition soll am Boden mit Stab imitiert werden. Der Übende drückt den Stab gegen den Oberschenkel. Der Partner zieht gegen den Widerstand des Übenden den Stab gefühlvoll nach oben (Abb. 117).

•117

- Die Felgposition soll aus der Bewegung heraus mit Partnerhilfe erreicht werden (Abb. 118).

•118

Ziel:

- Positionserfahrung sammeln und den kinästhetischen Analysator besonders ansprechen
- Positionserfahrung auf die zu verbessernde Hilfsfunktionsphase übertragen

C: Korrekturversuche

Zielübung

- Felgunterschwung mit Hilfe

Ziel

- den vorbereiteten Bewegungsabschnitt mit Felgposition im Gesamtablauf richtig ausführen

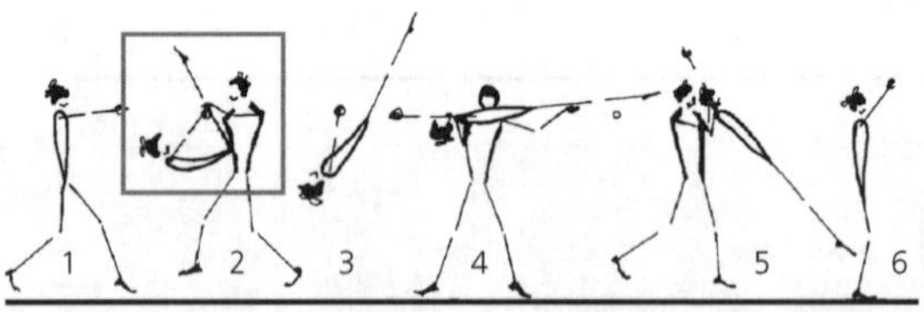

•119

Tritt beim Üben des Gesamtablaufes der ursprüngliche Fehler erneut auf, so sollten die vorbereitenden Maßnahmen wiederholt bzw. erweitert werden.

Wird der Felgunterschwung mit Hilfe richtig ausgeführt, läßt sich die Hilfestellung verringern, bis sich das Helfen ganz erübrigt.

Fachsprache

Die Fachsprache des heutigen Gerätturnens hat ihren wesentlichen Ursprung bei JAHN, GUTS-MUTHS, VIETH und EISELEN.
Diese traditionelle Turnsprache des Gerätturnens hat sich im Verlauf ihrer nun fast 200 jährigen Geschichte nur insofern verändert, als sie sich den jeweiligen Auffassungen, Bedingungen und Voraussetzungen in der Entwicklung des Gerätturnens anzupassen versucht hat (KUNATH, MÜGGE/BENDIX, FETZ, BERTRAM, HEROLD/GÖHLER).
Ein Großteil der turnerischen Wortschöpfungen von Guts-Muths, Jahn, Eiselen und Vieth u.a. sind heute noch Teil der Fachterminologie. Teilweise werden die damaligen Bezeichnungen heute noch verwendet.
Die zur Zeit praktizierte „Turnhallensprache" hat sich im Verlaufe der Zeit stark verfestigt und Lehrer, Trainer, Übungsleiter und Helfer bewahren ihre „traditionelle" Sprache.
Es ist jedoch unerläßlich, eine für den deutschen Sprachraum einheitliche, wissenschaftlich begründbare Fachsprache anzustreben, die auch die Praktiker akzeptieren.
Mit den Untersuchungen von LEIRICH/ RIELING (1964-1970) u.a. zur Klassifizierung turnerischer Bewegungen wurden Ordnungsrahmen geschaffen, die zu einer sprachwissenschaftlich begründbaren Terminologie des Gerätturnens 1972 (BUCHMANN) führten.
Dabei wurde nachgewiesen, daß die Bewegungstechniken des Gerätturnens in acht Gruppen (oder Klassen) zu ordnen sind, die jeweils in der Hauptfunktionsphase die gleichen zeitlich-räumlich-dynamischen Aktionen aufweisen.
Die acht daraus resultierenden Bewegungsgruppen sind:

- Rollbewegungen
- Sprungbewegungen
- Kippbewegungen
- Felgbewegungen
- Auf- und Umschwungbewegungen
- Überschlagbewegungen
- Stemmbewegungen
- Beinschwungbewegungen.

Das bedeutet, daß alle im Gerätturnen beschäftigte Personen mit den Bezeichnungen Überschlagen, Felgen, Stemmen, Rollen, Auf- und Umschwingen jeweils eine gleiche Bewegungsvorstellung verbinden.
Dies ist vor allem für die fachlichen Auseinandersetzungen, beim Beschreiben, Bewerten, Korrigieren, Lehren und Lernen und bei Diskussionen von entscheidender Bedeutung.
Die Bewegungsbezeichnungen sind seit den bewegungsanalytischen Arbeiten von LEIRICH/ RIELING an die acht Bewegungsstrukturen gebunden.
Die Bewegungsanalysen über die Techniken der Turnelemente der einzelnen Bewegungsstrukturen orientieren sich an den Hauptfunktionsphasen und geben Aufschluß darüber, welche Aktionen für das Erlernen eines Elements notwendig sind. So sind sowohl Bewegungsanweisungen als auch methodische Vorgehensweisen eng mit den Bewegungsbezeichnungen verbunden.
Die neue Terminologie hat sich in der Forschung und Lehre sowie im Schrifttum des Gerätturnens weitgehend durchgesetzt.

In der „Turnhallensprache" werden während der praktisch-methodischen Arbeit teilweise immer noch die alten Bezeichnungen vor der Veröffentlichung der Terminologie Gerätturnen 1972 verwendet. Sie werden von den Lehrenden an die Lernenden im Sinne der „Meisterlehre" weitergegeben. Dies liegt weitgehend daran, daß die alten Bezeichnungen teilweise kürzer und bildhafter und damit einprägsamer sind, als in der neuen Terminologie Gerätturnen (LEIRICH/RIELING).
Wie bei vielen Neuerungen, die auf der traditionellen Turnsprache aufbauen, wird auch die Umsetzung und Akzeptanz der teilweise neuen Bezeichnungen in der Terminologie Gerätturnen seine Zeit dauern.

Einige Ungereimtheiten, die in der strukturellen Systematik noch vorhanden sind, sollen in der Arbeitsgruppe „Fortschreibung der strukturellen Systematik" diskutiert und geklärt werden. In den grundsätzlichen Überlegungen dieser Arbeitsgruppe geht man davon aus, daß das weitgehendste Funktionsziel des Turnens an Geräten schlechthin (sowohl beim normfreien als auch beim normierten Turnen) das Erreichen von Flugphasen – also Fliegen – ist (Abb. 120). Auf dieser grundlegenden neuen Ausgangsüberlegung würden sich nahezu alle Elemente des gesamten Turnens an Geräten einordnen lassen.

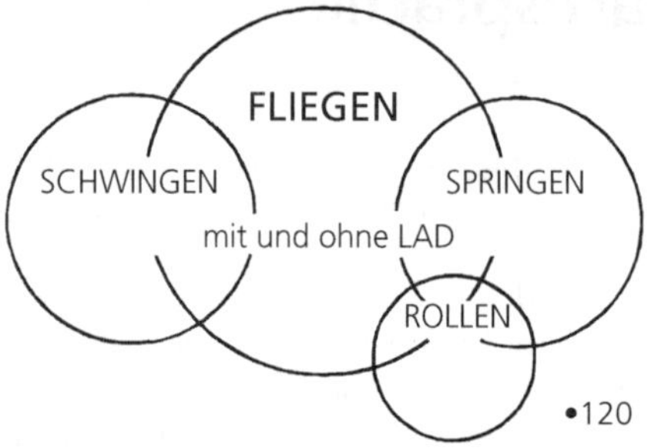

•120

Da wir in diesem Buch im Kapitel „Lernebenen" (S. 45–47) mit der Einführung der Bewegungsgruppe „Schwungbewegungen" eine mögliche Entscheidung der Arbeitsgruppe vorweggenommen haben, möchten wir einige Hinweise zu den „Ungereimtheiten" in der Strukturierung der Turnelemente geben. Sie betreffen 5 Bewegungsgruppen aus der Terminologie des Gerätturnens (LEIRICH/RIELING):

1. Die Bewegungsgruppe der Beinschwungbewegungen,
2. Die Eingrenzung in der Bewegungsgruppe der Sprungbewegungen,
3. Die „neue" Bewegungsgruppe der Schwungbewegungen,
4. Die Abgrenzung von Kipp- und Felgbewegungen und
5. Die Integration der Längsachsendrehungen (LAD).

Aus Gründen des Umfangs und der Bedeutung für die praktisch-methodische Arbeit mit diesem Buch **gehen wir** mit kurzen Erläuterungen **nur auf drei „Problemgruppen"** ein:

Die Bewegungsgruppe Beinschwungbewegungen

Die Definition der Beinschwungbewegungen von LEIRICH und RIELING basiert **nicht** wie bei allen anderen Definitionen der Strukturgruppen auf den biomechanischen Größen **Rotation** und **Translation**, sondern auf morphologischen Aspekten der Verhaltenswechsel des Körpers zum Gerät. Die Aktionen der Beinschwungbewegungen verlaufen in zwei unterschiedlichen Ebenen. In einer horizontalen Ebene (bei Kreisschwüngen) und in einer vertikalen (bei Schwüngen im Hang und Stütz sowie bei Stützsprüngen wie Hocke u.a.). Diese Unterscheidungen sind bei LEIRICH und RIELING nicht erwähnt.

Unsere Überlegungen gehen dahin, die Bewegungsgruppe Beinschwungbewegungen zu streichen und dafür die Bewegungsgruppe Schwungbewegungen einzuführen. Die bisher den Beinschwungbewegungen zugeordneten Schwungelemente sollten dann der neu zu bildenden Gruppe der Schwungbewegungen zugeordnet werden (vgl. Abb. 121, S. 83).

Elemente aus der Gruppe der Beinschwungbewegungen, die durch den Absprung geturnt werden, müssen dann in die Gruppe der Sprungbewegungen aufgenommen werden.

Die Eingrenzung in der Bewegungsgruppe der Sprungbewegungen

Die Aussage bei LEIRICH/RIELING, daß Sprungbewegungen immer rotationsauslösend sein müssen und Sprungbewegungen, die keine Rotation zur Folge haben, den sogenannten „gymnastischen Sprüngen" zugeordnet werden, erscheint uns als sehr willkürlich. Dies ist nach SCHMIDT (1994) weder richtig, noch aus trainingsmethodischer Sicht gerechtfertigt.

Unsere Meinung deckt sich auch mit der von SCHMIDT und geht dahin, daß im modernen Turnen sowohl translatorische, als auch rotatorische Absprünge (mit Überlagerungen) sowohl von den Füßen, als auch von den Händen (hier entsprechend weniger effektiv) der Gruppe der Sprungbewegungen zugeordnet werden müßten.

Die „neue" Bewegungsgruppe Schwungbewegungen

Die Bildung dieser neuen Gruppe erscheint deshalb erforderlich, weil dadurch sowohl eine Abgrenzung zwischen den einzelnen Schwungbewegungen (vgl. Abb. 121), als auch eine aus lerntheoretischer und trainingsmethodischer Sicht notwendige Präzisierung möglich ist.

Diese Forderung wurde bereits in den Arbeiten zur strukturellen Systematik von ARNOLD 1968 und 1994, WEBER 1981, SCHMIDT 1979, 1985 und 1994, KNIRSCH 1983, 1991, 1994 und 1996 gestellt. Die Systematisierung ermöglicht eine grundsätzliche Trennung der Schwungbewegungen zwischen Rotationen in horizontaler und vertikaler Ebene (vgl. Abb. 121).

Bei den Schwüngen in horizontaler Ebene handelt es sich um Kreisflanken mit Erweiterungen bzw. Überlagerungen aus dem Gerätturnen der Männer.

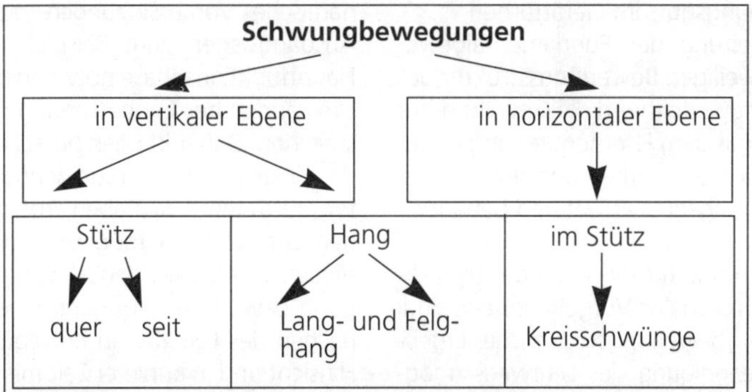

•121

Praktische Umsetzung

Die „Praktische Umsetzung" enthält im ersten Teil Informationen über die technisch-methodische Erarbeitung der 65 Turnbewegungen. Im zweiten Teil werden die gymnastischen Grundformen aufbereitet, die für eine integrierte Ausbildung im Gerätturnen unerläßlich sind.

Die Aufbereitung der von uns ausgewählten **Turnelemente** ist von der technikorientierten, funktionalen Vermittlungsabsicht getragen. Sie berücksichtigt sowohl trainingswissenschaftliche Erkenntnisse als auch die Strukturierung des Übungsguts im Gerätturnen.
Mit der Erarbeitung der Fundamentalbewegungen der jeweiligen Bewegungsstruktur des Gerätturnens ist weitgehend die Gewähr dafür gegeben, daß mit dem Erlernen der angebotenen Elemente die Gesamtheit des bewegungstechnischen Übungsguts erfaßt und behandelt wird.
Detailliertere Gründe für die Wahl der technikorientierten, funktionalen Vorgehensweise sind:

- ein optimales „bewegungstechnisches Ergebnis" nach Beendigung des Lehrwegs (möglichst nahe an der bewegungstechnischen Kennlinie),
- eine realisierbare Informationsaufnahme und -umsetzung,
- eine möglichst kurze Lernzeit (bis zur Reproduzierbarkeit in der Grobform),
- eine „bewegungssteuernde Mündigkeit" der Lernenden (Aktionen in räumlich-zeitlicher Hinsicht bewußt wahrnehmend, selbst steuern und reproduzieren zu können),
- die selbständige Lern- und Übungsweise mit dem Ziel, daß sich Lernende in der Kleingruppenarbeit gegenseitig helfen und sichern und möglicherweise sogar korrigieren können.

Es ist uns bewußt, daß beim Erlernen eines Turnelements nach der Ganzlernmethode die größte Nähe zur Endbewegung gegeben ist. Mit dieser Vorgehensweise kann jedoch nicht jedes Element in der gewünschten bewegungstechnischen Qualität erlernt werden.
Wir wissen auch, daß bei der Teillernmethode in den einzelnen Lernschritten teilweise andere dynamische Voraussetzungen oder positionelle Ausgangslagen zum Beispiel vor Beginn der Hauptfunktionsphase notwendig sind, die unter Umständen der Endbewegung nicht exakt entsprechen. Daher können beim Zusammenfügen der einzelnen Lernschritte geringe Schwierigkeiten auftreten. Wir haben trotzdem bei einzelnen Lernschritten mögliche oder notwendige minimale Abweichungen von der Endbewegung bewußt in Kauf genommen, weil das Erreichen des Lernziels in bewegungstechnischer Hinsicht und in kürzerer Zeit mit der Teillernmethode eher möglich erscheint, als bei der ganzheitlichen Vorgehensweise (vgl. S. 24–31).
Dabei haben wir uns von folgenden Grundsätzen leiten lassen:

- alle Aktionen, die eine Funktion für den Lernerfolg haben, dürfen nicht außer acht gelassen werden,
- so wenig Lernschritte wie möglich, aber so viele wie nötig,
- so langsam wie nötig, aber so schnell wie möglich jeden Lernschritt erarbeiten.

Zu schnelles Vorgehen, zu geringe Wiederholungen einzelner Aktionen oder gelernter Elemente birgt immer die Gefahr des „zu schnellen Vergessens" in sich (vgl. S. 48).

Hinweise für die Vermittlung der Hilfs- und Sicherheitsstellungen

Die Vermittlung der Bewegungshilfen und Sicherheitsstellungen im praktisch-methodischen Unterricht sind eine zentrale Größe für effektives, motivierendes und erfolgreiches Lehren und Lernen im Gerätturnen.
Daher ist es wichtig, daß Schülerinnen während der Erarbeitung eines Elements lernen und verstehen, wie, wann und warum sie sich gegenseitig helfen können und sollten.
In der Praxis hat sich dabei folgende Vorgehensweise bewährt:
1. Vor jedem Lernschritt die ganze Gruppe oder Klasse zusammenrufen.
2. Jeweils nur mit einer Arbeitsgruppe (drei bis fünf Schülerinnen) für alle Schülerinnen die erforderlichen Aktionen zur Hilfeleistung exakt demonstrieren, erklären und begründen,
und zwar
a) die Art und Weise der Hilfe (wie und wo mit welchem Helfergriff zugepackt werden soll)
b) die Funktion der Hilfe (warum, welche Aktion in welche Richtung durch Helfen unterstützt werden soll)
c) den Zeitpunkt und die Dauer der Hilfe (wann damit begonnen und wie lange geholfen werden soll)
d) den Kraftaufwand für die Hilfe (nur soviel Kraft „zuführen", wie der Lernenden jeweils fehlt)
e) den Standort der Hilfe (wo und wie stehen oder knien die einzelnen Helfer, oder wie mobil müssen sie sich dabei bewegen).
3. Der Lehrende sollte dabei als der „Supervisor" bei den einzelnen Gruppen vorbeigehen und bei eventuellen Fehlern korrigieren. Falls notwendig, müssen alle Arbeitsgruppen noch einmal zusammengerufen werden, um strittige Punkte zu klären.
4. Die Intensität der Bewegungshilfe muß sich am Lern- und Könnensstand der Schülerin orientieren. Dabei gilt, die Hilfeleistung so zu dosieren, daß der Bewegungserfolg gesichert wird.
Je besser einer Schülerin die Steuerung und Umsetzung der Bewegungsaufgabe gelingt, desto mehr muß die aktive Bewegungshilfe allmählich abgebaut werden, bis die Schülerin die Bewegungsaufgabe schließlich allein lösen kann.
5. Bei Elementen, die mögliche Risiken in sich bergen, ***ist immer***, unabhängig vom jeweiligen Könnensstand des Lernenden, eine sichernde Person erforderlich, die notfalls eingreifen kann und muß.
Durch Aufbauten (Geräte, Matten und Materialien) können Gefahrenmomente reduziert und vermieden werden. Außerdem sind die Aufbauten als methodische Hilfen einsetzbar und dienen dem Abbau der Bewegungshilfe.

Anwendungshilfen

Der praktische Teil ist nach Geräten geordnet. Die behandelten Elemente werden nach Bewegungsstrukturen des Gerätturnens benannt. Der Name für jedes Element erfolgte nach der zur Zeit maßgeblichen Terminologie des Gerätturnens (LEIRICH/RIELING). Um jedoch keine Unsicherheiten aufkommen zu lassen, wurden, wenn nötig, die alten Bezeichnungen in Klammern dahinter gesetzt.

Die Reihenbildserien (RB) sind für das optische Erfassen des zu erlernenden Turnelements auf jeder Seite präsent.

Die Auswahl der Bilder zeigt die wesentlichen Aktionen der Hilfsfunktionsphase und der Hauptfunktionsphase. Manchmal ist auch die vorbereitende und die Übergangs- bzw. Endphase zu sehen. Sie ermöglichen so die Zuordnung zu den Phasenabschnitten.

Nach den **Reihenbildern** wurden, wenn erforderlich, klärende Vorbemerkungen formuliert.

Die **biomechanischen Aspekte** wurden teilweise mit erläuternden Zeichnungen versehen. Sie sollen verstehen helfen, wie und warum die einzelnen Elemente funktionieren.

Die **funktionalen Aspekte** beschreiben die Absichten (Funktionen) der einzelnen Bewegungsaktionen. Sie stellen das Bindeglied zwischen biomechanischen Analysen und den methodischen Vorgehensweisen dar.

Mit den **methodischen Aspekten** zeigen wir auf, welche konditionellen Voraussetzungen für das Erlernen der koordinativen Anforderungen (Lernschrittfolgen) bedacht werden müßten.

Die ***konditionellen Voraussetzungen*** beschreiben die zum Teil für das zu erlernende Element erforderlichen spezifischen Kraft- und Beweglichkeitsvoraussetzungen. In direktem Bezug dazu werden Übungen beschrieben, wie diese konditionellen Voraussetzungen trainiert werden können. Auch sie werden durch Zeichnungen verdeutlicht.

Unter den ***koordinativen Voraussetzungen*** sind die Lernschrittfolgen formuliert. Sie zeigen unter anderem, welche Bewegungsaktionen, Zeitpunkte oder Kopplungen mit den Aktionen differenziert erlernt und gefestigt werden sollten. Die ausgewiesenen Reihenfolgen für das Erlernen des Elements sind erprobt und können wie angeboten übernommen werden. Sie sind für das Neulernen konzipiert. Zeichnungen verdeutlichen den Lehrweg. Bei entsprechenden Vorerfahrungen oder/und anderen Umgebungsbedingungen sind Änderungen in der Lernschrittfolge möglich, so daß der „Einstieg" in die Lernschrittfolgen differenziert erfolgen kann. Bei entsprechendem Bewegungstransfer können einzelne Lernschritte unter Umständen vernachlässigt werden.

Die Lernschrittfolgen sind immer so systematisiert, daß innerhalb der Reihung eine Zeichnung (Abb.) die jeweiligen Aktionen darstellt. Danach stehen nacheinander

- Informationen für die Lernenden, die als Basaltext formuliert sind,
- die Art und Weise sowie eine zeitliche Zuordnung der Hilfe- bzw. Sicherheitsstellung,
- gegebenenfalls Organisationsformen (Schülerinnenzahl, erforderliche Geräte) und
- Fragen zur Eigenwahrnehmung.

Die Fragen an die Lernenden zur Eigenwahrnehmung sind Informationen an die kinästhetischen, taktilen, vestibularen, akustischen und optischen Wahrnehmungsbereiche. Sie stellen eine wesentliche Voraussetzung für den Lernenden dar, um die Rückmeldung über die wahrgenommenen Aktionen an den Lehrenden sicherzustellen. Sie sind somit ein entscheidender Faktor für die qualitative Umsetzung einer eventuell notwendigen Fehlerkorrektur. Im **Basaltext** sind die wesentlichen Informationen für das Bewegungslernen in komprimierter Form für den jeweiligen Lernschritt enthalten. **Der Lehrende muß eine selektive Gewichtung des Informationsumfangs vornehmen, damit die Lernenden maximal zwei neue Informationen vor jedem neuen Versuch erhalten** (vgl. S. 39–40).

Reihung von Lernschritten

Die **Reihung** der einzelnen **Lernschritte** muß nicht immer mit den Aktionen der Hauptfunktionsphase beginnen. Bei Bewegungsabschnitten, die möglicherweise zu Angstreaktionen führen, bzw. einer positionellen Sicherung und Kontrolle dienen, kann und sollte die Reihung in der Hilfs- bzw. Übergangsfunktionsphase beginnen.

Am nachstehenden ***Beispiel*** des Handstütz-Sprungüberschlags wird eine **Lernschrittfolge** verdeutlicht.

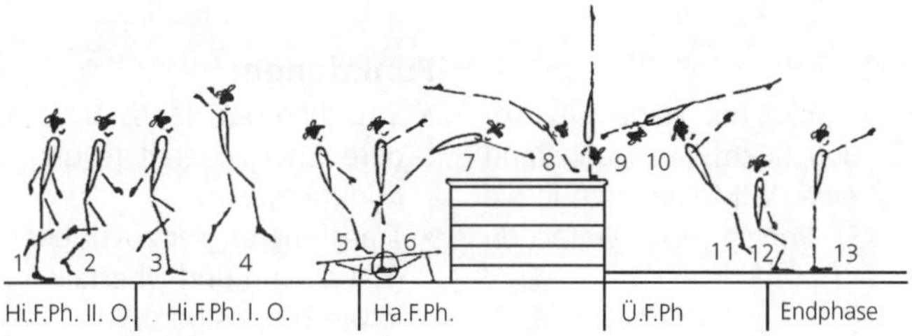

•1

Wir beginnen bei diesem Element mit den Aktionen der Übergangsfunktionsphase, weil beim Neulernen in diesem Bewegungsabschnitt (Abb. 1/9–11)

- ein Orientierungsverlust stattfindet (der Kopf wird schnell von hinten nach vorn genommen), der zu Angstreaktionen führen kann,
- die zweite Flugphase mit kontrollierter Körperspannung bewußt erlebt wird,
- die Art und Weise der Bewegungshilfe und Sicherung durch die Mitschülerinnen relativ leicht und sicher erlernt werden kann,
- das Aufschwingen in den Handstand am Boden bereits erlernt wurde und so eine „gekonnte" Bewegung nur auf eine neue „Umgebung" übertragen wird.

Zugleich können mit dem Beispiel methodische Prinzipien wie vom Bekannten zum Unbekannten, vom Leichten zum Schweren, vom Langsamen zum Schnellen und vom Einfachen zum Komplexen dargestellt werden.

1. Kennenlernen der Übergangsfunktionsphase:

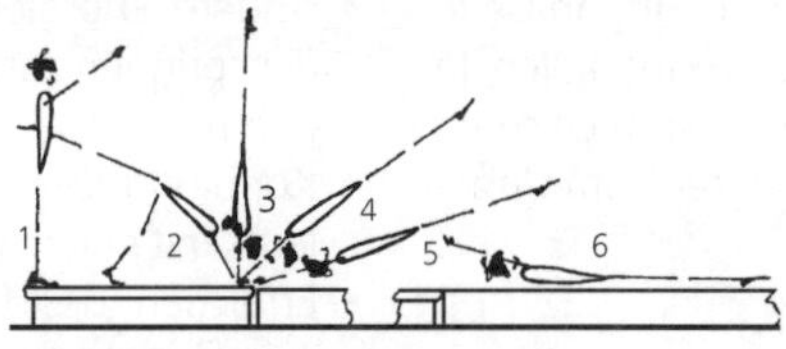

•2

Aktionen:

Handstandschwingen und Überfallen in die Rückenlage auf eine WBM (Abb. 2/1–6), Prinzip: vom Bekannten zum Unbekannten.

Funktionen:

- Übertragen eines bereits erlernten Elements (Handstand vom Boden) auf eine andere Umgebung (auf den niederen Kasten),
- Vorbeugen einer möglichen Angstreaktion (Überfallen ohne Sichtkontrolle),
- Wahrnehmen der Gesamtkörperspannung beim Überfallen in die Rückenlage,
- Steuerung der Kopfposition (Orientierungsverlust bei schneller Kopfbewegung),
- Steuerung aus der bekannten Ausgangsposition in eine zwar unbekannte, aber sichere Endposition (Rückenlage).

2. Kopplung von Hauptfunktions- und Übergangsfunktionsphase:

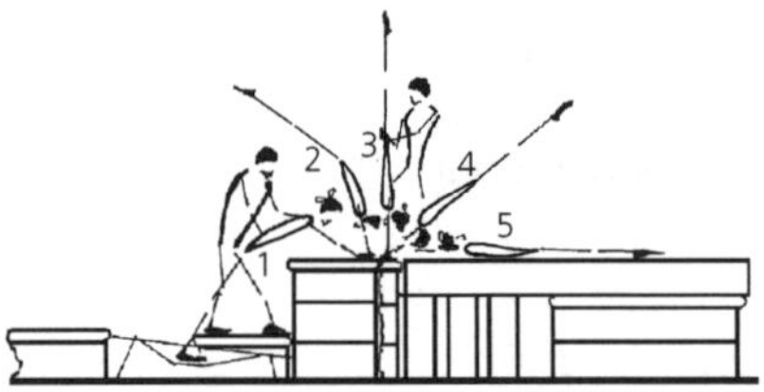

•3

Aktionen:
Federn am Minitrampolin mit Handstütz am Querkasten bis in den flüchtigen Handstand und Überfallen auf eine WBM-Plattform in die Rückenlage (Abb. 3), Prinzip: vom Einfachen zum Komplexen.

Funktionen:
- Erreichen der Handstandposition (durch andere Energiebereitstellung, Abfedern vom Minitrampolin),
- Transferieren der zuvor erlernten Bewegung (Handstand und Überfallen in die vorher erlernte Endposition).

3. Vorschalten der Hilfsfunktionsphase 1. Ordnung:

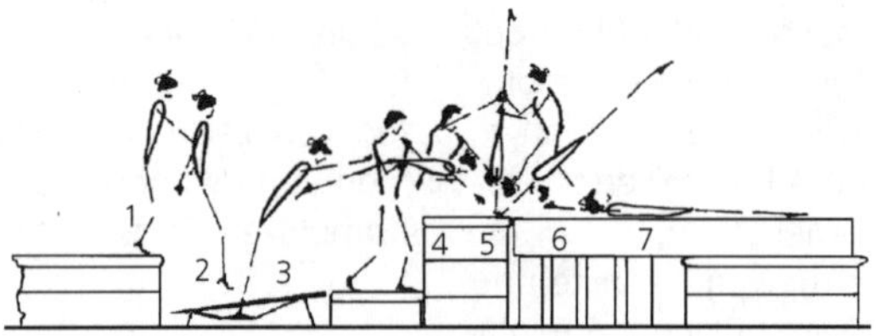

•4

Aktionen:
An-, Auf- und Abspringen zur 1. Flugphase in den flüchtigen Handstand und Überfallen in die Rückenlage (Abb. 4), Prinzip: vom Leichten zum Schweren und vom Bekannten zum Unbekannten.

Funktionen:
- Andere Energiebereitstellung kennenlernen (Einspringen zum Abspringen vom Minitrampolin),
- Kopplung des neu erlernten Bewegungsablaufs mit einem bereits erlernten,
- Erreichen des flüchtigen Handstands über eine Flugphase (erst fliegen, dann stützen),
- Abbau möglicher Angstreaktionen in der ersten Flugphase (stützlose Phase).

4. Turnen der Übergangsfunktions- und Endphase:

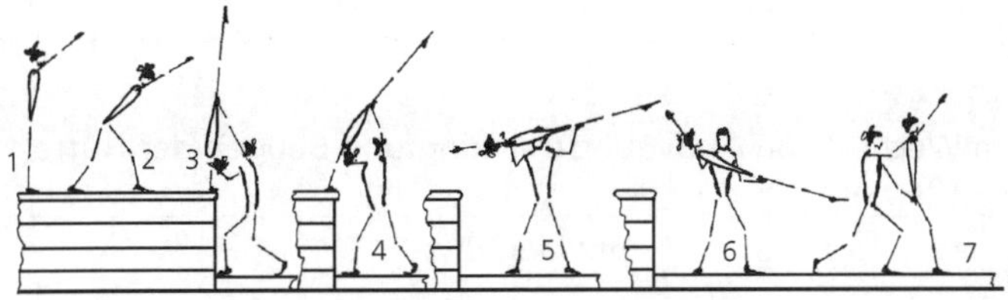

•5

Aktionen:

Überschlagen vom hüfthohen Kasten in den Stand (Trageüberschlag, Abb. 5), Prinzip: vom Bekannten zum Unbekannten und vom Leichten zum Schweren.

Funktionen:

- Erlernen der zweiten Flugphase (unter reduzierten Energiebedingungen, ohne An- und Abspringen),
- Transferieren des „Handstandüberfallens" in eine andere Endposition (Stand),
- Steuerung und Kontrolle der neuen räumlichen und zeitlichen Größen (unter Umständen möglicher Angstabbau) durch Bewegungshilfe.

5. Kopplung aller Funktionsphasen:

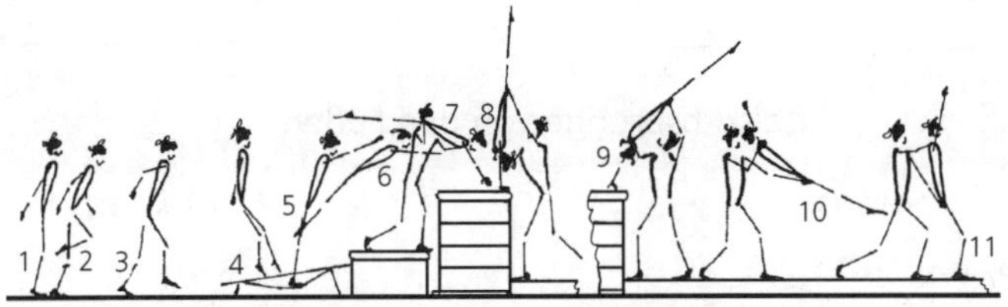

•6

Aktionen:

Anlauf, An-, Auf- und Abspringen und Stützüberschlag in den Stand (Abb. 6), Prinzip: vom Langsamen zum Schnellen und vom Einfachen zum Komplexen.

Funktionen:

- Turnen der Endbewegung unter erleichterten Bedingungen mit Bewegungshilfe,
- Steuerung und Kontrolle der Gesamtbewegung.

Die Bedeutung von Positionen

•7

Das Beispiel Handstütz-Sprungüberschlag macht deutlich, wie Positionen, in diesem Fall der Handstand, für das Erlernen neuer Elemente transferiert, d.h., genützt werden können. Neben der Positionserfahrung Handstand (Abb. 7) sind für das Gerätturnen weitere, immer wiederkehrende, entscheidende Positionen von Bedeutung.

Da sie für die bewegungstechnische und konditionelle Schulung unverzichtbar sind, halten wir es für erforderlich, sie vor dem Erlernen von Turnelementen besonders hervorzuheben. Positionen sind als Ausgangs- oder Endposition zu beschreiben und können als Gleichgewichtselemente geturnt werden. Außerdem finden wir sie als Durchgangspositionen beim Schwingen, Springen und Fliegen (vgl. S. 52 ff.).

Diese **Durchgangspositionen** lassen sich auf zwei grundsätzliche Körperhaltungen reduzieren:

a) Positionen in der Aktivüberstreckung und mit Beugen der Hüfte (Abb. 8–17),
b) Positionen im Kipp- bzw. Felghang (Abb. 18–20).

a) Positionen im Wechsel von Aktivüberstreckung und Beugen der Hüfte

im Liegen

- als aktive Überstreckung der vorderen Muskelschlinge (Kontrahieren der hinteren Muskelschlinge)
- als aktive Überstreckung der hinteren Muskelschlinge (Kontrahieren der vorderen Muskelschlinge),

•8

•9

als Absprünge von den Händen

vorwärts

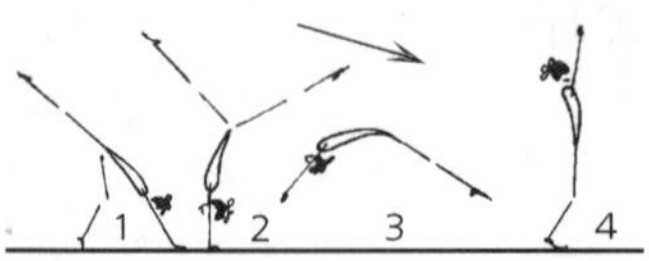

•10

rückwärts

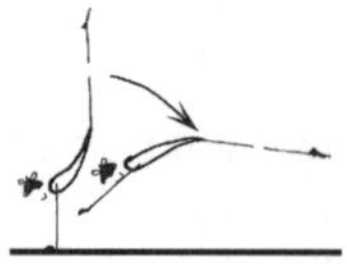
•11

als Absprünge von den Füßen

vorwärts

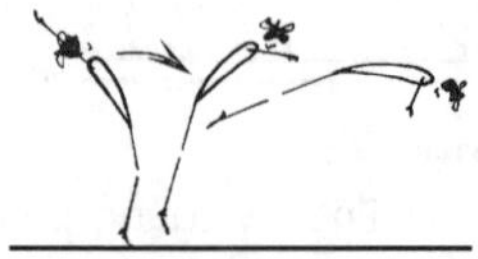
•12

rückwärts

•13

im Flug

vorwärts

•14

rückwärts

•15

im Langhangschwingen

Vorschwung

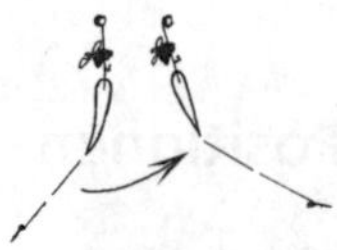
•16

Rückschwung

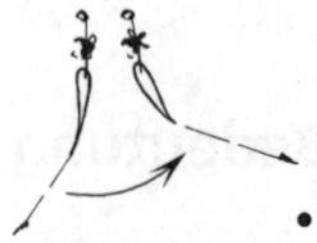
•17

b) Positionen beim Schwingen im Kipp- bzw. Felghang

im Felghang

•18

im Kipphang

vorlings

•19

rücklings

•20

Turnelemente

Sprung

Einführung

Sprungbewegungen
Landeverhalten – Landesteuerung
Absprungverhalten vom Minitrampolin
Absprungverhalten vom Reutherbrett
Sprunghocke

Überschlagbewegung
Handstütz-Sprungüberschlag vorwärts

Einführung

Bei den Stützsprüngen unterscheiden wir zwischen Sprüngen, die von einer Rotationsumkehr (Vorwärts- in Rückwärtsrotation) wie Sprunghocke, -bücke, -grätsche und -hecht geprägt sind und Sprüngen, die eine Rotationsfortsetzung wie Überschläge ohne und mit Überlagerung durch LAD aufweisen.

In der Regel haben alle Stützsprünge zwei Flugphasen.

Bei den Stützsprüngen mit Rotationsumkehr kann die Sprunggrätsche ohne ausgeprägte Flugphasen, in Form einer Hindernisüberwindung als „einfachster Stützsprung", am Turnbock oder am quer gestellten Pferd angesehen werden.

Für das Erlernen der wettkampforientierten Sprunghocke, d.h., mit einer ausgeprägten ersten und zweiten Flugphase, eignet sich der längs gestellte Kasten am besten.

Die bei den Stützsprüngen verwendeten Absprunggeräte Reutherbrett oder MT weisen unterschiedliche Konstruktionsmerkmale und verwendete Materialien auf.

Das MT ist elastischer (hat eine größere Auslenkung), und die Kontaktzeit (Reaktionszeit) auf dem Tuch ist länger.

Die Konstruktion des Reutherbretts ermöglicht nur eine geringe Auslenkung (Zusammendrükken der Brettfedern), und die Kontaktzeit auf dem Brett ist wesentlich kürzer.

Diese Unterschiede erfordern eine jeweils andere Absprungtechnik. Während vom Reutherbrett „prellend" vom Fußballen abgesprungen wird, erfordert es das MT, daß der ganze Fuß auf dem Tuch Kontakt hat.

Während das MT für das Erlernen der Stützüberschläge durch die erreichbare Rotation und Höhe zu empfehlen ist , sollte für das Erlernen der Sprunghocke das Reutherbrett verwendet werden.

Im Anfängerbereich sind Strecksprünge mit Längsachsendrehungen vom MT zur Landung auf einer WBM wegen der Verletzungsgefahr in den Beingelenken zu vermeiden.

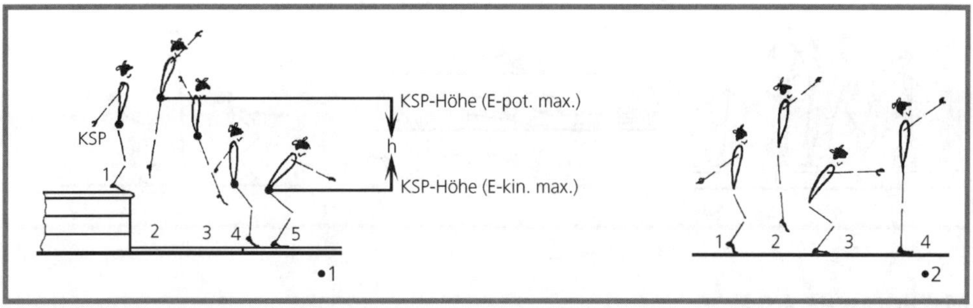

Sprungbewegungen

Landeverhalten – Landesteuerung

Die Technik des Landens ist generell für Abgänge, Niedersprünge und nach Stützsprüngen gleichermaßen wichtig. Jede Landung ohne oder mit Längsachsendrehung muß bereits während der Flugphase vorbereitet werden.

Die fundamentale Technik für das Landeverhalten wird durch den Niedersprung vorwärts erlernt.

Biomechanische Aspekte

Unabhängig von der vorhergehenden Bewegung (Flugphase) muß während des Landevorgangs die Bewegungsgeschwindigkeit (kinetische Energie) auf nahezu Null-Geschwindigkeit abgebremst (amortisiert) werden.
Je größer die Bewegungsgeschwindigkeit, d.h. die kinetische Energie, aus Translation oder Rotation ist, desto mehr Muskelkraft muß in der Fuß-, hinteren Unterschenkel- und vorderen Oberschenkelmuskulatur sowie in der Gesäßmuskulatur für den Bremsvorgang eingesetzt werden (Abb. 1/4–5). Eine Abhängigkeit besteht außerdem zur „Härte" der Landefläche und der Vorspannung der genannten Muskulatur.

Grundsätzlich gilt, daß die gesamte beteiligte Muskulatur ökonomisch, d.h. dosiert, in Abhängigkeit von der vorhergehenden Höhe, Weite oder Rotation, eingesetzt werden muß. Dabei darf der Kniewinkel nicht kleiner als 90° sein, und die Landung muß mit geradem Rükken erfolgen (Abb. 1/5).
Die an der Landesteuerung beteiligte Muskulatur ist dieselbe wie beim Absprung. Der Unterschied besteht darin, daß bei der Landung gegen die „beschleunigende" Schwerkraft der Körper sukzessiv gebremst (Abb. 2/2-3) und beim Absprung gegen die „bremsende" Schwerkraft explosiv beschleunigt wird (Abb. 2/1-2).

Funktionale Aspekte

Sind hierbei nicht erforderlich.

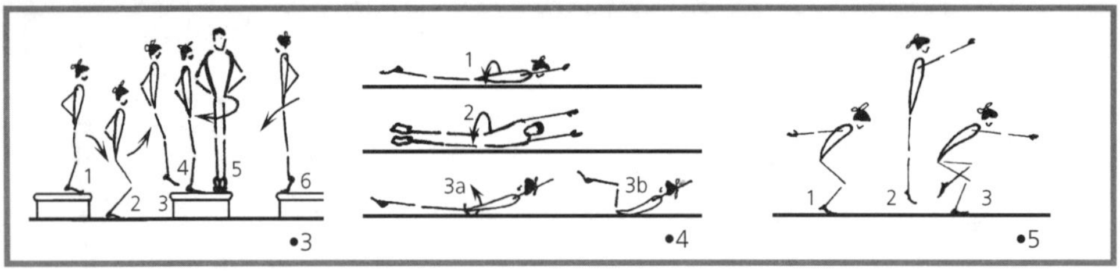

Methodische Aspekte

Konditionelle Voraussetzungen	Übungen zum Erwerb der Voraussetzungen
1. Landekraft • Unterschenkelrückseite • Oberschenkelvorderseite • Teile der Gesäßmuskulatur	Zu 1.: Absprung vom Kleinkasten, landen auf dem ganzen Fuß und Knie beugen. In dieser Position eine Sekunde verharren (Abb. 3/2). Strecksprung auf den Kleinkasten, Sprung mit 1/2 Drehung (Abb. 3/5). Zehnmal, eine Minute Pause, drei bis fünf Serien.
2. Mittelkörperspannung • Oberschenkelrückseite und Gesäßmuskulatur • die gesamte Bauch- und Rükkenmuskulatur im Mittelkörperbereich	Zu 2.: Aus der Bauchlage langsames, gleichmäßiges Seitwärtswälzen einmal nach links, dann einmal nach rechts, Arme und Beine dürfen den Boden dabei nicht berühren. Die Lendenwirbelsäule muß in der Rückenlage immer Bodenkontakt haben (Abb. 4/1–3a). Bei weniger Bauchmuskelkraft werden die Beine in der Rückenlage angehockt (Abb. 4/3b). Dreimal hintereinander nach links und nach rechts wälzen, eine Minute Pause, drei bis fünf Serien.

Koordinative Voraussetzungen

Kennenlernen der Landesteuerung (Landen auf einem Bein)

Spring von beiden Füßen ab und lande auf einem Fuß. Versuch, das Knie und die Hüfte bis höchstens 90° zu beugen (Abb. 5/1–3). Versuch, in dieser Position eine Sekunde das Gleichgewicht zu halten (Abb. 5/3). Turn die gleiche Übung, lande jedoch auf dem anderen Fuß.

Eigenwahrnehmung
- Hast Du gespürt, wie Deine Oberschenkelmuskulatur beim Landen angespannt ist?
- Warst Du in der Lage, das Landebein nur 90° zu beugen?
- Konntest Du in der tieferen Position auf einem Fuß Dein Gleichgewicht eine Sekunde ausbalancieren?

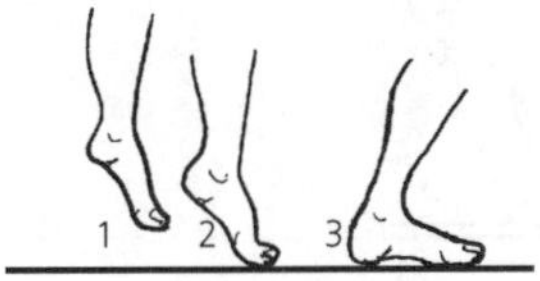

•6

•7

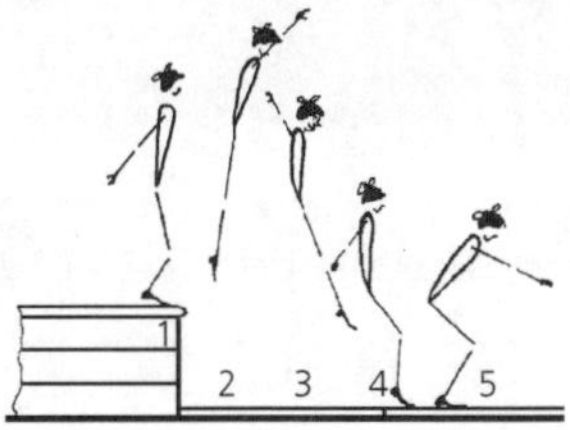

•8

Landesteuerung auf beiden Beinen

Spring mit beiden Beinen ab und lande jetzt auf beiden Füßen so wie vorhin auf einem Fuß. Beug die Knie nur 90°, so daß Du ohne Nachfedern am tiefsten Punkt auf den ganzen Fußsohlen eine Sekunde stehen bleibst. Danach Aufrichten in den Stand (Abb. 6 und 7).

Eigenwahrnehmung
- Hast Du gespürt, wie Deine Oberschenkelmuskulatur beim Landen angespannt ist?
- Warst Du in der Lage, die Beine nur 90° zu beugen?
- Konntest Du in der tieferen Position eine Sekunde stehen bleiben?

Landesteuerung von erhöhter Plattform

Turn einen Niedersprung vom zwei- bis dreiteiligen Kasten auf eine normale Turnmatte. Versuch, so zu landen, daß Deine Knie nur 90° gebeugt werden (Abb. 8/5).

Eigenwahrnehmung
- Warst Du in der Lage, aus der größeren Höhe beim Landen so abzubremsen, daß Du die Knie nur ganz wenig beugst und danach auf der ganzen Fußsohle stehst?
- Hast Du gespürt, daß Du sofort bei Fußkontakt die ganze Kraft im Oberschenkel einsetzen mußt, um die Knie nicht mehr als 90° zu beugen?
- Konntest Du spüren, ob Du nach dem Fußkontakt die Fersen sofort auf dem Boden hast, um auf der ganzen Fußsohle eine Sekunde in der tieferen Position zu stehen?

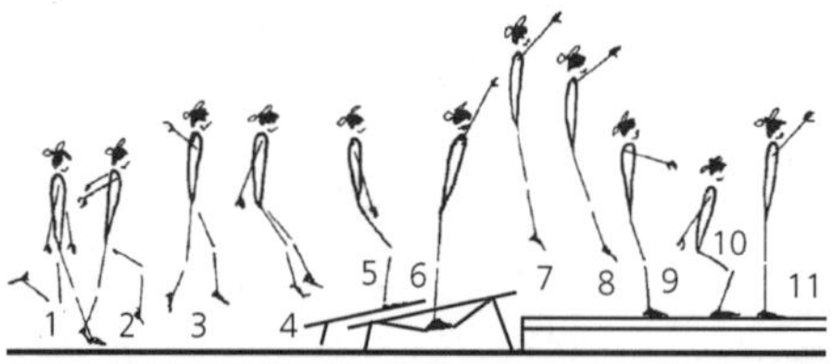

•1

Absprungverhalten vom Minitrampolin

Alle beidbeinigen Absprünge vom Reutherbrett und Boden werden in der Regel „prellend" durchgeführt. Je nach Kraftvoraussetzungen (reaktive Schnellkraft der beteiligten Absprungmuskulatur) und Fähigkeit der Muskelvorspannung sowie dem Absprunggerät müssen vor dem Absprung bei turnerischen Absprüngen die Fuß-, Knie- und Hüftgelenke nur minimal gebeugt werden. Durch die Elastizität des MT und die längere Kontaktzeit der ganzen Fußsohle auf dem Tuch kann vom MT nicht prellend abgesprungen werden. Grundsätzlich sollte bei der Einführung des MT die WBM mit einer Turnmatte belegt werden.

Biomechanische Aspekte

Durch die große Elastizität des MT wird je nach Gewichtskraft, Geschwindigkeit und Absprungkraft das Absprungtuch ausgelenkt (= actio, Abb. 1/5–6). Die so erreichte „Spannungsenergie" des MT ist am tiefsten Punkt der Auslenkung am größten (Abb. 1/6). Diese Auslenkung ist erreicht, wenn die am Absprung beteiligten Gelenke völlig gestreckt sind (Abb. 1/6).

Von dieser maximalen Auslenkung schleudert das MT den Körper mit gestreckten Beinen nach oben (= reactio, Abb. 1/6–7).

Funktionale Aspekte

Hilfsfunktionsphase	Bild 1–2	**Hauptfunktionsphase**	Bild 3–4
Aktionen	Funktionen	Aktionen	Funktionen
Aufsprung aus dem einbeinigen Ansprung	Erreichen der optimalen Absprungposition vor der Ha.F.ph.	Absprung durch Strecken der Bein- und Hüftgelenke	Flugphase mit Höhengewinn

Methodische Aspekte

Konditionelle Voraussetzungen	Übungen zum Erwerb der Voraussetzungen
1. Absprungkraft • Unterschenkelrückseite • Oberschenkelvorderseite • Teile der Gesäßmuskulatur	Zu 1.: Abspringen vom Kastendeckel auf den Boden und prellend ohne Pause wieder auf den Kastendeckel. 1/2 Drehung. Zehnmal wiederholen, eine Minute Pause. drei bis fünf Serien (Abb. 2).
2. Mittelkörperspannung • Oberschenkelrückseite und Gesäßmuskulatur • Die gesamte Bauch- und Rükkenmuskulatur im Mittelkörperbereich	Zu 2.: Eine Schülerin wird im Liegestütz vorlings, mit Rundrükken bei eingezogenem Bauch und leicht gegrätschten Beinen (Abb. 3/1) gehalten. Wechselseitiges, „fingierendes" Loslassen eines Beines, dabei die Übende **nicht nach hinten ziehen**. Nur bei maximaler Spannung der Bauch- und Beinmuskulatur sinkt die Hüfte nicht nach unten (Abb. 3/2). Jedes Bein ca. zehnmal loslassen. Danach Partnerwechsel, ca. drei Serien.

Koordinative Voraussetzungen

Optimale Körperposition beim Absprung

Stell Dich hüftbreit auf das Trampolintuch. Deine gesamte Fußfläche hat Kontakt (Abb. 5/1 und 5/2). Zieh den Bauch ein und spann Deine Gesäßmuskulatur so, daß Dein Körper völlig gestreckt ist. Federe mit gestreckten Beinen in dieser Position fünfmal hintereinander. Du darfst beim Federn auf keinen Fall im Rücken ausweichen (kein Hohlkreuz).

Gerätеaufbau und Hilfeleistung wie in Abb. 4. Die Helfer fassen an Hand und Oberarm. Sie sichern das Federn und korrigieren gegebenenfalls Körper- und Fußposition.

Eigenwahrnehmung

- Kannst Du im Stand Deine Füße sehen und ihre Position kontrollieren?
- Spürst Du beim Federn, wie Deine Bauch- und Gesäßmuskulatur Deinen Mittelkörper wie ein Brett völlig fest machen?

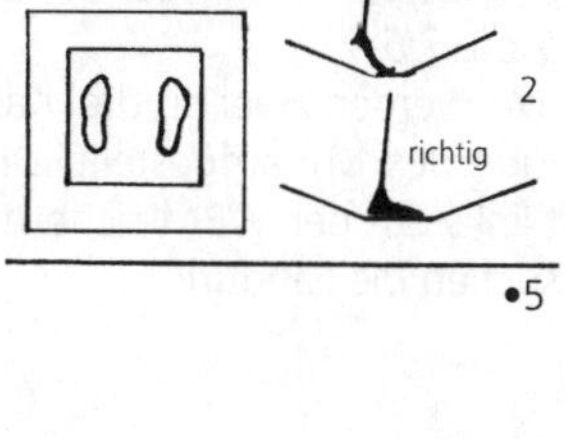

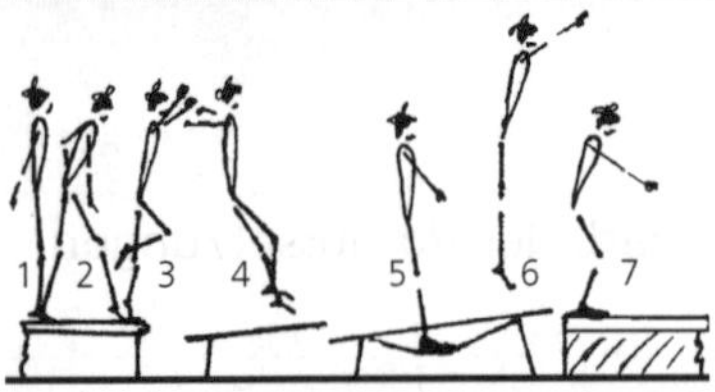

•6

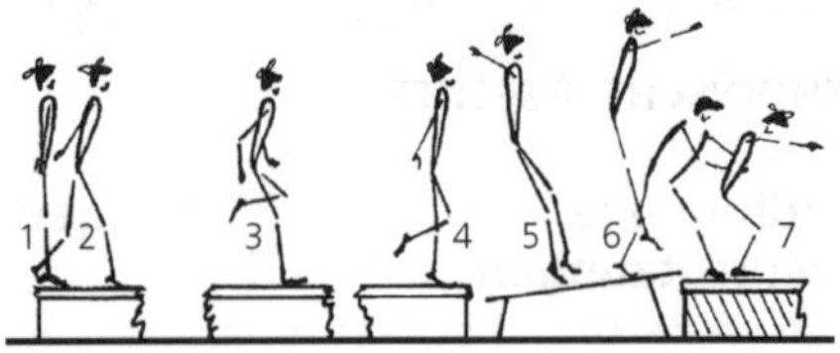

•7

Kennenlernen des An- und Absprungs

Spring nach einem Schritt vom entfernten Kastenrand von einem Fuß zum beidbeinigen Fußkontakt auf das Tuch (Abb. 6/1–5).
Laß Dich nach dem Einspringen mit gestreckten Beinen vom Tuch hochschleudern und lande auf der Matte vor dem Minitrampolin. Brems die Landung, wie schon gelernt, auf dem kürzesten Weg mit geradem Rücken. Deine Knie darfst Du sowenig wie möglich beugen (Abb. 6/7).
Geräteaufbau wie in Abb. 6.

Die Helfer sichern Dich bis in den Stand auf der WBM mit einer Hand am Rücken und mit der anderen am Bauch.

Eigenwahrnehmung

- Du kannst bereits beim Einsprung Deine Fußposition sehen und kontrollieren.
- Haben Deine Füße hüftbreit das Tuch berührt?
- Hast Du bei Tuchkontakt die ganze Fußsohle gespürt und bemerkt, daß Du in den Knien und im Rumpf nicht nachgegeben hast?

Anlauf zum An- und Absprung

Geh vom entfernten Kastenende drei Schritte an (das Absprungbein beginnt) und spring in das Minitrampolin (Abb. 7/1–5). Turn einen Strecksprung und lande wie vorhin auf der Weichbodenmatte (Abb. 7/6–7).
Hinter das MT werden zwei bis drei Kastenteile längs in Höhe des MT aufgestellt. Die Helfer rechts und links auf der WBM sichern bei den ersten Versuchen die Landung.

Eigenwahrnehmung

- Kannst Du Deine Mittelkörperspannung vom Tuchkontakt über den Absprung bis in die Flugphase spüren?
- Siehst Du bereits während des Fluges den Punkt, wo Du auf der Matte landen würdest?
- Hast Du beim Landen gespürt, wie Du von Beginn des Fußkontakts an die Beinmuskulatur so stark einsetzt, daß Du Deine Knie kaum beugen mußt?

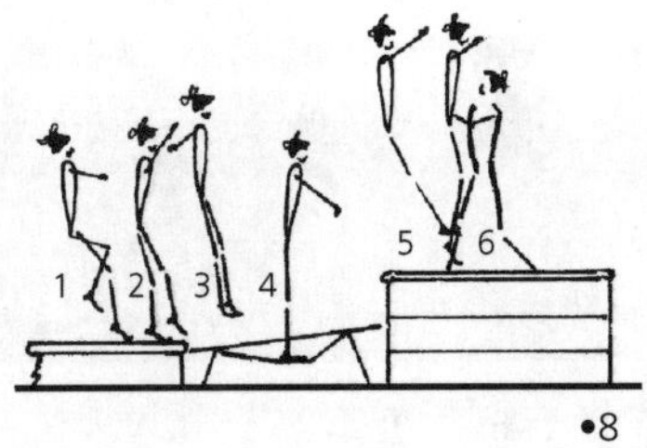

Anlauf, Absprung und Flugphasensteuerung auf eine höhere Position

Lauf aus dem Stand fünf bis sieben Schritte an. Spring wie vorhin vom Minitrampolin ab und versuch, so auf dem Kasten zu landen, daß Deine Knie fast gestreckt bleiben (Abb. 8/5–6).

Geräteaufbau und Sicherheitsstellung wie bei Abb. 8.

Bei jüngeren oder kleineren Schülerinnen kann eine „erhöhte Anlaufverlängerung" (Bänke oder Kastendeckel) für den Anlauf zum Ansprung gewählt werden. Die Helfer rechts und links neben dem Kasten sichern den Stand auf dem hohen Kasten (Abb. 8/6).

Eigenwahrnehmung

- Kannst Du während des Absprungs den Kastenrand vor Dir sehen?
- Spürst Du während des ganzen Ablaufes Deine Mittelkörperspannung?
- Konntest Du spüren, ob Du Deine Beine während des Sprungs auf den Kasten anhockst?

Sobald die Strecksprünge aus dem erhöhten Kasten kontrolliert und sicher beherrscht werden, wird der Kasten entfernt, und die Strecksprünge werden auf eine WBM mit daraufliegender Turnmatte und erhöhtem Anlauf geturnt.

Im weiteren Verlauf können Strecksprünge mit formativen Aktionen wie Hocken, Grätschen, Bücken oder Grätschwinkelsprung zur Stabilisierung des Absprungverhaltens beitragen.

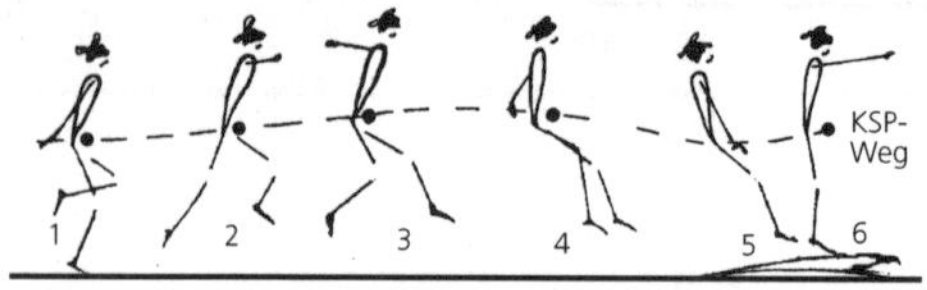

•1

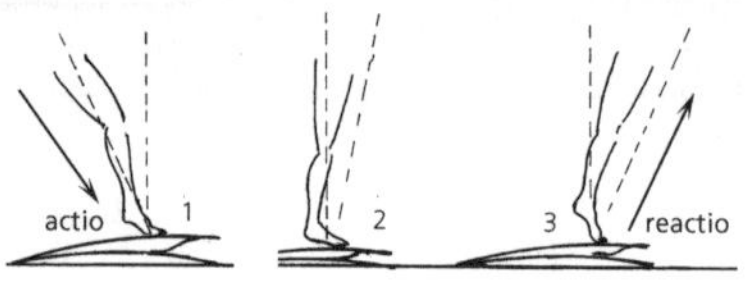

•2

Absprungverhalten vom Reutherbrett

Die Technik des Absprungs vom Reutherbrett erfordert eine koordinative Anpassung zwischen der Federung des Geräts und der neuromuskulären Leistungsfähigkeit des Lernenden.
Für die Koordination dieser beiden Größen ist auch der einbeinige Ansprung bedeutsam. Für ein optimales Absprungverhalten bestehen Zusammenhänge zwischen Höhe und Weite des Ansprungs, Anlaufgeschwindigkeit, Sprungkraftfähigkeit, Lage der gedachten Körperlängsachse bei Fußkontakt (Einsprungwinkel, Abb. 2/1) und dem beabsichtigten Sprung.
Grundsätzlich muß der Ansprung flach sein (vgl. KSP-Weg, Abb. 1/1–5). Ein hoher Ansprung hätte ein stärkeres Beugen der Beingelenke bei Fußkontakt auf dem Brett zur Folge, wodurch die Streckzeit der Beingelenke (Verweildauer auf dem Brett) verlängert würde. Bedeutsam ist außerdem die Armführung zum Absprung.

Biomechanische Aspekte

Die Konstruktion des Reutherbretts weist einen optimalen Federbereich zwischen der höchsten Wölbung des Brettes und unmittelbar vor dem Verbindungspunkt zur mittleren Feder auf. Dieser optimale Federbereich des Reutherbretts sollte mit den Fußballen getroffen werden (Abb. 2/1). Durch das Strecken der bei Fußkontakt minimal gebeugten Fuß-, Knie- und Hüftgelenke (actio) werden die drei Federn des Brettes zusammengedrückt (ausgelenkt), und die Spannungsenergie ist am tiefsten Punkt der Auslenkung am größten (Abb. 2/2).Nachdem die Absprungkraft zur völligen Streckung der genannten Gelenke führt, wirft das Reutherbrett den Körper bei gestreckten Knien nach oben (reactio, Abb. 2/2–3). Für die Streckzeit der Absprunggelenke ist neben der anlagebedingten Sprungkraftfähigkeit die Koordination zwischen der Federung des Reutherbretts und die Vorspannung der Absprungmuskulatur verantwortlich.

Funktionale Aspekte

Hilfsfunktions-phase	Foto 1–5	**Hauptfunktions-phase**	Foto 6–8
Aktionen	Funktionen	Aktionen	Funktionen
Ansprung zum beidbeinigen Aufsprung	Erreichen der optimalen Position für den beidbeinigen Absprung	Absprung durch Strecken der Bein- und Hüftgelenke	Flugphase mit Höhengewinn

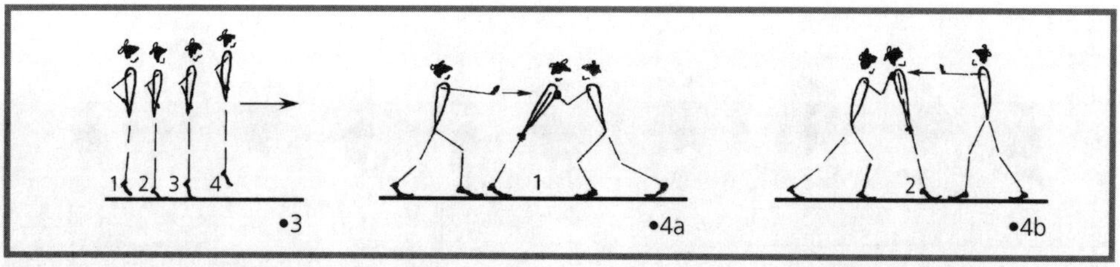

METHODISCHE ASPEKTE

Konditionelle Voraussetzungen	**Übungen zum Erwerb der Voraussetzungen**
1. Absprungkraft • Unterschenkelrückseite • Oberschenkelvorderseite • Teile der Gesäßmuskulatur	Zu 1.: Die Schülerinnen stützen mit den Händen in der Taille. Sie springen prellend zur anderen Hallenseite. Die Knie- und Fußgelenke dürfen dabei nur minimal gebeugt werden (Abb. 3). Die Distanz sollte so gewählt werden, daß mindestens 20 prellende Absprünge möglich sind. Eine Minute Pause, drei bis fünf Serien.
2. Mittelkörperspannung • Oberschenkelrückseiten- und Gesäßmuskulatur • Bauch- und Rückenmuskulatur im Mittelkörperbereich	Zu 2.: Gruppen zu je drei Schülerinnen. Die mittlere Schülerin läßt sich bei maximal gespannter Bein- und Rumpfmuskulatur nach vorn fallen, ohne die Fußposition zu verändern (Abb. 4a), wird von der vorderen Partnerin an den Schultern aufgefangen und sofort zur hinteren Partnerin weggeschoben (Abb. 4b). Zehnmal „vor- und zurückpendeln", wechseln. 3 Wiederholungen.

Koordinative Voraussetzungen

Kennenlernen des prellenden Absprungs am Boden

Stell Dich auf die Fußballen und stütz mit den Händen in der Taille. Spring mit fast gestreckten Knien auf den Fußballen fünf- bis zehnmal direkt hintereinander ausschließlich aus den Fußgelenken heraus. Deine Füße dürfen dabei nur ganz kurzen Bodenkontakt haben (Abb. 3).

Eigenwahrnehmung

- Spürst Du, ob Du mit Deinen Knien möglichst wenig nachgegeben hast?
- Hattest Du beim prellenden Absprung das Gefühl, als ob Du von einer heißen Herdplatte abspringen würdest?

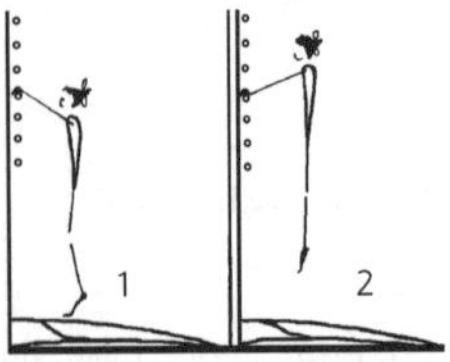

• 5

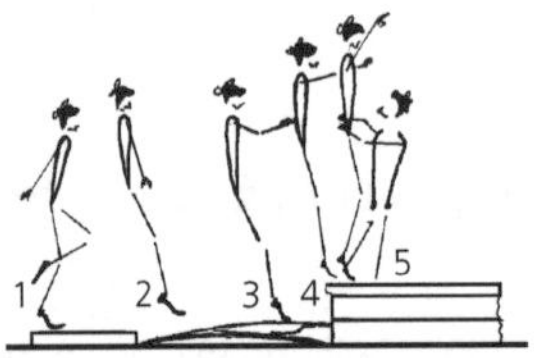

• 6

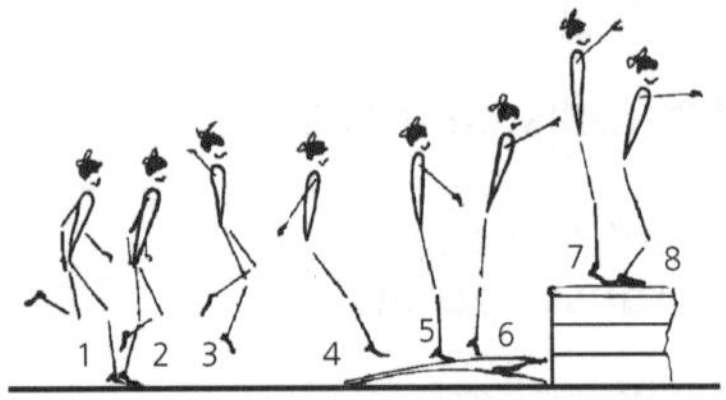

• 7

Übertragen des prellenden Absprungs vom Boden auf das Reutherbrett und Kennenlernen des besten Federbereichs

Greif eine etwa kopfhohe Sprosse. Spring wie am Boden auf den markierten Teil des Brettes (Abb. 5/1–2) etwa zehnmal. Achte jedesmal darauf, daß die Knie dabei fast gestreckt bleiben.
Der beste Federbereich sollte auf dem Brett markiert werden (vgl. Abb. 2, S. 100).

Eigenwahrnehmung
- Konntest Du in den Kniegelenken spüren, ob sie beim Abspringen fast gestreckt blieben und Du nur aus den Fußgelenken prellend abspringst?

Aus dem Angehen prellendes Abspringen vom Reutherbrett auf eine erhöhte Position

Geh drei bis fünf Schritte an und spring flach auf das Brett. Versuch, mit den Fußballen der gespannten Beinmuskulatur so schnell abzuspringen, als ob Du das Brett nach vorn wegstoßen wolltest (Abb. 6/3). Lande mit fast gestreckten Knien auf dem Kasten.
Die Helfer rechts und links sichern die Landung auf dem Kasten (Abb. 6/4–5).

Eigenwahrnehmung
- Hast Du mit den Fußballen das markierte Bretteil getroffen?
- Warst Du in der Lage, zu spüren, ob Du fast nur aus den Fußgelenken abgesprungen bist und die Knie kaum gebeugt hast?

Sobald der flache Ansprung auf dem optimalen Federbereich des Brettes sicher und kontrolliert für den Auf- und Absprung koordiniert wird, kann eine allmähliche Erhöhung der Landeposition auf einen drei- bis vierteilgen Längskasten erfolgen (Abb. 7).

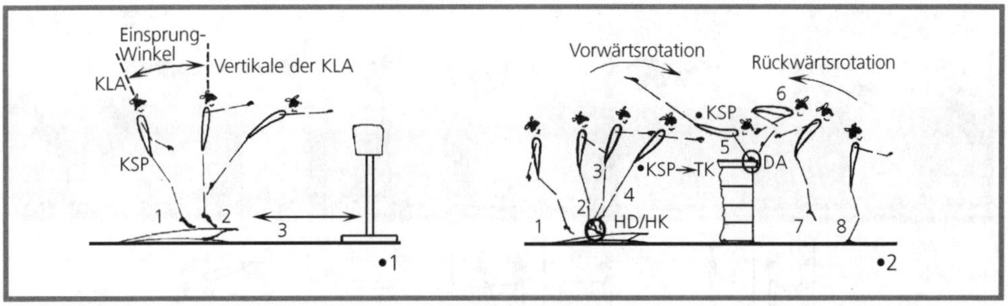

Sprunghocke

Wie bereits beim Absprungverhalten vom Reutherbrett erwähnt (vgl. S. 100), besteht ein bedeutsamer Zusammenhang zwischen dem Absprungverhalten, der Anlaufgeschwindigkeit und der Sprungkraft. Je schneller der Anlauf zur Sprunghocke, desto mehr Rücklage (Abb. 1/1) muß die Körperlängsachse in bezug zur Vertikalen (Einsprungwinkel), Abb. 1/1, aufweisen.
Eine weitere Abhängigkeit besteht zwischen dem Brettabstand zum Stützgerät, einem schnellen Anlauf und der technischen Qualität der Sprunghocke (größerer oder kleinerer Brettabstand, Abb. 1/3–5).
Die Qualität der Sprunghocke wird, neben der haltungsmäßigen Ausführung, wesentlich von den beiden Flugphasen bestimmt.

Aus der Erfahrung in der Unterrichtspraxis hat sich für das Erlernen dieses Stützsprungs der Längskasten deshalb besonders bewährt, weil dadurch die erste Flugphase besonders sicher erlernt werden kann (vgl. Abb. 9, S. 106).

Biomechanische Aspekte

Die Sprunghocke ist in der ersten Flugphase eine Teilrotation vorwärts um die kurzzeitig feste DA Füße beim Absprung (Abb. 2/2–3) und die freie DA (KBA = KSP, Abb. 2/4–5 und 6–8). Durch den Handabdruck wird die Teilrotation vorwärts in eine Teilrotation rückwärts um die kurzzeitig feste DA Hände (Abb. 2/5) eingeleitet, die in die zweite Flugphase übergeht.
Dabei dreht der Körper wieder um die freie DA (KBA = KSP, Abb. 2/5–8). Das Anhocken ist nicht nur der formative Aspekt dieses Sprungs, sondern dient auch der Verringerung der Trägheit und damit der Erhöhung der Drehgeschwindigkeit rückwärts (Abb. 2/6–8). Für die sichere Landung muß die Trägheit durch Strecken des Körpers wieder vergrößert und die Rotation verlangsamt werden.

Die Rotationsauslösung für die erste Flugphase (Vorwärtsrotation, Abb. 2/1–3) erfolgt durch die Haltekraft = HK (Fußkontakt auf dem Brett während der Absprungzeit) und die Trägheitskraft = TK (der KSP bewegt sich während dieser Zeit, bedingt durch den Anlauf und Absprung, in gleicher Richtung weiter, Abb. 2/2–3) sowie durch die Absprungkraft der Beine, die auch für den Höhengewinn verantwortlich ist. Halte- und Absprungkraft wirken exzentrisch (am KSP vorbei). Die Rotationsumkehr für die zweite Flugphase (Rückwärtsrotation, Abb. 2/5–6) wird durch den exzentrisch wirkenden Absprung von der Hand-, Arm- und Schultermuskulatur (Abb. 2/5) erzielt. Dabei muß beim Stützkontakt der ARW größer als 90° und die Schulter hinter den stützenden Händen sein (Abb. 2/5).

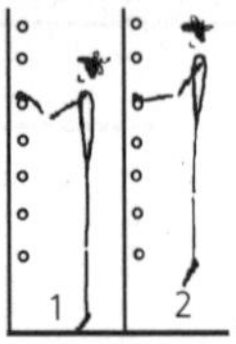

•3

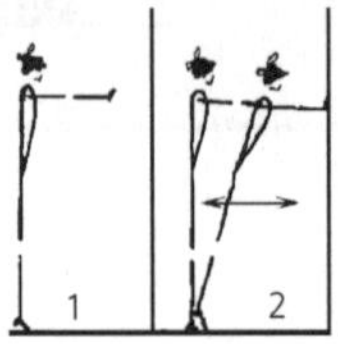

•4

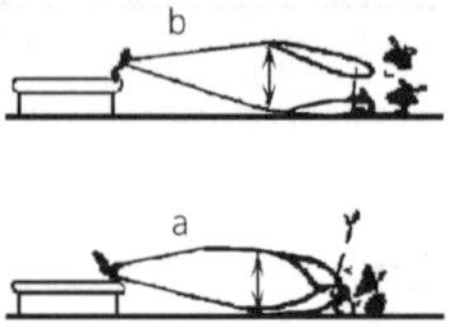

•5

FUNKTIONALE ASPEKTE

Hilfsfunktionsphase		**Hauptfunktionsphase**	Foto 1–5	**Ü.F.Ph.** Foto 6–9
Aktionen	Funktionen	Aktionen	Funktionen	Aktionen/ Funktionen
Ansprung zum beidbeinigen Aufsprung	Erreichen der optimalen Absprungposition vor dem Absprung	a) Absprung durch Strecken der Bein- und Hüftgelenke und Rückhochführen der Beine in die Aktivüberstreckung b) Handabsprung mit Anhocken	a) Auslösen der Rotation, Höhengewinn, Vorspannung der vorderen Muskelschlinge b) Auslösen der Rückwärtsrotation und Erhöhen der Drehgeschwindigkeit	Strecken der Knie- und Hüftgelenke / Landevorbereitung

METHODISCHE ASPEKTE

Konditionelle Voraussetzungen	**Übungen zum Erwerb der Voraussetzungen**
1. Absprungkraft (Füße und Hände) • Unterschenkelrückseite • Oberschenkelvorderseite • Teile der Gesäßmuskulatur • Hand-, Arm- und Schultermuskulatur	Zu 1. Absprungkraft (Füße): Im Stand vorlings an der Sprossenwand. Die Hände fassen etwa brusthoch. Abspringen und danach zehnmal prellend vom Fußballen so hochspringen wie möglich (Abb. 3/1–2). Danach eine Minute Pause, drei Serien. Absprungkraft (Hände): Im Stand vorlings, Arme sind horizontal (Handabstand ca. 50 cm). Vorfallen und schnellkräftiges Abdrücken aus der Schulter und den Händen. Die Ellenbogen nicht beugen und den Bauch dabei einziehen (Abb. 4/1–2). 10 Mal, eine Minute Pause, 3 Serien.
2. Mittelkörperspannung • Oberschenkelrückseiten und Gesäßmuskulatur • gesamte Bauch- und Rückenmuskulatur im Mittelkörperbereich	Zu 2.: a) Hintere Muskelschlinge (Rückenlage, Abb. 5a). Die Hüfte zehnmal bis zum maximalen Endpunkt langsam hochdrücken und wieder senken, eine Minute Pause, drei Serien. b) Vordere Muskelschlinge (Unterarm-Bauchlage, Abb. 5b). Zum Unterarm-Liegestütz vorlings die Hüfte mit Rundrücken bis zum Endpunkt hochdrücken, langsam wieder senken. Zehnmal, eine Minute Pause, drei Serien.

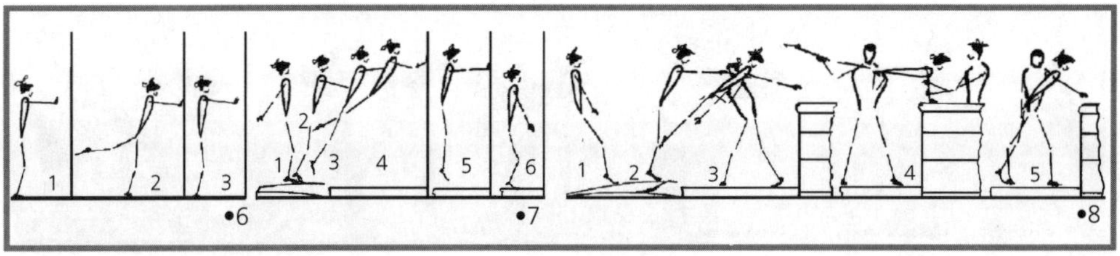

Koordinative Voraussetzungen

Kennenlernen des Spannstütz

Stell Dich mit dem Gesicht zur Wand, der Handabstand beträgt etwa 50 cm und die Hände stützen brusthoch (Abb. 6/1).
Laß Dich mit gespanntem Körper vorfallen. Nimm nun ein Bein rückhoch in die aktive Überstreckung und halte das Bein eine Sekunde in dieser Position. Drück Dich zurück in die Ausgangsstellung und turn dasselbe mit Rückhochführen des anderen Beines (Abb. 6/1–3).

Eigenwahrnehmung

- Hast Du bereits im Vorfallen Deine Arm- und Schultermuskulatur ganz fest angespannt?
- Kannst Du im Moment des Handstütz die aktive Überstreckung in der Körperrückseite spüren und feststellen, ob Deine Bauchmuskulatur dabei ganz fest ist?

Springen in den vertikalen Spannstütz

Stell Dich an den vorderen Rand des Reutherbretts, die Arme sind hinter dem Körper.
Spring ab und stütz etwa in Brusthöhe an der Wand. Während des Flugs mußt Du jetzt beide Beine rückhoch führen, um im Moment des Stützkontakts an der Wand eine aktive Überstreckung (Spannstütz) zu erreichen (Abb. 7/4). Drück Dich sofort von der Wand ab und lande auf der Matte (Abb. 7/5–6). Du darfst während des Anspringens nicht die Hüfte nach vorn führen um sie zu überstrecken, sondern die Beine müssen aktiv rückhoch geführt werden.

Geräteaufbau wie in Abb. 7 (Brettabstand zur Wand ca. einen Meter).

Eigenwahrnehmung

- Hast Du während des kurzen Fluges die Spannung Deiner hinteren Muskulatur von der Oberschenkelrückseite bis zur Schulter im Moment des Handstützes gespürt?
- War Deine Bauchmuskulatur völlig fest?
- Kannst Du während des Fluges spüren, ob Du nicht die Hüfte nach vorn drückst und ausweichst, sondern die Beine rückhoch führst (Abb. 7/4)?

Springen in den horizontalen Spannstütz

Du stehst etwa drei Meter hinter dem Reutherbrett. Lauf zwei bis drei Meter langsam an und spring in den Spannstütz am hinteren Kastenende. Die Helfer halten Dich in dieser Position ca. eine Sekunde an (Abb. 8/4). Lande wieder auf der Matte.

Geräteaufbau wie in Abb. 8, vier Helfer. Die Helfer zwischen Reutherbrett und Kastenrand fassen unmittelbar beim Absprung an Hüfte und Schienbein oder Hüfte und Oberschenkel (Abb. (8/3). Sie führen den Übenden in den Spannstütz und halten ihn eine Sekunde in dieser Position. Die Helfer am Kastenrand fassen mit Stützgriff oder Klammergriff und sichern den Stütz (Abb. 8/4).

Eigenwahrnehmung

- Spürst Du, wie Du während der Flugphase unmittelbar nach dem Sprung Deine Beine rückhoch in den Spannstütz führst?
- Kannst Du beim Handstütz die Spannung Deiner Rücken- und Bauchmuskulatur wie an der Wand spüren?
- Konntest Du die Körperspannung in der Stützposition halten und kontrollieren (Abb. 8/4)?

•9

•10

Kennenlernen der erste Flugphase in den flüchtigen Spannstütz am vorderen Kastenende

Spring nach ca. drei bis fünf Metern Anlauf an und stütz mit starker Körperspannung wie vorhin am Kastenrand nun am vorderen Kastenende (Abb. 9/2). Beug danach Deine Arme und leg Dich in der aktiven Überstreckung auf den Kasten (Abb. 9/3).

Geräteaufbau und Hilfestellung wie in Abb. 9. Der Längskasten ist etwa hüfthoch. Eine Schülerin steht etwa drei bis fünf Meter hinter dem Reutherbrett.

Die Helfer am brettnahen Kastenende fassen bereits beim Absprung an der Hüfte und am Schienbein oder Oberschenkel und tragen die Schülerin bis in den Spannstütz und sichern die Bauchlage (Abb. 9/1–3). Die vorderen Helfer fassen frühzeitig mit Klammergriff am Oberarm, sichern sowohl den Stütz, als auch das Beugen der Arme bis in die Bauchlage (Abb. 9/2–3). Dieser Lernschritt hat sich neben der bewegungstechnischen Notwendigkeit als besonders effektiv für den Abbau eventueller Angstreaktionen herausgestellt.

Eigenwahrnehmung

- Hast Du gespürt, daß Du unmittelbar nach dem Absprung die Aktivüberstreckung erreichst, und bei Handkontakt einen Spannstütz mit gestreckten Armen hast und Du erst danach die Arme beugst, um auf dem Bauch zu liegen?
- Hast Du die Muskelspannung in der aktiven Überstreckung beibehalten und sie gespürt, bis Du in der Bauchlage auf dem Kasten bist?

Kennenlernen des Handabdrucks und Anhocken

Du bist im Liegestütz vorlings am Boden. Die Schultern sind senkrecht über den Händen (Abb. 10/1). Federe im Liegestütz vorlings bei gespannter Bauch- und Rückenmuskulatur mit der Hüfte einmal tief hoch (Abb. 10/1) und drück nach dem zweiten Tieffedern beim Hochziehen der Hüfte mit den Händen vom Boden ab (Abb. 10/2). Zieh nach dem Handabdrücken Deine Knie nach vorn und setz den ganzen Fuß mit den Fersen dorthin, wo vorher Deine Hände waren (Abb. 10/3).

Eigenwahrnehmung

- Hast Du beim Tiefwippen die Spannungszunahme wie vorhin an der Wand oder im Spannstütz am Kasten gespürt und dabei Bauch- und Rückenmuskulatur fest gespannt?
- Kannst Du sehen, ob Deine Fersen dorthin kommen, wo die Hände vorher waren?
- Hast Du dabei gespürt, daß Deine Hände zuerst den Boden verlassen haben und Du danach die Füße nach vorn gebracht hast?

Imitieren der zweiten Flugphase (Abhocken vom hüfthohen Längskasten)

Du bist im Liegestütz vorlings und stützt am vorderen Kastenende (Abb. 11/1). Drück Dich nach dem Tieffedern wie vorhin vom Boden (Abb. 10) beim Hochfedern vom Kasten ab und zieh die Knie schnell an die Brust (Abb.11/2).

Geräteaufbau und vier Helfer wie in Abb. 11. Die vier Helfer tragen Dich nach dem Tieffedern beim Hochfedern über den Kasten hinweg in den Stand (Abb. 11/2–4).

Die Helfer in der Kastenmitte fassen an der Hüfte und am Schienbein oder Oberschenkel und tragen die Schülerin über den Kasten (Abb. 11/3). Die beiden vorderen Helfer im Stützgriff ziehen und tragen die Schülerin ebenfalls über den Kasten bis in den Stand (Abb. 11/2–4).

Eigenwahrnehmung

- Hast Du gespürt, daß Dich Deine Helfer ganz sicher beim Abdrücken und Hochfedern über den Kasten tragen?
- Konntest Du genau spüren, ob Du bei Deiner Landung einen geraden Rücken hattest und die Knie so wenig wie möglich gebeugt hast?

Kopplung aller bisher erlernten Teilbewegungen zur Sprunghocke

Stell Dich etwa sieben bis zehn Meter hinter das Reutherbrett. Lauf locker an und spring in den Spannstütz am Kastenende (Abb. 12/1–2). Turn sofort das Abdrücken von den Händen und Anhocken der Beine, damit die Helfer Dich über den Kasten wie vorhin aus dem Liegestütz hinwegtragen können (Abb. 12/2–4). Achte bei der Landung darauf, daß Du mit geradem Rücken landest und dabei Deine Knie so wenig wie möglich beugst.

Aufbau und Hilfestellung wie in Abb. 12. Die zwei brettnahen Helfer müssen bereits beim Absprung Hüfte und Schienbein oder Oberschenkel unter Kontrolle haben (Abb. 12/1–2), sie tragen die Schülerin bis in den Stütz. Die beiden vorderen Helfer fassen bereits vor dem Handstütz mit Klammergriff am Arm und tragen die Turnende in den Stand (Abb. 12/2–5).

Eigenwahrnehmung

- Hast Du bereits beim Absprung daran gedacht, daß Du unmittelbar nach dem Lösen vom Brett eine aktive Überstreckung bis in den Spannstütz spüren sollst?
- Konntest Du bereits vor dem Absprung sehen, wo Du am vorderen Kastenende stützen sollst?
- Warst Du in der Lage zu spüren, wie Du unmittelbar nach dem Handstütz abdrückst und anhockst?

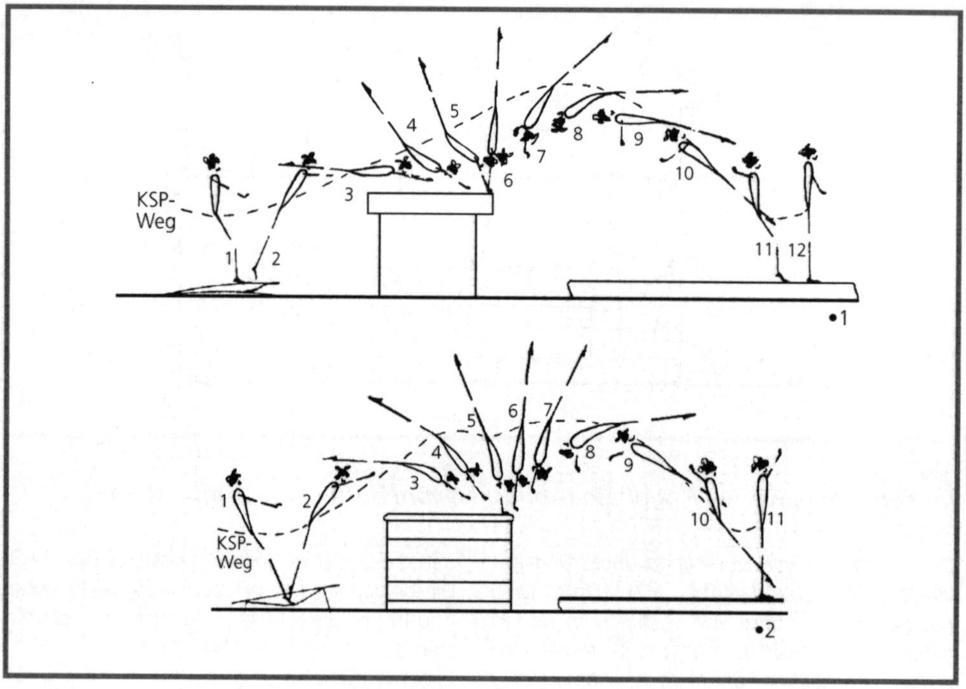

Überschlagbewegungen

Handstütz-Sprungüberschlag

Wir unterscheiden bei diesem Sprung zwei unterschiedliche Techniken während der ersten Flugphase:
Eine räumlich-zeitlich kurze Flugphase mit Aktivüberstreckung im Handstütz (Abb.1/5) und eine räumlich-zeitlich längere Flugphase ohne Aktivüberstreckung (Abb. 2/5).
Während im Kunstturnen beide Techniken angewandt werden, ist für die Erarbeitung dieser Fundamentalbewegung beim Sprung in Schule, Verein und Hochschule die zweite Technik mit MT empfehlenswert. Die Verwendung des MT ermöglicht durch seine Elastizität und Schleudereigenschaften fast allen Lernenden, die erste Flugphase der zweiten Technik zu realisieren.

Die Technik für die Aktivüberstreckung während der ersten Flugphase wurde bereits bei der Sprunghocke vom Grundsatz her erarbeitet. Sie könnte gegebenenfalls für die Technik in Abb. 1 genützt werden.
Wie bei der Sprunghocke auch, besteht eine direkte Abhängigkeit zwischen Anlaufgeschwindigkeit, Kontaktzeit auf dem Tuch und Lage des KSP bei Fußkontakt vor dem Absprung.
Durch die starke Auslenkung des Tuches und die relativ lange Kontaktzeit auf dem MT sollte keine KLA-Vorlage bei Fußkontakt auf dem MT zu erkennen sein (Abb. 2/1).

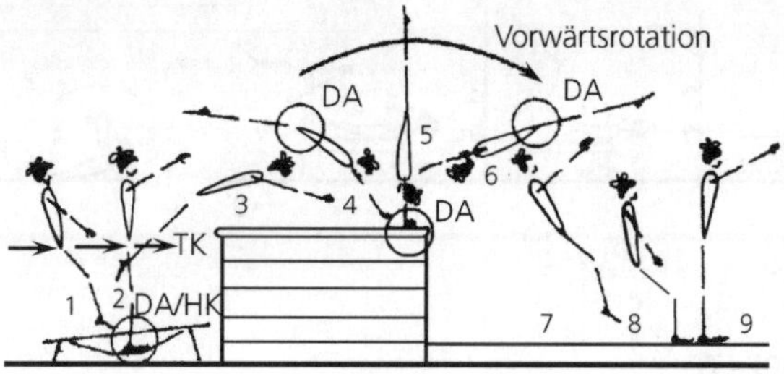

•3

Biomechanische Aspekte

Der Handstütz-Sprungüberschlag ist eine Vorwärtsrotation von 360° um die KBA. Dabei dreht der Körper um die kurzzeitig festen DA Füße/Hände beim Stütz (Abb. 3/2und 5) und die freie DA (KBA = KSP während der beiden Flugphasen, Abb. 3/3 und 3/6–7). Die Rotationsauslösung für die erste Flugphase (Abb. 3/1–2) erfolgt durch die HK (Fußkontakt während der Absprungzeit) und die TK (der KSP bewegt sich in gleiche Richtung weiter, Abb. 3/1–2), sowie durch die Absprungkraft, die auch für den Höhengewinn verantwortlich ist. Alle drei Kräfte wirken exzentrisch (am KSP vorbei).
Der Körper dreht um die Körperbreitenachse = KBA, wenn keine Überlagerung durch eine Längsachsendrehung erfolgt.

Funktionale Aspekte

Hilfsfunktionsphase	Foto 1–2	**Hauptfunktionsphase**	Foto 2–6
Aktionen	Funktionen	Aktionen	Funktionen
Aufsprung aus dem einbeinigen Ansprung	Erreichen der optimalen Absprungposition vor Beginn der Ha.F.ph.	a) Strecken der Bein- und Hüftgelenke zum Absprung von den Füßen b) Strecken der Hüft- und Schultergelenke zum Absprung von den Händen	a) Auslösung der Vorwärtsrotation mit Höhengewinn b) Erreichen der optimalen Position für die zweite Flugphase

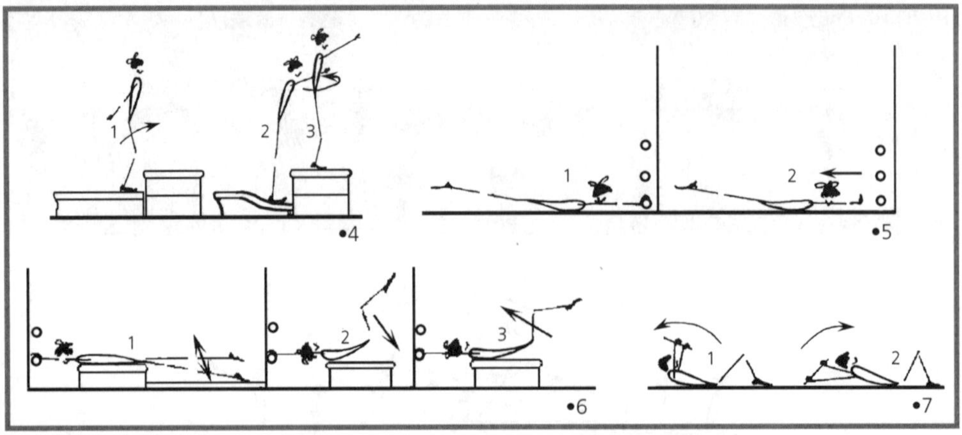

Methodische Aspekte

Konditionelle Voraussetzungen	**Übungen zum Erwerb der Voraussetzungen**
1. Absprungkraft (Beine und Arme) • Unterschenkelrückseite • Oberschenkelvorderseite • Teile der Gesäßmuskulatur • Hand-, Arm- und Schultermuskulatur	Zu 1. Absprungkraft, Beine: Auf eine WBM wird eine harte Turnmatte gelegt (Abb. 4/1). Abspringen von der WBM auf den Kasten. 1/2 LAD, Niedersprung und Landung, 1/2 LAD. Zehnmal, eine Minute Pause, 3–5 Serien (Abb. 4/1–2). Absprungkraft, Arme: Bauchlage auf einem Handtuch, Griff an der unteren Sprosse (Abb. 5/1). Explosives Herausstoßen mit gestreckten Armen aus den Schultern auf einem glatten Boden (Abb. 5/1–2). Zehnmal, eine Minute Pause, drei Serien.
2. Mittelkörperspannung • Oberschenkelrückseiten- und Gesäßmuskulatur • Bauch- und Rückenmuskulatur	Zu 2. Hintere Muskelschlinge: a) Kasten, Sprossenwand, Bauchlage. Langsames, gleichmäßiges Hochführen und Senken der Beine bei völliger Streckung der Arme und des ARW (Abb. 6/1). Vordere Muskelschlinge: b) Langsames Senken und Hochführen der Hüfte bei angehockten Knien, dabei die völlige Streckung in der Schulter beibehalten (Abb. 6/2 und 3). Beide Übungen fünfmal, danach eine Minute Pause. Drei bis fünf Serien.
3. Beweglichkeit • Schultermuskulatur	Zu 3.: Die Lendenwirbelsäule fest auf den Boden drücken, Kinn auf die Brust. Den schulterbreit gefaßten Stab zehn- bis zwanzigmal gleichmäßig nach hinten zum Boden drücken, 10 sec. halten und wieder hochführen (Abb. 7/1–2).

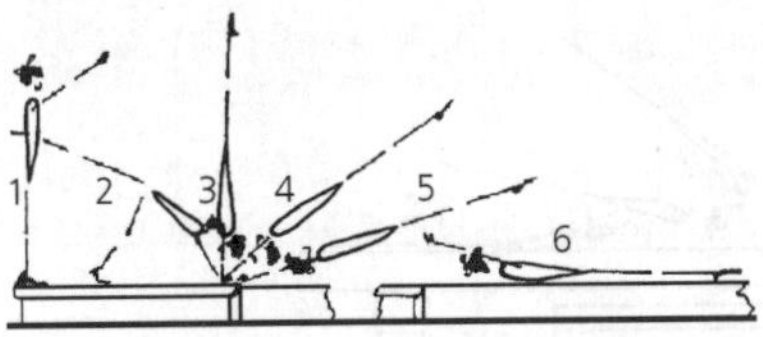

•8

•9

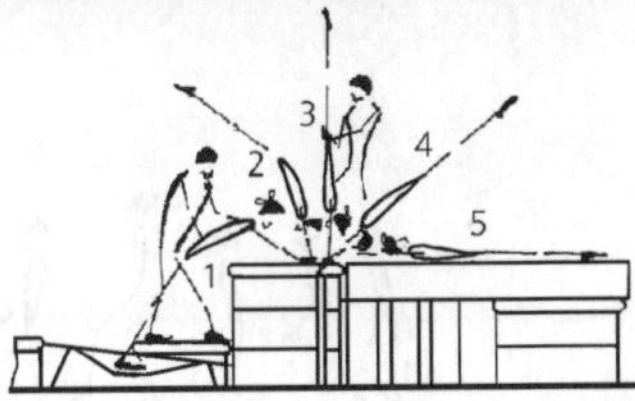

•10

Koordinative Voraussetzungen

Imitieren der zweiten Flugphase des Überschlags

Du stehst am hinteren Kastenende (Abb. 8/1) und setzt beim Aufschwingen in den Handstand die Hände am vorderen Kastenende auf (Abb. 8/3). Spann den ganzen Körper im Handstand, laß Dich wie ein Brett überfallen, so daß beim Landen Schulter, Gesäß und Fersen gleichzeitig die Matte berühren (Abb. 8/6). Schau dabei zwischen die Hände auf den Kastenrand bis kurz vor der Rückenlandung (Abb. 9/3–4).

Dieser Lernschritt dient vor allem dem Angstabbau durch den möglichen Orientierungsverlust beim Überfallen in die Rückenlage und der Kontrolle der Körperspannung im Mittelkörperbereich. Voraussetzung ist, daß die Schülerinnen das Aufschwingen in den Handstand erlernt haben. Geräteaufbau und Hilfe wie in Abb. 8 und 9. Die Helfer sichern an der Schulter und Oberschenkelrückseite bis in die Rückenlage (Abb. 9/1–2).

Eigenwahrnehmung

- Hast Du gespürt, wie die Helfer Dich vom Handstand bis in die Rückenlage begleitet haben?
- Konntest Du während der ganzen Zeit die Körperspannung von den Schultern bis zu den Füßen spüren?
- Hast Du die Hände so lange gesehen, bis Dein Rücken fast auf der Matte war (Abb. 8/5)?

Springen in den flüchtigen Handstand und Überfallen in die Rückenlage

Spring nach zweimal Federn so ab, daß Du zuerst das Gesäß hochziehst und Dich in den Handstand strecken kannst (Abb. 10/1–3). Schau immer zwischen die Hände auf dem Kastenrand und laß Dich in Rückenlage überfallen (Abb. 10/4–5).

Geräteaufbau und vier Helfer wie in Abb. 10. Ein Helfer neben dem MT führt den Übenden an der Hüfte und Schulter in den Handstand (Abb. 10/1–3), der zweite Helfer auf dem Kasten fixiert ihn kurz im Handstand und sichert wie am Boden die Rückenlandung (Abb. 10/3).

Eigenwahrnehmung

- Hast Du das zeitliche Nacheinander gespürt, wie Du zuerst das Gesäß hochgezogen und Dich anschließend in der Schulter und Hüfte bis in den Handstand gestreckt hast?
- Hast Du das gleiche Gefühl für Spannung und Blickorientierung gehabt wie bei der Vorübung am Boden?

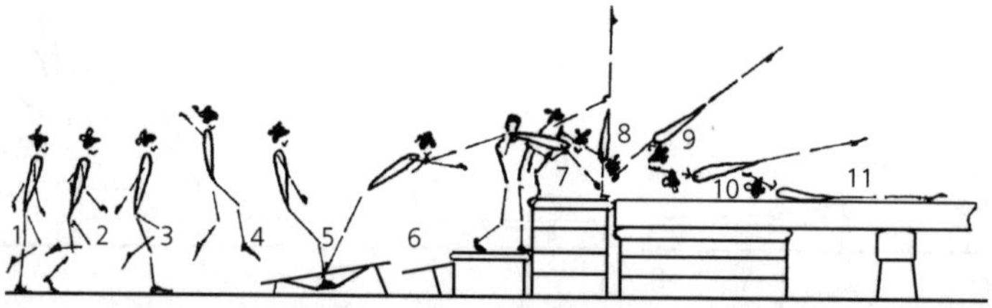

Kennenlernen der ersten Flugphase

Spring aus dem Stand mit beiden Beinen vom Kastenende ins Minitramp und sofort wieder ab. Stütz nach einer kurzen Flugphase mit den Händen am vorderen Kastenende und turn die Körperstreckung wie vorhin (Abb. 11/5). Laß Dich mit völlig gespanntem Körper überfallen. Schau die Hände an bis kurz vor dem Rückenkontakt.

Geräteaufbau und Ausgangsposition wie in Abb. 11. Zwei Helfer stehen zwischen MT und Kasten.

Die vorderen Helfer unterstützen mit einer Hand an der Oberschenkelvorderseite das Erreichen der Handstandstreckung (Abb. 11/4–5), mit der anderen verhindern sie an der Schulter das Ausweichen nach vorn und stabilisieren die Übende so kurz im Handstand. Die vorderen Helfer übernehmen sie vom Handstand und begleiten das Überfallen bis in die Rückenlage (Abb. 11/5–7).

Eigenwahrnehmung

- Hast Du nach einigen Versuchen gespürt, wie Du zuerst fliegst und dann mit den Händen stützt?
- Hast Du schon das Gefühl für die zeitlichen Abfolgen von Springen, Fliegen, Stützen, Handstandstrecken und Überfallen entwickelt?

Koppeln von Anlauf und Absprung mit der ersten Flugphase zum Überfallen

Lauf drei bis fünf Schritte langsam an und spring mit leichter Rücklage ins Minitramp. Laß Dich vom Minitramp hochwerfen zur ersten Flugphase.

Streck während der Flugphase die Hüfte und Schulter bis in den flüchtigen Handstand. Laß Dich mit Blickkontakt zu den Händen auf die Weichbodenmatte überfallen (Abb. 12/8–11).

Die „Plattform" wird um ein Kastenteil erhöht und vier Helfer sichern wie in Abb. 12.

Die vorderen Helfer fassen frühzeitig mit der trampolinnahen Hand an der Oberschenkelvorderseite und mit der anderen an der Schulter. Sie begleiten und sichern die Schülerin so über den flüchtigen Handstand in die Rückenlage.

Eigenwahrnehmung

- Konntest Du sehen und spüren, ob Du bei Fußkontakt auf dem Tuch keine Vorlage hast?
- Hast Du dabei an die zeitlichen Folgen der Bewegungen bis in den flüchtigen Handstand und Strecken aus den Schultergelenken und Überfallen gedacht und sie wahrgenommen?

•13

Kennenlernen der zweiten Flugphase und Landung (Trageüberschlag)

Schwing in den Handstand, schieb Dich mit völliger Körperstreckung aus der Schulter nach oben und schau dabei zwischen den Händen auf den Kastenrand (Abb. 13/1–3).
Laß Dich langsam überfallen und nimmt erst dann den Kopf leicht nach vorn, wenn Deine Hände den Kasten verlassen haben (Abb. 13/5).

Geräteaufbau, Hilfestellung und Ausgangsposition wie in Abb. 13. Die Helfer stehen direkt am vorderen Kastenrand mit dem Gesicht zueinander und ganz nahe beieinander. Sie fassen mit der kastennahen Hand von unten (Daumen zeigt nach außen) an der Schulter, mit der anderen an der Oberschenkelrückseite und tragen so die Übende in den sicheren Stand (Abb. 13/3–7).

Eigenwahrnehmung

- Spürst Du vom Handstand bis in den Stand die Körperspannung von der Schulter bis in die Beine?
- Hast Du die Hände gesehen, als sie den Kasten verlassen haben?
- Konntest Du spüren, ob Du fest wie ein Brett warst, als Dich die Helfer in den Stand getragen haben?
- Hast Du das Gefühl gehabt, als ob Du den Kasten nach unten „wegdrückst"?

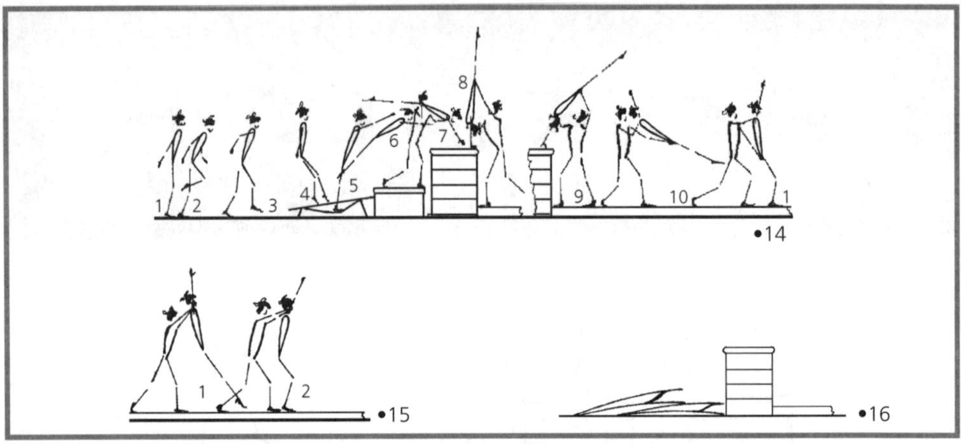

Kopplung des Gesamtablaufs: Handstütz-Sprungüberschlag aus dem Anlauf

Lauf fünf bis sieben Schritte an und spring vom Minitramp ab. Streck Dich während der Flugphase im flüchtigen Handstand zum Handstütz-Überschlag (Abb. 14/8–9).
Geräteaufbau und Hilfe wie in Abb. 14.
Die Helfer zwischen MT und Kasten fassen bereits beim Absprung die Schülerin an der Hüfte und tragen sie bis in den flüchtigen Handstand (Abb. 14/5–7). Die vorderen Helfer müssen mit der kastennahen Hand, bereits vor dem Handstütz an der Schulter zufassen und beim flüchtigen Handstand mit der Oberschenkelhand zugreifen (Abb. 14/8).
Die Schülerin wird so bis in den sicheren Stand begleitet (Abb. 14/8–11).

Eigenwahrnehmung

- Kannst Du spüren, daß Dich die Helfer während der gesamten Bewegung bis in den Stand begleiten, so daß Du Dich ganz auf die Bewegung konzentrieren kannst.
- Hast Du daran gedacht, daß Du immer so lange den Kastenrand sehen mußt, bis sich Deine Hände vom Kasten lösen?
- Hast Du während der gesamten Bewegung Deine Körperspannung gespürt?

Der Handstütz-Überschlag muß mit den vier Helfern am vierteiligen Kasten so lange geübt werden, bis mögliche Angstbarrieren abgebaut und die räumlich-zeitliche Steuerung der beiden Flugphasen und die Landung stabilisiert sind.

Die Sicherung der Landung durch die Helfer ist besonders wichtig. Die Helfer vor dem Kasten können die Landung auf zwei Arten sichern:
zum einen

- indem sie mit der Schulterhand nach vorn über die Schulter hinweg zum Schlüsselbein greifen (Abb. 14/10–11),

zum anderen,

- daß sie während der zweiten Flugphase mit der Oberschenkelhand zum Oberarm wechseln und im Klammergriff zufassen (Abb. 15/1–2).

Sobald mehr Sicherheit in der Bewegungssteuerung vorhanden ist, kann auf die Helfer zwischen Minitramp und Kasten verzichtet werden. Die Helfer vor dem Kasten müssen jedoch bleiben.
Erst danach sollte der Kasten je nach Körpergröße der Schülerin erhöht und als nächster Schritt kann das Sprungpferd (1,10–1,20 m hoch) verwendet werden.
Als Übergang sind bei Beherrschen des Absprungverhaltens vom Reutherbrett und des Handstütz-Sprungüberschlags vom MT beim weiteren Vorgehen zwei übereinandergelegte Reutherbretter (Doppelreutherbrett, Abb. 16) zum Absprung zu empfehlen.
Erst danach sollte von den Schülerinnen, die über beide Voraussetzungen verfügen, von einem Reutherbrett abgesprungen werden.

Stufenbarren/Reck

Hinweise für den Aufbau des Stufenbarrens

Schwungbewegungen (Grundschwünge)
Rückschwung im Seitstütz
Schwingen im Langhang
Rotationsbeschleunigende Schwünge (Schnepperschwünge)
Vorschwung
Rückschwung
Rotationsverlangsamende Schwünge (Konterbewegungen)
Kontern im ruhigen Hang
Kontern im Schwung
Kontern zum Vorschwung ohne Griffwechsel mit Vorbücken oder -Grätschen
Kontern zum Vorschwung mit Griffwechsel
Schwingen im Schwebehang
Angrätschen aus dem Stand
Aufgrätschen aus dem Rückschwung
Aufhocken aus dem Rückschwung

Auf-, Ab- und Umschwungbewegungen
Hüft-Aufschwung (mit Schwungbeinhilfe)
Hüft-Umschwung vorlings rückwärts
Hüft-Umschwung vorlings vorwärts
Spreiz-Umschwung vorwärts
Abschwingen rückwärts aus dem Stütz in den Felghang (mit Hüftkontakt)
Abschwingen aus dem freien Stütz in den Felghang

Kippbewegungen
Spreiz-Kippaufschwung
Kippaufschwung vorlings vorwärts
Kippaufschwung rücklings vorwärts (Durchschub)

Felgbewegungen
Felgunterschwung aus dem Stand (mit Schwungbeinhilfe)
Felgunterschwung aus dem Stütz (mit Hüftkontakt)
Felgunterschwung aus dem freien Stütz
Felgunterschwung aus dem Angrätschen
Felgunterschwung mit einer halben Drehung um die Körperlängsachse
Felgaufschwung
Felgumschwung (freie Felge)

Hinweise für den Aufbau des Stufenbarrens

Der Wettkampf-Stufenbarren hat die gleichen Verankerungsmaße wie das Spannreck und die Spannringe der Männerturngeräte. Daher kann an diesen Verankerungen der Stufenbarren aufgebaut werden.

Sind diese Verankerungen in den Hallen nicht vorhanden, kann mit Recksäulen und Männerbarren ein Hilfsaufbau (Ersatzstufenbarren) fast die gleichen Dienste erfüllen. Für einfache Elemente, die vom hohen Holm zum niederen oder umgekehrt erlernt oder geturnt werden sollen, kann eine Kombination von Reck und einholmigem Männerbarren aufgebaut werden (vgl. Foto 1 und 2).

•1

•2

Je nach Körpergröße der Schülerinnen und gewünschtem Holmabstand kann die Höhe des oberen Holms und die Entfernung des Barrenholms variabel gestellt werden.

Aufbau des Spann-Stufenbarrens

1. Barrensäulen in der Verspannungsmitte im Abstand der Holmlänge aufstellen (je eine Schülerin hält je eine Säule fest, Foto 3).

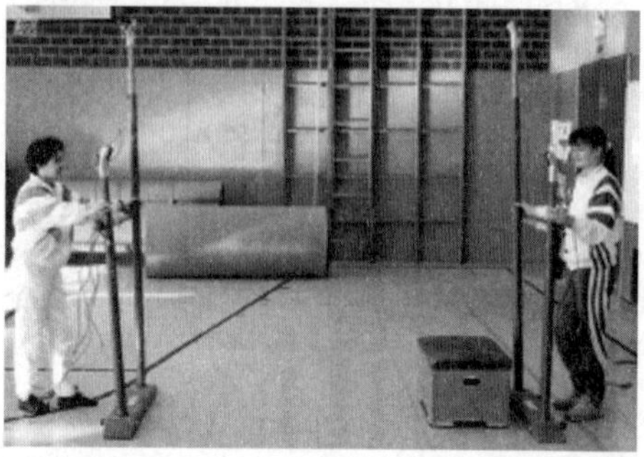

•3

2. Holme einsetzen, die Klebenaht muß unten sein (Foto 4).

•4

Für die oberen Holme möglichst einen Kasten verwenden. Die Zapfen der Holme lassen sich leicht hineinschieben, wenn die Säulen nicht schräg stehen (Foto 5).

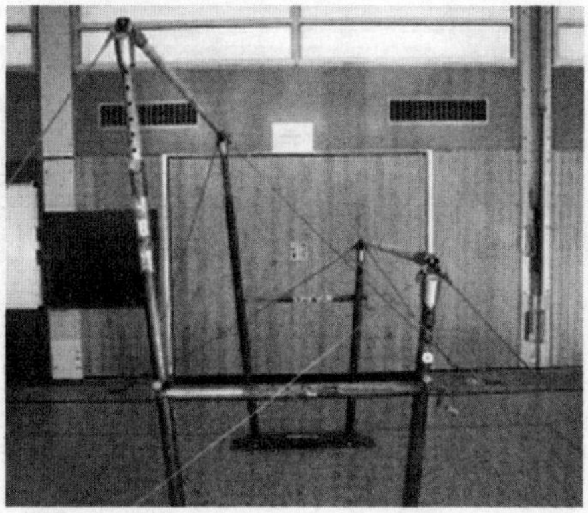

•5

3. Von den vier Spannseilen je eine Schlaufe an der oberen und unteren Säule einhängen. Dabei müssen die Seile mit den Schiebeschlössern auf einer Seite und die mit den Gewinden auf der anderen Seite sein (Foto 6).

•6

4. Alle vier Ketten so einhängen, daß das eingehängte Kettenglied frei im Haken ist (Fotos 7 und 8).

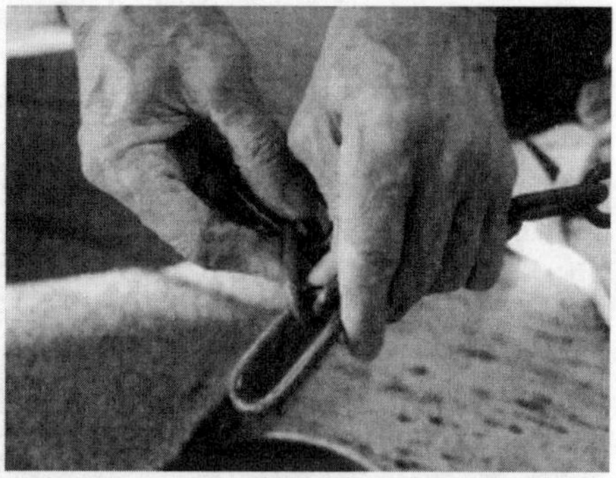

•7

•8

5. Die Holmabstände mit der Kurbel einstellen (Foto 9).

•9

6. Gewindeschlösser (Foto 10) so zudrehen, daß der Barren fest steht und die Säulen von vorn betrachtet senkrecht sind (Foto 11).

•10

•11

7. Individualbreite der Holmabstände mit der Kurbel einstellen (Foto 9).

8. Schiebeschlösser bis zum Maximum am oberen Teil des Schiebers hochziehen (Foto 12).

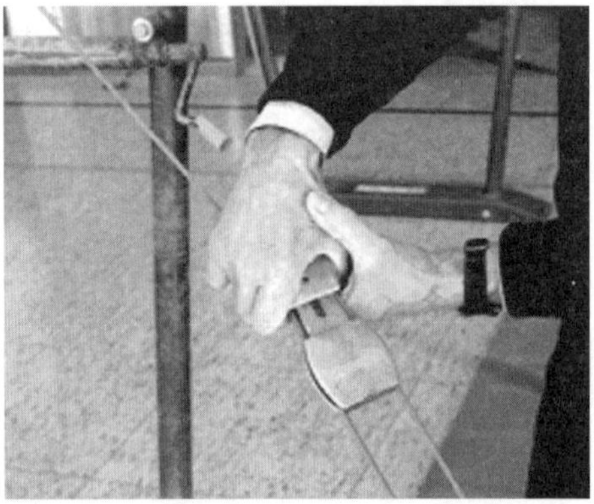

•12

9. Wenn das Schiebeschloß gelockert werden soll, muß der untere Teil des Schiebers nach unten gezogen werden (Foto 13).

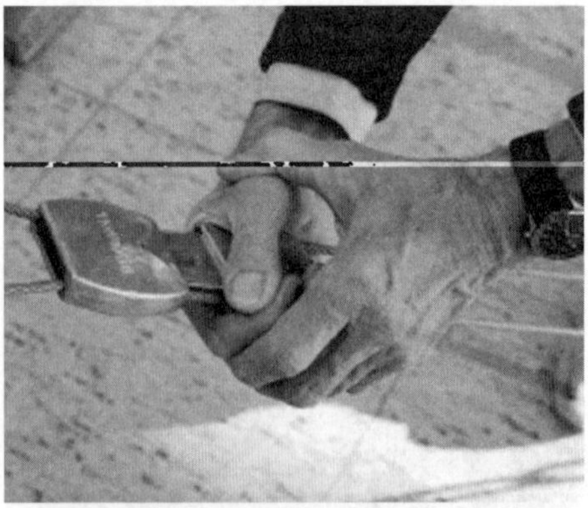

•13

Schwungbewegungen (Grundschwünge)

Im Rahmen der Arbeiten zur strukturellen Systematik (LEIRICH/RIELING) wurde für die gesamten Grundschwünge u.a. keine eigenständige Bewegungsgruppe erstellt. In den neueren Überlegungen der Arbeitsgruppe „Fortschreibung der strukturellen Systematik" (vgl. S. 81–83) wurde allerdings sehr eingehend auf die Notwendigkeit der Einführung einer eigenen Bewegungsklasse „Schwungbewegungen" eingegangen. Im Vorgriff auf die Festlegung einer neuen Bewegungsklasse und die endgültige Definition haben wir sie bereits berücksichtigt.

Innerhalb der Gruppe der Schwungbewegungen wird zwischen vertikalen und horizontalen Schwüngen unterschieden. Da die vertikalen Schwünge alle Pendelbewegungen an festen DA wie Reck und Stufenbarren betreffen, werden sie hier behandelt. Bei den horizontalen Schwungbewegungen handelt es sich um Kreisschwünge am Boden, Pauschenpferd und Barren.

Rückschwung im Seitstütz

Alle vertikalen Grundschwünge dienen der Bereitstellung von Bewegungsenergie bzw. dem Erreichen einer optimalen Ausgangsposition vor Beginn der Hauptfunktionsphase.
Im Seitstütz vl. kann, bedingt durch Holm oder Stange, nur rückhoch geschwungen werden. Je höher die erreichte Endposition (Abb. 1/7), desto schwieriger wird es, den Körper kontrolliert in den Seitstütz abzuschwingen und dann abzubremsen. Es empfiehlt sich daher, nach dem Rückschwung einen Niedersprung anzuschließen, wenn kein Umschwung rückwärts geturnt wird.

Biomechanische Aspekte

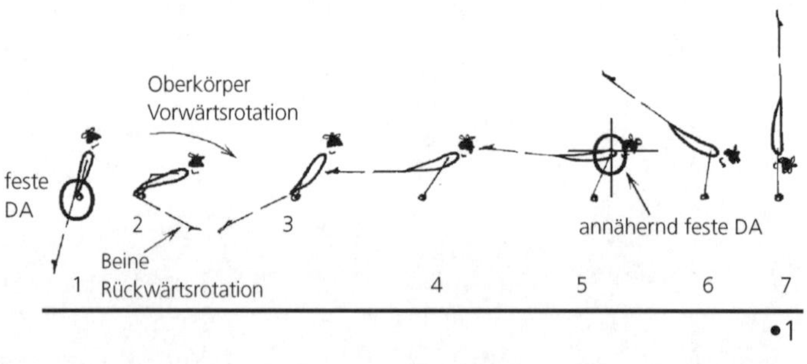

Beim Rückschwung aus dem Seitstütz vl. dreht sich der Körper bei Hüftkontakt zunächst um die feste DA Reckstange (Abb. 1/2–3). Nach dem Lösen der Hüfte dreht er um die annähernd feste DA der Schultern im freien Stütz vorwärts und um die KBA (Abb. 1/4).
Um die Massenverteilung zwischen dem Ober- und dem Unterkörper bei der „Ausholbewegung" auszugleichen und damit die Voraussetzung für einen großen Arbeitsweg der „Schwungmasse" Beine zu schaffen, rotiert der Oberkörper vor- und die Beine rückwärts (Abb. 1/2). Durch den Drehachsenwechsel (Abb. 1/3–4) von der festen DA zur annähernd festen DA bleibt der KSP nach Lösen der Hüfte möglichst nahe über der festen DA Reckstange (Abb. 1/4–6). Dies ist jedoch nur dann möglich, wenn die annähernd feste DA (Schulter) entsprechend weit vor die feste DA gebracht wird (Abb. 1/4). Die Maximalposition dieser Vorlage der Schulter ist erreicht, sobald der KSP die annähernd feste DA nach oben passiert (Abb. 1/5). Führt die Aufwärtsbewegung bis in den Handstand, bewegt sich die Schulter von dieser Position aus wieder zurück, damit im Handstand der KSP senkrecht über der festen und annähernd festen DA ist (Abb. 1/5–7).

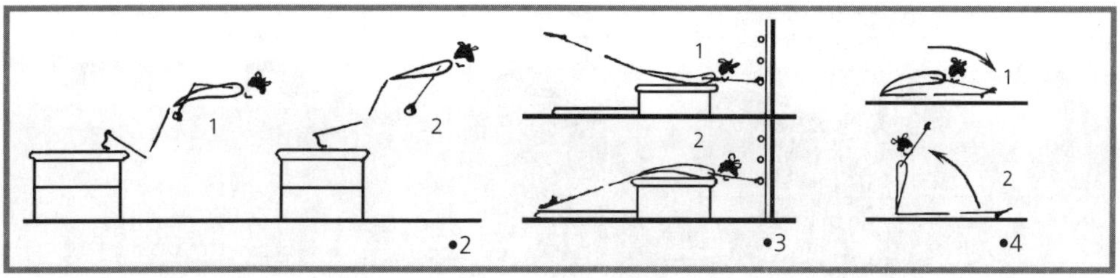

Funktionale Aspekte

Hilfsfunktions-phase	Foto 1–2	**Hauptfunktions-phase**	Foto 2–6
Aktionen	Funktionen	Aktionen	Funktionen
Vornehmen der Beine und der Schulter	Gewichtsausgleich zwischen Rumpf und Beinen und Sicherung der Schulterposition bei Gewährleistung eines langen „Arbeitsweges" der Beine	Beinrückschwung in die Aktivüberstrekkung und Aufschwingen bis in die höchste KSP-Position	Erreichen der optimalen Lageenergie für den Abschwung bzw. das Folgeelement

Methodische Aspekte

Konditionelle Voraussetzungen	**Übungen zum Erwerb der Voraussetzungen**
1. Stützkraft • Arm- und Schultermuskulatur	zu 1.: Aus dem Stand mit Hüftauflage am kniehohen Reck schnelles Strecken der Arme und Beine in den Liegestütz mit Schultervorlage (Abb. 2/1–2). Jede Übung 10 Mal hintereinander, eine Minute Pause, drei Serien.
2. Mittelkörperspannung • gesamte Bauch- und Rückenmuskulatur während der aktiven Überstreckung des Rückschwungs	Zu 2. und 3.: Ein Kastendeckel an der Sprossenwand, Bauchlage auf dem Kasten mit Hüftbeugung. Fassen an der schulterhohen Sprosse, schnelles Schwingen mit Abbremsen rückhoch, dabei die Bauchmuskulatur stark anspannen. 10 Mal, eine Minute Pause, drei Serien (Abb. 3/1–2).
3. Schnellkraft • gesamte hintere Muskelschlinge (Rücken- und Oberschenkelmuskulatur)	
4. Beweglichkeit • Dehnfähigkeit der hinteren Muskelschlinge	Zu 4.: Rumpfvorbeugen aus dem Winkelsitz mit gestrecktem Rücken nach vorn. Gleichmäßiges geführtes Vorbeugen bis zur Dehngrenze (Abb. 4/1–2).

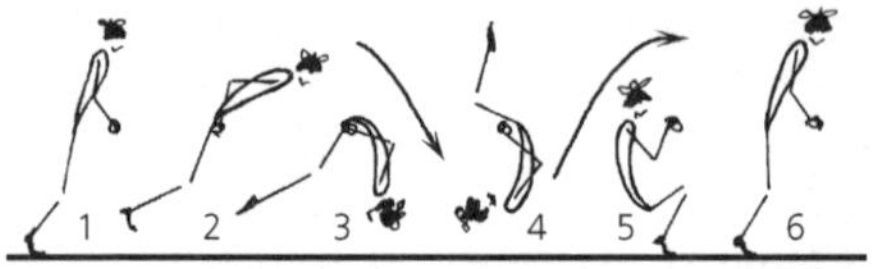

•5

•6

Koordinative Voraussetzungen

Kennenlernen der Hüftposition

Spring aus dem Stand vorlings mit Ristgriff in den Stütz. Leg Deine Hüfte an die Stange und senk den Oberkörper nach vorn abwärts (Abb. 5/3). Deine Hüftknochen müssen über und das Schambein unter der Stange sein.
Lös die Füße von der Matte, so daß Du nur noch auf dem Auflagepunkt Hüfte liegst. Dreh Dich vorabwärts bis in den Hockstand, beweg Dich wieder zurück in den Stand vorlings und turn das ganze fünf bis zehn Mal (Abb. 5/4–6).

Eigenwahrnehmung

- Wenn Du den richtigen Punkt an der Hüfte findest, spürst Du nur den Druck Deines Körpergewichts. Kannst Du feststellen, ob Du die Stange zwischen Schambein und Hüftknochen hast?

Kennenlernen der Aktivüberstreckung

Führ aus dem Stütz vorlings am brusthohen Reck Deine Beine aus der gebeugten Körperposition langsam rückhoch in die aktive Überstreckung, bis Du Deine Rücken- und Oberschenkelmuskulatur spürst (Abb. 6/3). Versuch, diese Position zu halten, wenn Du am Endpunkt der Überstreckung bist. Spann dabei Deine Bauch- und Gesäßmuskulatur ganz fest an.
Rechts und links hinter dem Reck neben der Schülerin steht je eine Hilfestellung. Die Helfer stabilisieren diese Position an der Schulter und Oberschenkelvorderseite (Abb. 6/3).

Eigenwahrnehmung

- Hast Du die Muskelspannung im Rücken und Oberschenkeln in der Endposition gespürt?
- Kannst Du feststellen, ob Du die Balance in dieser Position halten kannst, wenn die Schulter vor der Stange ist?
- Konntest Du diese Gleichgewichtsposition in der Überstreckung auch ohne Helfer drei Sekunden stabilisieren?

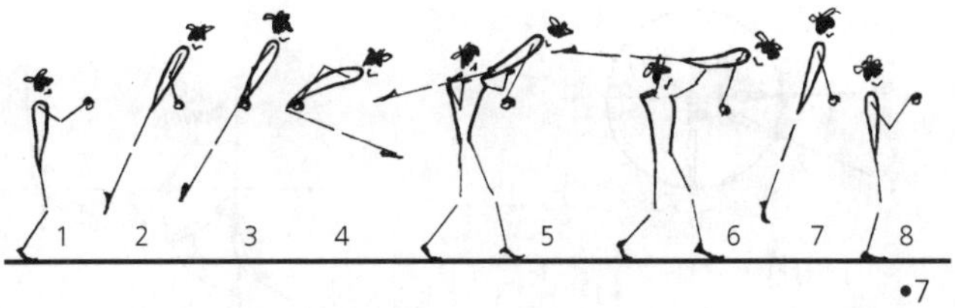

Rückschwung im Seitstütz

Spring in den Stütz. Laß Beine und Oberkörper gleich weit nach vorn ausweichen (Abb. 7/1–4). Schwing Deine Beine schnell rückhoch in die aktive Überstreckung, um in der überstreckten Position wie bei der letzten Übung im freien Stütz zu sein. Laß dabei Deine Schulter nur so weit nach vorn, daß Du einen kurzen Moment eine Position wie bei einer Stützwaage anhalten kannst (Abb. 7/6). Senk in den Stand vorlings. Bleib beim Senken in den Stand möglichst lange in dieser überstreckten Position und lande ohne Grifflösen nahe an der Stange (Abb. 7/8).

Geräteaufbau und Hilfestellung wie vorher.

Diese Übung sollte vorerst mit wenig Schwung, aber sicherer Aktivüberstreckung erlernt werden.

Eigenwahrnehmung

- Hast Du Deine Fußspitzen beim Ausholen vor Dir gesehen?
- Hast Du im Stütz die Spannung der Rumpfmuskulatur gespürt?
- Hast Du den höchsten Punkt nach dem Rückschwung im Stütz gespürt?
- Konntest Du einen ganz kurzen Moment diese Umkehrposition in der aktiven Streckung halten und spüren?

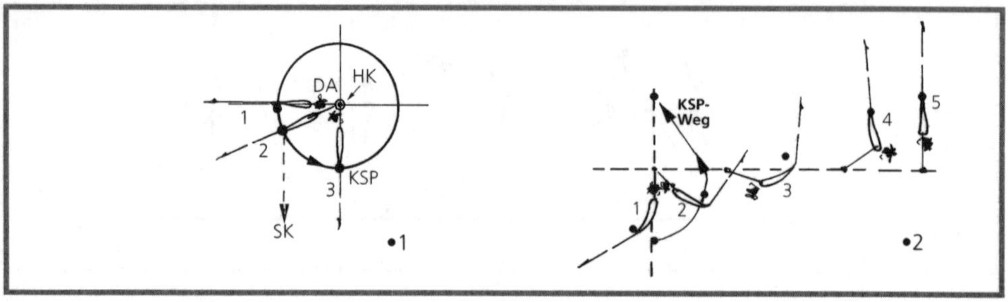

Schwingen im Langhang

Beim Schwingen im Langhang unterscheiden wir neben der Bewegungsrichtung (vor- und rückwärts) noch zwischen beschleunigenden und verlangsamenden Schwüngen. Die beschleunigenden Schwünge werden auch als Schnepperschwünge und die verlangsamenden als Konterschwünge bezeichnet.

Rotationsbeschleunigende Schwünge (Schnepperschwünge)

Biomechanische Aspekte

Beim Schwingen im Langhang dreht bzw. schwingt der Körper um seine KBA vor- oder rückwärts in vertikaler Ebene um die feste DA Holm bzw. Stange. Durch die HK (Abb. 1/1–3) der Hände einerseits und die SK andererseits ist das Schwingen im Langhang möglich. Die SK wirkt immer senkrecht auf den KSP (Abb 1/1–3). Im ruhigen Langhang (stabiles Gleichgewicht) befindet sich der KSP immer senkrecht unter der festen DA (Abb. 1/3). Sobald der KSP von dieser Position durch innere oder äußere Kräfte aus diesem stabilen Gleichgewicht gebracht wird, bewirkt die SK, daß der Körper diese Position wieder einzunehmen versucht (Abb. 1/1–3). Im Abschwingen wirkt die SK beschleunigend bis der KSP senkrecht unter der DA ist (Abb. 1/3) und in der Aufwärtsbewegung verlangsamend.

Soll der Schwung vergrößert werden, muß die verlangsamende Wirkung der SK beim Aufschwung reduziert werden. Dies geschieht, indem der KSP beim Aufschwingen an die DA angenähert, d.h., der BRW, manchmal auch der ARW, verkleinert wird (Abb. 2/2–3).

Da es sich bei diesem mechanischen System um ein Pendel handelt, beschreibt man diesen Vorgang der KSP-Annäherung auch als Pendelverkürzung (Abb. 3).

Je höher die Position vor dem Abschwung ist und je weiter beim Abschwung der KSP von der DA entfernt wird (Abb. 1/1), desto größer wird die erreichbare Geschwindigkeit senkrecht unter der DA sein (maximale Bewegungsenergie, Abb. 1/3).

Je schneller und/oder je näher der KSP von diesem Zeitpunkt an die DA angenähert wird, desto höher kann der Körper aufschwingen (Abb. 2/2–5).

Für die Schnepperschwünge im Langhang am Stufenbarren gilt deshalb: Im Abschwung den KSP so weit wie möglich von der DA (Abb. 1/1) entfernen, um am tiefsten Punkt eine optimale Ausgangsposition (eine aktive Dehnung (Überstreckung, Abb. 2/1) der gesamten vorderen Muskelschlinge) für eine Pendelverkürzung zu erreichen. (Vorgedehnte Muskulatur kontrahiert schneller, als schlaffe).

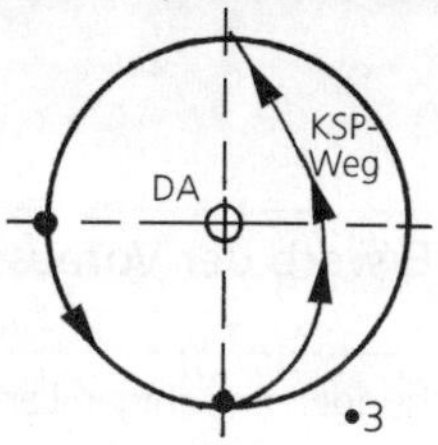

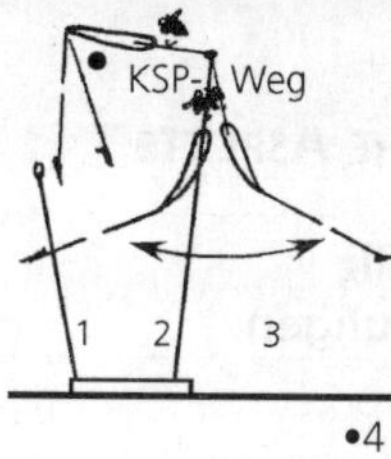

Durch den Holmabstand des unteren zum oberen Holm am Stufenbarren muß beim Abschwung vom hohen Holm in den Langhang je nach Körpergröße der Turnerin der BRW mehr oder weniger gebeugt werden (Abb. 4/1).

Das bedeutet jedoch einen geringeren KSP-Abstand beim Abschwung.

Soll der Aufschwung maximal sein, d.h. im Handstand enden, muß der KSP entsprechend der Abschwunggeschwindigkeit angenähert werden (Abb. 2/2–3).

Vorschwung

Funktionale Aspekte

Hilfsfunktionsphase	Foto 1–4	**Hauptfunktionsphase**	Foto 4–7
Aktionen	Funktionen	Aktionen	Funktionen
Abschwingen der mehr oder weniger gebeugten Hüfte bis in eine aktive Überstreckung	Umwandlung von Lage- in Bewegungsenergie Erreichen der optimalen Ausgangsposition, wenn die Schulter senkrecht unter der DA ist (Vorspannung der vorderen Muskelschlinge als Voraussetzung für eine schnelle Muskelkontraktion und einem optimalen Arbeitsweg der Beine)	Beinschwung vorhoch zur Hüftbeugung, wenn die Schulter die Senkrechte unter der DA passiert	Pendelverkürzung in der Aufschwungphase zur Schwungverstärkung

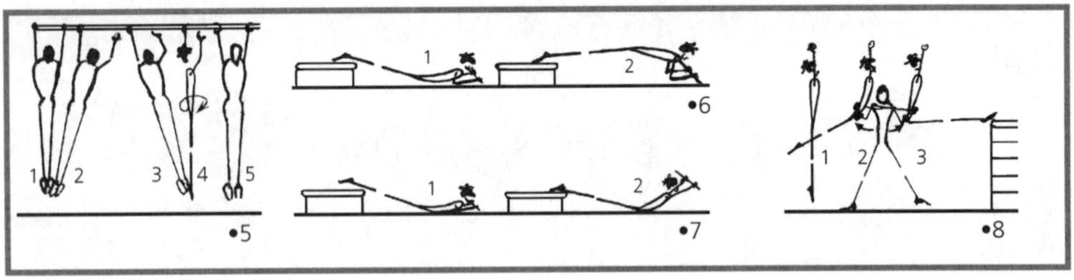

Methodische Aspekte

Konditionelle Voraussetzungen	Übungen zum Erwerb der Voraussetzungen
1. Haltekraft • Hand-, Arm- und Schultermuskulatur	Zu 1.: Vielfältige Übungen im ruhigen Langhang, zum Beispiel Seitwärtshangeln an der Sprossenwand, am Reck oder am Stufenbarren (Abb. 5/1–3). Oder ständiger Griffwechsel vom Rist- in den Kammgriff im Hang, auch mit halber Drehung um einen Arm (Abb. 5/4–5). Dabei soll die Dauerbelastung der Hangübungen ca. eine Minute betragen.
2. Mittelkörperspannung • Bauch- und Oberschenkelvorderseitenmuskulatur • hintere Muskelschlinge	Zu 2.: Ein Kastendeckel, Matte, Turnstab. Bauchlage. Die Füße sind auf dem Kastenrand. Unterarmstütz. Der Turnstab wird vor dem Kopf gehalten (Abb. 6/1). Hochbringen der Hüfte bis zu einer optimalen Beugung (Abb. 6/2, fünf bis acht Sekunden halten). Gleiche Ausgangsposition (Abb. 7/1). Aufrichten des Oberkörpers und Strecken der Arme und Schulter bis zum Maximum (fünf bis acht Sekunden halten, Abb. 7/2). 10 Wiederholungen, eine Minute Pause, drei Serien.
3. Schnellkraft • Hüftbeugemuskulatur	Zu 3.: Vor dem Reck etwa in Beinlängenabstand wird ein Kasten oder ein Stufenbarren mit dem gleichen Holmabstand wie der Kasten quer zur Reckstange gestellt. Aus dem ruhigen Langhang am sprunghohen Reck (Abb. 8/1) langsames Rückführen der Beine, 1 sec. in dieser Position halten (Abb. 8/2). Schnellkräftiges Vorpeitschen der Beine und die Füße auf den Kastenrand stellen (Abb. 8/3). Langsames Senken der Beine in die Ausgangslage. 10 Wiederholungen, drei Serien, eine Minute Pause. Für die Stabilisierung des ruhigen Langhanges sollte immer eine Mitschülerin neben der Übenden stehen.
4. Beweglichkeit • Schultermuskulatur	Zu 4.: Für die Erarbeitung der Beweglichkeit im ARW eignen sich sowohl die Übung am Kastendeckel mit Turnstab (Abb. 7/2), als auch andere Übungen, die zur Beweglichkeit im Schulterbereich verwendet werden.

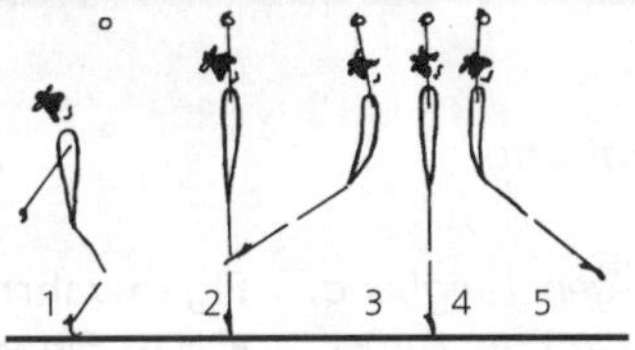

•9

Koordinative Voraussetzungen

Für die Einführung des Schwingens und die Erarbeitung des Schwunggefühls im Langhangschwung eignen sich die Schaukelringe besonders gut. Da jedoch aus Gründen des Buchumfangs das Turnen an den Schaukelringen eine eigenständige Behandlung erfordern würde, haben wir bewußt bei der Einführung des Langhangschwingens auf Vorübungen an den Schaukelringen verzichtet.

Kennenlernen der Beinaktionen

Spring in den Langhang am sprunghohen Holm und nimm Deine Beine langsam so weit zurück wie es geht. Halt sie in dieser Position drei Sekunden (Abb. 9/1–3). Senk langsam die Beine in die Ausgangslage und bring sie nach vorn zu einer leichten Hüftbeugung. Halt in dieser Position die Beine drei Sekunden (Abb. 9/5). Turn dies dreimal langsam hintereinander. Die Helferin muß jeweils den Langhang ruhig anhalten, damit die Mitschülerin nicht ins Schwingen kommt. Zwei Schülerinnen können diese Übung gleichzeitig turnen.

Eigenwahrnehmung
- Hast Du die Muskelspannung von der Schulter bis zur Oberschenkelrückseite spüren können?
- Hast Du darauf geachtet, daß Deine Bauchmuskulatur dabei nicht entspannt ist?
- Konntest Du kontrollieren, ob die Rumpfspannung die ganze Zeit vorhanden ist?

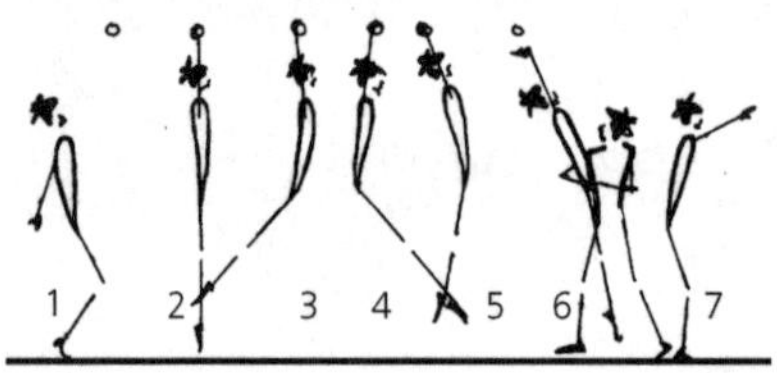

•10

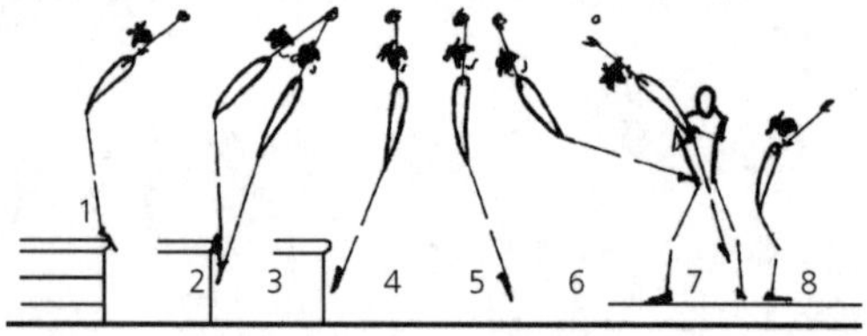

•11

Niedersprung aus dem Langhang

Spring wie vorhin in den ruhigen Langhang (Abb. 10/1–2). Nimm die Beine langsam zurück und halte sie dort eine Sekunde an (Abb. 10/3). Schwing sie schnell nach vorn (Abb. 10/4). Bring jetzt die Schulter und die Hüfte schnell dahinter her („Hüftschnalzer") und spring nach vorn überstreckt ab (Abb. 10/5–7).
Die Partnerinnen fassen vor allem beim Niedersprung am Mittelkörper und sichern die Landung (Abb. 10/6–7).

Eigenwahrnehmung

- Hast Du wie vorhin die hintere Muskulatur gespürt und die Bauchmuskulatur angespannt?
- Konntest Du beim Niederspringen spüren, wie Du Deine Hüfte schnell in die Überstreckung bringst?

Vorschwung zum Niedersprung

Hier bieten sich unter anderem zwei gleichermaßen effektive methodische Möglichkeiten an:
a) Die eine Möglichkeit führt über die Wahrnehmung der Muskelkontraktion bei den Aktionen in ihren positionellen und räumlichen Zusammenhängen (Abb. 11/1–8). Die Voraussetzungen für diesen Lehrweg haben wir in den beiden letztgenannten Lernschritten bereits erarbeitet (Abb. 9 und 10).
b) Die zweite Möglichkeit führt über den sogenannten **„natürlichen" Abschwung** und ist in der Regel nur dann möglich, wenn eine optimal funktionierende Hilfestellung vorhanden ist (Abb. 12).

Zu b):
Bleib völlig entspannt im Langhang am Reck und laß Dich von Deinen Partnern an der Schulter nach hinten wegschieben (Abb. 12/1). Deine Schulter und Hüfte muß völlig locker sein.

Eigenwahrnehmung

- Warst Du in der Lage, Deinen Rumpf und Deine Beine so zu spüren, als ob sie wie eine Schnur nach unten hängen?

Die Helfer vor dem Reck halten die Übenden in dieser Position einen kurzen Moment an (Abb. 12/1). Nun lassen die Helfer die Übende plötzlich los. Bedingt durch die SK, bewegt sich der KSP senkrecht nach unten, und der Körper kommt in eine aktive Überstreckung (Abb. 12/3).
Die Folge dieser Vorspannung ist ein natürliches Vorschwingen der Beine in die Hüftbeugung (Abb. 12/4).

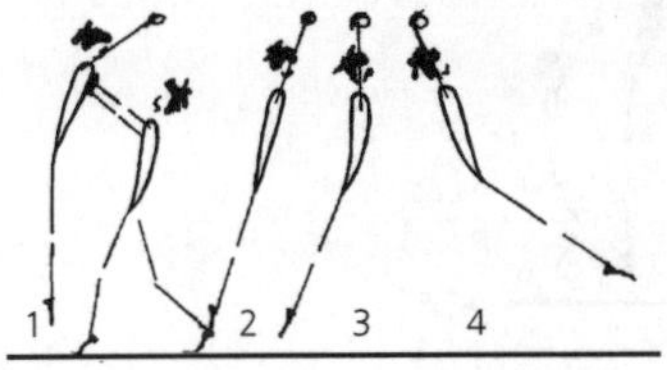

•12

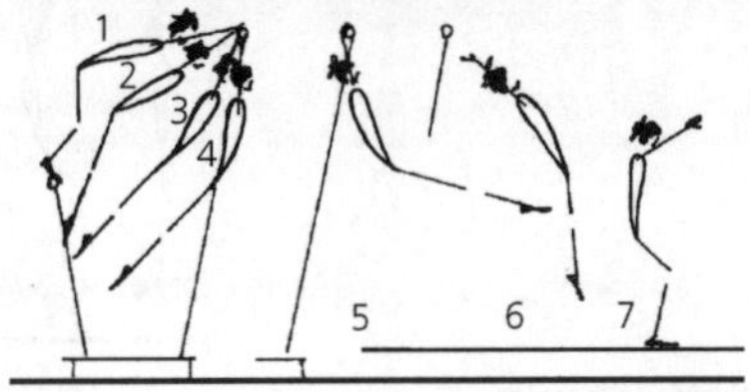

•13

Ab- und Vorschwung zum Niedersprung

Stell Dich auf den Kasten, daß die Fersen gerade noch am Kastenrand stehen. Dein Arm-Rumpfwinkel ist fast auf 180° geöffnet und Deine Hüfte ist gebeugt (Abb. 11/1).
Rutsch jetzt mit den Fersen über den Kastenrand und schieb Deine Füße senkrecht am Kastenrand entlang nach unten und halte sie möglichst lange nahe am Kasten (Abb. 11/2–4).
Deine Schulter bewegt sich dadurch schneller nach vorn unten als die Füße, so daß Du wie vorhin in eine aktive Überstreckung kommst (Abb. 11/4). Schwing Deine Beine nach vorn, streck Hüfte und Brust in die Überstreckung („Hüftschnalzer“) und spring, wie schon erlernt, ab (Abb. 11/7–8).

Vor dem Reck steht rechts und links je eine Helferin. Die Partnerinnen begleiten die Schülerin vom Lösen des Kastens in den Stand.

Eigenwahrnehmung

- Hast Du spüren können, ob die Fersen ganz nah am Kastenrand nach unten rutschen?
- Konntest Du den Zeitpunkt Deiner Aktivüberstreckung spüren?
- Hast Du den „Hüftschnalzer“ beim Niederspringen genauso gespürt wie vorhin?

Der beschleunigende Vorschwung kann nach dem Beherrschen der erlernten Bewegungsfolgen durch eine andere Ausgangsposition vom niederen Holm erlernt werden (Abb. 13/1–7). Die Sicherheitsstellung sollte beibehalten werden bis der Niedersprung kontrolliert beherrscht wird.

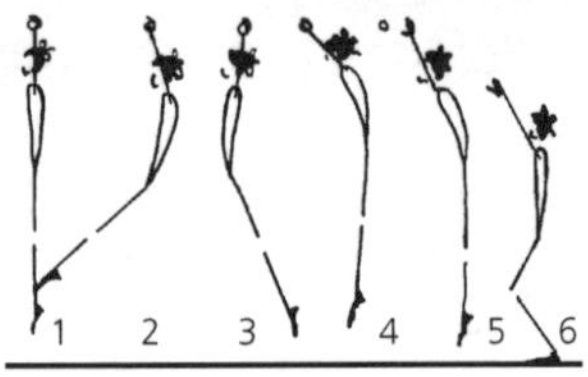

•14

Rückschwung

Funktionale Aspekte

Hilfsfunktionsphase	Foto 1–4	**Hauptfunktionsphase**	Foto 4/5–7
Aktionen	Funktionen	Aktionen	Funktionen
Abschwingen zur leichten Hüftbeugung	Umwandlung von Lage- in Bewegungsenergie Erreichen der optimalen Ausgangsposition, wenn die Schulter senkrecht unter der DA ist (Hüftbeugen zur Vorspannung der hinteren Muskelschlinge für einen optimalen Arbeitsweg der Beine)	Schnellkräftiger Beinschwung rückhoch in die aktive Überstreckung, wenn die Schulter die Senkrechte unter der DA passiert	Pendelverkürzung in der Aufschwungphase zur Schwungverstärkung

Methodische Aspekte

Konditionelle Voraussetzungen

Siehe Vorschwung, Seite 125.

Koordinative Voraussetzungen

Kennenlernen der Beinaktion und des Niedersprungs

Spring in den ruhigen Langhang, nimm die Beine nach vorn und halte sie dort eine Sekunde (Abb. 14/1–2). Schwing sie schnell nach hinten in die aktive Überstreckung (Abb. 14/3). Bring Schulter und Hüfte rückhoch und spring erst nach dem Beugen beider Gelenke ab (Abb. 14/4–6).

Die Partnerinnen sichern an der Hüfte die Landung bis in den Stand.

Eigenwahrnehmung

- Hast Du gespürt, ob beim Rückschwung der Beine die Bauchmuskulatur fest gespannt war?
- Konntest Du genau steuern, daß Du nach der Aktivüberstreckung den Bein-Rumpfwinkel und Arm-Rumpfwinkel verkleinerst und danach erst den Griff löst?

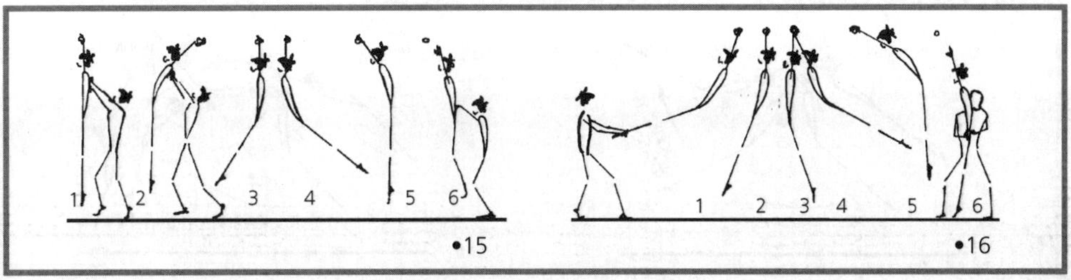

Kennenlernen des Abschwungs für den Rückschwung durch Auslenken

Beim Erlernen dieser Form des Rückschwungs finden wir die gleichen Aktionen wie beim Vorschwung, nur in umgekehrter Richtung.
Deine Mitschülerinnen schieben Dich aus dem ruhigen Langhang mit Ristgriff (Abb. 15/1) an der Schulter nach vorn. Bleib völlig entspannt in Schulter und Hüfte (Abb. 15/1–2). Sie lassen Dich aus dieser höchsten Position schnell los, und Du schwingst nach unten. Wenn Du locker bist, kommst Du in die Hüftbeugung (Abb. 15/3). Deine Beine schwingen danach locker nach hinten (Abb. 15/4). Beuge im Hüft- und Schultergelenk wie vorhin und spring am hinteren Umkehrpunkt ab (Abb. 15/5–7).

Eigenwahrnehmung

- Hast Du gespürt, ob Deine Rumpfmuskulatur dabei völlig entspannt war?
- Warst Du in der Lage, nach dem „Loslassen" den Wechsel zur Hüftbeugung und wieder zur Überstreckung zu registrieren?

Rückschwung zum Niedersprung

Bring aus dem ruhigen Langhang mit Ristgriff Deine Beine nach vorn. Deine Partnerin zieht Dich an den Füßen, so daß Deine Hüfte leicht gebeugt ist, nach vorn (Abb. 16/1–2). Sie läßt Dich los zum Abschwingen. Schlag unmittelbar nach dem Loslassen Deine Beine schnell nach hinten in die Aktivüberstreckung (Abb 16/1–4). Zieh danach die Hüfte hoch, drück auf die Stange und spring ab (Abb. 16/6).
Die Helferin hinter dem Reck erfaßt bereits in der Senkrechten die Hüfte und bringt die Übende bis in den Stand.

Eigenwahrnehmung

- Konntest Du die Schulter- und Hüftbeugung vor dem Abschwung spüren?
- Hast Du den Zeitpunkt feststellen können, an dem Du mit Deinem Beinrückschwung begonnen hast?
- Konntest Du registrieren, ob Deine Bauchmuskulatur bis zum Ende des Rückschwungs völlig gespannt war?
- War Dein zeitliches Gefühl vom Erreichen des hinteren Umkehrpunktes in der aktiven Überstreckung mit Hüftbeugung zum Niedersprung wie vorher?

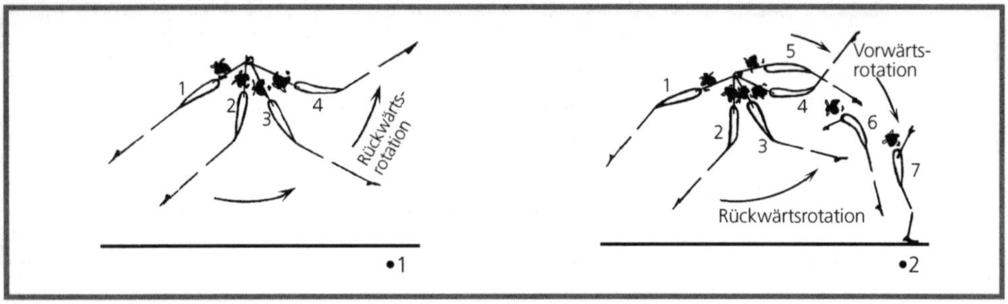

Rotationsverlangsamende Schwünge (Konterbewegungen)

Während für die beschleunigenden Schnepperschwünge eine einmalige Beugung (Einfachzyklus) in den Hüftgelenken während der Ha.F.Ph. zu erkennen ist (Abb. 1), weisen die Konterbewegungen und -schwünge eine zweimalige Beugung der Hüfte (Doppelzyklus) Beugen-Strecken-Beugen auf (Abb. 2). Im Gegensatz zu den Schnepperschwüngen kann das Kontern auch aus dem ruhigen Hang, also auch ohne Schwung, geturnt werden.

Kontern im ruhigen Hang

Biomechanische Aspekte

Der menschliche Körper als „elastische kinematische Kette" ist im ruhigen Langhang im stabilen Gleichgewicht. Dabei befindet sich der KSP immer senkrecht unter der festen DA (Abb. 3/1).
Werden die Beine mit Muskelkraft nach vorn oder hinten angehoben, bewegt sich der Restkörper jeweils in die entgegengesetzte Richtung (konträr dazu, Abb. 3/3). Gleichzeitig bewegt sich mit dem Anheben der Beine vor oder zurück der Gesamt-KSP in eine höhere Position (Abb. 3/3), weil die Teil-KSP Beine eine höhere Position einnehmen (Abb. 3/1–3).
Wird die Muskelkraft für die höhere Beinposition (Hüftbeugung oder -überstreckung) abrupt aufgegeben, drehen die Beine um das Hüftgelenk durch die Schwerkraftwirkung beschleunigend nach unten. Sie schwingen entweder in die Überstreckung nach hinten (Abb. 4/2) oder durch Hüftbeugung nach vorn (Abb. 4/1). Beim Abwärtsschwingen der Beine wird die vorher vorhandene Lageenergie (Abb. 4/1) in Bewegungsenergie umgewandelt (Abb. 4/2). Am tiefsten Punkt des KSP senkrecht unter der DA ist die Bewegungsenergie am größten, und die elastischen Holme „biegen" sich nach unten. Außerdem wird der Körper durch die Elastizität der Muskulatur etwas „größer". Wird der Rück- bzw. Vorschwung der Beine mit Muskelkraft abrupt abgebremst, überträgt sich dieser Impuls von den Beinen jeweils über das nächste Körpersegment (Rumpf bzw. Arme) und führt am vorderen bzw. hinteren höchsten Punkt der Füße zur Entlastung an den Händen. Je stärker und je schneller das Abbremsen erfolgt, desto größer ist die Entlastung an den Händen (dies kann zu höheren bzw. weiteren Flugphasen führen).

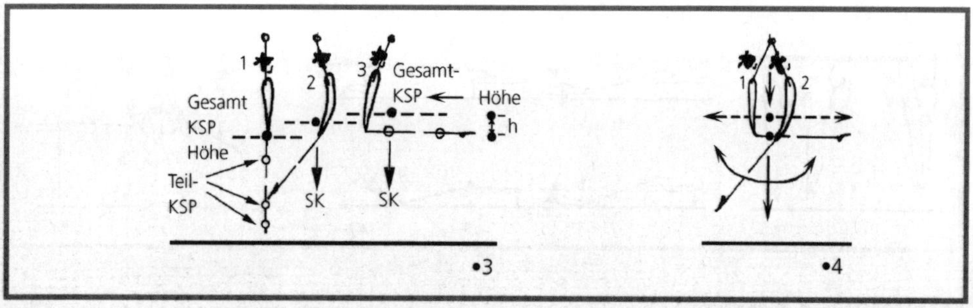

Funktionale Aspekte

Hilfsfunktions-phase	Abb. 3/2–3 bzw. 3/3–2	**Hauptfunktions-phase**	Abb. 4/1 bzw. 4/2
Aktionen	Funktionen	Aktionen	Funktionen
Abschwingen der Beine bis in die tiefste Position	Umwandlung von Lage- in Bewegungsenergie	a) Vor- bzw. Rückschwingen der Beine b) abruptes Abbremsen vorn bzw. hinten	a) Annäherung des KSP an die DA b) Impulsübertragung und Entlastung an den Händen

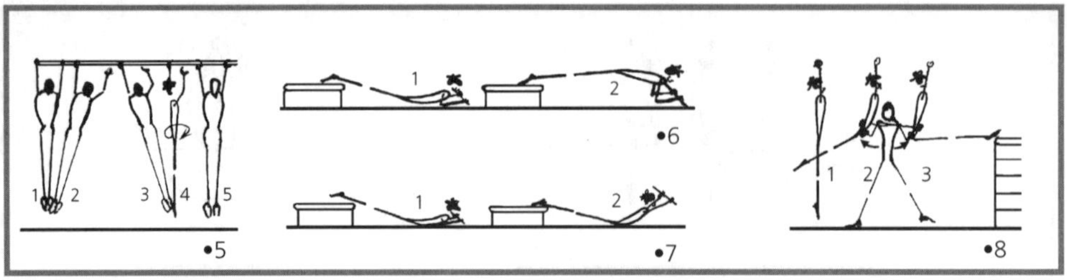

Methodische Aspekte

Konditionelle Voraussetzungen	Übungen zum Erwerb der Voraussetzungen
1. Haltekraft • Arm-, Hand- und Schultermuskulatur	Zu 1.: Vielfältige Übungen im Langhang. An Leiter, Sprossenwand oder Reck vor-, seit- und rückwärts hangeln, wobei ein ständiger Griffwechsel vom Rist- in Kamm- oder Zwiegriff auch mit halber Drehung geübt werden sollte. Dauerbelastung dieser Übungen ca. eine Minute (Abb. 5).
2. Mittelkörperspannung • Bauch- und Oberschenkelmuskulatur • Rücken- und Gesäßmuskulatur	Zu 2.: Ein Kastendeckel, eine Turnmatte und ein Turnstab. Eine Schülerin liegt auf dem Bauch mit Unterarmstütz (Abb. 6/1). Bring Deine Hüfte schnell nach oben in die Beugung, fünf bis acht Sekunden halten (Kontraktion der vorderen Schlinge, Abb. 6/2). Senk Dich wieder in die Ausgangsstellung zurück. Heb jetzt Deinen Oberkörper vorhoch, streck Deine Arme und Schulter und bring den Stab so hoch, wie Du kannst. Fünf bis acht Sekunden halten (Kontraktion der hinteren Schlinge, Abb. 7/1–2). Beide Übungen fünfmal hintereinander, eine Minute Pause, drei Serien.
3. Schnellkraft • Hüftbeugemuskulatur (vordere Muskelschlinge) - Hüftbeugemuskulatur (hintere Muskelschlinge)	Zu 3.: Vor das gerade noch sprunghohe Reck wird ein Längskasten quer zur Stange gestellt. Aus dem ruhigen Langhang langsames Vorhochnehmen der Beine und Fußspitzen auf den Kastenrand setzen (Abb. 8/1–3). Langsames Abwärtsführen der Beine in die aktive Überstreckung. Diese Position ca. eine Sekunde halten (Abb. 8/2) und abspringen. Aus der Überstrekkung schnelles Vorbringen der Beine (dynamische Beinaktion) und Aufsetzen der Füße auf den Kastenrand (Abb. 8/2–3). Lösen der Füße und peitschenartiges Abschwingen der Beine mit Blockieren in der aktiven Überstreckung (Abb. 8/3–2). Der Helfer muß an der Hüfte verhindern, daß ihre Mitschülerin dabei ins Schwingen kommt.
4. Beweglichkeit • Schultermuskulatur	Zu 4.: Die Übungen zu 2. (Hochführen des Stabes mit gestreckten Armen, Abb. 7/2) kann auch als Beweglichkeitsübung für die Schulter gewählt werden.

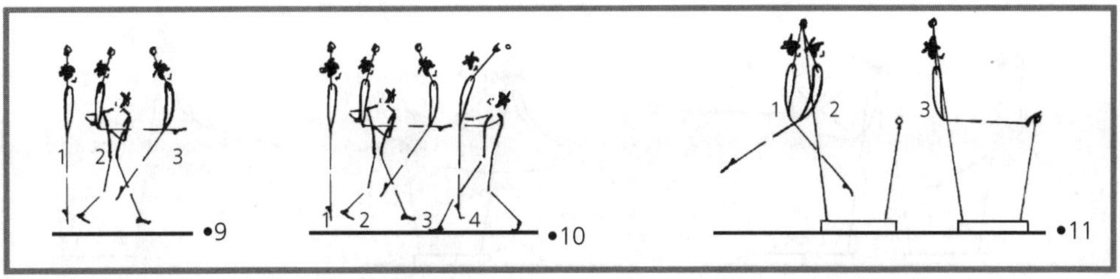

Koordinative Voraussetzungen

Kennenlernen der Bewegungssteuerung

Nimm im ruhigen Langhang mit Ristgriff am gerade noch sprunghohen Reck Deine Beine vorhoch und halte sie etwa eine Sekunde waagerecht (Abb. 9/1–2), führ sie langsam nach hinten und halte sie am hinteren Umkehrpunkt ebenfalls eine Sekunde (Abb. 9/3). Turn diese Bewegung etwa drei bis fünf Mal hintereinander.
Eine Helferin steht neben ihr und unterstützt gegebenenfalls das Erreichen der horizontalen Beinposition.

Eigenwahrnehmung
- Hast Du im Schulter-, Bauch- und Oberschenkelbereich gespürt, wieviel Kraft Du brauchst, um Deine Beine vorn oder hinten zu halten?
- Konntest Du während des ganzen Bewegungsablaufs feststellen, ob Deine Bauchmuskulatur dabei immer völlig gespannt war?

Kennenlernen des Entlastens beim Blockieren

Turn im Langhang mit Ristgriff dasselbe wie vorhin. Schwing die Beine jetzt schnell abwärts, brems sie dann am hinteren Umkehrpunkt abrupt ab und spring ab. Versuch dies drei bis fünf Mal hintereinander (Abb. 10/3–4).
Neben ihr steht wie vorhin eine Helferin. Die Partnerin muß an Bauch und Rücken dafür sorgen, daß die Übende nicht ins Schwingen kommt.

Eigenwahrnehmung
- Konntest Du das Abbremsen am hinteren Umkehrpunkt spüren?
- Hast Du daran gedacht, daß Du vor allem beim Rückschwingen der Beine die Bauchmuskulatur ganz festmachen mußt?
- Warst Du in der Lage, beim Blockieren zu spüren, wie Deine Hände plötzlich entlastet waren?

Kontern mit Anbücken

Nimm die Beine vorhoch (Abb. 11/1), schwing sie aktiv abwärts rückhoch und blockiere sie abrupt (Abb. 11/2). Schwing sie sofort wieder vor-abwärts, bis die Fußspitzen etwa in Holmhöhe sind und blockiere auch dort den Vorschwung abrupt.
Drück mit gestreckten Armen die Holme kräftig nach unten und setz die Fußballen der gestreckten Beine auf den niederen Holm (Abb. 11/3).

Eigenwahrnehmung
- Hast Du die Entlastung an den Händen beim Blockieren sowohl hinten als auch vorn gespürt?
- Konntest Du vom Beginn der Entlastung, wenn Deine Beine vorn sind, spüren, wie leicht Du die Füße auf den Holm setzen kannst?
- Hast Du beim Aufsetzen der Füße gespürt, wie Du mit den Händen gegen den Holm drückst?

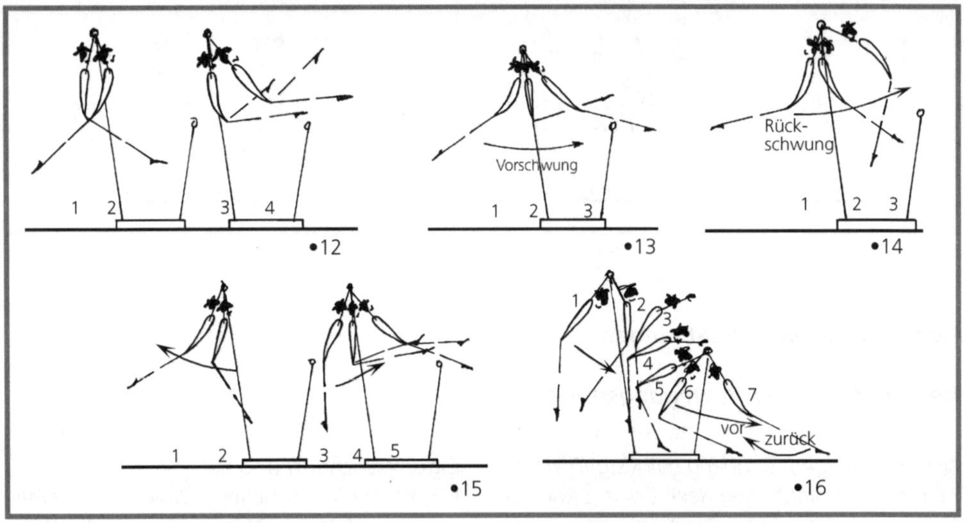

Wenn das Kontern mit der Wahrnehmung der blockierenden Entlastung am hinteren Umkehrpunkt mit dem Anbücken beherrscht wird, ist es ein Leichtes, die Füße nicht nur auf, sondern auch über den niederen Holm in den Liegehang rücklings zu bringen. Unabhängig davon, ob dies nun gegrätscht, gebückt oder gehockt geturnt wird (Abb.12).

Kontern im Schwung

Biomechanische, funktionale und methodische Aspekte

Siehe Kontern im ruhigen Hang, Seite 132.

Das Kontern im Schwung kann sowohl vorlings beim Vorschwung mit Gesicht zum niederen Holm (Abb. 13), als auch rücklings beim Rückschwung mit dem Rücken zum niederen Holm (Abb. 14), geturnt werden.
In diesem Buchabschnitt werden nur die Konterschwünge im Vorschwung behandelt.
Für das Kontern im Vorschwung gibt es zwei Unterscheidungsmerkmale in bezug auf die Bewegungsziele:
a) **Kontern** im Schwung **ohne Lösen des Griffs** zum An- bzw. Vorbücken, Grätschen, Hocken (wie beim Kontern aus dem ruhigen Hang, Abb. 15/1–5)
oder
b) **Kontern** im Schwung mit **Griffwechsel** vom hohen Holm zum niederen Holm während des Vorschwungs (Abb. 16/1–7).
Je nachdem, ob der Konterschwung „a" oder „b" das Bewegungsziel ist, ist der Beginn der Konteraktion wegen des erforderlichen Entlastungszeitpunkts an den Händen verschieden.
Für das Kontern „b" ist es erforderlich, daß die Schülerinnen den Vorschwung im Schwebehang beherrschen (Abb. 16/5–7).

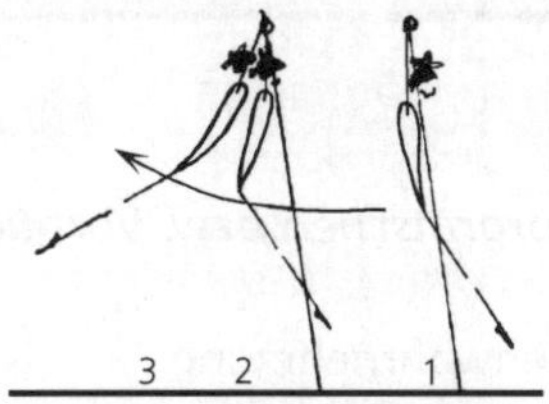

•17

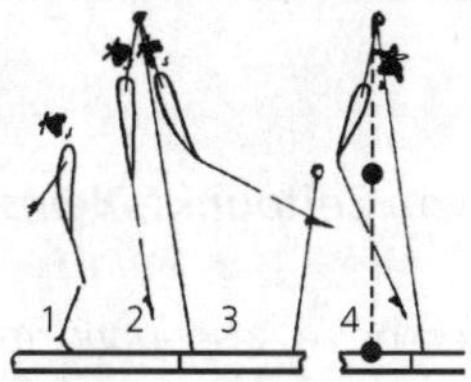

•18

Methodische Aspekte

Konditionelle Voraussetzungen

Siehe Kontern im ruhigen Hang, Seite 134.

Koordinative Voraussetzungen

a) Kontern zum Vorschwung ohne Griffwechsel mit Vorbücken oder -Grätschen

Der Beinrückschwung muß aus einer leichten Hüftbeugung dann beginnen, wenn der KSP senkrecht unter der DA beim Rückschwingen ist (Abb. 17/2). Die Zeitspanne zwischen Beginn des Beinrückschwunges und dem Erreichen des Maximums der Entlastung (Impulsübertragung) muß so gesteuert werden, daß am hinteren Umkehrpunkt das Maximum der Entlastung ist (Abb. 17/3).

Kennenlernen des Zeitpunkts für den Beginn des Beinrückschwungs zum Vorbücken oder Vorgrätschen

Eine Schülerin steht in etwa einem halben Meter Abstand hinter dem hohen Holm (Abb. 18/1). Auf der Matte wird senkrecht unter dem hohen Holm ein Strich mit Magnesia oder Kreide gezogen (Abb. 18/4).

Spring in den Hang mit Ristgriff und nimm beim Vorschwung Deine Beine leicht nach vorn (Abb. 18/2–3). Schwing in dieser Position mehrmals vor und zurück und schau immer auf Deine Fußspitzen. Immer dann, wenn Deine Füße den Strich nach hinten passieren, ist der Zeitpunkt gekommen, mit dem Beinschwung zu beginnen (Abb. 18/4).

Eigenwahrnehmung

- Konntest Du spüren, daß Du den leichten Hüftwinkel während der ganzen Zeit des Schwingens beibehalten hast?
- Warst Du in der Lage, nach einigen Vor- und Rückschwüngen den Zeitpunkt für den Beinschwungbeginn nicht nur zu sehen, sondern auch zu spüren?

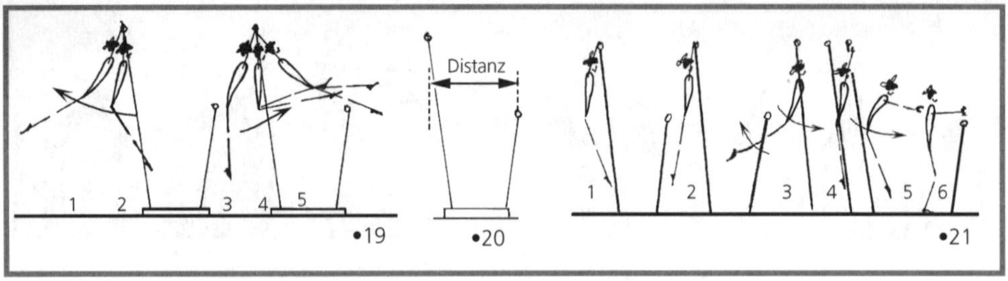

Kopplung von Zeitpunkt, Beinschwung zum Vorgrätschen bzw. Vorbücken

Schwing nach dem Anspringen mit Vornehmen der Beine zweimal vor und zurück (Abb. 19/1–3). Schwing beim dritten Rückschwung die Beine peitschenartig vom tiefsten Punkt nach hinten, blockiere den Beinschwung und drück mit gestreckten Armen auf den Holm (Abb. 19/1–2).
Bring mit der Entlastung und Druck der Arme auf die Holme die Beine vorhoch, grätsche sie und lege sie über den Holm in den Hang rücklings (Abb. 19/3–5).

Eigenwahrnehmung
- Hast Du Dich während des zweimaligen Pendelns auf den Beginn des Beinschwungs einstellen können?
- Warst Du in der Lage, sowohl den Beinschwungbeginn exakt zu steuern, als auch mit der Entlastung den Druck auf die Holme zu spüren, um die Beine vorbringen zu können?

b) Kontern zum Vorschwung mit Griffwechsel

Zwei Gesichtspunkte sind für dieses Element bedeutsam:
1. Während des Griffwechsels muß die Distanz vom hohen Holm zum niederen Holm überwunden werden (Abb. 20).
2. Das Grifflösen kann nur bei maximaler Entlastung erfolgen, und der Körper muß im Vorschwung sein (Abb. 21/3–4).

Das bedeutet, daß im Gegensatz zum Kontern im Vorschwung der Zeitpunkt für den Beginn des Beinschwungs erst dann erfolgt, wenn vom hinteren Umkehrpunkt ausgehend der Vorschwung beginnt (Abb. 21/1).
Für das Erlernen dieser Bewegung ist es nicht ratsam, das Kontern ohne und mit Grifflösen in einer Unterrichtseinheit anzubieten.

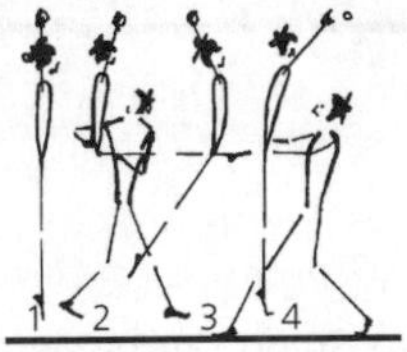

•22

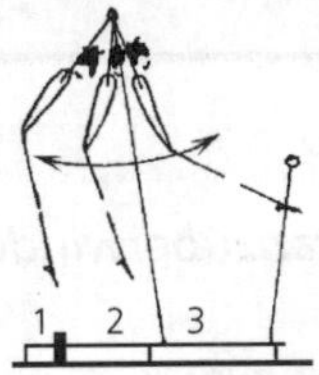

•23

Koordinative Voraussetzungen

Wiederholung der Maximalentlastung zum Grifflösen

Nimm aus dem ruhigen Hang Deine Beine vor, schwing sie ab und rückhoch bis in die maximale Aktivüberstreckung (Abb. 22/3). Blockiere in dieser Position den Beinschwung abrupt. Im Moment der größten Blockierung spürst Du eine starke Griffentlastung an den Händen. Lös in diesem Moment den Griff und komm in den Stand mit Armvorhalte (Abb. 22/4).

Ein Helfer steht daneben, sichert den ruhigen Langhang und am Bauch und Rücken die Landung.

Eigenwahrnehmung

- Konntest Du das Abbremsen am hinteren Umkehrpunkt spüren?
- Hast Du daran gedacht, daß Du vor allem beim Rückschwingen der Beine die Bauchmuskulatur ganz festmachen mußt?
- Warst Du in der Lage, beim Blockieren zu spüren, wie Deine Hände plötzlich entlastet waren?

Kennenlernen des Zeitpunkts für den Beginn der Beinaktion

Schwing nach dem Anspringen und Vornehmen der Beine mehrmals vor und zurück, ohne den Hüftwinkel zu verändern. Schau dabei immer auf Deine Füße (Abb. 23/1–3).

Da die Matte fest liegt und Du Dich bewegst, kannst Du genau feststellen, wann der Rückschwung zu Ende ist und der Vorschwung beginnt. Sag jedesmal „jetzt", wenn dieser Zeitpunkt gekommen ist (Abb. 23/1).

Die Helfer neben der Übenden versuchen, den Umkehrpunkt genau zu sehen, um den Zeitpunkt zu bestätigen oder der Übenden gegebenenfalls eine Zeitpunktskorrektur zurufen zu können.

Eigenwahrnehmung

- Hast Du den Zeitpunkt so angeben können, daß Dein „Jetztruf" genau mit der von Dir gesehenen Fußbewegungen übereinstimmt?
- Haben Deine Helfer den Zeitpunkt bestätigt?

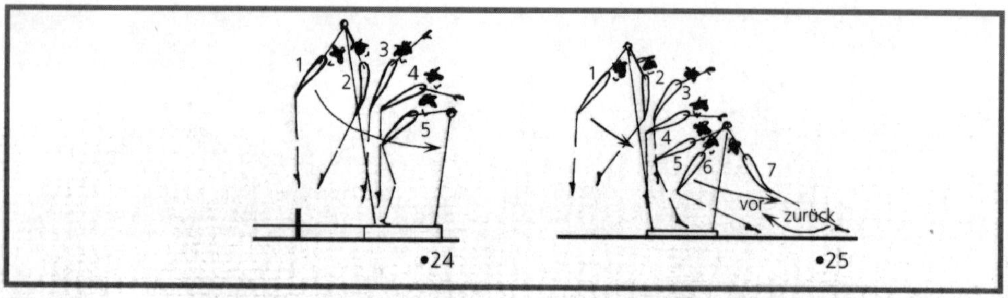

Kennenlernen der Distanzüberwindung

Schwing zweimal vor und zurück, ohne den Hüftwinkel zu verändern. Sag jedesmal am hinteren Umkehrpunkt (Abb. 24/1) mit Beginn des Vorschwunges „jetzt". Schlag beim dritten mal am Umkehrpunkt die Beine peitschenartig rückhoch zum Blockieren. Lös wie vorhin den Griff und lande so, daß Du mit gestreckten Armen den niederen Holm im Stand greifen kannst (Abb. 24/1–5).

Die Helfer sichern die Landung wie vorhin. Dieser Lernschritt muß so oft wiederholt werden, bis die Distanz so ist, daß mit gestreckten Armen im Stand der niedere Holm sicher erfaßt werden kann (Abb. 24/5).

Eigenwahrnehmung

- Hast Du die exakte zeitliche Steuerung für den Beginn des Beinschwungs wahrgenommen und gesehen?
- Konntest Du die kurze zeitliche Spanne zwischen Umkehrpunkt und Beginn des Vorschwunges registrieren?
- Waren Deine Arme beim Griff im Stand gestreckt?

Kontern mit Griffwechsel zum Vorschwingen im Schwebehang am niederen Holm

Vor dem Kontern beim Vorschwung mit Griffwechsel zum Vorschwingen im Schwebehang sollte das Schwingen im Schwebehang erlernt worden sein (s. S. 141).

Spring in den Hang zum Vorschwung mit Ristgriff und nimm Deine Beine vor. Schwing zurück bis zum Umkehrpunkt und schau dabei Deine Füße an (Abb. 25/1).

Turn nun das Kontern nicht mehr in den Stand, sondern schwing im Schwebehang vor und zurück (Abb. 25/2–7).

Eigenwahrnehmung

- Konntest Du spüren, wie Du die Distanz vom hohen Holm zum niederen Holm völlig problemlos überwinden konntest?
- Hast Du beim Griff am niederen Holm Deine Arme gestreckt gehabt?

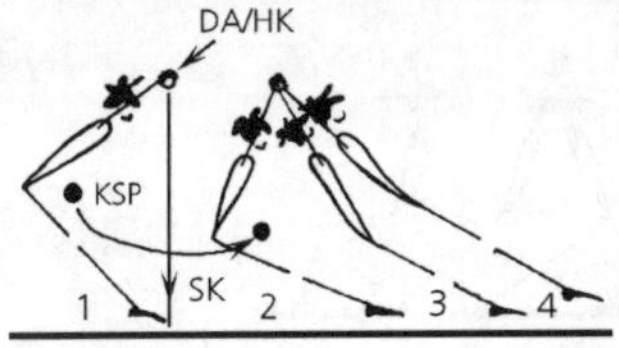

•1

Schwingen im Schwebehang

Der Grundschwung im Schwebehang stellt eine Variante des Langhangschwingens dar. Der Schwebehang wird als Übungsanfang oder als Schwungverbindung zwischen zwei Elementen geturnt. Die Beine können dabei je nach Gerät gegrätscht oder geschlossen sein.

Biomechanische Aspekte

Mit Beginn des Vorschwingens ist der ARW auf nahezu 180° geöffnet und der BRW etwa mit 90° gebeugt (Abb.1/1). Vor Beginn des Abschwungs hat der Körper die optimale Lageenergie Abb. 1/1). Der KSP befindet sich vor Beginn des Abschwungs hinter der Drehachsensenkrechten. Durch die Position des KSP, die HK und die Wirkung der SK schwingt der gewinkelte Körper beschleunigend abwärts bis zum tiefsten Punkt. Nach Passieren des KSP unter der DA hat der Körper die maximale Bewegungsenergie (Abb. 1/2). Nach Passieren der Senkrechten des KSP im Schwebehang öffnet sich allmählich der BRW und hat seine größte Öffnung am vorderen Umkehrpunkt erreicht (Abb. 1/4).

Die Beibehaltung des Bein-Rumpfwinkels während des Abschwunges erfordert relativ viel Kraft in der gesamten vorderen Muskelschlinge.

Funktionale Aspekte

Da der Schwebehang eine Schwungverbindung darstellt, ist seine Funktion immer die Bereitstellung von Energie (Schwung) und das Erreichen einer Position für die Hilfsfunktionsphase 2. oder 3. Ordnung. Es erscheint daher nicht sinnvoll, eine Funktionsphasenanalyse dafür zu erstellen.

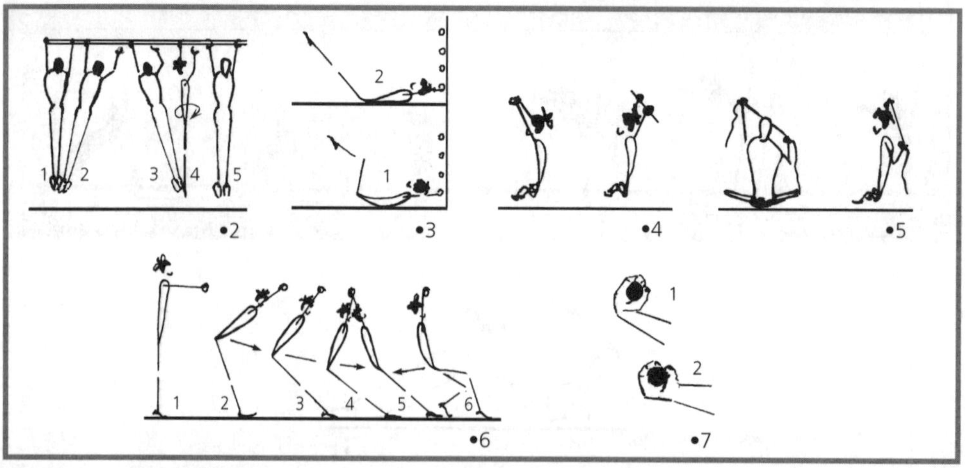

Methodische Aspekte

Konditionelle Voraussetzungen	Übungen zum Erwerb der Vorraussetzungen
1. Haltekraft • Hand- und Armmuskulatur	Zu 1.: Vielfältige Übungen im Langhang mit Seitwärts- oder Vorwärtshangeln, dabei Drehungen um die Längsachse (Abb. 2).
2. Statische Kraft • Schultermuskulatur • Bauch-, Hüft- und Oberschenkelvorderseitenmuskulatur	Zu 2.: In der Rückenlage an der Sprossenwand. Angehockte Beine und Griff an der schulterhohen Sprosse (Abb. 3/1). Strecken der Beine schräg vorhoch, ohne daß sich die Wirbelsäule vom Boden löst (Abb. 3/2). Fünf Sekunden diese Position halten und zurück in die Ausgangsstellung. Fünf Wiederholungen, eine Minute Pause, drei Serien. Je weniger Kraft vorhanden ist, desto mehr muß der BRW vor dem Beinestrecken gebeugt werden oder die Streckung muß mehr nach oben führen.
3. Beweglichkeit • Schultermuskulatur	Zu 3.: Achterkreise mit dem gespannten Seil oder Turnstab hinter dem Schultergürtel im Schneidersitz (Abb. 4 bzw. 5).

Koordinative Voraussetzungen

Kennenlernen der Körperposition mit Vorrutschen

Eine Schülerin steht nur mit Socken an den Füssen hinter dem brusthohen Reck (der Boden soll rutschend sein).
Schieb das Gesäß so weit zurück, daß die Schulter vollkommen gestreckt ist (Abb. 6/2). Versuch, die Beine etwas zu entlasten, so daß Du auf den Fersen nach vorne rutschen kannst, bis Deine Hüfte vorn fast gestreckt ist (Abb. 6/5). Lauf zurück in die Ausgangsposition und rutsch drei- bis fünfmal jeweils nach vorn. Laß Deine Hände so wie am Anfang (Abb. 7/1).

Eigenwahrnehmung

- Hast Du gespürt, ob vor dem Rutschen Dein Schultergelenk gestreckt war?
- Warst Du in der Lage, den Krafteinsatz in der Hüfte zu registrieren, als Du die Füße etwas vom Boden weggenommen hast?
- Konntest Du feststellen, ob Du am vorderen Umkehrpunkt nach dem Rutschen Deine Hände mitgedreht hast (Abb. 7/2)?

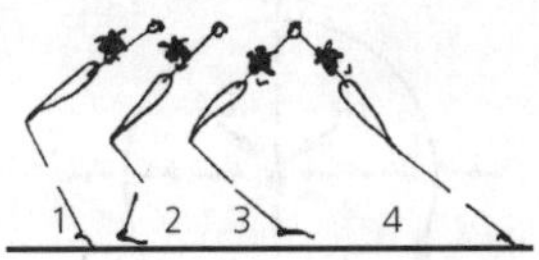

•8

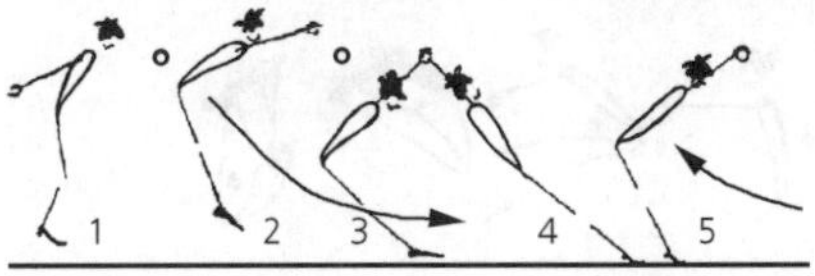

•9

Vorschweben und Aufsetzen der Füße am vorderen Umkehrpunkt

Gleiche Ausgangsposition wie vorhin.
Beug leicht die Knie und spring etwas vom Boden ab, ohne den Arm-Rumpfwinkel zu verändern (Abb. 8/1–2). Versuch nun, nach vorn zu schweben, um vorn am Umkehrpunkt Deine Füße aufzusetzen (Abb. 8/4). Lauf zurück in die Ausgangsposition. Turn dieses Vorschweben mindestens fünfmal hintereinander.

Eigenwahrnehmung
- Hast Du gespürt, wie der Schwung und das Gewicht Deine Beine nach unten ziehen?
- Konntest Du registrieren, ob Du beim Abspringen die Arme gestreckt hast?

Anspringen und Vorschweben

Spring aus dem Stand vorlings etwa einen Meter hinter dem Reck (Abb. 9/1) ab und schwing Deine Arme nach vorn. Versuch, während des kurzen Fluges Dein Gesäß wie vorhin im Stand zurückzuschieben (Abb. 9/2), damit Du mit gestreckter Schulter im Ristgriff die Stange fassen kannst (Abb. 9/3). Schwebe vor wie vorhin, setz vorn Deine Füße kurz auf und rutsch mit Druck der Arme auf die Stange zurück in den Stand (Abb. 9/5).

Eigenwahrnehmung
- Hast Du gespürt, ob Dein Arm-Rumpfwinkel wirklich offen ist, sobald Du Griffkontakt hast?
- Konntest Du während der ganzen Zeit des Vorschwungs spüren, wie die Kraftanforderung immer stärker wurde?
- Hast Du gespürt, daß Du kräftig auf die Stange drücken mußt, damit Du in die Ausgangsposition zurückkommst?

Anspringen und Zurückschweben in die Ausgangsstellung

Spring ab, schwing im Schwebehang vor und zurück (Abb. 9/1–5 und 5–1).
Eigenwahrnehmung
- Hast Du gespürt, ob Dein Schulterwinkel am vorderen Umkehrpunkt auch noch geöffnet war?
- Konntest Du beim Zurückschwingen die Beine vom Boden weghalten, bis Du senkrecht unter der Reckstange bist?

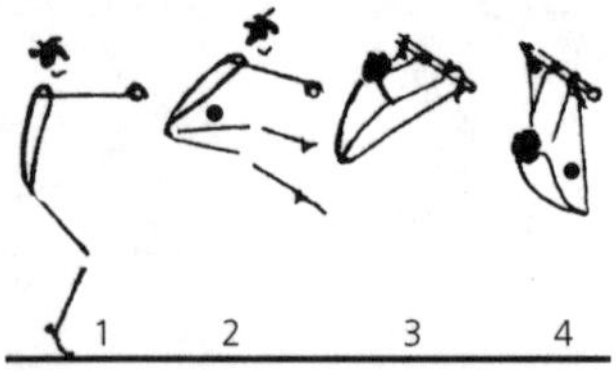

•1

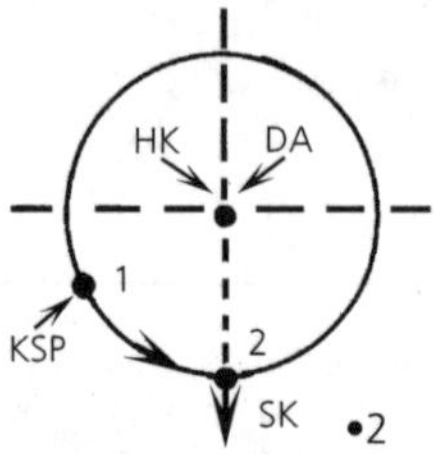

•2

Angrätschen aus dem Stand

Der Grund, warum das Angrätschen vom Aufgrätschen getrennt erarbeitet werden soll, ist methodischer Natur und hat mehrere Vorteile.
1. Beim Angrätschen haben die Schülerinnen immer Blickkontakt zu den Füßen und zum Holm bzw. zur Reckstange.
2. Die Ausgangsposition und Höhe des Körperschwerpunktes vor dem Abschwung ist geringer und ergibt weniger Schwung, d.h., es ist auch weniger Kraft vonnöten, diese Position zu halten.
3. Die kinästhetische Steuerung für das „Treffen" des Holmes ohne Blickkontakt wie beim Aufgrätschen ist nicht erforderlich, so daß die Angst vor einem Schienbeinanschlagen entfällt.
4. Ohne die Vorerfahrung, wie die Füße beim Abschwingen im Grätschhang an der Stange gehalten werden können, wäre für die meisten Schülerinnen das Aufgrätschen aus dem Stütz zum Abschwingen kaum möglich.

Biomechanische Aspekte

Durch das Anspringen aus dem Stand wird am höchsten Punkt bereits vor dem Fußkontakt die optimale Lageenergie erreicht (Abb. 1/2).
Durch die HK einerseits und die Wirkung der SK auf den KSP andererseits pendelt der Körper rückwärts rotierend und beschleunigend abwärts, bis der KSP senkrecht unter der DA ist (Abb. 1/4 und 2/2). Zu diesem Zeitpunkt hat der Körper die größte Bewegungsenergie. Das Abschwingen im Grätschhang verlangt bei der Dehnung der hinteren Muskelschlinge einen sogenannten Spannungsbogen, d.h., durch die Zugkraft der Arme und die Druckkraft der Beine gegen den Holm, ist der Gesamtkörper in einer starken Spannung (Abb. 1/3–4).

Funktionale Aspekte

Das Angrätschen stellt ebenso ein Verbindungselement dar wie das Vorschweben und kann somit als Hilfsphase 2. oder 3. Ordnung angesehen werden.

Obwohl das Angrätschen als eine für sich stehende Aktion anzusehen ist, erscheint es nicht sinnvoll, hier eine Differenzierung nach Funktiosphasen vorzunehmen.

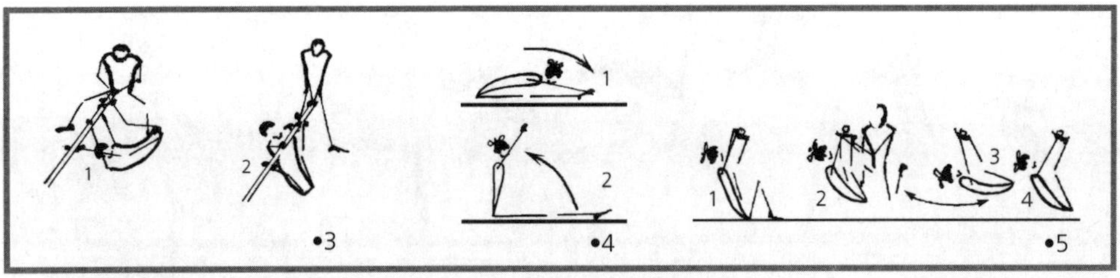

METHODISCHE ASPEKTE

Konditionelle Voraussetzungen	Übungen zum Erwerb der Voraussetzungen
1. Kraft für den Spannungsbogen • Zugkraft der Hände • Druckkraft der Füße gegen den Holm	Zu 1.: Je eine Dreiergruppe übt an einem Turnstab. Eine Schülerin ist in der Kipplage auf einer Bodenmatte mit zunächst gebeugten Knien. Sie hält den Turnstab mit gestreckten Armen schräg nach hinten oben, und die Fußballen werden bei leicht gegrätschten Beinen an den Stab gedrückt (Abb. 3/1). Rechts und links an jedem Stabende heben zwei Helfer mit aufrechtem Rücken die Übende in die Höhe, so daß sie völlig vom Boden weg ist (Abb. 3/2). Dabei darf die Schülerin ihre Füße nicht vom Stab lösen. Fünf Sekunden in dieser Position halten, langsam wieder senken. Fünfmal, danach Partnerwechsel, fünf Serien.
2. Beweglichkeit • Dehnfähigkeit in der hinteren Muskelschlinge	Zu 2.: Eine Schülerin ist im Winkelsitz (BRW 90°). Bring Deinen Oberkörper mit geradem Rücken so weit nach vorn, daß Du bei leicht gegrätschten Beinen die Fußspitzen erreichen kannst (Abb. 4/1–2). 10 bis 20 Mal weiche geführte Bewegung bis in die tiefste Position (kurz vor Erreichen der Schmerzgrenze). In der Maximalbeugung mit gestreckten Knien etwa fünf Sekunden anhalten und wieder zurückgehen in die Ausgangsposition.

Koordinative Voraussetzungen

Kennenlernen der Position im Grätschhang

Nachdem wir mit dem Turnstab in der Dreiergruppe die Position bereits als Kraft- und Dehnübung erarbeitet haben (Abb. 3), wiederholen wir diese Übung an einem ca. nabelhohen Reck. Im Sitz genau unter der Stange/Holm und schulterbreitem Ristgriff. Je nach Grad der Beweglichkeit können die Beine leicht gebeugt oder gestreckt sein.

Setz zuerst einen Fußballen (Abb.5/1) und danach den anderen neben die Hände (Abb. 5/2). Press dabei mit Zug der Arme die Fußballen kräftig gegen die Stange. Deine Partnerin schaukelt Dich in dieser Position ganz leicht vor und zurück (Abb. 5/3–4). Dreh dabei die Hände beim Vorpendeln nicht mit nach vorn und halte die Füße fest an der Stange.

Eigenwahrnehmung

- Konntest Du den Spannungsbogen von den Händen bis zu den Fußballen spüren?
- Hast Du beim leichten Schaukeln gemerkt, ob Dein Griff fest ist?
- Konntest Du feststellen, daß es Dir Deine Füße wegziehen will, wenn Du mit dem Gesäß senkrecht unter der Stange bist?

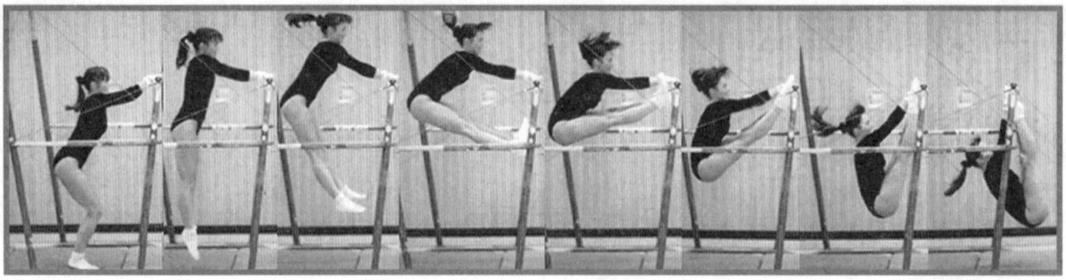

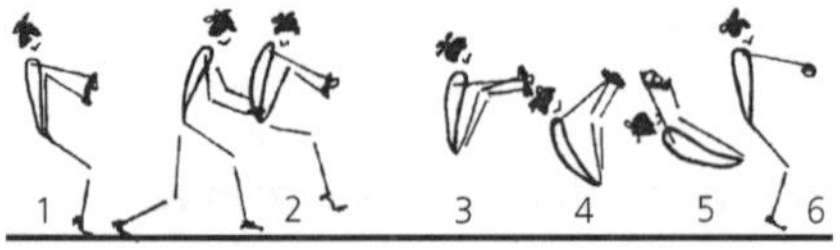

•6

•7

Kennenlernen des Angrätschens aus dem Stand

Nimm zuerst einen Fuß an die Stange und preß ihn ganz fest an die Stange (Abb. 6/1–2). Spring nun mit dem zweiten Fuß ab und preß ihn ebenfalls mit dem Fußballen an die Stange (Abb. 6/3). Pendle vor, ohne die Hände mitzudrehen, und zurück wieder in den Stand (Abb. 6/4–6). Wiederhole diesen Ablauf drei- bis fünfmal hintereinander.

Bei diesem und dem nächsten Lernschritt ist es wichtig, durch Partnerhilfe die Zeit für das Heranbringen der Füße an die Stange zu verlängern.

Die Helferin muß an der Taille beim Lösen des zweiten Beines sehr stark hochheben, damit die Übende länger Zeit hat, diesen zweiten Fuß an die Stange zu bringen und die Position zu sichern (Abb. 6/2–3).

Eigenwahrnehmung

- Hast Du gespürt, daß Du durch die Hilfe mehr Zeit hast, den zweiten Fuß an die Stange zu bringen?
- Konntest Du unmittelbar nach dem zweiten Fußkontakt die Kontrolle über diesen Spannungsbogen aufbauen und spüren?
- Warst Du in der Lage, zu registrieren, ob Du Deine Hände mitgedreht hast oder nicht?

Beidbeiniges Abspringen und Angrätschen zum Ab-, Vor- und Rückschwung

Spring jetzt mit beiden Beinen gleichzeitig ab, drück mit den Händen auf die Stange und bring beide Fußballen gleichzeitig an die Stange (Abb. 7/2). Preß sie kräftig mit Zug der Hände dagegen, streck die Beine, pendle vor und zurück wieder in den Stand (Abb. 7/3–4).

Die Helfer heben Dich hoch und verzögern so die Zeit, damit Du den Fußkontakt stabilisieren kannst (Abb. 7/2). Wiederhole diesen Bewegungsablauf drei- bis fünfmal hintereinander.

Gleicher Geräteaufbau, Ausgangs- und Hilfestellung.

Eigenwahrnehmung

- Konntest Du beim Abspringen spüren, wie Deine Hände auf die Stange drückten? Hast Du die zeitliche Verzögerung beim Angrätschen durch die Partnerhilfe gespürt?
- Konntest Du merken, ob Du Deine Hände stehen gelassen hast, also nicht mitdrehst?
- Warst Du in der Lage, zu spüren, daß Dir beim Abschwingen die Füße von der Stange weggezogen werden und daß Du mit vollem Krafteinsatz die Füße daran halten mußt?
- Hast Du die Beine beim Abschwingen strekken können?

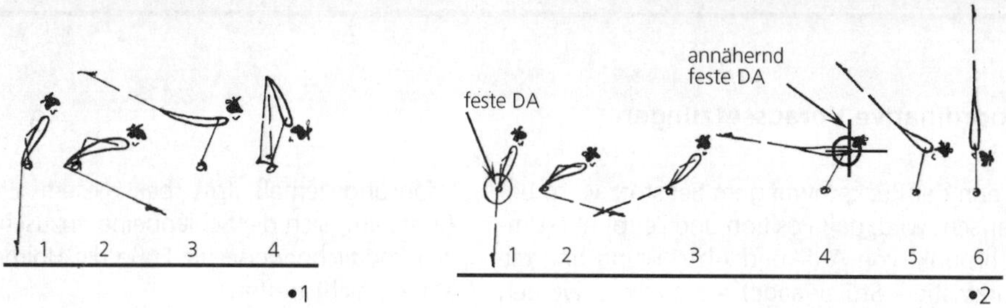

Aufgrätschen aus dem Rückschwung

Der Unterschied zwischen An- und Aufgrätschen liegt in der KSP-Position vor dem Abschwingen. Während sich beim Angrätschen aus dem Stand der KSP immer unter der Schulter vor dem Abschwingen befindet, ist er beim Aufgrätschen (Abb. 1/4) immer oberhalb der Schulter. Die Folge beim Abschwingen aus dieser Position ist eine höhere Geschwindigkeit mit Erreichen der tiefsten Position im Grätschhang. Erschwerend kommt hinzu, daß beim Rückschwung aus dem Seitstütz eine gute Gleichgewichtsverteilung vor dem Aufgrätschen erreicht werden muß, um die Stange mit den Fußballen exakt zu treffen. Die maximale Bewegungsweite für das Aufgrätschen wäre der Rückschwung bis in den Handstand (Abb. 2/5–6).

Biomechanische Aspekte

Nach dem Rückschwung im Seitstütz vl. hat der Körper in der aktiven Überstreckung eine optimale Vorspannung der vorderen Schlinge (Abb. 1/3). Beim Abschwingen rückwärts wird die Lageenergie in Bewegungsenergie umgewandelt. Durch die Vorspannung kann ein schnelles Beugen in der Hüfte zum Aufgrätschen erfolgen. Nach dem Aufgrätschen hat der Körper die größte Lageenergie (Abb. 1/4).

Funktionale Aspekte

Das Aufgrätschen ist, wie das Angrätschen und Vorschweben auch, ein Verbindungselement, das als Hilfsphase 2. Ordnung die positionellen Voraussetzungen für eine optimale Lageenergie darstellt. Da für den Rückschwung im Seitstütz die funktionalen Aspekte bereits erläutert wurden (vgl. S. 121), erscheint eine weitere Differenzierung nach Funktionsphasen für diese Bewegung nicht sinnvoll.

Methodische Aspekte

Konditionelle Voraussetzungen

Siehe Angrätschen, Seite 145.

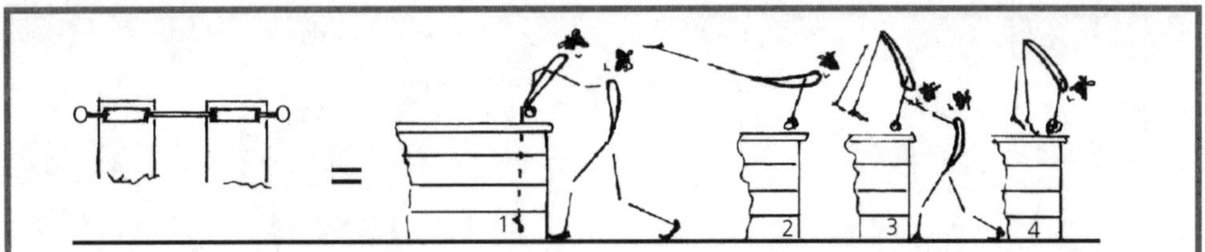

•3 •4

Koordinative Voraussetzungen

Wenn der Rückschwung im Seitstütz vl. so beherrscht wird, daß Position und Zeitpunkt (Umkehrpunkt von Auf- und Abschwung und die kurzfristige Stützwaage) kontrolliert werden können, gilt es, die Steuerung für das Hüftbeugen und das sanfte Fußaufsetzen auf den Holm/die Stange zu erlernen.

Erfahrungsgemäß tritt bei diesem Element Angst auf, sich die Schienbeine anzuschlagen, weil möglicherweise die Füße die Holme bzw. Stange nicht treffen.
Für den Angstabbau können die äußeren Teile der Stange mit Isolierrollen aus Kunststoff (wie beim Installateur) abgesichert werden (Abb. 3).

Rückschwung und Aufgrätschen auf eine breite Plattform

Schwing aus dem Seitstütz rückhoch und beug am höchsten Punkt die Hüfte (Abb. 4/3).
Grätsch die Beine und setz die Füße möglichst sanft und nahe an der Stange auf den Kasten (Abb. 4/4). Versuch, in dieser Position auf den Fußballen stehend das Gleichgewicht zu halten. Wiederhol diese Übung mindestens fünfmal hintereinander, drei Serien.
Vor dem Reck stehen rechts und links je ein Helfer und sichern im Stütz- bzw. Klammergriff (dabei dürfen sie den Übenden jedoch nicht behindern).

Eigenwahrnehmung
- Hast Du nach dem Rückschwung den Stütz wie bei einer Stützwaage einen Bruchteil einer Sekunde halten können?
- Spürst Du bei der Stützwaage die Muskelspannung im Schulter- und Hüftbereich?
- Konntest Du beim Aufgrätschen auf den Kasten die Distanz der Füße zur Stange wahrnehmen und das Gleichgewicht nachher auf den Fußballen halten?
- Hast Du gespürt, daß Du für das Aufsetzen Deiner Füße die Schultern vorn halten mußt?

Aufgrätschen auf die Stange

Turn den Rückschwung wie vorhin und setz die Fußballen sanft auf die Stange (Abb. 5/2). Versuch, im Grätschstand das Gleichgewicht auf den Fußballen zu halten.
Die Helfer begleiten zunächst bis zum höchsten Punkt und fassen beim Aufgrätschen etwas stärker zu, damit die Übende das Gleichgewicht stabilisieren kann.

Eigenwahrnehmung
- Hast Du beim Aufgrätschen die Kontrolle über die Schultervorlage und das Fußaufsetzen gehabt?
- Konntest Du wie vorhin am Kasten das Gleichgewicht halten, als Deine Fußballen auf der Stange waren?

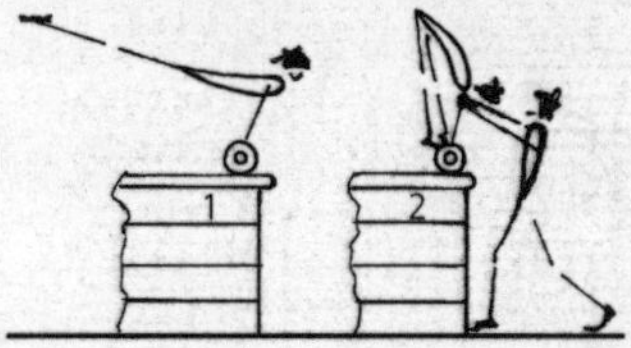

•5

•6

Aufgrätschen aus dem Rückschwung

Turn den Rückschwung mit Aufgrätschen und versuch, im Grätschstand ein bis zwei Sekunden das Gleichgewicht zu halten (Abb. 5/1–3). Die Helfer sichern Dich in dieser Position, so daß Du weder nach vorn, noch nach hinten fällst (Abb. 5/3). Spring nach dem Aufgrätschen nach vorn in den Stand ab (Abb. 5/4–5).
Die Kastengasse wird entfernt, die Isolierrollen bleiben.
Die Helfer sichern mit Klammergriff am Oberarm und begleiten die Bewegung vom Aufgrätschen immer neben der Übenden bis in den Stand (Abb. 6/3–5).

Eigenwahrnehmung
- Hast Du den gesamten Bewegungsablauf bewußt steuern können?
- Konntest Du nach dem Aufgrätschen das Gleichgewicht halten?
- Warst Du in der Lage, so viel Vorlage zu erreichen, daß Du nicht zurückgefallen bist?

Erst wenn die Kontrolle bis zum kurzzeitigen Grätschstand zu erkennen ist, sollte das Abschwingen rückwärts im Grätschhang beginnen.
Es ist sinnvoll, das Abschwingen im Grätschhang mit dem Felgunterschwung zu verbinden. Dies setzt voraus, daß der Felgunterschwung aus dem Stütz erlernt worden ist (vgl. S. 199).

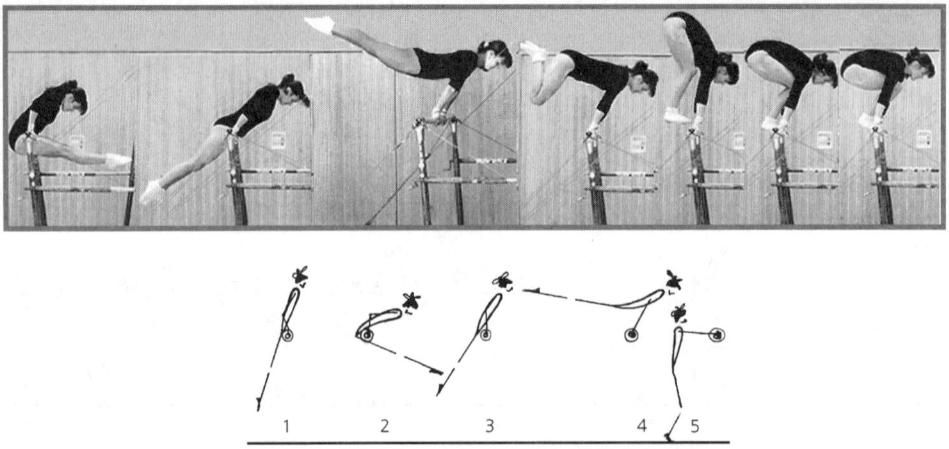

•1

Aufhocken aus dem Rückschwung

Beim Aufhocken nach dem Rückschwung im Seitstütz treten aus Angst, sich die Schienbeine oder Füße am Holm anzuschlagen, ähnliche Probleme auf wie beim Aufgrätschen. Es empfiehlt sich daher, eine Isolierrolle zwischen beiden Händen an der Stange anzubringen.

Biomechanische und funktionale Aspekte

Konditionelle Voraussetzungen

Siehe Rückschwung im Seitstütz, Seite 121.

Methodische Aspekte

Koordinative Voraussetzungen

Von der Erarbeitung des Aufgrätschens ausgehend, werden in diesem Abschnitt lediglich die Unterschiede zwischen Aufgrätschen und Aufhocken methodisch behandelt.

Wiederholung des Rückschwungs im Seitstütz

Turn aus dem Stütz vorlings den Rückschwung in die aktive Überstreckung. Versuch, den höchsten Punkt etwa bei einer Stützwaageposition einen Moment anzuhalten und ihn bewußt zu registrieren. Spring nahe am Reck zum Stand ab (Abb. 1/1–5).

Das nabel- bis brusthohe Reck wird mit einer hüftbreiten Isolier- oder Gummimuffe gesichert. Die Helfer sichern mit Klammergriff am Oberarm die Vorlage (Abb. 1/4).

Eigenwahrnehmung

- Konntest Du an der Körperrückseite die Muskelspannung am höchsten Punkt registrieren?
- Hast Du dabei an Deine feste Bauchmuskulatur gedacht?
- Warst Du in der Lage, den Zeitpunkt für das Abschwingen zu registrieren?

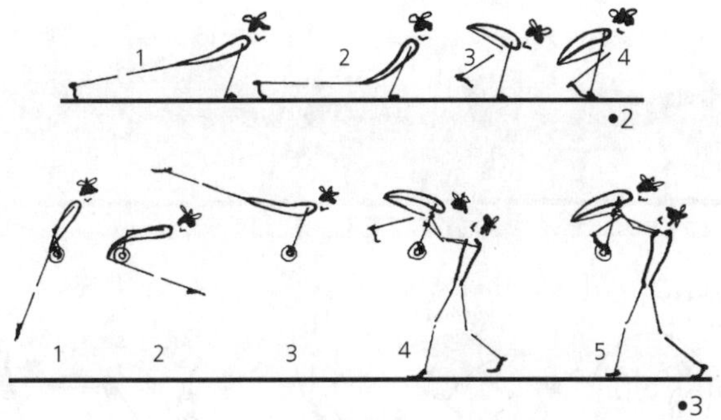

Imitieren der Körperspannung (aktive Überstreckung) und Aufhocken

Jede Schülerin zieht für sich mit Kreide eine Linie auf dem Boden und setzt die Hände im Liegestütz vorlings auf diese Linie.

Federe zweimal mit fester Bauch- und Rückenmuskulatur tiefhoch (Abb. 2/2). Drück beim dritten Hochfedern von den Füßen ab, zieh das Gesäß hoch, die Knie an die Brust und setz die Fußballen zwischen die Hände auf die Linie (Abb. 2). Turn dies mehrmals hintereinander, bis Du das Gleichgewicht in der Hockstellung halten kannst und Du mit den Fußballen die Linie genau triffst.

Eigenwahrnehmung

- Hast Du immer am tiefsten Punkt der Hüfte Deine Körperspannung registriert?
- War Deine Bauch- und Rückenmuskulatur dabei ganz fest?
- Konntest Du spüren, ob Deine Fußballen genau auf der Linie waren, ohne daß Du nach vorn übergefallen oder zurückgefallen wärst?

Aufhocken am Reck

Schwing zuerst rückhoch, bis Du die Körperspannung in der aktiven Überstreckung spürst. Zieh in diesem Moment aus dieser Körperspannung wie am Boden das Gesäß hoch und setz danach die Fußballen auf die Isolierrolle (Abb. 3/1–5). Versuch, diese zwei Aktionen präzise nacheinander zu turnen.

Die Helfer vor dem Reck sichern mit Klammergriff am Oberarm. Sie müssen die Schülerin im Gleichgewicht halten, damit sie weder vor-, noch zurückfällt.

Bei Schülerinnen mit großen Hemmungen vor dem Aufhocken können hinter dem Reck zwei weitere Helfer an Ober- und Unterschenkelvorderseite das Aufhocken durch Bewegungsführung begleiten.

Eigenwahrnehmung

- Hast Du gespürt, daß zuerst der Rückschwung und danach das Aufhocken erfolgt?
- Konntest Du den „Umkehrpunkt" nach dem Rückschwung mit Muskelspannung in der Rücken- und Bauchmuskulatur registrieren?
- Hast Du beim Aufhocken das gleiche Gefühl für die Gleichgewichtskontrolle wie am Boden gehabt?

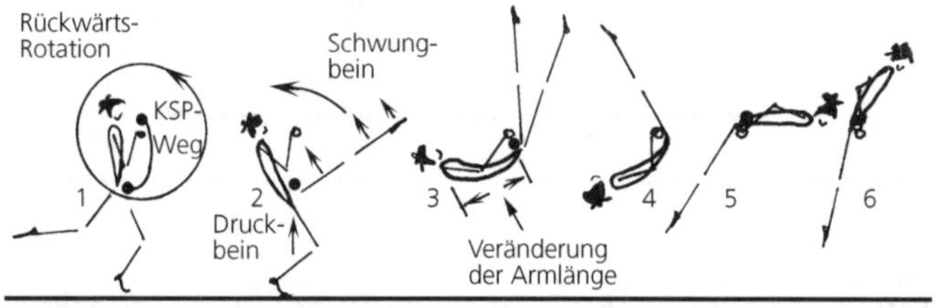

•1

Auf-, Ab- und Umschwungbewegungen

Hüft-Aufschwung (mit Schwungbeinhilfe)

Der Hüft-Aufschwung mit Schwungbeinhilfe ist weniger eine Frage der Kraft, sondern mehr eine Frage der zeitlich-räumlichen Abstimmung von Schwung- und Druckbeinimpuls sowie der Höhe der Reckstange im Verhältnis zur Körpergröße der Schülerinnen.

Biomechanische Aspekte

Der Hüft-Aufschwung ist eine rückwärts gerichtete Rotation von 360° um die KBA und die feste DA Reckstange/Holm (Abb. 1/1–6). Dabei wird der KSP auf ein höheres Niveau, als das des Ausgangspunktes angehoben (Abb. 1/1). Durch die HK einerseits und die an der DA vorbeiwirkende Kraft des Schwung- und Druckbeinimpulses andererseits wird die Hüfte an die DA herangebracht (Abb. 1/3). Während der Schwungbeineinsatz weitgehend für den Rotationsimpuls verantwortlich ist (Abb. 1/2), bewirkt der Druckbeinimpuls die Annäherung der Hüfte (des KSP) an die DA (Abb. 1/2). Je geringer die Höhenüberwindung und je kürzer der Hüftweg (KSP-Weg, Abb. 1/1) dabei ist, desto geringer ist der dafür erforderliche Kraftaufwand.

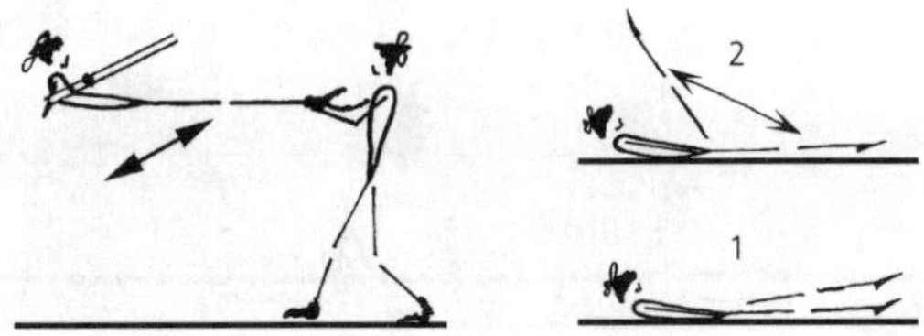

FUNKTIONALE ASPEKTE

Hauptfunktionsphase	Foto 2–7
Aktionen	Funktionen
a) Beinschwung vorhoch und Abdruck vom Druckbein b) Hüfte beugen und an den Holm schwingen, Aufrichten des Oberkörpers mit Hüftstreckung	a) Rotationseinleitung KSP-Annäherung an die DA b) Vergrößerung des Trägheitsmoments

METHODISCHE ASPEKTE

Konditionelle Voraussetzungen	**Übungen zum Erwerb der Voraussetzungen**
1. Haltekraft • Hand-, Arm- und Schultermuskulatur	Zu 1.: Am Reck Partnerübungen. Eine Schülerin steht mit etwa rechtwinkelig gebeugten Armen auf einer Seite am Reck nahe der Recksäule. Ihre Partnerin hebt die Füße hoch, so daß sie sich mit gebeugten Armen im Hang befindet (Abb. 2). Seitwärtshangeln mit gebeugten Armen bis zur anderen Reckseite und wieder zurück. Partnerwechsel. Eine Minute Pause, fünf Serien.
2. Beweglichkeit • Hintere Muskelschlinge	Zu 2.: In der Rückenlage, ein Bein ist gestreckt, der Kopf auf der Brust (Abb. 3). Geführtes wechselseitiges Hochschwingen des linken und des rechten Beines bis zur Spreizgrenze.

Koordinative Voraussetzungen

Bevor Schülerinnen dieses Element am Reck oder Stufenbarren angeboten wird, sollten sie grundlegende räumliche Erfahrungen bei Drehungen rückwärts an den Tauen, Ringen oder am Barren mit Kopfunter-Positionen gehabt haben. Für den Lehrweg bieten sich neben anderen zwei wesentliche Überlegungen an:

1. die Höhenüberwindung (des KSP) so gering wie möglich zu gestalten.
2. den Abdruckpunkt des Druckbeins so hoch wie möglich zu positionieren.

Dies kann bei 2. mit einem einholmigen Barren an der Wand sehr gut erarbeitet werden (Abb. 4) oder mit einem Kasten, der vor das Reck gestellt wird.

Der angebotene Lehrweg beginnt (unter der Voraussetzung der Raum- und Dreherfahrung) aus Gründen der räumlichen und zeitlichen Wahrnehmungssteuerung direkt am Reck.

Die zeitlich-räumliche Abstimmung der Beinaktionen

Stell das Abdruckbein genau unter die Stange und bring die Schulter nahe ans Reck. Dein Schwungbein ist hinter dem Körper (Abb. 5). Schwing langsam Dein Schwungbein vorhoch, bis die Fußspitzen über der Stange sind. Turn dies drei- bis fünfmal, damit Du die Position und den Zeitpunkt bestimmen kannst, an dem vom Druckbein abgestoßen wird (Abb. 5).

Eigenwahrnehmung

- Konntest Du genau sehen, wann der Fuß die Stange nach oben passiert?
- Hast Du diesen Zeitpunkt auch an der Oberschenkelrückseite wie eine starke Dehnung gespürt?

Kopplung von Schwung- und Druckbeinimpuls

Hol einmal mit dem Schwungbein aus und schwing beim zweiten Mal das Bein schnell nach oben. Drück Dich bei Passieren der vorhin erkannten Fußposition vom Druckbein ab (Abb. 6/2). Bring dabei die Hüfte schnell an die Stange zum Aufschwung in den Stütz (Abb. 6/3–5).

Die Helferin vor dem Reck drückt während des Schwungbeinimpulses beim Aufschwingen das Gesäß an die Stange.

Eigenwahrnehmung

- Konntest Du registrieren, ob Du zum Zeitpunkt, an dem Dein Schwungbeinfuß die Stange nach oben passiert hat, mit dem Druckbein abgedrückt hast?
- Hast Du gespürt, ob Du mit Schulter- und Armkraft die Arme gebeugt gehalten hast, bis die Hüfte Stangenkontakt hat?

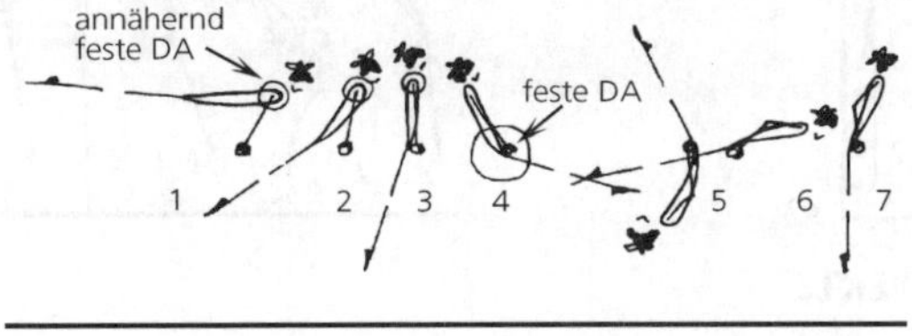

•1

Hüft-Umschwung vorlings rückwärts

Biomechanische Aspekte

Der Hüft-Umschwung rückwärts ist eine Rückwärtsrotation von 360° des Körpers um die feste DA und die KBA. Der KSP bewegt sich vom Moment des Hüftkontaktes an der Stange in einer annähernden Kreisbahn um die Stange (Abb. 1/4). Dabei ist die Ausgangs- und Endposition nahezu identisch.
Nach dem Rückschwung im Stütz dreht der Körper beim Abschwung von der höchsten KSP-Position um die annähernd feste DA Schulter (Abb. 1/1–3). Durch Zurücknahme der Schulter setzt sich bei Hüftkontakt (Abb. 1/3) bzw. Oberschenkelkontakt (Foto 2–3) an der Stange die Rückwärtsrotation fort. Im Moment des Kontaktes des gestreckten oder überstreckten Körpers muß die Schulter senkrecht über der nun festen DA sein (Abb. 1/3).
Durch das Beugen des Hüftgelenks (Vornehmen der Beine) verringert sich die Trägheit (Abb. 1/4), und bei gleichbleibendem Drehimpuls kann die Drehgeschwindigkeit erhalten oder sogar erhöht werden.
Soll die Rückwärtsrotation verlangsamt oder völlig abgebremst werden, muß die Trägheit wieder vergrößert, d.h., das Hüftgelenk wieder gestreckt werden (Abb. 1/5–6).

Funktionale Aspekte

Hilfsfunktionsphase	Foto 1–2/3	**Hauptfunktionsphase**	Foto 3–8
Aktionen	Funktionen	Aktionen	Funktionen
Abschwingen des Körpers aus der höchsten KSP-Position, bis die gestreckte Hüfte an der Stange und die Schulter senkrecht über der Stange ist	Einleitung der Rückwärtsrotation um die annähernd feste DA Schulter Erreichen der optimalen Ausgangsposition von Schulter und Hüfte vor Beginn der Hauptfunktionsphase	a) Zurücknehmen der Schulter b) Beugen im Hüftgelenk (Vornehmen der Beine)	a) Fortsetzung der vorhandenen Rotation b) Erhöhen der Rotationsgeschwindigkeit und Sichern einer KSP-nahen Position zur DA

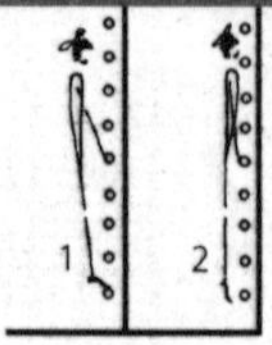

•2

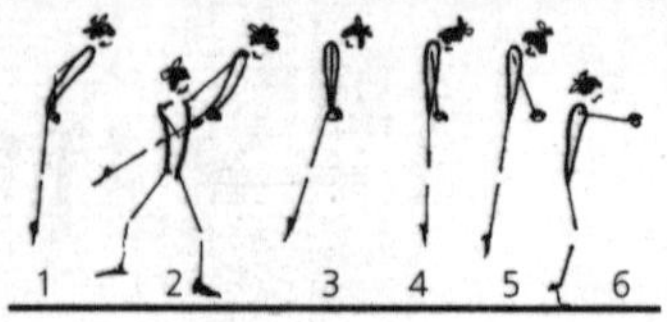

•3

METHODISCHE ASPEKTE

Konditionelle Voraussetzungen	Übungen zum Erwerb der Voraussetzungen
1. Stützkraft • Arm- und Schultermuskulatur 2. Mittelkörperspannung • Vordere und hintere Muskelschlinge im Hüftbereich	Zu 1. und 2.: An der Sprossenwand im Stand vorlings auf den Fußballen, die gestreckten Arme drücken den Körper an die Sprossenwand (Abb. 2). Lösen der Füße, halten im freien Stütz und auf den Boden springen. Fünf Mal hintereinander, eine Minute Pause, drei Serien.

Koordinative Voraussetzungen

Dieses oft als einfach bezeichnete Element hat seine koordinativen Tücken. Sie sind in der räumlich-zeitlichen Steuerung von Schulter- und Beinbewegungen und den entscheidenden Körperpositionen zu sehen. Die Auffassung, daß dieses Element relativ einfach ist, stimmt insofern, als die dafür erforderlichen Aktionen keine besonderen Kraft- und Beweglichkeitsanforderungen in der Hauptfunktionsphase darstellt. Grundsätzlich gilt auch hier die verallgemeinernde Aussage für alle Umschwungbewegungen: Die Schulter führt die Bewegung!

Die Arme können bei diesem Element dann gestreckt bleiben, wenn der Holm nicht in der Hüftbeuge, sondern am Oberschenkel Kontakt hat.

Kennenlernen von Position, Zeitpunkt für das Zurücknehmen der Schulter und Vornehmen der Beine

Geh in den Stütz vorlings am brusthohen Reck. Führ Deine Beine rückhoch, so daß Deine Hüfte leicht überstreckt ist. Verlagere jetzt Deine Schulter in dieser Körperhaltung langsam rückwärts drehend und schau dabei auf die Stange (Abb. 3/3).

Merk Dir genau den Zeitpunkt, wenn Du die Stange unter Deinen Augen siehst bzw. am Oberschenkel spürst (Abb. 3/3–4). Spring danach in den Stand ab (Abb. 3/5–6).

Deine Partnerin hilft Dir an der Oberschenkelvorderseite und an der Schulter (Abb 3/2), diese Position zu halten. Sie sichert die überstreckte Position bis zum Niedersprung.

Eigenwahrnehmung

- Hast Du in der Überstreckung die Muskelspannung vom Rücken bis in die Kniekehle gespürt?
- Konntest Du feststellen, daß Du während der Schulterbewegung diese Körperspannung nicht verlierst?
- Warst Du in der Lage, zu registrieren, daß Du Dich dann, wenn die Schulter über die Stange nach hinten dreht, nicht mehr im Stütz halten kannst?

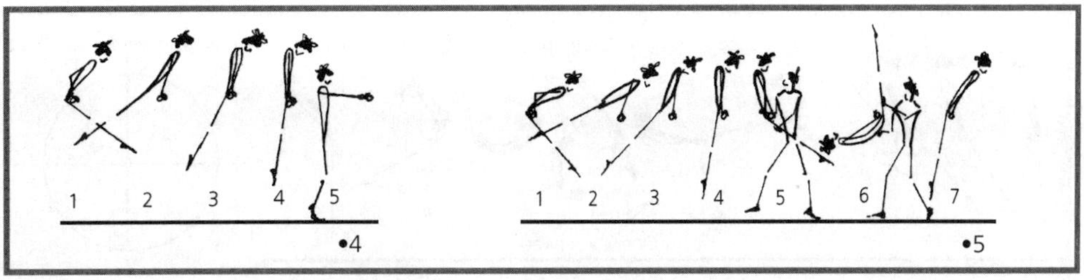

Kopplung von leichtem Stützschwung und Zeitpunkt für die Oberkörper- und Beinaktion

Hol im Stütz ganz wenig Schwung, so daß Deine Hüfte nur etwas von der Stange wegkommt (Abb. 4/1–2). Dreh jetzt zuerst mit der Schulter nach hinten, bis Du mit der Hüfte an der Stange bist (Abb. 4/3). Wenn Deine Schulter senkrecht über der Stange ist, bestimme diesen Zeitpunkt und sage „jetzt" (Abb. 4/4). Bleib während dieses Rückwärtsdrehens immer in der Hüfte leicht überstreckt und spring ab in den Stand (Abb. 4/5).

Die Partnerin beobachtet genau, ob Position und Zeitpunktbestimmung des Übenden korrekt sind.

Eigenwahrnehmung

- Konntest Du jetzt beide Aufgaben genau wahrnehmen: Zuerst die überstreckte Körperposition beim Rückwärtsdrehen registrieren und dann den Zeitpunkt bestimmen, wenn die Schulter genau über der Stange ist?
- Hat Deine Zeitbestimmung „jetzt" mit der Deiner Partnerin übereingestimmt?

Hüft-Umschwung rückwärts aus dem Stützschwung

Hol etwas mehr Schwung als vorhin und dreh mit der Schulter und überstreckter Hüfte rückwärts (Abb. 5/1–3). Versuch jetzt, zeitgleich Hüftkontakt an der Stange zu erreichen, wenn die Hüfte genau unter Deinen Augen ist (Abb. 5/4). Nimm die Schulter zurück, Deine Beine nach vorn und drück die Hüfte bzw. Oberschenkel kräftig gegen die Stange. Dreh so um die Stange rückwärts, ohne den Kontakt zur Stange zu verlieren (Abb. 5/5–7).

Die Helfer rechts und links fassen mit einer Hand am Gesäß und drücken die Hüfte an die Stange und mit der anderen Hand geben sie an der Oberschenkelrückseite oder an der Schulter Drehunterstützung (Abb. 5/5–6).

Bei wenig Schwung am Anfang der Gesamtübung müssen die Helfer den Körperkontakt und die Drehung stärker unterstützen. Je besser die Kontrolle über die Schulterbewegung und Körperposition bei Stangenkontakt ist und je mehr Schwung genommen wird, desto früher kann die Bewegungshilfe abgebaut werden.

Eigenwahrnehmung

- Warst Du in der Lage, zu sehen und zu spüren, daß Du mit überstreckter Hüfte genau in dem Moment Stangenkontakt hast, wenn Deine Schultern genau über der Stange sind?
- Hast Du gespürt, daß Du mit dem Druck der Arme in Richtung Reckstange Deine Hüfte bzw. Oberschenkel an der Stange halten konntest?

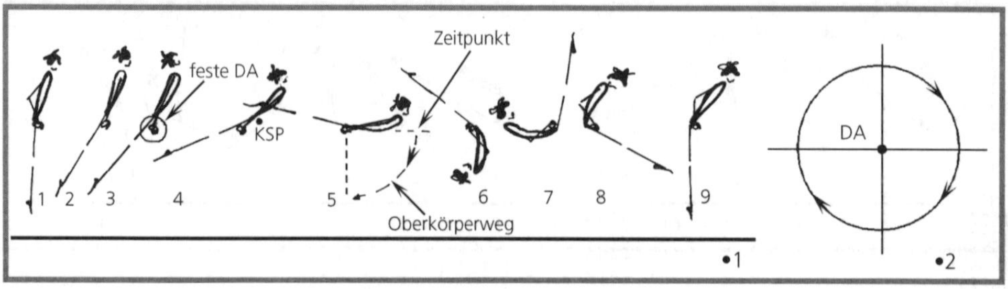

Hüft-Umschwung vorlings vorwärts

Der Hüft-Umschwung vorlings vorwärts ist aus bewegungstechnischer Sicht (Aktionen während der Hauptfunktionsphase) wesentlich einfacher, als der Hüft-Umschwung vorlings rückwärts.

Der Hüft-Umschwung vl. vw. aus dem Seitstütz erfordert zur **zwei** „Lerngrößen":

1. Kontrolle der Körperposition (Abb. 1/3–5),
2. Zeitliche Steuerung des Oberkörperabschwingens (Abb. 1/5–6).

Der Hüft-Umschwung vl. rw. hingegen erfordert **fünf**:

1. Energiebereitstellung („freier Seitstütz"),

Zeitliche Steuerung von

2. Hüftkontakt,
3. Körperposition,
4. Schulterlage und
5. Vornehmen der Beine.

Lernhemmend hat sich bei vielen Lernenden die aufkommende Angst vor dem „nach vorne Abtauchen" herausgestellt. Es sollte deshalb (wie beim Hüft-Aufschwung bereits erwähnt) Dreherfahrung beim Vorabwärtsdrehen vorhanden sein oder als erster Lernschritt angeboten werden.

Während alle anderen Umschwünge vorwärts frei, d.h. ohne Rumpfkontakt mit Kammgriff geturnt werden, wird der Hüft-Umschwung vorwärts überwiegend mit Ristgriff geturnt. Dies trifft vor allem beim Neulernen zu.

Biomechanische Aspekte

Beim Hüft-Umschwung vorwärts dreht der Körper um 360° um die feste DA Stange/Holm und um seine KBA (Abb. 1/1–9). Der KSP bewegt sich auf einer annähernd kreisrunden Bahn um die feste DA (Abb. 2), wobei Ausgangs- und Endposition nahezu gleich sind.

Durch die Voraufwärtsverlagerung des Oberkörpers über und vor die feste DA wird durch die Schwerkraftwirkung, die KSP-Lage und die HK der Hände ein Drehimpuls ausgelöst (Abb. 1/3–5).

Durch die Verringerung der Trägheit (Hüftbeugung) kann bei gleichbleibendem Drehimpuls die Drehgeschwindigkeit erhöht werden.

Der Beginn der Hüftbeugung erfolgt nur durch die Oberkörperaktion und darf nicht vor Erreichen der horizontalen Position (KLA) beginnen (Abb. 1/5). Sie muß etwa bei Passieren der Senkrechten (KLA) beendet sein (Abb. 1/6).

Während der Hüftbeugung im Umschwung wird die Stange vom Oberschenkel in die Hüftbeuge gebracht und die Hände können nach vorn gedreht werden, um den nachfolgenden Stütz zu sichern (Abb. 1/7–9).

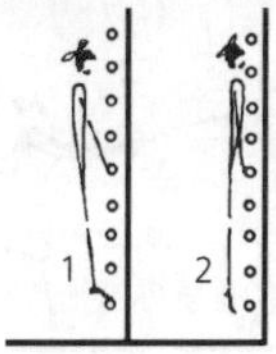

•4

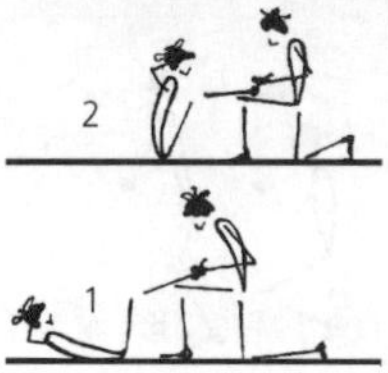

•5

•6

FUNKTIONALE ASPEKTE

Hilfsfunktionsphase	Foto 1–4	**Hauptfunktionsphase**	Foto 4–10
Aktionen	Funktionen	Aktionen	Funktionen
Die Schulter nach vorn oben verlagern bis der überstreckte Körper mit den Oberschenkeln an der Stange ist	Massenverlagerung des Körperschwerpunkte nach vorn oben, optimale Ausgangsposition für die Dreheinleitung	a) Den Oberkörper schnellkräftig nach vorn unten schwingen, ohne daß die Beine aktiv daran beteiligt werden b) Drehen der Hände vom Hang in den Stütz	a) Erhöhung der Drehgeschwindigkeit und Veränderung der Trägheit b) Sicherung des Stützes nach dem Umschwung

METHODISCHE ASPEKTE

Konditionelle Voraussetzungen	**Übungen zum Erwerb der Voraussetzungen**
1. Halte- und Stützkraft • Hand-, Arm- und Schultermuskulatur	Zu 1.: An der Sprossenwand im Stand vorlings auf den Fußballen, die gestreckten Arme drücken den Körper an die Sprossenwand (Abb. 4). Lösen der Füße und halten im freien Stütz. Fünf Mal, eine Minute Pause, drei Serien.
2. Schnellkraft • Hüftbeugemuskulatur	Zu 2.: Eine Schülerin liegt auf dem Rücken bei angehockten Knien. Ein Partner kniet davor und hält die Füße (Abb. 5/1). Schnelles Vorhochbringen des Oberkörpers an die Oberschenkel. Der Partner fixiert die Füße, damit diese Position erreicht werden kann (Abb. 5/2). Fünf- bis zehnmal, eine Minute Pause, drei Serien.
3. Beweglichkeit • Dehnfähigkeit der hinteren Muskelschlinge	Zu 3.: Mit leicht gegrätschten Beinen und geradem Rücken im Sitz auf dem Boden (Abb. 6/1). Die Hände sind hinter dem Kopf verschränkt. Schwing dynamisch (nicht explosiv!) den Oberkörper mit geradem Rücken nach vorn Richtung Oberschenkel, so weit es Deine Beweglichkeit erlaubt (Abb. 6/2). Fünf- bis zehnmal und drei Serien.

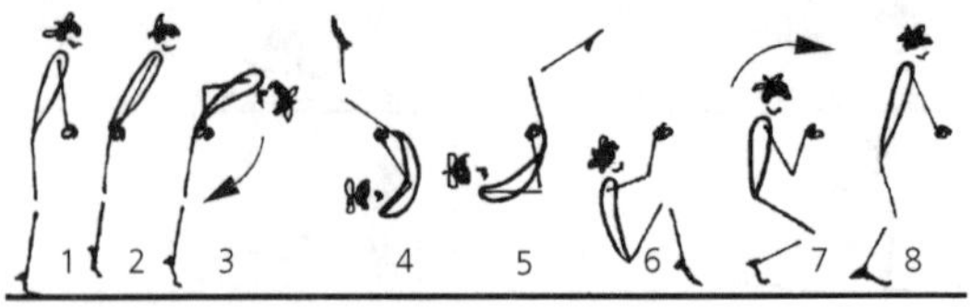

•7

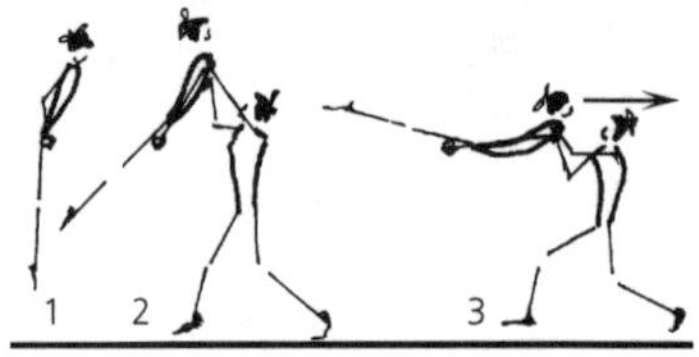

•8

Koordinative Voraussetzungen

Dreherfahrung vor-abwärts

Bei schnellen Kopfbewegungen vor- oder rückwärts tritt in der Regel ein kurzzeitiger Orientierungsverlust auf. Dies kann bei einigen Schülerinnen zur Störung des Gleichgewichtsempfindens führen. Es ist deshalb ratsam, die einführende Übung langsam zu turnen.

Spring in den Seitstütz vorlings am nabelhohen Reck und dreh Deinen Oberkörper langsam nach vorn abwärts, nimm Dein Kinn an die Brust und versuch, mit gebeugten Armen sanft in den Sitz auf die Weichbodenmatte zu kommen (Abb. 7/1–6). Turn dieses Drehen vorwärts mehrmals hintereinander und versuch, nach und nach die Geschwindigkeit des Vorabwärtsdrehens zu erhöhen.

Eigenwahrnehmung

- Hast Du beim Drehen vorwärts in den Sitz die Kontrolle über Deine Bewegung gehabt?

Kennenlernen der optimalen Ausgangsposition und des Zeitpunkts für den Beginn der Oberkörperaktion

Nimm im Stütz vorlings eine Aktivüberstreckung in der Hüfte ein, den Kopf in den Nacken und streck Dich aus den Schultern so weit nach oben, bis Du die Stange am Oberschenkel hast (Abb. 8/1–2). Dreh vorabwärts in der Überstreckung. Die Helfer halten Dich in dieser Position, damit Du einen Orientierungspunkt vor Dir in horizontaler Blickhöhe fixieren kannst (Abb. 8/3). Registriere diesen Punkt und dreh vorabwärts in den Stand.

Die Helfer fassen an der Schulter und begleiten beim langsamen Vorabwärtsdrehen bis in die horizontale Position (Abb. 8/3).

Eigenwahrnehmung

- Hast Du festgestellt, daß Du Dich dabei ganz auf Deine Mitschülerinnen verlassen kannst?
- Konntest Du das Herausheben an der Schulter spüren, bis Du Deine Oberschenkel an der Stange hattest?
- Warst Du in der Lage, während des langsamen Vorabwärtsdrehens die hintere Muskulatur zu spüren?
- War es Dir möglich, die horizontale Körperposition zu registrieren und Dir einen Fixpunkt zu merken?

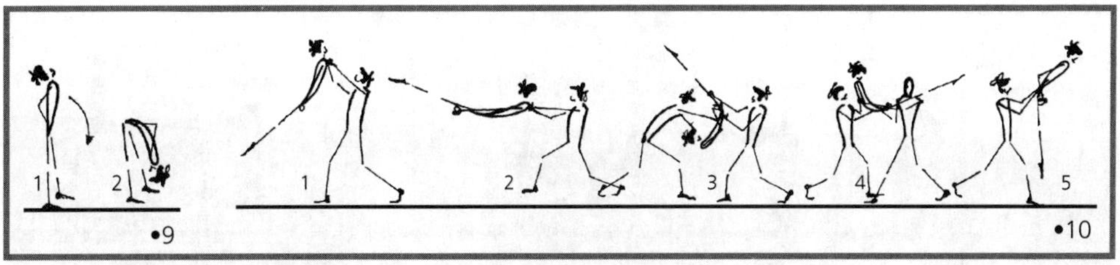

Kennenlernen der Oberkörperaktion

Die Schülerinnen stehen mit leicht gegrätschten Beinen in der Halle.
Nimm Deinen Kopf in den Nacken und schwing den Oberkörper so weit wie möglich zügig vorabwärts bis an Deine Dehngrenze (Abb. 9/1–2). Du mußt das Gefühl haben, als ob Du Dich ins „Knie beißen" würdest.

Eigenwahrnehmung
- Konntest Du in der vorderen Muskulatur zuerst die Überstreckung spüren?
- Hast Du den Oberkörper schnell bewegt?

Hüft-Umschwung vorwärts verlangsamt

Geh in die Aktivüberstreckung und dreh langsam mit Partnerhilfe vorabwärts bis zur Horizontalposition (Abb.10/1–2). Registriere diesen Zeitpunkt und die Körperposition. Schwing jetzt sehr schnell Deinen Oberkörper abwärts, so daß Du über die Stange sehen kannst (Abb. 10/3–5) und Du Deine Fußspitzen noch vor Dir siehst.
Zwei Helfer vor dem Reck sichern zunächst die Vorabwärtsdrehung an der Schulter und greifen bei der Oberkörperbewegung schnell mit einer Hand ans Gesäß und mit der anderen Hand an die Oberschenkelrückseite und drükken während der Hüftbeugung den Übenden gegen die Stange (Abb. 10/3). Der Helfer hinter dem Reck faßt mit Beginn der Hüftbeugung am Rücken und bringt den Übenden in den Stütz (Abb. 10/4–5).

Eigenwahrnehmung
- Konntest Du die einzelnen Bewegungsabschnitte abgrenzen und registrieren?
- Hast Du die Füße vor Dir gesehen?
- Warst Du in der Lage, den Zeitpunkt für die Oberkörperaktion genau zu steuern?

Hüft-Umschwung vorwärts in der Endgeschwindigkeit

Turn die gleichen Aktionen in zeitlicher Folge wie vorher, nur viel schneller (Abb. 10/1–5). Versuche, die Hüfte so nahe wie möglich an der Stange zu halten.
Die vorderen Helfer lassen jetzt den Übenden bis in die horizontale Position allein vorabwärts drehen, fassen im Moment der Oberkörperbewegung mit einer Hand am Rücken, mit der anderen Hand an der Oberschenkelrückseite und begleiten den Übenden bis in den Stütz (Abb.10/1–3). Der hintere Helfer faßt wie vorher und sichert das Erreichen des Stützes (Abb. 10/4–5).

Eigenwahrnehmung
- Konntest Du trotz der schnellen Bewegung genau den Zeitpunkt für die Oberkörperaktion bestimmen?
- Hast Du darauf geachtet, daß die Beine immer passiv hinter der Oberkörperbewegung herkommen?

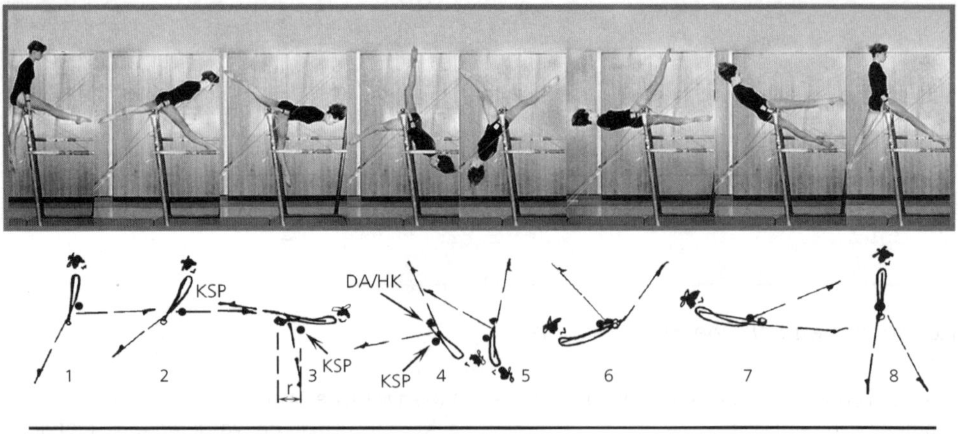

•1

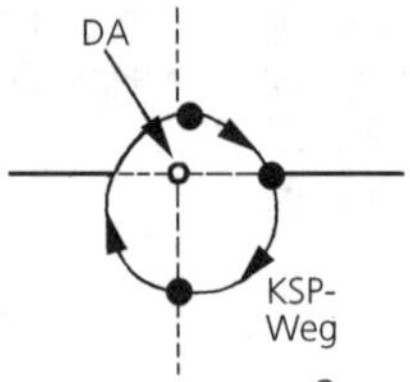

•2

Spreiz-Umschwung vorwärts

Die Zuordnung dieses Elements zur Bewegungsgruppe der Umschwung- und nicht zu den Kippbewegungen erfolgt deshalb, weil während der Hauptfunktionsphase mehr Merkmale der Umschwungbewegungen, als von den Kippbewegungen zu erkennen sind. Gleichwohl ist in der Aufschwungphase sowohl eine leichte Hüftstrekkung (KSP-Annäherung, Abb. 1/6–7), als auch Stemmarbeit der Arme zu erkennen.
Bei fortgeschrittenen Turnerinnen reicht der bereitgestellte Schwung aus, so daß eine stärkere Hüftbeugung während des Abschwungs und Hüftstreckung während des Aufschwungs kaum erforderlich ist (vgl. RB).

Biomechanische Aspekte

Der Spreiz-Umschwung ist eine Vorwärtsrotation von 360° um die feste DA und um die KBA, wobei Ausgangs- und Endlage weitgehend identisch sind.
Durch Voraufwärtsverlagerung des Oberkörpers und des vorgespreizten Beines wird der KSP vor die feste DA gebracht (Abb. 1/1–2). In der höchsten KSP-Position besitzt der Körper die meiste Lageenergie (Abb. 1/3). Durch den KSP-Abstand zur festen DA (Radiusabstand, Abb. 1/3–5), die Wirkung der SK und der HK wird die Vorwärtsrotation ausgelöst. Während der sich beschleunigenden Vorwärtsrotation bis zum tiefsten Punkt des KSP wird das vorgespreizte Bein möglichst weit von der DA entfernt an den Rumpf herangebracht (Abb. 1/2–5). Beim Erreichen der tiefsten Position ist die Umwandlung von Lage- in Bewegungsenergie abgeschlossen (Abb. 1/5). Nach Passieren des KSP senkrecht unter der DA erfolgt eine geringfügige Annäherung des KSP an die DA durch Hüftstreckung (Pendelverkürzung = Impulserhaltung, Abb. 1/6). Spätestens beim Passieren der Schulter horizontal zur DA (Abb. 1/7) wird der ARW verkleinert (Stemmarbeit) und der Körper im Spreizstütz stabilisiert (vgl. dazu auch den KSP-Weg, Abb. 2).

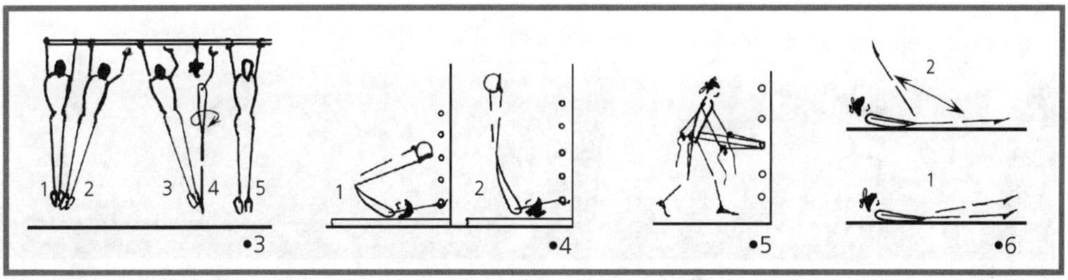

Funktionale Aspekte

Hilfsfunktions-phase	Foto 1–5	**Hauptfunktions-phase**	Foto 5–8
Aktionen	Funktionen	Aktionen	Funktionen
Aus der höchsten KSP-Position Abschwingen in den Spreizhang	Umwandlung der optimalen Lageenergie in maximale Bewegungsenergie Erreichen der optimalen Ausgangsposition vor Beginn der Hauptfunktionsphase	Geringfügige Hüftstreckung nach Passieren der tiefsten Position des KSP Druck der Hände auf die DA und Verkleinerung des Arm-Rumpfwinkels	Pendelverkürzung zur Impulserhaltung Stemmarbeit der Arme zur Stützerreichung und Stabilisierung des Spreizstützes

Methodische Aspekte

Konditionelle Voraussetzungen	**Übungen zum Erwerb der Voraussetzungen**
1. Haltekraft •Muskulatur der Hände •Armmuskulatur 2. Streckkraft •Rücken- und Gesäßmuskulatur	Zu 1.: Vielfältige Übungen zum Erwerb der HK. Dazu dienen alle Hangbewegungen vor-, seit- und rückwärts ohne und mit Drehungen im Langhang (Abb. 3). Zu 2.: Am Boden vor einer Sprossenwand auf einer Matte, Rückenlage. Zwischen den Füßen wird ein Medizinball (1–3 kg) festgeklemmt (Abb. 4/1). Streck Dich schnell in der Hüfte nach oben, daß Du den Ball so hoch wie möglich bringst. Blockiere diese Streckung ab und senke wieder in die Ausgangsposition (Abb. 4/2). Fünf- bis zehnmal, eine Minute Pause, drei Serien.
3. Stemmkraft •Brust- und Schultermuskulatur	Zu 3.: Etwa einen halben bis einen Meter Abstand zu einer Sprossenwand im Stand vorlings wird ein Fahrradschlauch nabelhoch eingehängt. Die Vorspannung des Fahrradschlauchs muß so stark sein, daß das Drücken mit gestreckten Armen hinter die Hüfte nur fünf- bis achtmal möglich ist. Danach eine Minute Pause, drei bis fünf Serien (Abb. 5).
4. Beweglichkeit, Dehnfähigkeit •Muskulatur der Oberschenkelrückseite des vorgespreizten Beines	Zu 4.: In der Rückenlage auf dem Boden, die Hände drücken auf den Boden. Wechselseitiges Vorhochführen eines Beines bis an die Dehngrenze. 10 bis 20 Versuche und drei bis fünf Serien (Abb. 6).

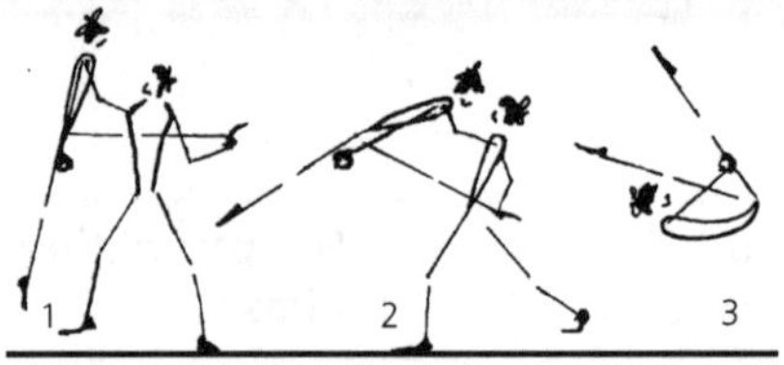

•8

Koordinative Voraussetzungen

Bei manchen Lernenden treten Hemmungen auf, aus dem Spreizstütz nach vorn abzuschwingen. Um einer möglichen Angstreaktion vorzubeugen, sollte in diesem Fall das Abschwingen vorwärts mit Partnerhilfe erlernt werden. Außerdem muß der Kammgriff als neue Erfahrung demonstriert und der Grund für seine Anwendung erläutert werden. Die Drehrichtung führt bei der Vorwärtsrotation zum Handschluß in Richtung Daumen und nicht zur Handöffnung, was der Fall wäre, wenn die Vorwärtsrotation mit Ristgriff geturnt werden würde.

Abbau von Hemmungen und Sicherung des Abschwungs vorwärts

Setz den vorgespreizten Fuß in die Hände Deiner Partnerin und streck Dich mit gestreckten Armen aus der Schulter völlig heraus (Abb. 8/1–2). Drück den Oberschenkel des hinteren Beines an die Stange. Deine Partnerinnen sichern Dich mit der anderen Hand an der Schulter.
Laß Dich von den Helferinnen bremsend langsam vorabwärts bis in den Spreizhang führen (Abb. 8/3). Schau dabei auf die Knie und halte die Arme unbedingt gestreckt.
Diese Verlangsamung sollte so lange beibehalten werden, bis die Hemmungen, sich nach vor-abwärts zu bewegen, weitgehend abgebaut sind. Danach kann die „Bremshilfe" verringert werden. Bei dieser Vorübung ist die Endposition (Abb. 8/3) ähnlich wie beim Spreiz-Kippaufschwung vor Beginn der Hauptphase.

Eigenwahrnehmung
- Hast Du gemerkt, daß Du mit Kammgriff einen sicheren Griff hast?
- Konntest Du feststellen, ob Deine Arme beim Abschwingen die ganze Zeit übergestreckt geblieben sind?
- Hast Du nach dem Abschwingen im tiefsten Punkt im Spreizhang wieder kontrollieren können?
- Hast Du gespürt, daß der Oberschenkel des hinteren Beines an der Stange war?

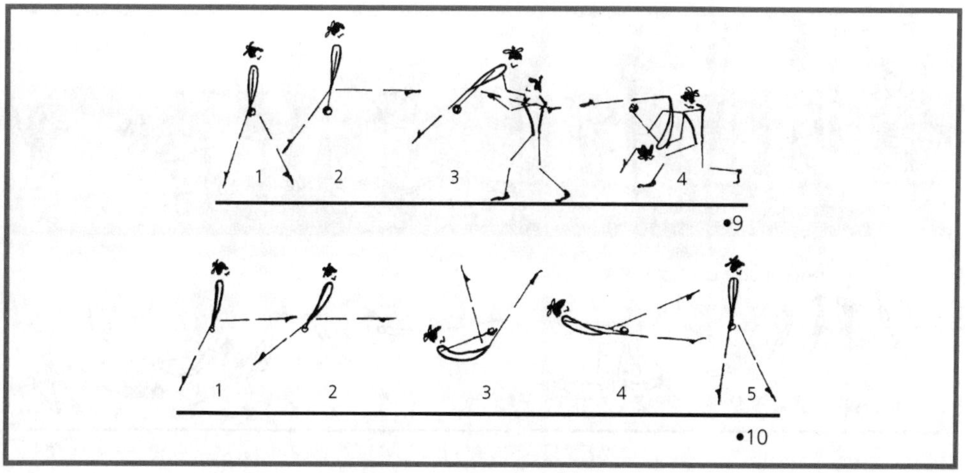

Abschwung vorwärts aus dem hohen Spreizstütz

Drück Dich aus dem Spreizsitz mit Kammgriff hoch in den freien Stütz und bring das Spreizbein nach oben (Abb. 9/1–2). Bring jetzt die Schulter nach vorn und schieb das Spreizbein so weit wie möglich nach vorn, als ob Du einen großen Schritt nach vorn tun würdest (Abb. 9/2–3). Preß die Oberschenkel Deines hinteren Beines Richtung Stange und bleib mit dem Oberkörper aufrecht. Schwing so mit gestreckten Armen vorabwärts und versuch dabei, das Spreizbein möglichst nahe an den Rumpf zu bringen (Abb. 9/3–4).

Die Partnerinnen begleiten bremsend nach vorn abwärts bis in den Spreizhang.

Eigenwahrnehmung

- Hast Du die zeitliche Abfolge der einzelnen Aktionen registrieren können?
- Konntest Du die Dehnung an der Oberschenkelrückseite am tiefsten Punkt im Spreizbein spüren?
- War der Oberschenkel Deines hinteren Beines dabei die ganze Zeit an der Stange?

Kopplung zum Gesamtablauf

Turn dasselbe wie vorhin, nur schnell. Streck Deine Hüfte so, als ob Du mit dem gestreckten Spreizbein über das Reck steigen würdest (Abb. 10/3–4). Halte den hinteren Oberschenkel an der Stange und drück dabei die Stange kräftig nach hinten, bis Du wieder im Spreizstütz bist (Abb. 10/5).

Die Helfer unterstützen vom tiefsten Punkt an am Gesäß und sichern das Erreichen der Endposition im Sitz oder Stütz.

Eigenwahrnehmung

- Konntest Du den Zeitpunkt registrieren, an dem Du nach dem Abschwung die tiefste Position erreicht hattest?
- Hast Du das Gefühl gehabt, Du steigst beim Aufschwung über die Stange?
- Konntest Du registrieren, ob Deine Arme immer gestreckt waren und Du auf die Stange gedrückt hast?
- Hast Du gespürt, wie Du Deine Oberschenkel gegen die Stange gedrückt hast?

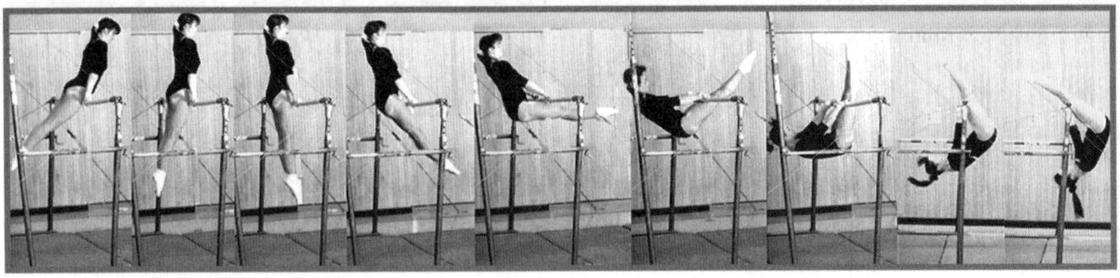

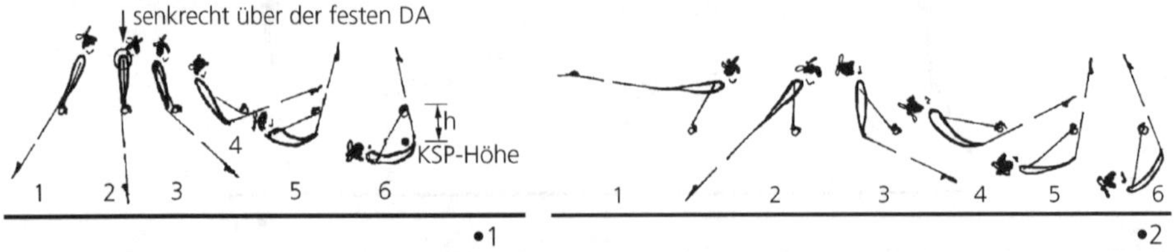

Abschwingen rückwärts aus dem Stütz in den Felghang (mit Hüftkontakt)

Die Voraussetzung, den Felgunterschwung technisch einwandfrei zu turnen, ist das Erreichen der optimalen Ausgangsposition, der Felghang, vor Beginn der Hauptfunktionsphase. Für den Anfängerbereich bieten sich dafür zwei Möglichkeiten an:

- Das Abschwingen aus dem Stütz mit Hüftkontakt (dies wird zum Beispiel nach einem Hüft-Umschwung geturnt, Abb. 1) und
- Das Abschwingen nach dem Rückschwung im „freien Stütz" (diese Form führt zu einer höheren Abschwunggeschwindigkeit und wird überwiegend beim Felgumschwung geturnt, Abb. 2).

Beide Formen dienen der Energiebereitstellung sowie Positionserreichung. Da vor allem die zweite Form des freien Abschwingens in den Felghang die entscheidende Energiebereitstellung für den Felgumschwung bedeutet, werden beide Abschwungtechniken angeboten.

Biomechanische Aspekte

Das Abschwingen stellt eine rückwärts gerichtete Teilrotation des Körpers von etwa 180° um die feste DA und die KBA dar, wobei der KSP aus einer höheren Ausgangsposition in eine niedere Position (Abb. 1/1 und 1/6) führt. Während dieser Zeit wird die optimale Lageenergie (Abb. 1/1) in eine maximale Bewegungsenergie umgewandelt (Abb. 1/6).

Aus dem ruhigen Seitstütz vl. wird die Schulter des gestreckten oder in der Hüfte überstreckten Körpers ohne Veränderung des Hüftwinkels nach hinten bewegt und so die Rückwärtsrotation eingeleitet (Abb. 1/1–2). Wenn die Schulter die Senkrechte über der festen DA nach hinten passiert (Abb. 1/2), wirkt die SK auf den KSP und die Drehgeschwindigkeit erhöht sich (Abb. 1/3). Damit der KSP nicht senkrecht nach unten „fällt", müssen die Beine in diesem Moment nach vorn genommen werden (Abb. 1/3–5). Durch die Bewegung der Teil-KSP Beine kann der Gesamt-KSP relativ nahe an der Stange gehalten werden. Dies ist erforderlich, damit sowohl ein energetisches, als auch ein positionelles Optimum, der Felghang, erreicht wird und der KSP nicht nach unten „absacken" kann (Abb. 1/6).

Funktionale Aspekte

Da das Rücksenken mit Hüftkontakt die Hilfsphase 1. Ordnung ist, kann auf eine weitergehende Analyse verzichtet werden.

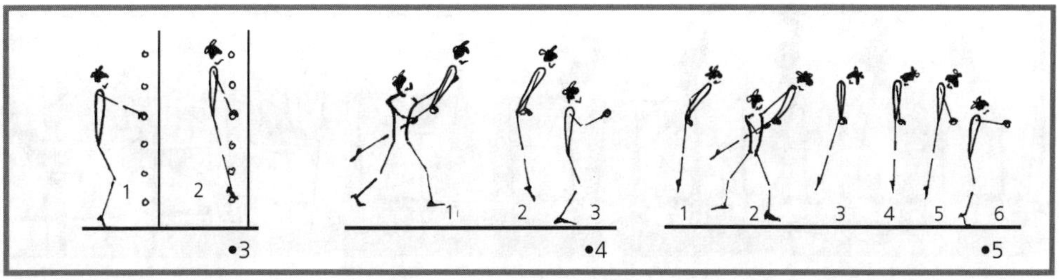

Methodische Aspekte

Konditionelle Voraussetzungen	**Übungen zum Erwerb der Voraussetzungen**
1. Stemmkraft für den Felghang •Vordere Schulter- und Brustmuskulatur •Vordere Muskelschlinge von der Brust bis zum Oberschenkel •HK der Hand- und Unterarmmuskulatur	Zu 1.: Im Stand vorlings an der Sprossenwand (Abb. 3/1). Abspringen und Drücken der Sprossenwand an die Oberschenkel zum Stand auf der Sprosse. Eine bis drei Sekunden halten und Niedersprung. Jede Übung fünfmal, eine Minute Pause, drei Serien.

Koordinative Voraussetzungen

Kennenlernen der Körperposition vor dem Rücksenken

Versuch, im Stütz die Hüfte leicht zu überstrekken und den Körper ganz zu spannen. Dies geht nur, wenn Deine Schulter vor der Reckstange ist (Abb. 4/1). Beuge die Hüfte und übe das Spannen und Entspannen mehrmals hintereinander und spring danach ab (Abb. 4/3).
Die Helfer sichern an der Schulter und Oberschenkelvorderseite jeweils die überstreckte Position.

Eigenwahrnehmung
- Hast Du die Muskelspannung im Rücken bis zum Oberschenkel gespürt?
- Konntest Du die Stange sehen und dabei Deine Schulterposition genau registrieren?
- Warst Du in der Lage, den Wechsel von Spannung und Entspannung im Hüftbereich wahrzunehmen?

Kennenlernen des Zeitpunkts für das Vornehmen der Beine

Bring den Körper in die gleiche überstreckte Spannung wie vorhin. Dreh aus dieser Position ohne die Hüfte zu beugen Deine Schulter nach hinten und schau dabei immer auf die Stange (Abb. 5/1–2). Wenn Deine Augen bei gleicher Körperspannung genau über der Stange sind und die Arme gestreckt bleiben, fällst Du senkrecht in den Stand (Abb. 5/4–6).

Die Helfer sichern an Schulter und Oberschenkelvorderseite bis in den Stand.

Eigenwahrnehmung
- Konntest Du den Zeitpunkt nicht nur sehen, sondern auch spüren, wenn Du mit dem Körper nach unten „fällst"?
- Hast Du bis kurz vor dem Stand die Körperspannung kontrollieren und registrieren können?

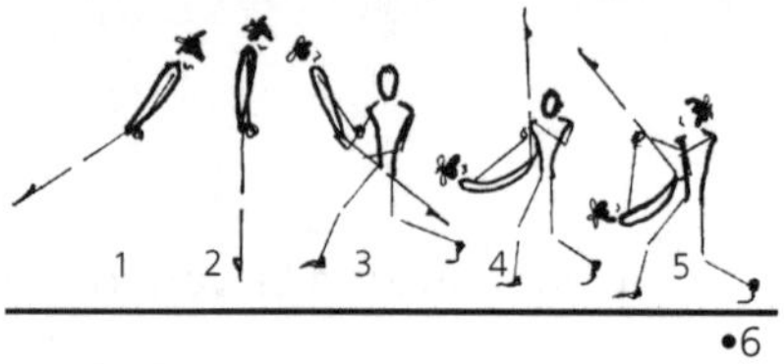

Abschwingen aus dem Stütz mit Hüftkontakt in den Felghang

Die Position des Felghangs (Abb. 6/5) ist bekannt. Sie sollte jedoch vor diesem Lernschritt noch einmal wiederholt werden.

Dreh aus dem Stütz vorlings am nabelhohen Reck den gespannten Körper rückwärts, bis Deine Augen genau über der Stange sind (Abb. 6/1–2). Führ von diesem Zeitpunkt an die Schulter zurück, die Beine gleichmäßig und nicht ruckhaft an der Stange entlang nach vorn. Drück die Stange dabei fest gegen den Oberschenkel. Du mußt die Stange bis knapp oberhalb der Knie führen (Abb. 6/4). Pendle in dieser Position vor und zurück in den Stand (Abb. 6/5).

Die Helfer halten mit Beginn des Passierens der Schulter mit einer Hand am Gesäß und mit der anderen Hand an der Oberschenkelrückseite die Beine des Übenden an der Stange.

Eigenwahrnehmung

- Konntest Du den Zeitpunkt genau kontrollieren, an dem Du Deine Beine vorgenommen hast?
- Hast Du die Beine beim langsamen Abwärtsführen gesehen, so daß Du erst am tiefsten Punkt den Felghang erreichen konntest?

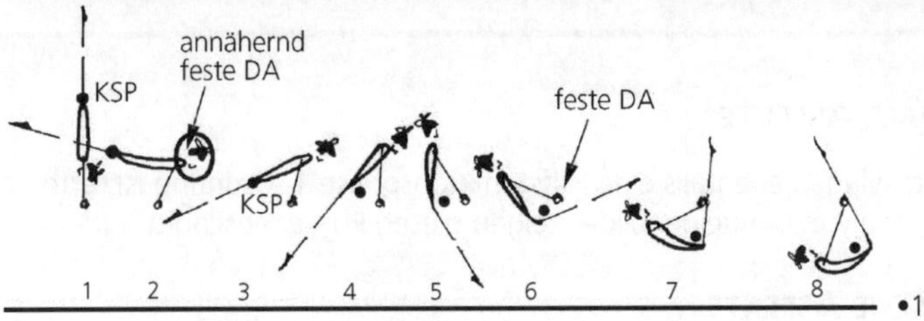

Abschwingen aus dem freien Stütz in den Felghang

Das Abschwingen aus dem freien Stütz weist einige Gemeinsamkeiten, aber auch einige Unterschiede zum Abschwingen aus dem Hüftkontakt auf.

Die **Gemeinsamkeiten** bestehen darin, daß
- zuerst die Schultern nach hinten bewegt werden müssen,
- das Hüftbeugen erst erfolgen sollte, wenn die Schultern die Senkrechte über die DA nach hinten passieren,
- die Endposition, der Felghang, erreicht werden muß.

Die **Unterschiede** sind darin zu erkennen, daß
- die Stabilisierung des freien Stützes durch den Übenden erfolgen muß (Abb. 1/1–4),
- die relativ höhere KSP-Lage vor dem Abschwung eine größere Lageenergie darstellt,
- eine daraus resultierende höhere Geschwindigkeit (Bewegungsenergie) am tiefsten Punkt erreicht wird,
- und die dafür erforderlichen Kraftvoraussetzungen größer sind.

Biomechanische Aspekte

Das Abschwingen aus dem freien Stütz in den Felghang ist eine rückwärts gerichtete Teilrotation um die annähernd feste DA Schulter (Abb. 1/1–7) und um die feste DA Stange/Holm.

Unabhängig von der KSP-Höhe und der davor geturnten Bewegung (Abb. 1/1–2), muß der Körper vor der „Rückbewegung" der Schulter zum Abschwingen um die annähernd feste DA Schulter rückwärts drehen, bis der KSP die Horizontale zur festen DA nach unten passiert (Abb. 1/1–2). Bis zu dieser Position muß die Schulter den Stütz durch „Vorlage" stabilisieren. Von dieser KSP-Position aus (höchste Lageenergie) beginnt die Umwandlung in Bewegungsenergie (Abb. 1/2–8).

Durch den Radiusabstand des KSP zur annähernd festen DA und die Zurücknahme der Schulter wirkt die SK auf den KSP drehbeschleunigend (Abb. 1/3–8).

Der gestreckte oder leicht überstreckte (auf keinen Fall in der Hüfte gebeugte) Körper dreht ohne Veränderung des ARW rückwärts, bis die Schulter senkrecht über der festen DA ist (Abb. 1/4). Erst von diesem Moment an sollte die Hüftbeugung beginnen, damit der KSP-Weg eine optimale Entfernung zur festen DA für die Energieumwandlung erfährt (Abb. 1/3–8). Die optimale Ausgangsposition vor Beginn der Hauptfunktionsphase, der Felghang, muß am tiefsten Punkt, senkrecht unter der DA erreicht sein (Abb. 1/8).

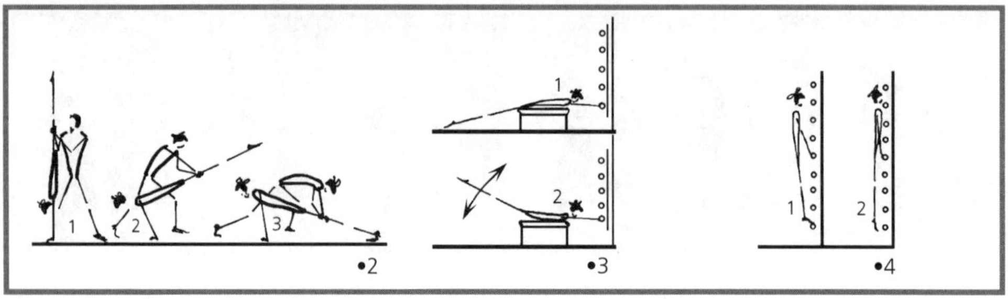

Funktionale Aspekte

Da das Abschwingen ebenfalls eine Hilfsfunktionsphase 1. Ordnung ist, erfolgt keine weitere funktionale Analyse. Die Reihenbilder zeigen diesen Phasenabschnitt.

Methodische Aspekte

Konditionelle Voraussetzungen	Übungen zum Erwerb der Voraussetzungen
1. Stützkraft • Muskulatur im Schulter- und Armbereich	Zu 1.: Aus dem Handstand langsames Senken mit Hilfe in den Liegestütz (Abb. 2). Zehnmal, eine Minute Pause, drei Serien.
2. Mittelkörperspannung • Muskulatur im Rücken- und Bauchbereich	Zu 2.: Ein Kastendeckel an der Sprossenwand, Bauchlage auf dem Kasten mit Hüftbeugung. Fassen der schulterhohen Sprosse, schnelles Strecken rückhoch in die aktive Überstrekkung, dabei die Bauchmuskulatur stark anspannen (Abb. 3).
3. Stemm- und Haltekraft • Schulter- und Armmuskulatur	Zu 3.: An der Sprossenwand Stand vorlings auf den Fußballen. Die gestreckten Arme drücken mit aller Kraft den Körper an die Sprossen (Abb. 4/1). Lösen der Füße und Halten im freien Stütz. Drei Sekunden, Senken in den Stand. Fünf Mal, eine Minute Pause, drei Serien.

Koordinative Voraussetzungen

Neben dem Beherrschen des Rückschwunges im Seitstütz bis etwa in die Horizontale (KSP-Position in Höhe der annähernd festen DA) muß der Umkehrpunkt von Auf- und Abschwung vom Übenden kontrollierbar sein (vgl. S. 150–151).

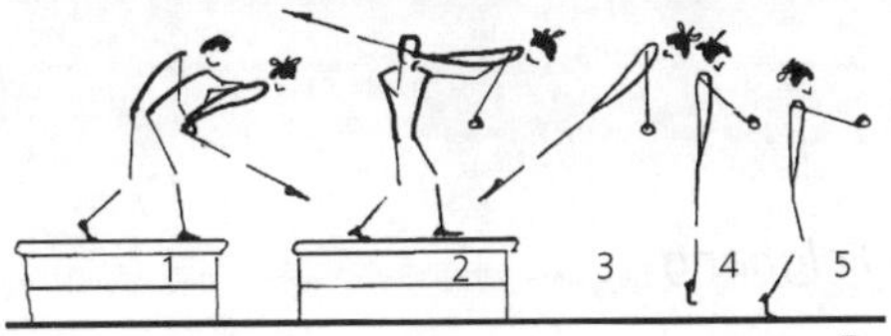

•5

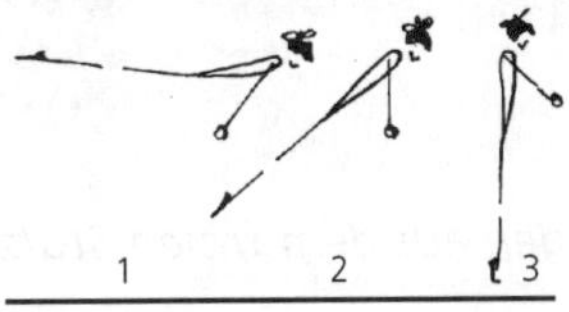

•6

Abschwingen aus dem freien Stütz in den Stand vorlings

Hol Schwung und schwing bis etwa in die waagerechte Position in die aktive Überstreckung. Versuch, diese Position am Umkehrpunkt zu halten (Abb. 5/1–2).
Beweg die Schulter nach hinten, ohne daß der Arm-Rumpfwinkel oder Bein-Rumpfwinkel verändert wird und spring so ab in den Stand (Abb. 5/2–5).
Die Helfer sichern mit einer Hand an der Schulter und mit der anderen Hand an der Oberschenkelvorderseite die kurzzeitige Stützwaage.

Eigenwahrnehmung
- Konntest Du die starke Muskelspannung in der Umkehrposition einen Bruchteil einer Sekunde spüren?
- Warst Du in der Lage, zu registrieren, ob Du während der ganzen Bewegung, wenn Deine Schulter die Senkrechte nach hinten passiert, weder den Schulter-, noch den Hüftwinkel verändert hast?

Kennenlernen des Zeitpunkts für den Beginn der Hüftbeugung

Schwing in den Stütz (Abb. 6/1) und turn dasselbe wie vorhin. Schau dabei auf die Stange. Sage beim Rückwärtsdrehen laut „jetzt", wenn Deine Schultern senkrecht über der Stange sind (Abb. 6/2). Dies wäre der Zeitpunkt für das Vornehmen der Beine. Dreh ohne Veränderung des Arm-Rumpfwinkels rückwärts bis in den Stand (Abb. 6/3).
Die Helfer beobachten den Übenden, vergleichen dessen Zeitpunktbestimmung mit ihrer Beobachtung und geben wenn nötig Korrekturhinweise.

Eigenwahrnehmung
- Hast Du den Zeitpunkt sehen und spüren können, an dem Deine Schultern senkrecht über der Stange sind?
- Konntest Du die Körperspannung dabei kontrollieren und feststellen, ob Deine Schulter- und Hüftwinkel gleich geblieben sind?

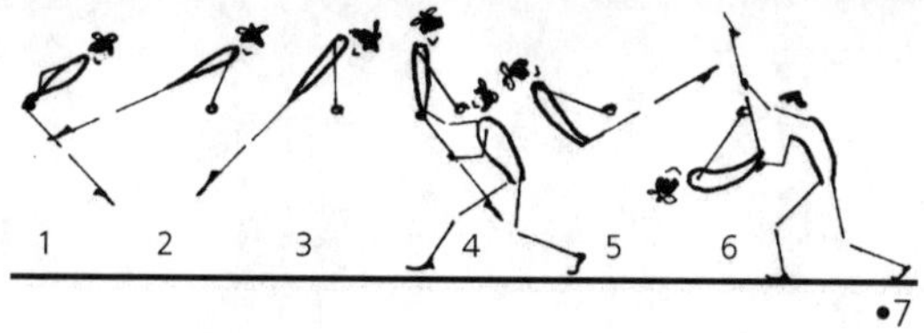

Abschwingen aus dem freien Stütz in den Felghang

Turn dasselbe wie vorhin, jedoch mit geringerem Schwung. Nimm dann, wenn Deine Schultern senkrecht über dem Reck sind, die Beine langsam nach vorn (Abb. 7/3–4), bis die Oberschenkel knapp oberhalb der Knie Stangenkontakt haben (Abb. 7/5–6). Pendle so vor und zurück in den Stand.

Die Helferinnen vor dem Reck fassen mit Beginn der Hüftbeugung am Rücken und an der Oberschenkelrückseite und sichern so die Felghangposition beim Vor- und Rückpendeln in den Stand (Abb. 7/6). Außerdem sollten sie beobachten, ob die Übenden den richtigen Zeitpunkt für die Hüftbeugung registriert und gezeigt haben.

Eigenwahrnehmung

- Konntest Du die Position und den Zeitpunkt für das Vornehmen der Beine bewußt steuern?
- Hast Du darauf geachtet, ob die Hüftbeugung abrupt oder gleichmäßig erfolgt ist?
- Warst Du nach einigen Versuchen in der Lage, den typischen Pendelrhythmus für das Felghangpendeln zu spüren?

Kippbewegungen

Für alle Pendelaufschwünge, unabhängig davon, ob sie eine Vorwärts- oder Rückwärtsrotation darstellen, ist in der Hauptfunktionsphase eine Pendelverkürzung (KSP-Annäherung an die DA) erforderlich. Diese Pendelverkürzung wird ausschließlich über die Hüftstreckung erreicht. Unterschiede zwischen beiden Bewegungsrichtungen bestehen lediglich in den Arm-Schulteraktionen.

Während beim Pendelaufschwingen mit Vorwärtsrotation (Kippaufschwung, vgl. S. 184) eine Verkleinerung des Arm-Rumpfwinkels (Stemmen) erfolgt, wird bei Pendelaufschwüngen mit Rückwärtsrotation (Felgauf- und Umschwung, vgl. S. 206–214) der ARW geöffnet.

Spreiz-Kippaufschwung

Der Spreiz-Kippaufschwung ist sowohl wegen seiner Position, als auch aus Gründen des Transfers zurecht als Fundamentalbewegung für alle Pendelaufschwüngen vorwärts zu betrachten, unabhängig davon, ob sie im Vorlings- oder Rücklingsverhalten geturnt werden.

Beim Spreizhang ist das vorgespreizte Bein im Rücklingsverhalten (dies ist identisch mit allen Aufschwüngen rücklings vorwärts), und das vordere Bein hat die gleiche Position wie bei den Kippaufschwüngen, (wenn sie mit mehr Pendelschwung begonnen werden, Abb. 1/2).

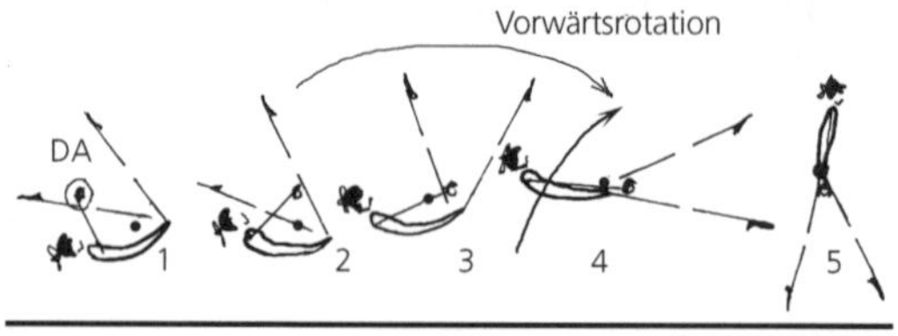

•1

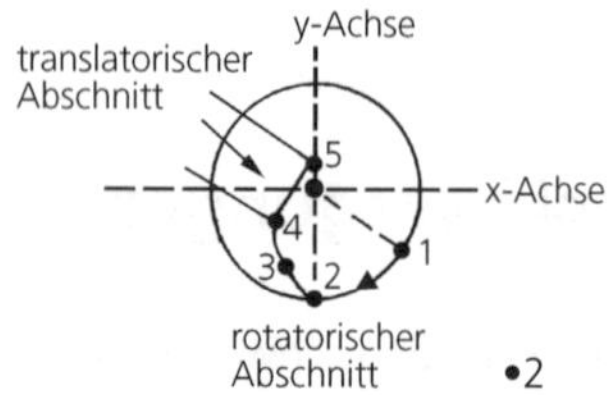

•2

Biomechanische Aspekte

Der Spreiz-Kippaufschwung ist eine vorwärts gerichtete Teilrotation des Körpers um die feste DA und seine KBA. Dabei wird der KSP aus einer niederen in eine höhere Position bewegt (Abb. 1/1). Der rotatorische Abschnitt wird in einen translatorischen Abschnitt übergeleitet (Abb. 2/4–5). Vor dem Abschwung besitzt der Körper in der höchsten Position die größte Lageenergie (Abb. 1/1 und 2/1). Während des Abschwungs beschleunigt sich die Geschwindigkeit durch den Radiusabstand des KSP zur DA und die Wirkung der SK, bis der KSP senkrecht unter der DA ist (Umwandlung der Lageenergie in Bewegungsenergie, Abb. 1/1–2).

Im Aufwärtspendeln wird der KSP durch die Hüftstreckung an die DA angenähert, d.h., der Radiusabstand wird im Aufschwung verkleinert (Abb. 1/2–5 und 2/2–5).
Je schneller die Hüftstreckung erfolgt, desto abrupter wird auch das Abbremsen dieser Hüftstreckung sein. Mit dem Abbremsen beginnt der translatorische Bewegungsabschnitt dieses Elements. Durch die Impulsübertragung erfolgt eine Entlastung an den Griffstellen (Abb. 1/3–4). Nur so ist es möglich, die Hände vom Hang in den Stütz umzusetzen (zu drehen), wenn der KSP die Horizontale (x-Achse, Abb. 1/4 und 2) passiert.

Funktionale Aspekte

Hilfsfunktionsphase	Foto 2–5	**Hauptfunktionsphase**	Foto 6–9
Aktionen	Funktionen	Aktionen	Funktionen
Abschwingen mit Vorspreizen und Heranbringen des Beines an den Rumpf	Entfernen des KSP von der DA (Radiusabstand erhalten) Energieumwandlung von Lage- in Bewegungsenergie und Erreichen der optimalen Ausgangsposition vor Beginn der Hauptfunktionsphase	a) Hüftstreckung bis der „Spreiz" an der Stange ist b) Blockieren der Hüftstreckung und Stemmen (Arm-Rumpfwinkelverkleinerung) c) Umsetzen der Hände vom Hang in den Stütz	a) Impulserhaltung durch optimale Pendelverkürzung b) Impulsübertragung zur Entlastung an den Griffstellen, Schulter über die DA bringen c) Translatorischer Abschnitt mit Stabilisierung des Spreiz-Stützes

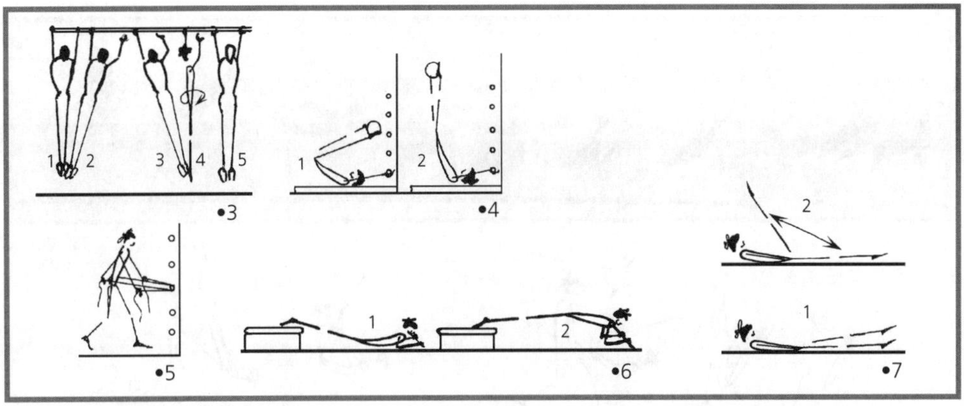

Methodische Aspekte

Konditionelle Voraussetzungen	Übungen zum Erwerb der Vorraussetzungen
1. Haltekraft • Hand- und Unterarmmuskulatur • Oberarm- und Schultermuskulatur	Zu 1.: Dazu dienen alle Hangbewegungen vor-, seit- und rückwärts ohne und mit Drehungen im Langhang. (Abb. 3). 5–10 Mal, 1 Minute Pause, 3 Serien.
2. Streckkraft • Oberschenkelrückseitenmuskulatur • Gesäßmuskulatur • Langer Rückenstrecker	Zu 2.: Am Boden vor einer Sprossenwand auf einer Matte. Rückenlage, zwischen den Füßen wird ein Medizinball (1–3 kg) festgeklemmt (Abb. 4). Schnelle Hüftstreckung nach oben und den Ball so hoch wie möglich bringen. Blockieren dieser Streckung und Senken in die Ausgangsposition. 5–10 Mal, 1 Minute Pause, 3 Serien.
3. Stemmkraft • Brustmuskulatur • Schultermuskulatur	Zu 3.: Etwa einen halben bis einen Meter Abstand in Schrittstellung an der Sprossenwand. Ein Fahrradschlauch wird nabelhoch eingehängt (Abb. 5). Den Fahrradschlauch mit starker Spannung mit gestreckten Armen nach hinten drücken. Fünf bis acht Mal, eine Minute Pause, drei Serien.
4. Mittelkörperkraft • Vordere Muskelschlinge von Oberschenkel- bis Schultermuskulatur	Zu 4.: Bauchlage, Unterarmliegestütz (Abb. 6/1). Gleichmäßiges Hochdrücken des Rumpfes, 5 Sek. halten, dann senken, 6/2). Fünf Wiederholungen, eine Minute Pause, drei Serien.
5. Dehnfähigkeit • hintere Oberschenkelmuskulatur	Zu 5.: In der Rückenlage, die Hände drücken auf den Boden. Wechselseitiges Hochführen eines Beines bis an die Dehngrenze. 10 bis 20 Versuche, drei bis fünf Serien (Abb. 7).

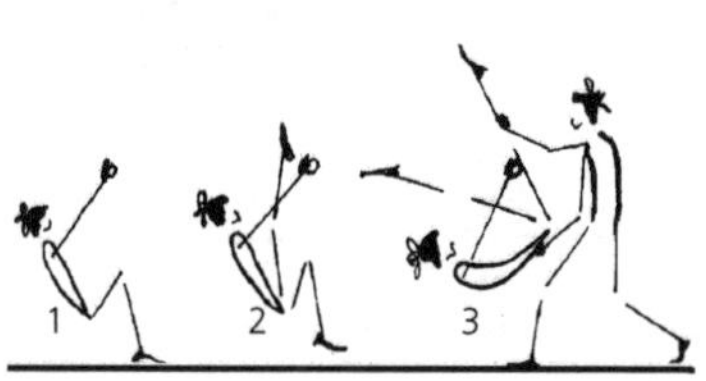

•8

•9

Koordinative Voraussetzungen

Kennenlernen der optimalen Ausgangsposition Spreizhang

Geh in den Hock-Hangstand unter dem Reck (Abb. 8/1). Nimm einen Fuß nach oben und führ ihn zwischen Stange und Händen hindurch. Bring das zweite Bein ebenfalls an die Stange, bis Dein Oberschenkel knapp oberhalb der Knie Stangenkontakt hat und streck das Knie des vorgespreizte Beins (Abb. 8/3). Halte so das Gleichgewicht möglichst allein und schau die Stange an.

Die Helferinnen sichern die Position an Gesäß und Bein.

Eigenwahrnehmung

- Hast Du den Kontakt an der Oberschenkelvorderseite gespürt?
- Konntest Du beim Strecken des vorgespreizten Beines eine leichte Dehnung an der Oberschenkelrückseite wahrnehmen?
- Konntest Du den Spreizhang allein halten?

Kennenlernen der Hüftstreckung mit Blockieren

Geh in die Ausgangsposition Spreizhang. Streck Dich langsam in der Hüfte nach oben und schließ dabei fast die Beine (Abb. 9/2). Dreh die Hüfte dabei leicht auf, damit Du mit dem „Spreiz" bis fast an die Stange kommst. Das vordere Beine darfst Du auf keinen Fall dabei von der Stange entfernen. Beug wieder in der Hüfte und geh zurück in die optimale Ausgangsposition. Turn das drei- bis fünfmal langsam hintereinander.

Eigenwahrnehmung

- Hast Du sehen und spüren können, ob Du mit dem vorderen Bein an der Stange geblieben bist?
- Hast Du gespürt, ob Du die Hüfte etwas aufgedreht hast, damit Du mit dem „Spreiz" fast an die Stange kommst?
- Konntest Du immer nach dem Beugen die optimale Ausgangsposition kontrollieren?

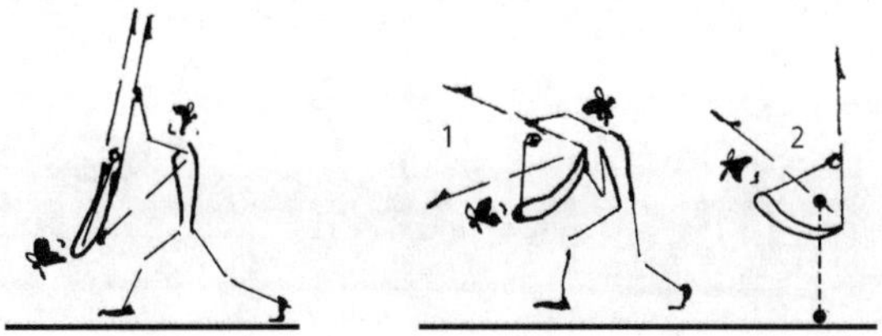

•10 •11

Erhöhung der Streckgeschwindigkeit und Blockieren

Turn wie zuvor, jedoch die Hüftstreckung jetzt allmählich schneller bei gleicher Streckrichtung. Streck nach dem zweiten oder dritten Versuch sehr schnell und blockiere diese Streckung ebenso schnell ab (Abb. 10).
Die Helfer sichern an Schultern, Oberschenkelrückseite und Gerät wie vorher.

Eigenwahrnehmung

- Hast Du gespürt, wie beim schnellen Hüftstrekken während des Streckens die Zugbelastung an den Händen zunimmt und diese beim Blokkieren völlig verschwunden war?
- Konntest Du das schnelle Strecken genau so kontrollieren wie vorhin die langsame Bewegung?

Kennenlernen des Zeitpunkts für den Beginn der Hüftstreckung

Die Helfer bringen Dich im Spreizhang ins Pendeln. Schau jedesmal beim Rückpendeln zur Stange und vergleiche die Position des vorderen Beines zur Stange. Jedesmal beim Rückpendeln, wenn Dein vorderes Bein fast die Senkrechte erreicht, ist der Zeitpunkt für den Beginn der Hüftstreckung (Abb. 11/2). Sage jedesmal für diesen Zeitpunkt laut „jetzt".
Die beiden Helferinnen vor dem Reck bringen die Übende in leichten Pendelschwung.
Sie müssen mit der Knie- und Gesäßhand unbedingt dafür sorgen, daß das vordere Bein an der Stange bleibt.
Sie korrigieren gegebenenfalls die falsche Zeitpunktangabe der Schülerin oder bestätigen die richtige (Abb. 11/2).

Eigenwahrnehmung

- Konntest Du den Zeitpunkt für den Beginn der Hüftstreckung mit der Anweisung Deiner Helfer in Übereinstimmung bringen?

•12

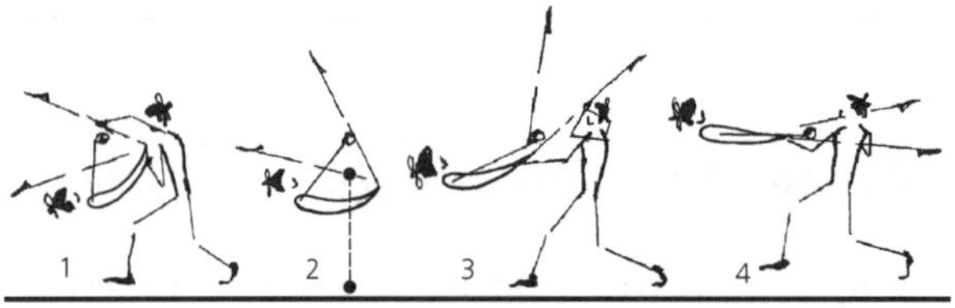

•13

Koppeln von Pendeln und Zeitpunkt der Hüftstreckung bei langsamer Bewegungsführung

Bei diesem Lernschritt geht es nicht darum, den Spreiz-Kippaufschwung bereits in den Stütz zu turnen, sondern lediglich darum, den Zeitpunkt und die Aktion zu koppeln. Erst wenn dies sicher beherrscht wird, sollte mit mehr Schwung geturnt werden.
Hierbei gilt: Wer vor der Senkrechten mit der Hüftstreckung beginnt, hat Mißerfolg, wer kurz nach der Senkrechten beginnt, turnt dies zwar nicht optimal, führt aber nicht zum Mißerfolg.

Wiederhol zunächst noch einmal aus dem ruhigen Spreizhang die schnelle Hüftstreckung ohne Pendeln zur Erinnerung (Abb. 12/1–2). Die Helfer versetzen Dich dann ins leichte Pendeln. Bestimm beim ersten Rückpendeln den Zeitpunkt, ohne jedoch die Hüfte zu strecken. Pendle wieder vor und zurück und streck die Hüfte beim zweiten Rückpendeln zum erlernten Zeitpunkt mit dem Gefühl, „ich steige" über die Stange (Abb. 13/2–4).
Die Helfer sichern wie vorher an Schulter, Oberschenkel und Gesäß die Hüftstreckung und das Pendeln.

Eigenwahrnehmung
- Konntest Du Dich erinnern, in welchen Körperbereichen die Hüftstreckung kontrolliert werden kann?
- Hast Du den Zeitpunkt exakt bestimmen können, an dem Du mit der Hüftstreckung beginnst?
- Warst Du in der Lage, zu spüren, wie das Blokkieren der Streckung die Hände entlastet?
- Hast Du gesehen und gespürt, ob Du das vordere Bein an der Stange gehalten hast?

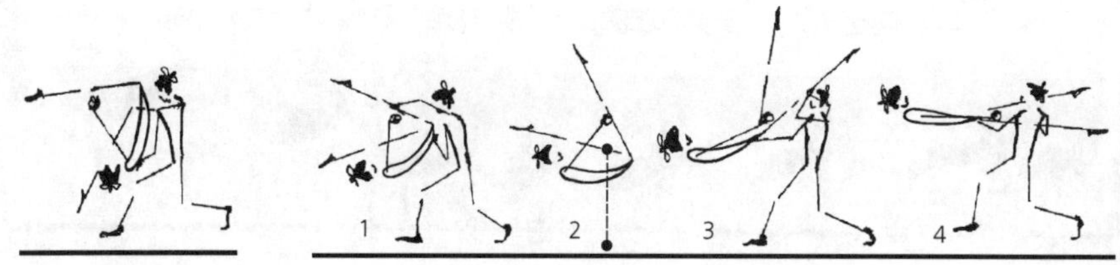

•14 •15

Spreiz-Kippaufschwung mit höherem Pendelschwung

Turn dasselbe wie vorhin (Abb. 13). Streck nun beim ersten Rückpendeln schnellkräftig Deine Hüfte und blockiere diese Streckung. Versuch, dabei die Stange nach unten hinten zu drükken, um in den Spreizstütz zukommen (Abb. 15/3–4).

Die Helferinnen bringen die Schülerin relativ weit vorhoch (Abb. 14). Sie müssen die Übenden bei diesem Aufschwung am Gesäß gut unterstützen, da in der Regel in den ersten Versuchen zu wenig Schwung vorhanden und die Abstimmung von Hüftstrecken mit Blockieren und Stemmen nicht optimal ist.

Dieser letzte Lernschritt für den Spreiz-Kippaufschwung muß längere Zeit (mehrere Unterrichtseinheiten hintereinander) geübt werden, damit die Eigenkontrolle, Steuerung und Wahrnehmung zu einer bewußten und stabilen Bewegungsführung wird.

Um die Konzentration auf Zeitpunkt und Hüftstreckung nicht durch zusätzliche Aufgaben zu erschweren, hat es sich als sinnvoll erwiesen, bei diesem Lernschritt **nur einmal vor- und zurückzupendeln,** um beim ersten Rückpendeln den Spreiz-Aufschwung zu turnen.

Eigenwahrnehmung

- Konntest Du trotz des größeren Schwungs Zeitpunkt und Streckung genau steuern?
- Warst Du in der Lage, nach dem Blockieren auf die Stange zu drücken?

Erreichen des Spreizhangs

Nachdem die Schülerinnen den Spreiz-Kippaufschwung erlernt haben, gibt es oft Probleme beim Erreichen des Spreizhangs.

Das Erreichen der Abschwungposition im Spreizhang erfordert vorbereitende Bewegungen, die als **Hilfsfunktionsphasen** anzusehen sind. Der Spreizhang kann erreicht werden aus dem:

Rücksenken aus dem Spreizstütz oder Sitz (Abb. 16) 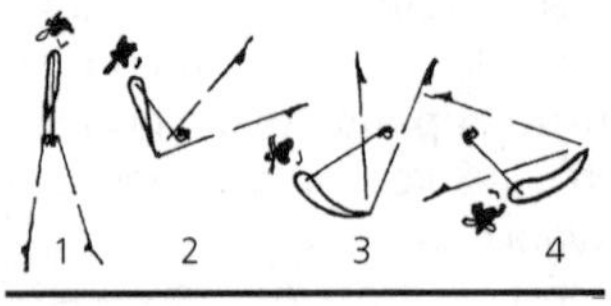	Anspreizen aus dem Stand (Abb. 17) 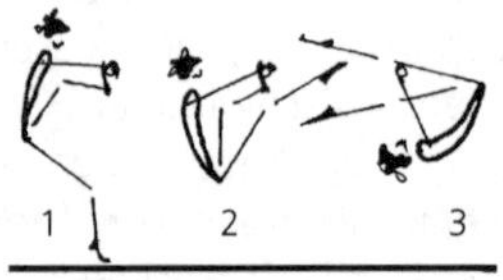
Hangstandpendeln (Abb.18) 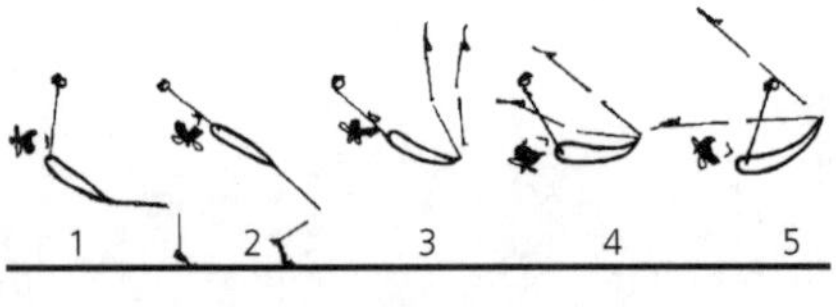	Vorlaufen (Abb. 19) 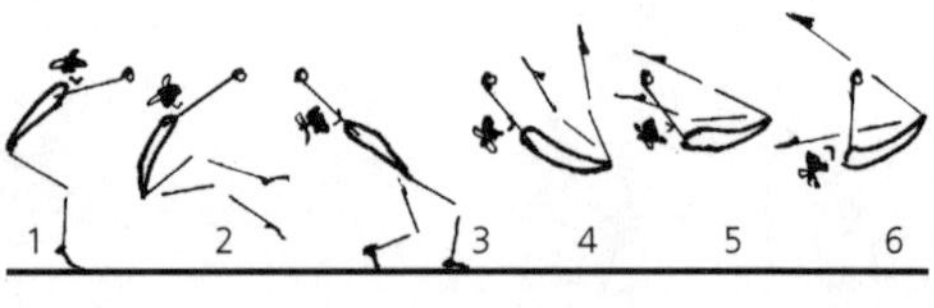
Vorschweben (Abb. 20) 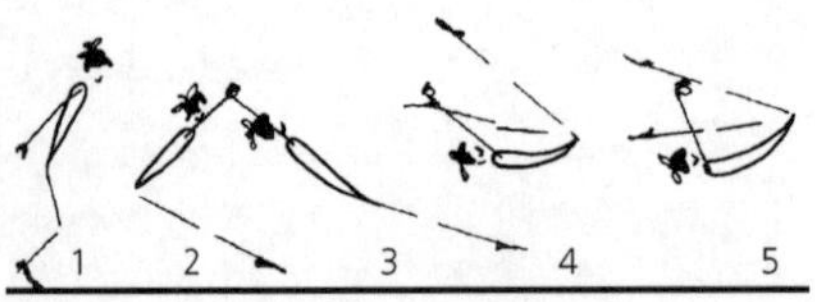	Vorschwung im Langhang (Abb. 21) 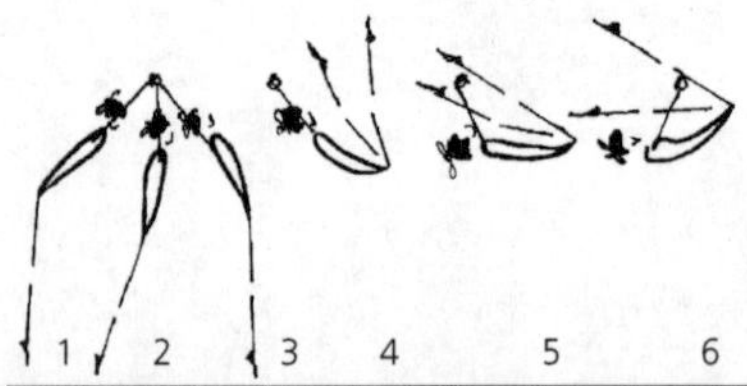

Das Abschwingen im Spreizhang ist bei allen beschriebenen Bewegungen gleich. Das Erreichen der Position zum Abschwingen jedoch ist unterschiedlich. Weil das Anspreizen aus dem Stand eine relativ gut zu kontrollierende Ausgangsposition ist, kaum mehr Kraft erfordert und leichter zu koordinieren ist, soll der Lehrweg für das Erreichen des Spreizhangs über das Anspreizen aus dem Stand dargestellt werden (Abb. 22).

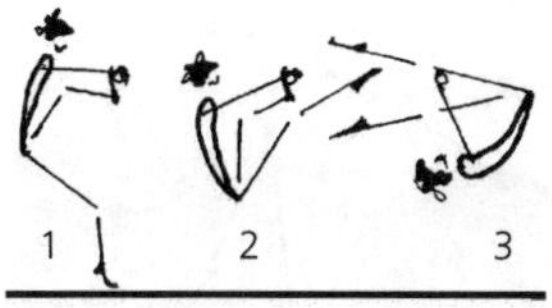

•22

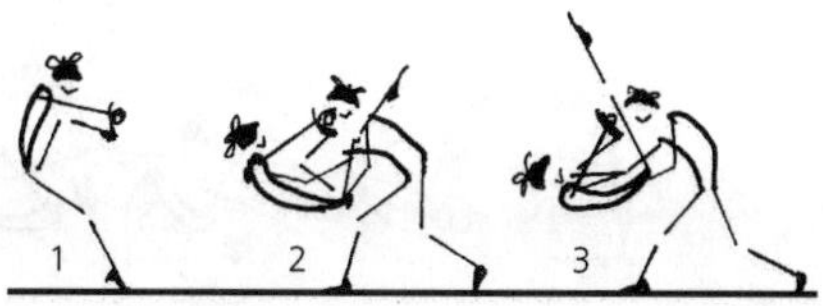

•23

•24

Kennenlernen der Ausgangsposition

Setz einen Fußballen mit leicht gebeugtem Knie unter und den anderen an die Reckstange (Abb. 23/1). Spring mit dem Standbein ab und bring den Oberschenkel des Absprungbeins schnell an die Stange (Abb. 23/2). Dieses Bein muß Stangekontakt haben, wenn der vordere Umkehrpunkt erreicht ist (Abb. 23/3). Pendle in dieser Position vor und zurück, senk wieder in den Stand.

Die Helfer fassen mit einer Hand unter dem Reck die Schulter und mit der anderen das Gesäß und sichern so das Vor- und Rückpendeln.

Eigenwahrnehmung

- Hast Du gespürt, ob Du den Oberschenkel des vorderen Beines an der Stange hattest?
- Konntest Du den vorderen Umkehrpunkt registrieren?

Anspreizen und Vorspreizen

Pendle vor bis zum Umkehrpunkt. Wenn Du am vorderen Umkehrpunkt bist, führ das angespreizte Bein zwischen Stange und Händen hindurch (Abb. 24/2), daß Du am tiefsten Punkt das Bein am Körper hast und das andere Bein an der Stange ist (Abb. 24/4). Pendle zurück und wieder vor und spreiz zurück in den Stand vorlings.

Die Helfer verzögern durch starke Hilfe an Schulter und Gesäß die Zeit am vorderen Umkehrpunkt, damit die Schülerinnen etwas mehr Zeit haben, das Vorspreizen durchzuführen. Sie begleiten sie danach wie vorher.

Eigenwahrnehmung

- Hast Du gespürt, wie Deine Helferinnen Dich am Umkehrpunkt etwas angehalten haben?
- Warst Du in der Lage, die Verzögerung zu nützen, um vorzuspreizen?
- Konntest Du beim Zurückpendeln sowohl den tiefsten Punkt als auch das Heranführen des Beines für die optimale Ausgangsposition spüren (Abb. 24/4)?

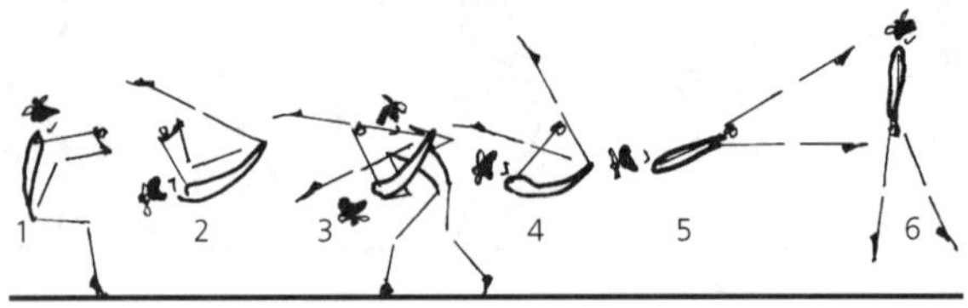

•25

Spreiz-Kippaufschwung aus dem An- und Vorspreizen

Turn das An- und Vorspreizen in den Spreizhang wie vorher (Abb. 25/1–3). Streck vom tiefsten Punkt an schnell die Hüfte, daß Du bis in den Spreiz hineinkommst (Abb. 25/4–5). Drück dann, wenn Du über die Stange siehst, mit den Händen die Stange nach unten, daß Du in den Spreizstütz kommst (Abb. 25/5–6).

Die Helfer sichern sowohl das Vorspreizen, als auch das Rückpendeln ohne zu bremsen und unterstützen den Spreiz-Aufschwung. Danach wird die Bewegungshilfe allmählich reduziert.

Eigenwahrnehmung

- Hast Du schon die Kontrolle über die zeitliche Abfolge der einzelnen Aktionen steuern können?
- Konntest Du den typischen Pendelrhythmus, die Beschleunigung bis zum tiefsten Punkt spüren?

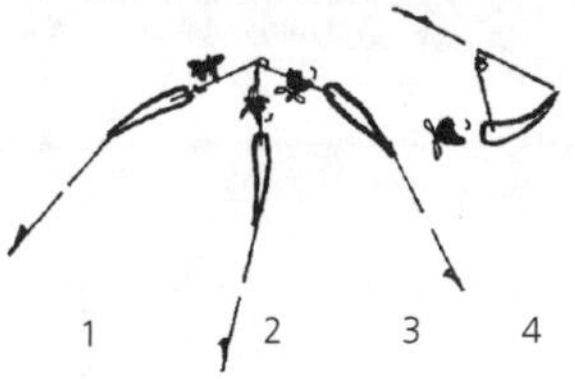

1a

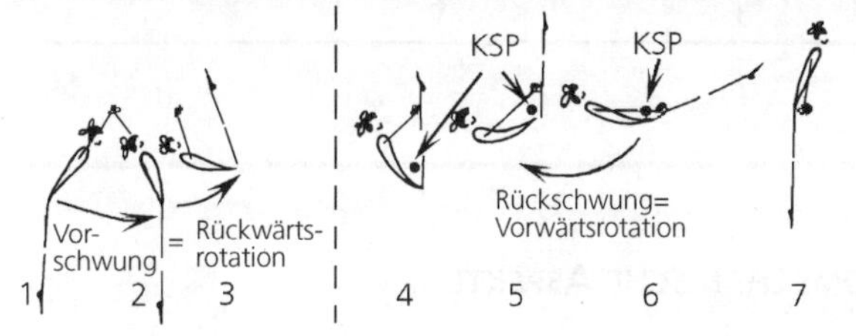

•1b

Kippaufschwung vorlings vorwärts

Der Kippaufschwung müßte relativ leicht zu erlernen sein, wenn der Spreiz-Kippaufschwung als Fundamentalbewegung für alle Pendelaufschwünge vorwärts beherrscht wird. Da die Aktionen während der Ha.F.Ph. in räumlicher und zeitlicher Hinsicht bei beiden Elementen dieselben sind, kann beim Erlernen des Kippaufschwungs der Bewegungstransfer vom Spreiz-Kippaufschwung optimal genutzt werden.

Der erschwerende Unterschied zwischen dem Spreiz-Kippaufschwung (ein Bein vor der Stange, das andere zwischen Stange und Rumpf) liegt in der **anderen Ausgangsposition** vor Beginn der Hauptfunktionsphase, dem Kipphang vorlings (beide Beine vor der Stange).

Je nach Energiebereitstellung ist die optimale Ausgangsposition vor Beginn der Hauptfunktionsphase verschieden. Je mehr Schwung, desto geringer die Hüftbeugung, aber kürzerer Annäherungsweg des KSP (Abb. 1a/4). Je weniger Schwung, desto größer die Hüftbeugung und längerer Annäherungsweg des KSP (Abb. 1b/4).

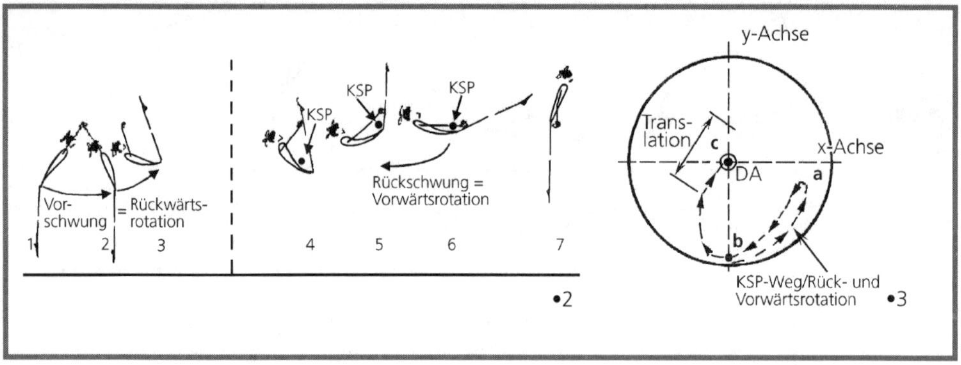

BIOMECHANISCHE ASPEKTE

Der Kippaufschwung ist eine vorwärts gerichtete Teilrotation des Körpers um die feste DA und die KBA, wobei der rotatorische Abschnitt in der Hauptfunktionsphase in einen leichten translatorischen Abschnitt übergeht und der KSP dadurch von einer niederen in eine höhere Position gebracht wird (Abb. 3c, KSP-Weg). Im höchsten Punkt vor dem Pendelabschwung hat der Körper die größte Lageenergie (Abb. 3a–b). Während des Pendelabschwungs erhöht sich die Pendelgeschwindigkeit durch den Radiusabstand des KSP zur DA und die Wirkung der SK. Bei Erreichen des KSP senkrecht unter der DA (Abb. 3b) ist die gesamte Lageenergie in Bewegungsenergie umgewandelt. Im Aufwärtspendeln wird der KSP durch die Hüftstreckung an die DA angenähert, d.h., der Radiusabstand im Aufschwung wird verkleinert (Drehimpulserhaltung, Abb. 2/4–6 und 3/b–c). Je schneller die Hüftstreckung erfolgt, desto abrupter wird auch das Abbremsen dieser Streckung sein. Mit Blokkieren der Hüftstreckung beginnt der Übergang in den kurzzeitigen translatorischen Abschnitt (Abb. 3/b–c). Im Maximum des Abbremsens (der Impulsübertragung) führt dies zur Entlastung an den Griffstellen (Hände, Abb. 2/6 und 3c). Nur so ist es möglich, die Hände vom Hang in den Stütz bei Passieren des KSP an der x-Achse (Abb. 2/6–7) während der Aufwärtsbewegung umzusetzen (vorzudrehen).

FUNKTIONALE ASPEKTE

Hilfsfunktionsphase	Foto 1–5	**Hauptfunktionsphase**	Foto 5–9
Aktionen	Funktionen	Aktionen	Funktionen
Die Beine während des Abwärtspendelns an die Stange bringen	Umwandlung von Lage- in Bewegungsenergie und Erreichen der optimalen Ausgangsposition vor Beginn der Hauptfunktionsphase	a) Hüftstreckung mit Blockieren b) Verkleinern des Arm-Rumpfwinkels (Stemmen)	a) Pendelverkürzung zur Impulserhaltung und Impulsübertragung zur Entlastung an den Griffstellen b) Die Schultern über die DA bringen und Sicherung der Endposition

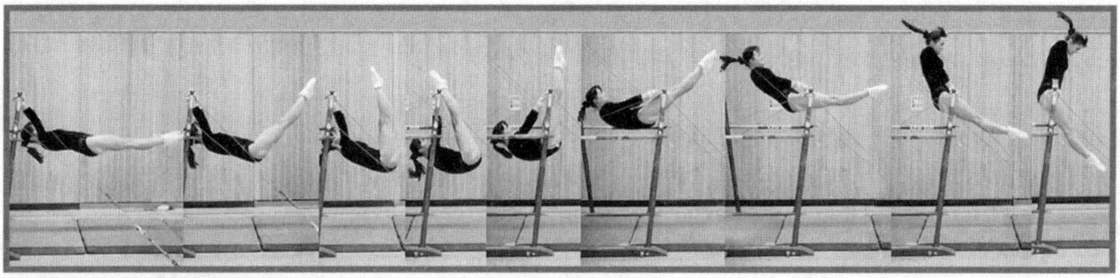

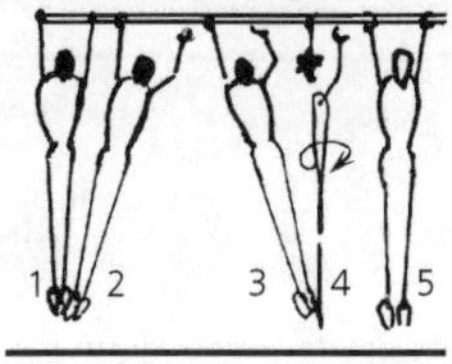

•4

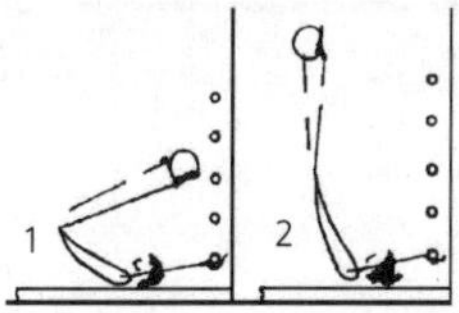

•5

•6

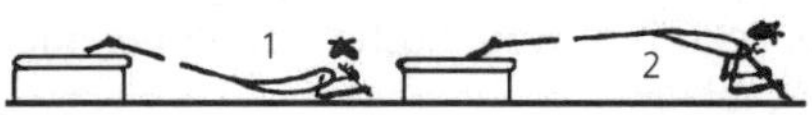

•7

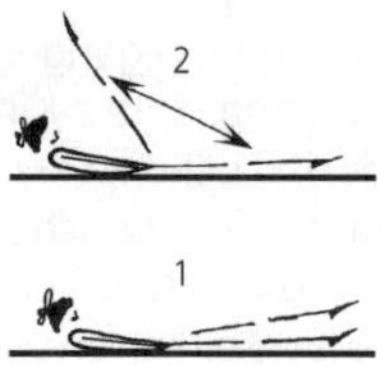

•8

Methodische Aspekte

Konditionelle Voraussetzungen	Übungen zum Erwerb der Voraussetzungen
1. Haltekraft •Hand- und Unterarmmuskulatur •Oberarm- und Schultermuskulatur	Zu 1.: Dazu dienen alle Hangbewegungen vor-, seit- und rückwärts ohne und mit Drehungen im Langhang (Abb. 4). 5–10 Mal, 1 Minute Pause, 3 Serien.
2. Streckkraft •Oberschenkelrückseitenmuskulatur •Gesäßmuskulatur •Langer Rückenstrecker	Zu 2.: Am Boden vor einer Sprossenwand auf einer Matte. Rückenlage, zwischen den Füßen wird ein Medizinball (1–3 kg) festgeklemmt (Abb. 5). Streck Dich schnell in der Hüfte nach oben, daß Du den Ball so hoch wie möglich bringst. Blockiere diese Streckung ab und senke wieder in die Ausgangsposition. 5–10 Mal, 1 Minute Pause, 3 Serien.
3. Stemmkraft •Brustmuskulatur •Schultermuskulatur	Zu 3.: Etwa einen halben bis einen Meter Abstand in Schrittstellung an der Sprossenwand. Ein Fahrradschlauch wird nabelhoch eingehängt (Abb. 6). 5–10 Mal. Faß den Fahrradschlauch so kurz, daß die Spannung des Fahrradschlauchs so stark ist, daß das Drücken mit gestreckten Armen nur fünf- bis maximal achtmal möglich ist. Eine Minute Pause, drei bis fünf Serien.
4. Mittelkörperspannung •Vordere Muskelschlinge von Oberschenkel- bis Schultermuskulatur	Zu 4.: Bauchlage, Unterarmliegestütz (Abb. 7/1). Gleichmäßiges Hochdrücken des Rumpfes, 5 Sek. halten, dann senken (Abb. 7/2). 5 Wiederholungen, 1 Min. Pause, 3 Serien.
5. Beweglichkeit •Dehnen der hinteren Muskelschlinge am Oberschenkel	Zu 5.: In der Rückenlage, die Hände drücken auf den Boden. Wechselseitiges Hochführen eines Beines bis an die Dehngrenze. 10 bis 20 Versuche, drei bis fünf Serien (Abb. 8).

•9 •10 •11

Koordinative Voraussetzungen

Es wird davon ausgegangen, daß die Fundamentalbewegung Spreiz-Kippaufschwung erlernt wurde und beherrscht ist. Neu zu erlernen ist der Unterschied zwischen Spreizhang und Kipphang. Diese Position eine bis zwei Sekunden alleine zu halten, erfordert bereits relativ viel Kraft. Für die meisten Schülerinnen ist es nicht möglich, diese Position alleine zu halten. Da jedoch dieser Kipphang nur eine sehr kurzzeitige Durchgangsposition ist, kann er mit Bewegungshilfe erlernt werden.

Kennenlernen des Kipphangs

Am brusthohen Reck ist eine Schülerin im Hock-Hangstand, die Füße sind unter der Reckstange (Abb. 9).
Bring beide Füße nach oben, so daß die Stange etwa zwischen Knie und Knöchel ist (Abb. 10). Versuch, mit Druck der Arme gegen die Stange diese Position zu stabilisieren und zu halten. Deine Helfer unterstützen Dich dabei, da es allein sehr schwierig ist, diese Position zu halten.
Die Helfer sichern mit einer Hand am Gesäß und mit der anderen Hand an der Achillessehne diese Position (Abb. 10).

Eigenwahrnehmung

- Hast Du den Kraftaufwand im Schulter-, Rumpf- und Hüftbereich gespürt, wenn Du diese Position hältst?

Kennenlernen der Hüftstreckung aus dem ruhigen Kipphang

Schieb aus dem Kipphang Deine Beine langsam nach oben so an der Stange entlang, daß sie sich nicht von der Stange entfernen, bis die Hüfte die Stange erreicht hat (Abb. 11/1–3). Schau dabei immer die Stange an und achte darauf, daß Du die Beine auf keinen Fall von der Stange entfernst.
Die Helfer müssen am Gesäß und an der Achillessehne insbesondere bei dieser Vorübung sehr exakt die Streckung begleiten und sichern, damit die Beine nicht von der Stange wegkommen.

Eigenwahrnehmung

- Konntest Du den Streckweg der Hüfte sehen?
- Hast Du gespürt, daß nur mit Kraft die Beine an der Stange gehalten werden können?

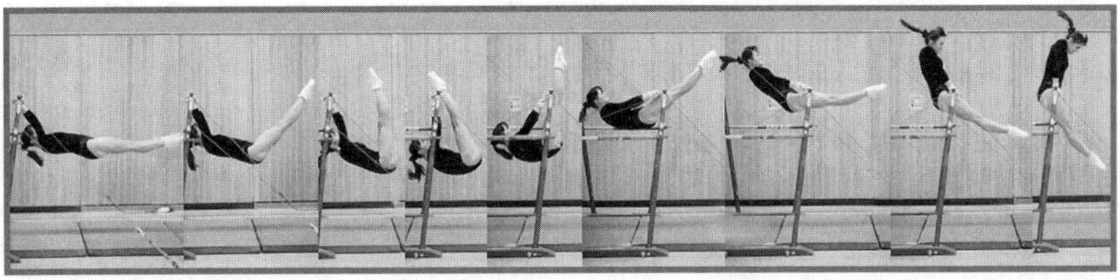

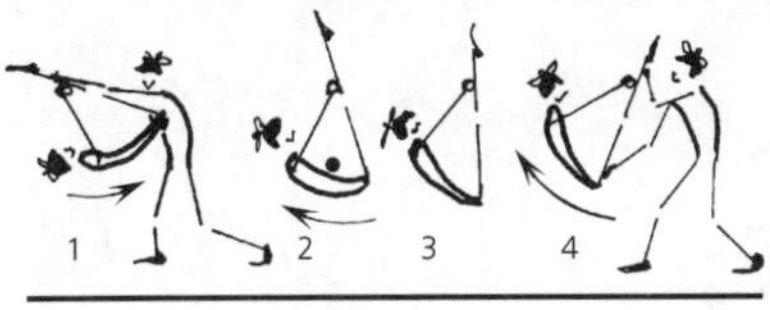

•12

•13

Kennenlernen des Zeitpunkts für die Hüftstreckung aus dem leichten Pendeln

Pendle zweimal vor und zurück. Sag jedesmal, wenn Du beim Rückpendeln am tiefsten Punkt bist, „jetzt" (Abb. 12/2).
Die Helfer sichern in der gleichen Art und Weise das Pendeln wie vorher.

Eigenwahrnehmung
- Konntest Du Dich vom Spreiz-Kippaufschwung noch an den Zeitpunkt der Hüftstreckung erinnern?
- Hast Du Deine Zeitpunktbestimmung von den Helferinnen bestätigt bekommen?
- Hast Du darauf geachtet, daß beim Rückpendeln die Beine nicht von der Stange wegkommen?

Kippaufschwung aus dem einmaligen Vor- und Rückpendeln

Die Helferinnen pendeln Dich einmal nach vorn zum Abschwingen (Abb. 13/1). Streck am tiefsten Punkt (Abb. 13/2) sehr schnell die Hüfte, schau die Stange an und drück die Stange kräftig nach unten hinten, damit Du mit der Schulter über und vor die Stange kommst (Abb. 13/2–5).
Wie bereits beim Spreiz-Kippaufschwung, ist es auch hier erforderlich, die ersten Versuche, den Kippaufschwung in den Stütz zu turnen, mit wenig Schwung und sehr starker Bewegungshilfe zu erlernen.
Die Helfer müssen jetzt darauf achten, daß sie die Unterschenkel nicht „oben halten", da der Körper ja weiterdreht. Also müssen sie diese Drehung „nach unten" mitgehen (Abb. 13/3–5). Andernfalls kann der Übende nicht in den Stütz kommen.

Eigenwahrnehmung
- Hast Du gemerkt, daß Du einen ähnlichen Pendelrhythmus wie beim Spreiz-Kippaufschwung hast?
- Konntest Du beim Druck der Arme nach hinten und unten spüren, wie dadurch Deine Schulter vor und über die Stange kommt?
- Warst Du in der Lage, den Zeitpunkt für den Beginn der Hüftstreckung genau zu bestimmen, und hast Du dabei die Stange gesehen?

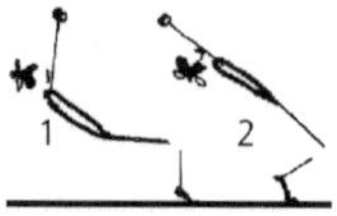

•14

Dieser Lernschritt muß so lange geübt werden, bis die zeitliche Abfolge der Aktionen und die Stabilisierung des Stützes beherrscht wird.
Wie beim Spreiz-Kippaufschwung auch ist es erforderlich, die verschiedenen Bewegungen kennenzulernen, die das Erreichen der **Abschwungposition im Kipphang** ermöglichen. Die vorausgehenden Aktionen sind dieselben wie beim Spreiz-Kippaufschwung mit dem Unterschied, daß jetzt beide Beine vor der Stange bleiben (vgl. dazu Abb. 16–21 S. 180):
Aus dem

- Hangstand,
- Anspringen,
- Vorlaufen,
- Vorschweben,
- Rücksenken aus dem Stütz und
- Vorschwung im Langhang.

Auf gar keinen Fall sollte beim Neulernen die sogenannte Laufkippe mit viel Schwung angeboten werden.
Sie provoziert geradezu das Herunterschlagen der Beine und damit den Mißerfolg.
Die einfachste Art und Weise, den Kipphang zu erreichen, ist aus dem Hangstandpendeln. Dieses Vorpendeln im Hangstand hat eine starke Vorspannung der vorderen Muskelschlinge zur Folge (Abb. 14/2).
Dadurch und durch den Absprung können die Beine relativ schnell an die Stange gebracht (angeristet) werden. Außerdem entspricht diese Position nahezu dem Vorschwung im Langhang.

Hangstandpendeln

Setz Deine Füße im Hangstand mit Ristgriff etwa eine Beinlänge vor das Reck (Abb. 14/1).
Schieb Deine Knie und Schulter bei „eingezogenem Bauch" so weit nach vorn, bis Du eine starke Spannung vom Oberschenkel bis zur Schulter spürst (Abb. 14/2).
Pendle mehrmals in dieser Art und Weise vor und zurück und registriere jedesmal den vorderen Umkehrpunkt und die Körperspannung.

Die Helfer korrigieren gegebenenfalls eine passive „Hohlkreuzposition".
Eigenwahrnehmung

- Konntest Du spüren, wie Du am vorderen Umkehrpunkt Deinen Bauch eingezogen hast?
- Hast Du den vorderen Umkehrpunkt mit der optimalen Vorspannung der gesamten vorderen Muskulatur registrieren können?

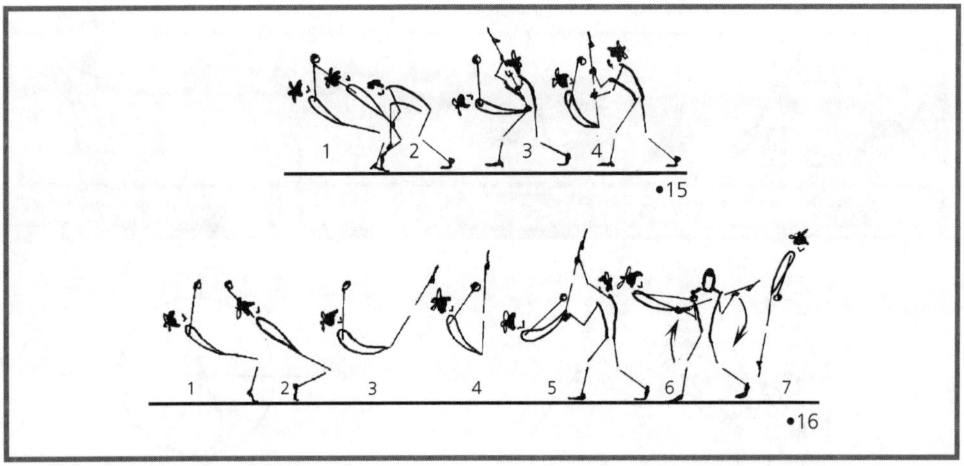

Anristen aus dem Hangstandpendeln

Pendle im Hangstand zweimal vor und zurück (Abb. 15/1–2). Kontrolliere jedesmal den vorderen Umkehrpunkt. Spring beim dritten Umkehrpunkt vorn mit den Füßen ab und schwing Deine Beine nach vorn oben an die Stange (Abb. 15/3–4). Pendle im Kipphang zurück und senke in den Stand.

Beim Neulernen müssen die Helfer dafür sorgen, daß die Übende nicht mit dem Schienbein an die Stange anschlägt. Sie fassen mit einer Hand an der Oberschenkelvorderseite (Bremshand) und mit der anderen Hand an der Unterschenkelrückseite (Unterstützungshand) und sichern so, daß die Partnerin nicht an die Stange schlägt, aber den Kipphang erreicht.

Eigenwahrnehmung

- Hast Du den Umkehrpunkt und Absprung aus der Körperspannung registrieren können?
- Warst Du in der Lage, das Aufschwingen der Beine so zu steuern, daß Du nahe an die Stange kommst, jedoch die Beine nicht an die Stange schlägst?

Kippaufschwung aus dem Hangstand

Pendle zweimal vor und zurück. Spring beim dritten Vorpendeln vom Umkehrpunkt ab, nimm die Beine an die Stange und turn sofort den Kippaufschwung in den Stütz (Abb. 16). Die Helfer unterstützen nach dem Anristen am Gesäß und am Oberschenkel.

Eigenwahrnehmung

- Hast Du während des Vorpendelns und Anristens die gleiche zeitliche Abfolge registrieren können?
- Warst Du in der Lage, vom Anristen bis in den Stütz beim Hüftstrecken und Stemmen die Stange zu sehen?

Alle anderen Möglichkeiten, in den Kipphang vl. zum Abschwingen zu kommen, haben wir auf Seite 188 beschrieben.

Der Kippaufschwung aus dem Anschweben erfordert, auch wenn dies mit gegrätschten Beinen erfolgt, wesentlich größere Kraftvoraussetzungen, als aus dem Hangstand. Wenn der Kippaufschwung aus dem Anlaufen geturnt wird, sollte dies beim Anfänger mit möglichst wenig Schwung erfolgen. Das Abschwingen rückwärts aus dem Stütz in den Kipp- bzw. Felghang wurde bereits behandelt (vgl. S. 166).

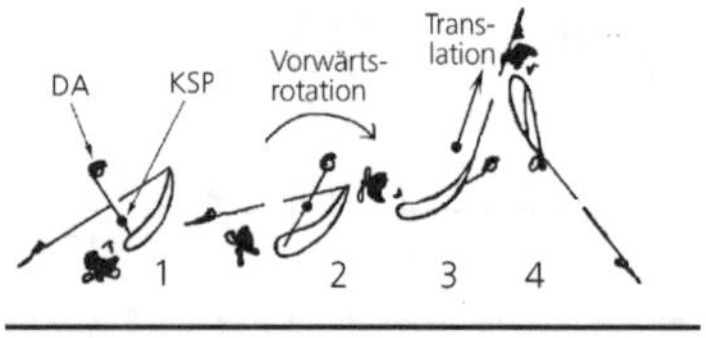

•1

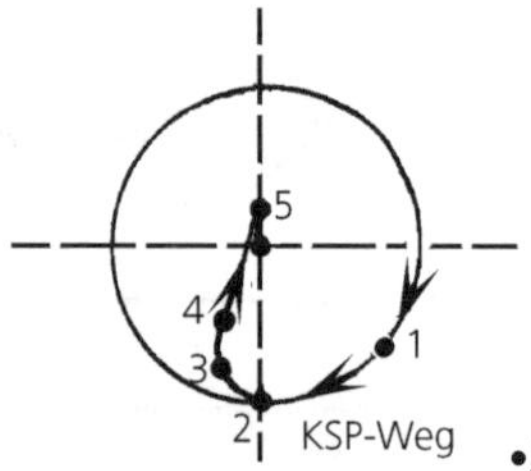

•2

Kippaufschwung rücklings vorwärts (Durchschub)

Die Position im Kipphang rücklings ist bereits beim Spreiz-Kippaufschwung erläutert worden. Die Bewegungserfahrung der Fundamentalbewegung Spreiz-Kippaufschwung kann deshalb auf dieses Element übertragen werden. Der einzige Unterschied besteht in der anderen Ausgangs- und Endposition.

Biomechanische Aspekte

Der Kippaufschwung rücklings vorwärts ist eine vorwärts gerichtete Teilrotation des Körpers um die feste DA und die KBA. Während der Hauptfunktionsphase wird der rotatorische Abschnitt in einen leicht translatorischen Abschnitt übergeleitet und der KSP aus einer tiefen in eine höhere Position gebracht (vgl. KSP-Weg, Abb. 2/2–5). In der höchsten KSP-Position vor dem Abschwung besitzt der Körper die größte Lageenergie (Abb. 1/1). Während des Pendelabschwungs im Kipphang erhöht sich die Drehgeschwindigkeit durch den Radiusabstand des KSP zur DA und durch die Wirkung der SK, bis der KSP senkrecht unter der DA ist (Abb. 2/2). Zu diesem Zeitpunkt ist die gesamte Lageenergie in Bewegungsenergie umgewandelt.

Im Aufwärtspendeln wird der KSP durch die Hüftstreckung an die DA angenähert, d.h., der Radiusabstand im Aufschwung wird verkleinert (Drehimpulserhaltung, Abb. 1/2–3 und 2/2–5). Mit der Hüftstreckung beginnt der translatorische Abschnitt des Elements und mit dem Blockieren die Impulsübertragung, die zur Entlastung an den Griffstellen (Hände, Abb. 1/3–4 und 2/4–5) führt.

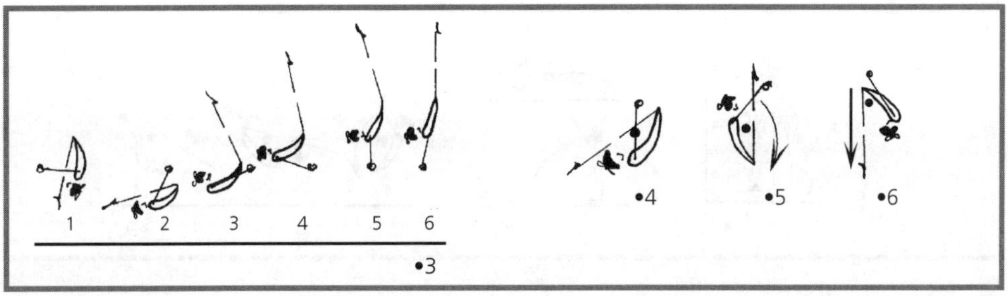

Während beim Kippaufschwung vorlings vorwärts der ARW nur geschlossen werden kann, besteht beim Kippaufschwung rücklings vorwärts die Möglichkeit, den ARW nach dorsal wieder zu öffnen (Abb. 3/3–6).

Je nach Energiebereitstellung, Kraftvoraussetzung und Bewegungsziel kann die Stemmarbeit zu einer maximalen Öffnung des hinteren dorsalen ARW führen (Abb. 3/6). Im Anfängerbereich ist die Endposition jedoch meist der Sitz rücklings (Abb. 1/4).

Ein weiterer, wesentlicher Unterschied zum Spreiz-Kippaufschwung vorwärts oder Kippaufschwung vorlings vorwärts besteht in der Stabilisierung des Gleichgewichts beim Schwingen im Kipphang rücklings. Es muß darauf geachtet werden, daß der KSP am tiefsten Punkt immer zwischen der DA und der Schulter liegt (Abb. 4). Sobald er aus dieser Linie herausbewegt wird, entsteht ein zusätzliches Drehmoment vor- oder rückwärts. Die Folge davon könnte ein Anschlagen der Achillessehne (wenn der Schwerpunkt vor die Linie Schulter/Arme verlagert wird, Abb. 5) sein oder ein Überstechen, wenn der KSP rückwärts aus dieser Linie herausbewegt wird (Abb. 6).

Funktionale Aspekte

Hilfsfunktionsphase	Foto 1–4	**Hauptfunktionsphase**	Foto 4–9
Aktionen	Funktionen	Aktionen	Funktionen
Abschwingen im Kipphang rücklings und die Beine so weit wie möglich an den Rumpf heranbringen	Energieumwandlung von Lage- in Bewegungsenergie Erreichen der optimalen Ausgangsposition vor Beginn der Hauptfunktionsphase	a) Hüftstreckung mit Blockieren b) Drücken von Stange/Holm nach hinten unten (Stemmen)	a) Pendelverkürzung zur Impulserhaltung Impulsübertragung zur Entlastung an den Griffstellen b) Schultern und KSP über die Stange bringen und „Stabilisieren" der Endposition

•7

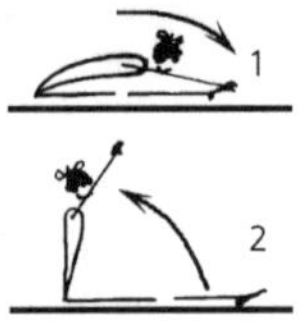

•8

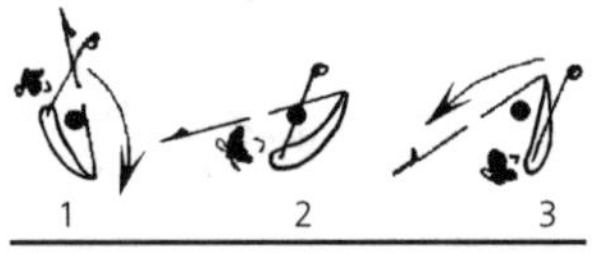

•9

Methodische Aspekte

Konditionelle Voraussetzungen	Übungen zum Erwerb der Voraussetzungen
1. Stemmkraft •Schulter- und Armmuskulatur	Zu 1.: Im Stand vorlings an der Sprossenwand in ca. einem Meter Abstand wird ein Fahrradschlauch hüfthoch eingehängt und so kurz gefaßt, daß er stark gespannt ist (Abb. 7). Den Fahrradschlauch so weit wie möglich hinter den Rumpf ziehen. Fünf- bis achtmal, eine Minute Pause, drei bis fünf Serien.
2. Beweglichkeit •Dehnfähigkeit an der Oberschenkelrückseite, am Gesäß und der langen Rückenmuskulatur	Zu 2.: Im aufrechten Sitz mit geschlossenen Beinen. Weiches, geführtes Vorbeugen mit geradem Rücken bis an die Dehngrenze. 10 bis 20 Wiederholungen, drei Serien (Abb. 8).

Koordinative Voraussetzungen

Erschwerend von der Vorerfahrung vom Spreiz-Kippaufschwung kommt hinzu, daß die Hüfte vor- und rückwärts gedreht werden kann (Abb. 9/1–3). Es ist deshalb für den Lernenden wichtig zu wissen, wie er das Gleichgewicht im Kipphang rücklings halten kann.

Gleichgewichtsübung im Kipphang rücklings

Versuch im Kipphang (Barren, Ringe oder Reck), das Gleichgewicht so auszubalancieren, daß nur die Hände das Gleichgewicht halten (Abb. 9/2). Dreh jetzt Dein Gesäß etwas nach vorn unten, dann merkst Du, wie Dich das Gewicht nach vorn unten zieht (dreht). Du brauchst viel Kraft, um dies zu halten (Abb. 9/1). Dreh Dich jetzt wieder zurück in das Gleichgewicht und weiter nach hinten, damit Du auf der „anderen Seite" ebenfalls erfährst, wie Du die Position nur mit Kraft halten kannst (Abb. 9/3).

Eigenwahrnehmung

- Hast Du gespürt, daß Du umso mehr Kraft brauchst, je weiter Du Dein Gesäß nach vorn oder nach hinten „drehst"?
- Konntest Du feststellen, in welcher Position Du am besten das Gleichgewicht halten kannst?

•10

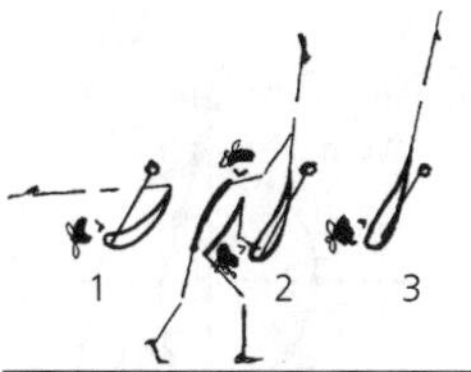

•11

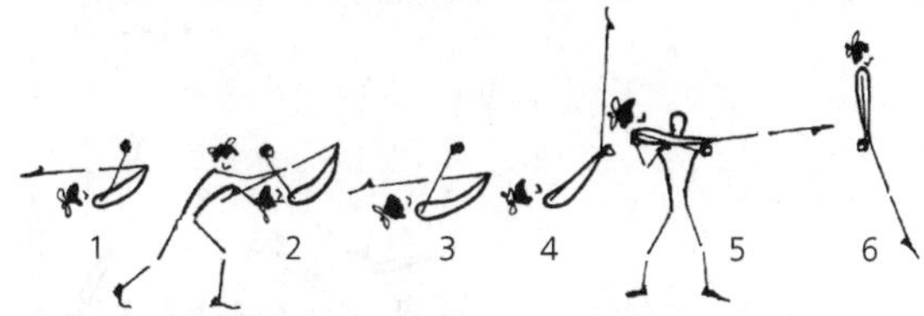

•12

Langsames Pendeln im Kipphang rücklings

Die Helferinnen bringen Dich im Kipphang rücklings zum leichten Pendeln. Versuch, dabei das Gleichgewicht zu halten und immer den tiefsten Punkt unter dem Reck festzustellen (Abb. 10/1). Die Helfer führen und begleiten an Schulter und Gesäß.

Eigenwahrnehmung
- Hast Du gespürt, ob Dein Gesäß beim Pendeln nach vorn oder nach hinten ausweichen konnte?
- Konntest Du am tiefsten Punkt spüren, ob Du im Gleichgewicht bist?

Hüftstreckung aus dem ruhigen Kipphang rücklings

Streck Dich aus dem ruhigen Kipphang langsam nach oben und schau dabei immer die Stange an (Abb. 11/1–3). Führ dabei Deine Oberschenkelrückseite ganz nahe an der Stange entlang, ohne daß Du sie mit den Beinen berührst, bis Dein Gesäß in Nähe der Stange ist (Abb. 11/3). Beuge Deine Hüfte wieder in die Ausgangsposition. Turn diese Streck- und Beugeaktion mehrmals hintereinander.

Die Helfer müssen dafür sorgen, daß der Übende nicht ins Pendeln kommt.

Eigenwahrnehmung
- Konntest Du beim Hüftstrecken das Gleichgewicht halten?
- Hast Du die Stange während der ganzen Zeit Deiner Streck- und Beugeübung gesehen?

Kippaufschwung aus dem einmaligen Pendeln

Die Helferinnen bringen Dich nach vorn oben und lassen Dich im Felghang abschwingen (Abb. 12/1–3). Halte unbedingt das Gleichgewicht bis zum tiefsten Punkt. Streck von diesem Moment an schnell die Hüfte, drück den Holm nach hinten, daß Du die Beine und Hüfte über die Stange bringst (Abb. 12/4–6).
Die Helfer unterstützen an Schulter und Gesäß den Aufschwung bis in den Stütz (Abb. 12/3–6).

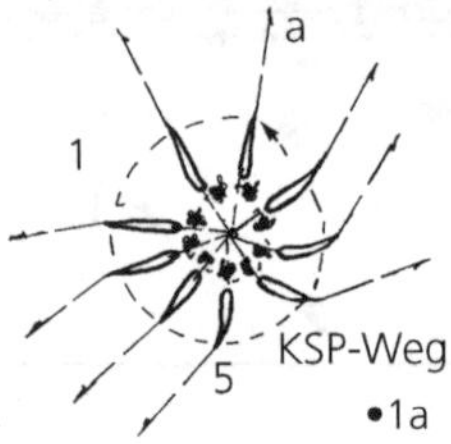

•1a

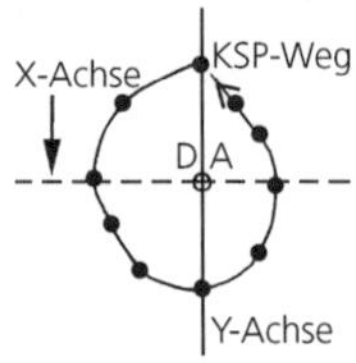

•1b

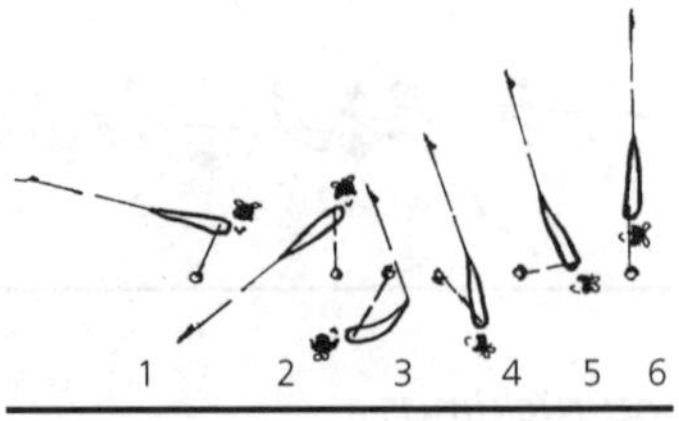

•2a

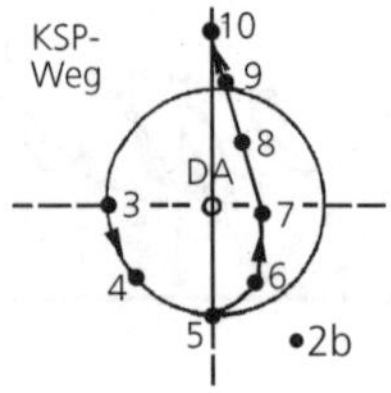

•2b

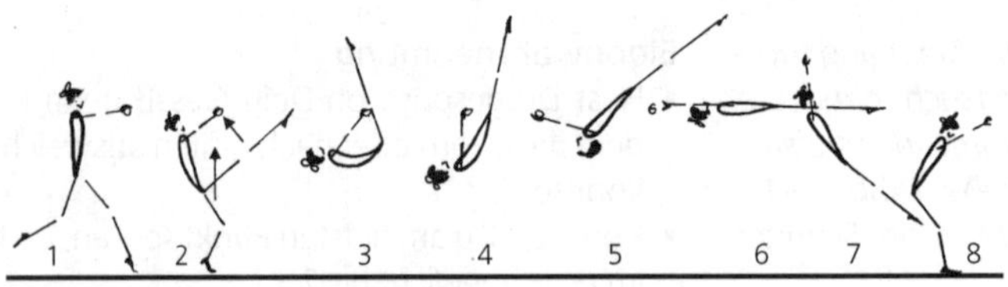

•3a

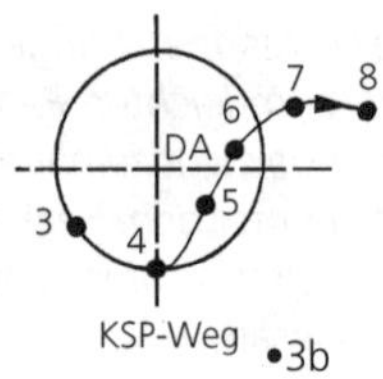

•3b

Felgbewegungen

Felgunterschwung aus dem Stand (mit Schwungbeinhilfe)

Bei den Felgbewegungen unterscheiden wir solche, die einen großen Bewegungsradius des KSP zur DA aufweisen (sie werden deshalb auch als Riesen-Felgauf- bzw. Umschwünge bezeichnet, Abb. 1a und b) und solche, die einen kleineren Bewegungsradius des KSP zur DA aufweisen (sie werden als Felgauf- bzw. Umschwünge bezeichnet, Abb. 2a und b).

Wir behandeln in diesem Buch die sogenannten „kleinen" Felgschwünge (Abb. 2 und 3).

Der Felgunterschwung ist eigentlich ein Teil-Felgaufschwung (Abb. 3a/3–5) mit anschließendem Abschwung, der durch die räumlich-zeitlich veränderten Aktionen entweder mit Grifflösen als Abgang (Flugphase bis in den Stand) oder ohne Grifflösen zum Abschwung geturnt wird. Der Felgunterschwung weist in der Hauptfunktionsphase die gleichen Aktionen auf (Abb. 3a/4–6 und 3b) wie die Felgauf- bzw. Umschwünge. Siehe auch Biomechanische Aspekte, Seite 206–214.

Der Felgunterschwung ist deshalb als Fundamentalbewegung aller Felgauf- und Umschwünge anzusehen. Der Unterschied zwischen beiden Elementen ist die andere Endposition.

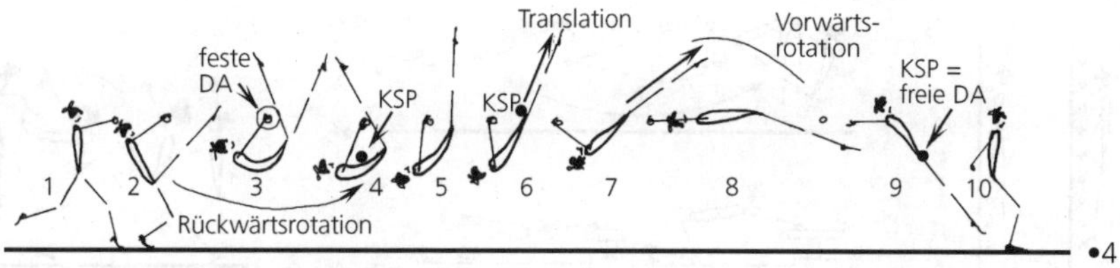

Biomechanische Aspekte

Der Felgunterschwung ist eine Teilrotation rückwärts des Körpers um seine KBA und um eine feste DA. Während der Abschwungphase wird der BRW leicht gebeugt und die Lageenergie (Abb. 4/1) in Bewegungsenergie (Pendelschwung) umgewandelt, die mit Erreichen der tiefsten Position des KSP senkrecht unter der DA am größten ist (Abb. 4/4). Während der Aufschwungphase beginnt eine fußwärts gerichtete Hüftstreckung, wobei der KSP leicht an die DA angenähert wird (Impulserhaltung, Abb. 4/4–6). Diese KSP-Annäherung ist abgeschlossen, wenn der KSP die horizontale Position zur DA passiert (Abb. 4/6).
Mit diesen Aktionen wird auch der translatorische Abschnitt (Entfernung des KSP von der DA) eingeleitet. Die Hüftstreckung wird bei etwa 180° BRW blockiert (Impulsübertragung, Abb. 4/6), wodurch es zu einer Entlastung an den Griffstellen kommt. Mit Beginn der Impulsübertragung beginnt auch bei gestreckten Armen die ARW-Öffnung (Abb. 4/6–8). Durch die Bewegungsrichtung der Beine und die Wirkung der SK beginnt die Rotationsumkehrung von einer Rück- in eine Vorwärtsrotation solange noch Griffkontakt (HK) vorhanden ist (Abb. 4/7–8). Bei völliger Streckung des ARW wird der Griff gelöst (Abb. 4/8), und der leicht überstreckte Körper dreht während der Flugphase um die freie DA (wobei der KSP die KBA schneidet, Abb. 4/9) vorwärts bis in den Stand (Abb. 4/9–10).

Funktionale Aspekte

Hilfsfunktions-phase	Foto 1–4	**Hauptfunktions-phase**	Foto 4–7
Aktionen	Funktionen	Aktionen	Funktionen
a) Aufschwingen des Schwungbeins bis die Fußspitzen über der brusthohen Reckstange sind b) Abspringen vom Druckbein bis beide Beine mit den Oberschenkeln knapp oberhalb der Knie an der Stange sind (Felghang)	a) Teilrotation rückwärts des Schwungbeins, Annäherung an die DA b) Umwandlung von Lage- in Bewegungsenergie und Erreichen der optimalen Ausgangsposition vor Beginn der Hauptfunktionsphase	a) Hüftstreckung b) abruptes Abbremsen c) Öffnung des Arm-Rumpfwinkels bis zum Maximum d) Abwärtsbewegung der Beine und Grifflösen	a) Kurzzeitige Annäherung des KSP an die DA und Einleitung des translatorischen Abschnitts b) Impulsübertragung zur Entlastung an den Griffstellen c) Fortsetzung des translatorischen Abschnitts mit Entfernen des KSP von der DA d) Umleitung von Rückwärtsrotation in Vorwärtsrotation zur Flugphase

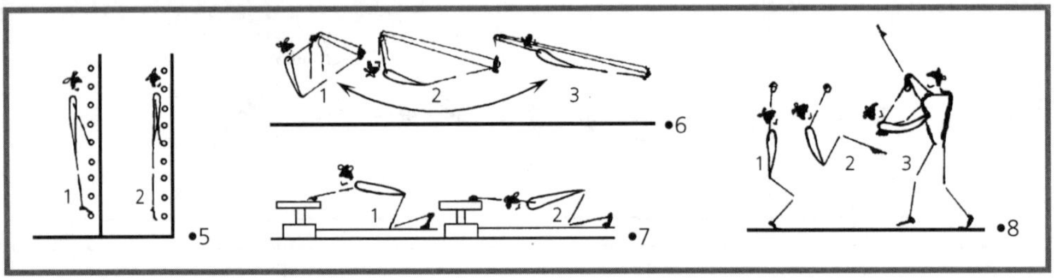

Methodische Aspekte

Konditionelle Voraussetzungen	Übungen zum Erwerb der Voraussetzungen
1. Stemmkraft für den Felghang • Trizeps • die vordere Muskelschlinge von der Brust bis zum Oberschenkel • die HK der Hand- und Unterarmmuskulatur	Zu 1.: Im Stand vorlings auf der Sprossenwand. Lösen der Füße und Druck der Arme auf die Sprosse gegen die Oberschenkel. In dieser Position eine bis drei Sekunden halten (Abb. 5). Jede Übung fünfmal, eine Minute Pause, drei Serien.
2. Felgkraft • hintere Muskelschlinge von der Schulter über das Gesäß bis zu den Oberschenkeln • Schulterrückseite und Deltamuskulatur	Zu 2.: Über das etwa brusthohe Reck wird eine Gummischnur so kurz gespannt, daß die Füße nicht auf den Boden kommen, wenn sie im Beugehang in die Gummischnur hineingestellt werden (Abb. 6). Strecken der Hüfte nach vorn und Druck mit den Armen nach hinten, bis Hüft- und Schultergelenk völlig gestreckt sind (Abb. 6/1–2). Fünfmal, drei Serien.
3. Beweglichkeit • Dehnen der Brustmuskulatur	Zu 3.: Im Kniestand etwa eine Rumpf- und Armlänge hinter einem Kleinkasten (Abb. 7). Die gestreckten Arme werden schulterbreit aufgelegt. Weiches, langsames Tiefführen der Brust bis an die Dehngrenze (Abb. 7/2). Fünf Sekunden halten, langsam zurück in die Ausgangslage. Fünfmal, drei Serien.

Koordinative Voraussetzungen

Kennenlernen des Felghangs

Spring aus dem Hock-Hangstand ab und drück die Oberschenkel knapp oberhalb der Knie gegen die Stange (Abb. 8/2). Du mußt Deine Arme dabei gestreckt halten, die Stange und Beine dabei ansehen.

Zwei Helfer rechts und links sichern mit einer Hand am Oberschenkel nahe am Knie (Abb. 8/3) und mit der anderen an der Schulter nur so, daß die Lernenden diese Position fast alleine halten können. Den ruhigen Felghang allein zu halten ist nur mit den entsprechenden Kraftvoraussetzungen möglich. Deshalb ist die Helfersicherung dieser Position bei Schülerinnen unbedingt erforderlich.

Eigenwahrnehmung

- Hast Du in Schulter und Armen gespürt, wie Du mit starkem Druck der Arme die Beine gegen die Stange den Felghang fast alleine halten kannst?
- Konntest Du Dir diese Position genau einprägen und die Muskelspannung im Schulter-, Bauch- und Oberschenkelbereich spüren?

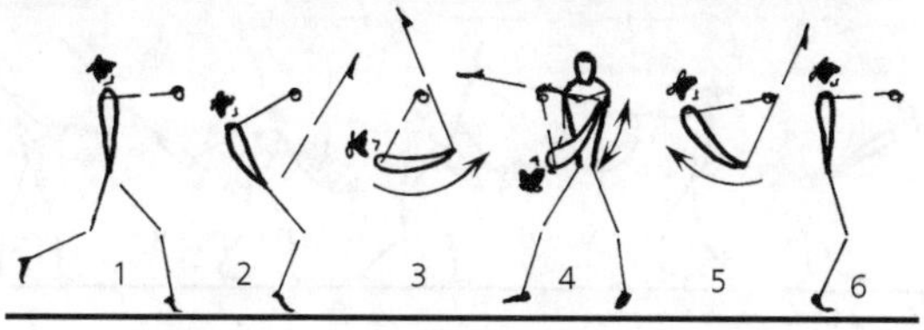

•9

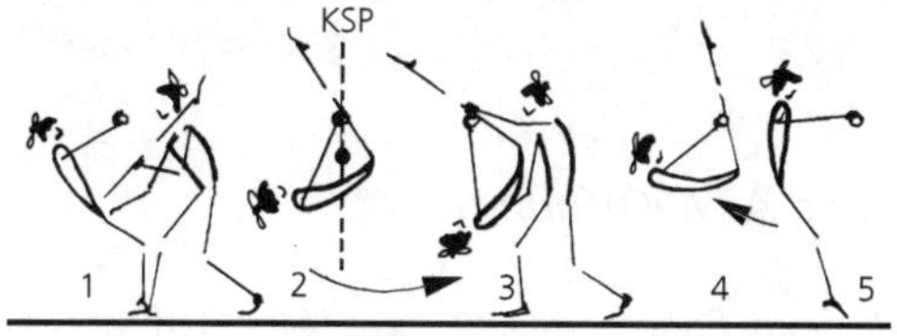

•10

Aufschwingen und Pendeln im Felghang

Stell Deinen Fuß unter die Stange (Abb. 9/1). Schwing ein Bein so hoch, bis die Fußspitzen über die Stange kommen (Abb. 9/2) und spring dann so schnell mit dem anderen Bein dahinter her, so daß Du beide Oberschenkel etwa zeitgleich an die Stange drücken kannst (Abb. 9/3). Beim Abspringen darfst Du auf keinen Fall die Schulter nach oben bringen. Pendle nur einmal vor und wieder zurück in die Ausgangsstellung (Abb. 9/1–6).

Die beiden Helfer vor dem Reck fassen bereits im Aufschwung an Schulter und Oberschenkelrückseite, unterstützen so den Aufschwung und sichern das Vor- und Zurückpendeln im Felghang.

Eigenwahrnehmung

- Konntest Du sehen, ob Dein Fuß die Stange nach oben passiert und spüren, daß Du erst in diesem Moment mit dem Druckbein abspringst?
- Hast Du beim Abspringen die Schulter nicht nach oben gebracht?
- Spürst Du, wie Du die Stange gegen die Oberschenkel drückst?
- Konntest Du nach einigen Versuchen den typischen Pendelrhythmus spüren?

Zeitpunkt für den Beginn der Felgstreckung aus dem Felghang

Schwing wie vorhin auf in den Felghang und pendle vor und zurück in den Stand. Jedesmal beim Vorpendeln, wenn Deine Hüfte die tiefste Position passiert, ist die Geschwindigkeit am größten (Abb. 10/2). Dies ist der Zeitpunkt des Beginns für die Hüftstreckung. Sag jedesmal „jetzt" beim Passieren dieses Zeitpunkts.

Die Helfer sichern wie vorher und korrigieren gegebenenfalls bei den ersten Versuchen den Zeitpunkt beim Durchschwingen, den die Schülerin angibt.

Eigenwahrnehmung

- Hast Du den Pendelrhythmus und die Schwungzunahme bis zum und vom tiefsten Punkt wahrnehmen können?
- Konntest Du auch an den Händen den Zeitpunkt durch die Zunahme der Zugbelastung zum tiefsten Punkt hin spüren?
- Konntest Du hören und vergleichen, ob Deine Zeitpunktempfindung deckungsgleich mit der Rückmeldung der Hilfestellung ist?

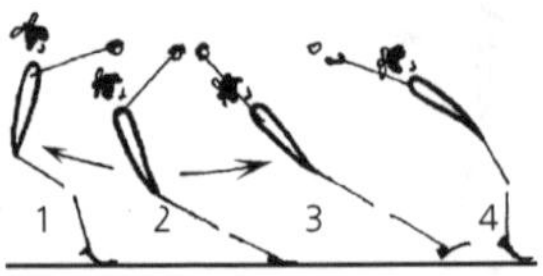

•11

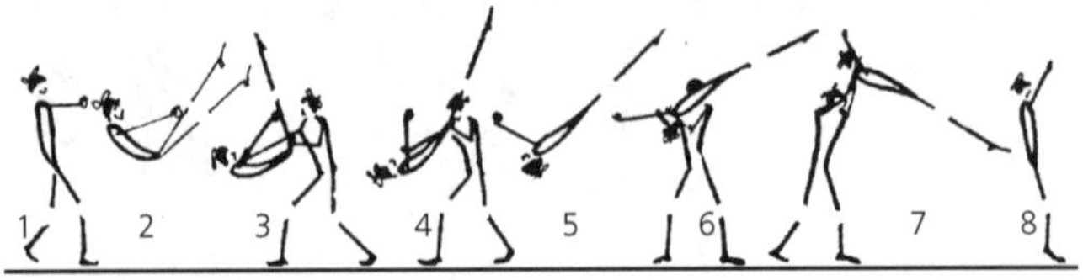

•12

Felgstreckung (BRW- und ARW-Öffnung)

Lös ganz leicht die Füße vom Boden, rutsch nach vorn, streck zuerst die Hüfte und drück danach mit gestreckten Armen die Stange nach hinten zur Schulterstreckung (Abb. 11/2–3).
Rutsch vom vorderen Umkehrpunkt wieder zurück in die Ausgangsstellung. Drück nach dem drittenmal Vorrutschen Deine Schulter mit gestreckten Armen ganz nach vorn, drück Dich von der Stange ab und geh nach vorn weg (Abb. 11/4).
Auf einem PVC-Belag oder Holzboden kann man mit den Socken rutschen, deshalb entfernen wir jetzt die Matten unter dem Reck.

Die ARW-Öffnung kann auch wie in Abb. 6, Seite 196 erlernt werden.

Eigenwahrnehmung

- Hast Du bei der Hüftstreckung die hintere Muskulatur gespürt?
- Konntest Du die Kraft in der Schulter spüren, die Du für das Wegdrücken von der Stange brauchst?
- Hast Du feststellen können, ob beide Aktionen nacheinander kommen, erst die Hüftstreckung, dann das Strecken der Schulter?

Felgunterschwung in den Stand

Schwing auf in den Felghang (Abb. 12/1–2). Beginn sofort bei Oberschenkelkontakt mit der Hüftstreckung (Abb. 12/3–4). Blockier zuerst die Hüftstreckung und drück danach mit gestreckten Armen die Stange nach hinten bis zur völligen Schulterstreckung (Abb. 12/5–6). Lös den Griff bei völliger Schulterstreckung zum Felgunterschwung in den Stand (Abb. 12/6–8).
Die Helfer sichern zuerst mit einer Hand am Oberarm, mit der anderen am Oberschenkel bis zur völligen Körperstreckung. Danach faßt die Oberschenkelhand im Klammergriff am Oberarm und sichert den Übenden bis in den Stand (Abb. 12/6–8).

Eigenwahrnehmung

- Konntest Du spüren, daß die Bewegungsfolgen jetzt sehr schnell, aber nacheinander ablaufen?
- Hast Du dabei darauf geachtet und gespürt, ob Deine Arme während der ganzen Zeit gestreckt waren?

•1

Felgunterschwung aus dem Stütz (mit Hüftkontakt)

Es sollte das Abschwingen rückwärts mit Hüftkontakt (vgl. S. 166) vorher noch einmal wiederholt werden.

Turn aus dem Stütz das Abschwingen in den Felghang und sofort daran den Felgunterschwung. Deine Arme müssen dabei die ganze Zeit gestreckt bleiben (Abb. 1).

Die Helferinnen fassen mit einer Hand am Oberschenkel und mit der anderen Hand am Oberarm oder Schulter (Abb. 1/7) oder Schulter und begleiten die gesamte Bewegung.

Sobald die Hüftstreckung zu Ende ist, kann die Oberschenkelhand am Oberarm (Klammergriff) fassen, damit die Landung gesichert werden kann (Abb. 1/8–10).

Eigenwahrnehmung

- Konntest Du die zeitliche Abfolge des Abschwunges genau steuern?
- Hast Du daran gedacht, daß zuerst die Hüftstreckung und danach die Öffnung des Arm-Rumpfwinkels beim Felgunterschwung erfolgt?

•1

Felgunterschwung aus dem freien Stütz

Es ist sinnvoll, zuvor das Abschwingen rückwärts aus dem freien Stütz in den Felghang zu wiederholen (Abb. 1/1–6, vgl. auch S. 169–172).

Turn nach dem Rückschwung das Abschwingen in den Felghang und sofort daran den Felgunterschwung.

Die Helfer fassen zunächst an Rücken und Oberschenkel (Abb. 1/6). Sobald die Übenden die Hüftstreckung beenden, wechseln die Hände an die Oberarme und sichern die Schulterentfernung und die Landung bis in den sicheren Stand.

Die Ausgangshöhe vor dem Abschwung (Abb. 1/2) sollte anfangs geringer sein und erst allmählich erhöht werden.

Eigenwahrnehmung

- Konntest Du die zeitliche Abfolge, zuerst Drehen der Schulter rückwärts, danach Beginn der Hüftbeugung genau kontrollieren?
- Hast Du darauf geachtet, daß der Arm-Rumpfwinkel beim Abschwingen bis in den Felghang gleich bleibt?
- Waren Deine Arme während der ganzen Übung gestreckt?

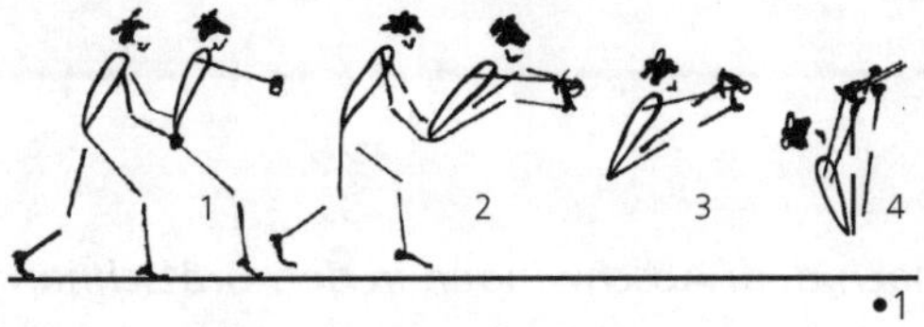

Felgunterschwung aus dem Angrätschen

Biomechanische und funktionale Aspekte

Siehe Felgunterschwung, Seite 194–195 und An- und Aufgrätschen, Seite 144 und 147.

Nachdem der Felgunterschwung erlernt wurde, kann er mit dem Abschwingen im Grätschhang gekoppelt werden. Wichtig ist der Zeitpunkt für das Lösen der Füße zum Felgunterschwung aus dem „Grätschhang". Dabei spielt es keine Rolle, ob das Abschwingen aus dem Angrätschen oder Aufgrätschen erfolgt.

Konditionelle Voraussetzungen

Siehe An- und Aufgrätschen, Seite 145.

Koordinative Voraussetzungen

Kennenlernen des Zeitpunkts für das Fußelösen

Stell Deine Füße unter die Reckstange (Abb. 1/1). Turn das Angrätschen und schwing ab. Du merkst, wie die Geschwindigkeit schnell zunimmt und Deine Füße am tiefsten Punkt von der Stange weggehen wollen (Abb. 1/4). Schau dabei die Stange an und bestimm die tiefste Position mit „jetzt". Achte darauf, daß Du die Hände beim Vorpendeln nicht mitdrehst.

Die Helferin faßt mit beiden Händen an der Taille und verzögert den Zeitpunkt für das Angrätschen. Die zweite Helferin beobachtet den Zeitpunkt und korrigiert gegebenenfalls die Zeitpunktbestimmung des Übenden.

Eigenwahrnehmung

- Konntest Du beim Abschwingen die ganze Zeit die Stange sehen?
- Wurde Dein „jetzt" von den Helferinnen als richtiger Zeitpunkt bestätigt?
- Hast Du den Spannungsbogen (Zug mit den Händen und Druck mit den Füßen gegen die Stange) während der ganzen Zeit beim Abschwingen im Grätschhang gespürt?
- Hast Du Deine Hände nicht mitgedreht?

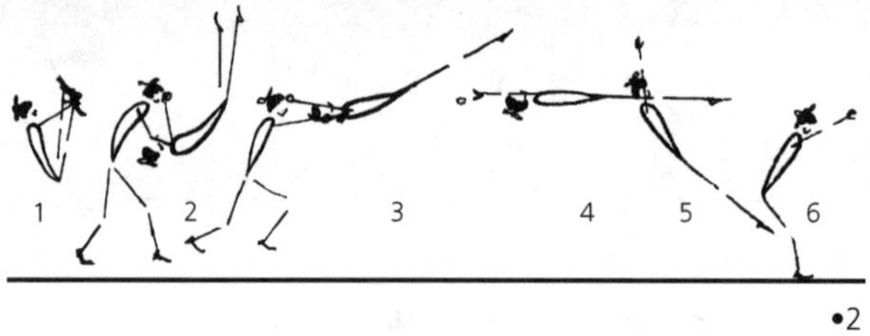

Felgunterschwung nach dem Abschwingen in den Grätschhang

Schwing in den Grätschhang ab und warte bis zum tiefsten Punkt. Turn daran den Felgunterschwung mit gestreckten Armen (Abb. 2/1–6).
Die Helfer hinter dem Reck greifen von hinten mit einer Hand an die Oberschenkelrückseite und mit der anderen an die Schulter.
Die Oberschenkelhand sichert den Felghang so lange wie möglich. Die Schulterhand drückt unter dem Reck hindurch die Schulter nach der Hüftstreckung nach vorn, um die ARW-Öffnung und das Entfernen von der Stange zu unterstützen.

Eigenwahrnehmung
- Konntest Du die zeitlichen Abfolgen von Abschwingen und Beginn des Felgunterschwungs genau registrieren?
- Hast Du den Spannungsbogen von den Händen bis zu den Füßen gespürt, als Du die tiefste Position erreicht hast?
- Konntest Du feststellen, ob Deine Arme immer gestreckt waren?

Felgunterschwung mit einer halben Drehung um die Körperlängsachse

Insbesondere beim Turnen am Stufenbarren wird dieses Element als Verbindungselement aus verschiedenen Ausgangspositionen gezeigt. Es kann aus dem Sitz am niederen Holm, aus dem Stütz mit Hüftkontakt bzw. freien Stütz und aus dem Aufgrätschen am hohen Holm geturnt werden. Ziel kann auch der Abgang sein oder ein Griffwechsel vom niederen zum hohen Holm bzw. vom hohen zum hohen Holm. Dieses Element kann ohne und mit Grifflösen während der LAD geturnt werden.

Unabhängig vom Bewegungsziel ist die Technik der LAD immer eine Überlagerung mit den Aktionen während der Hauptfunktionsphase der Felgbewegung.

BIOMECHANISCHE ASPEKTE

Siehe Felgunterschwung, Seite 195.

Es ist jedoch notwendig, einige biomechanische Teilaspekte für die Überlagerung durch die LAD näher zu betrachten.
Mit Beginn der ARW-Öffnung während der Ha.F.Ph. nach der fußwärts gerichteten Hüftstreckung wird dieser Abschnitt mit der LAD überlagert (Foto 5). Die LAD muß mit der impulsübertragenden Entlastung an den Griffstellen abgeschlossen sein (Foto 6), damit bei der Entlastung mit einer Hand ober beiden Händen der Griff gelöst werden kann, um entweder in den Stand zu kommen (Foto 6–9) oder im Hang abzuschwingen.

FUNKTIONALE ASPEKTE

Hilfsfunktionsphase	Foto 1–4	**Hauptfunktionsphase**	Foto 4–6
Aktionen	Funktionen	Aktionen	Funktionen
a) Drehen rückwärts des gestreckten Körpers bis die Schulter über dem Holm ist b) Zurücknehmen der Schulter, Beugen im Hüftgelenk und Erreichen des Felghangs	a) Einleiten der Rückwärtsrotation. b) Erhöhen der Drehgeschwindigkeit und Einnehmen der optimalen Ausgangsposition vor Beginn der Ha.F.Ph.	a) Hüftstreckung mit Vorausdrehen der Fußspitzen b) Seitwärtsverlagern der Hüfte und Drehen um die Längsachse von 180°	a) Translatorische Impulsübertragung und Dreheinleitung b) Sicherung der Drehung

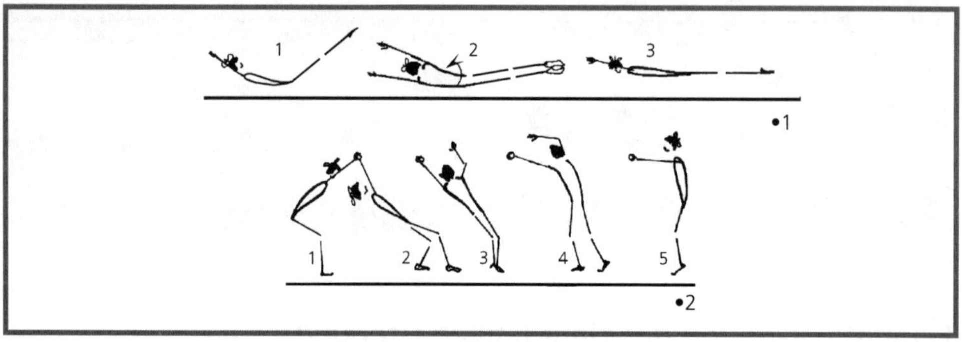

Methodische Aspekte

Konditionelle Voraussetzungen	**Übungen zum Erwerb der Voraussetzungen**
1.–3. Siehe Felgunterschwung, Seite 196.	
4. Mittelkörperkraft • Bauch-, Rücken- und Flankenmuskulatur	Zu 4. Für die LAD: Rückenlage, Beine ca. 45° schräg-hoch (Abb. 1/1). Drehen nach links in die Bauchlage und zurück. Drehen nach rechts in die Bauchlage und zurück. Dreimal, eine Minute Pause, drei Serien.

Koordinative Voraussetzungen

Die Bewegungshilfe beim Felgunterschwung mit geschlossenen Beinen ist leichter als aus dem Grätschhang. Da die LAD beim Felgunterschwung während der Ha.F.Ph. erfolgt, wird der Felgunterschwung mit LAD aus dem Stand mit Schwungbeinhilfe geturnt.

Die meisten Menschen haben für die LAD eine bevorzugte Drehrichtung. Es ist deshalb wichtig, festzustellen, in welche Richtung die Übenden gefühlsmäßig bevorzugt drehen.

Feststellung der Drehrichtung

Geh im Hangstand vorlings einen bis zwei Schritte nach vorn, bis Du vor dem Reck im Hangstand bist. Dreh Dich in die Richtung, die Dir am liebsten ist. Dabei mußt Du eine Hand lösen (Abb. 2/3). Faß mit dieser Hand wieder die Stange, damit Du im Hangstand vorlings mit Zwiegriff bist (Abb. 2/4–5). Greif wieder um in den Ristgriff und turn dasselbe, dreh Dich aber jetzt in die andere Richtung. Turn dies mehrmals hintereinander, bis Du sicher bist, in welche Richtung Du am liebsten drehst.

Eigenwahrnehmung
- Konntest Du nach zwei bis drei Wiederholungen feststellen, in welche Richtung Du am liebsten drehst?
- Warst Du in der Lage, nach der Längsachsendrehung wieder in den Stand zu kommen und nicht ins Hohlkreuz zu fallen?

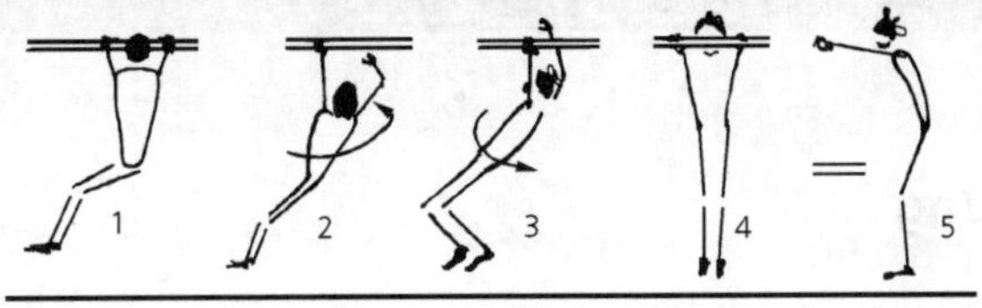

•3

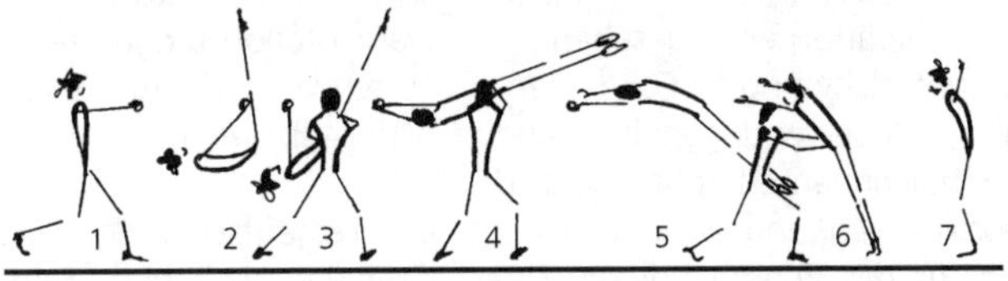

•4

Vorlaufen mit einer halben LAD und seitlichem Versetzen

Geh wie vorhin nach vorn und setz die Füße seitwärts versetzt dort auf, wohin Du drehen möchtest (Abb. 3/2). Dreh jetzt in diese Richtung, so daß Du danach mit der freien Hand etwa schulterbreit versetzt den Holm greifen kannst (Abb. 3/2–4).

Eigenwahrnehmung

- Konntest Du feststellen, ob Du nach der Längsachsendrehung den Griff schulterbreit hast?
- Warst Du in der Lage, wieder einen sicheren Stand vorlings zu erreichen (Abb. 3/5)?

Felgunterschwung mit Schwungbeinhilfe und einer halben Drehung in den Stand

Schwing aus dem Stand auf in den flüchtigen Felghang und bring Deine Knie zur Drehseitenhand. Schau dabei die Knie an und turn daran den Felgunterschwung mit einer halben Drehung (Abb. 4/1–4). Lös den Griff beider Hände, daß Du im Stand vorlings bist (Abb. 4/5–6).

Die Helferin vor dem Reck an der drehabgewandten Seite faßt während der Drehung die Hüfte und sichert so bis in den Stand (Abb. 4/3–4 und 6).

Eigenwahrnehmung

- Hast Du gesehen, ob Deine Knie vor dem Felgunterschwung an der Haltehand waren?
- Konntest Du im Arm und in der Schulter spüren, ob Deine Arme beim Felgunterschwung gestreckt gewesen sind?

Felgaufschwung

Dieses Element wird am Reck/Stufenbarren als „der Übergang" vom „allgemeinen" zum „leistungsorientierten" Gerätturnen angesehen. Während der Felgunterschwung als Fundamentalbewegung aller Felgbewegungen im Hang für nahezu alle Schülerinnen erlernbar ist, sind oftmals die koordinativen und konditionellen Voraussetzungen für das Erlernen dieses Elements für viele Schülerinnen nicht vorhanden.

Obwohl der Felgunterschwung als Fundamentalbewegung in der Hauptfunktionsphase die gleichen Aktionen aufweist, ist die zeitliche Abfolge der Aktionen beim Felgaufschwung (vgl. S. 194) anders, als beim Felgunterschwung. Dies hängt damit zusammen, daß beim Felgunterschwung die Rückwärtsrotation in eine Vorwärtsrotation umgeleitet, während beim Felgaufschwung die Rückwärtsrotation fortgesetzt wird (Abb. 1/4–8).

Der Felgaufschwung wird aus methodischen Gründen zwischen Felgunterschwung und Felgumschwung quasi als „Zwischenstück" erlernt. Vielfach wird heute noch für den Hüft-Aufschwung und Hüft-Umschwung die Bezeichnung Felg-Aufschwung und Felg-Umschwung verwendet. Dies ist jedoch sowohl bewegungstechnisch, als auch terminologisch nicht korrekt.

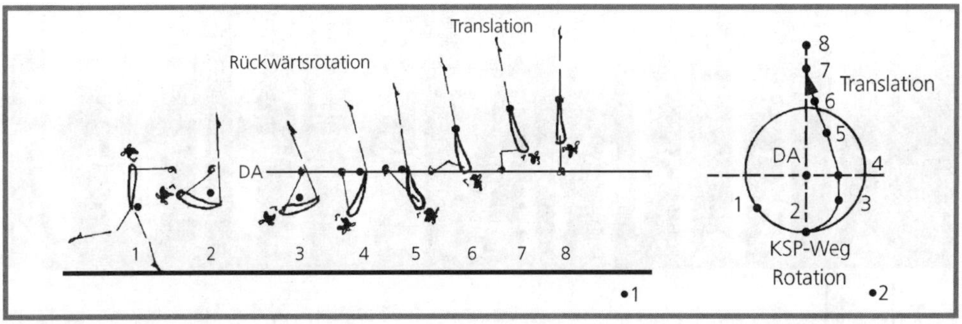

Biomechanische Aspekte

Der Felgaufschwung ist eine Teilrotation rückwärts um die feste DA und die KBA. Während der Hauptfunktionsphase wird die Rotation in eine fußwärts gerichtete Translation übergeleitet und der KSP aus einer tiefen in eine höhere Position geführt (Abb. 1/1–8). Da **beim Felgaufschwung aus dem Stand** die bereitgestellte Energie (durch den Abschwung) relativ gering ist, **können die Arme** während des Felgaufschwunges **kaum gestreckt bleiben.** Es ist deshalb erforderlich, daß eine aktive Bewegungsunterstützung erfolgt.

In der höchsten KSP-Position vor dem Abschwung hat der Körper optimale Lageenergie (Abb. 2/2 und 2/1). Vom Lösen der Füße bis zum Erreichen der tiefsten KSP-Position im Felghang erfolgt die Energieumwandlung (Bewegungsenergie, Abb. 1/3 und 2/2). Beim Passieren des KSP senkrecht unter der DA (Abb. 1/3) beginnt mit der Hüftstreckung eine KSP-Annäherung an die DA (Abb. 1/3–4 und 2/2–4) und der translatorische Abschnitt wird eingeleitet (Abb. 1/4–5). Mit Blockieren der Hüftstreckung beginnt die Entlastung an den Griffstellen, wobei die Entlastung ihr Maximum erreichen muß, wenn der KSP die Horizontale zur DA passiert (Abb. 1/5 und 2/4). Dadurch können die Hände vom Hang in den Stütz umgesetzt (gedreht) werden, um danach den Körper in der höchsten Endposition zu stabilisieren (Abb. 1/6–8).

Funktionale Aspekte

Hilfsfunktionsphase	Foto 1–4	**Hauptfunktionsphase**	Foto 4–9
Aktionen	Funktionen	Aktionen	Funktionen
Abwärts schwingen und die Knie/Oberschenkel dabei an die Stange bringen	Bereitstellung von Bewegungsenergie und Erreichen der optimalen Ausgangsposition vor Beginn der Hauptfunktionsphase	a) Hüftstreckung b) Blockieren der Hüftstreckung und Umsetzen der Hände vom Hang in den Stütz c) Öffnen des Arm-Rumpfwinkels und Druck der Arme auf die DA	a) Pendelverkürzung (Impulserhaltung) b) Impulsübertragung und Einleitung des translatorischen Abschnittes mit Entlastung an den Griffstellen c) Fortsetzung der Translation und Erreichen der angestrebten Endposition

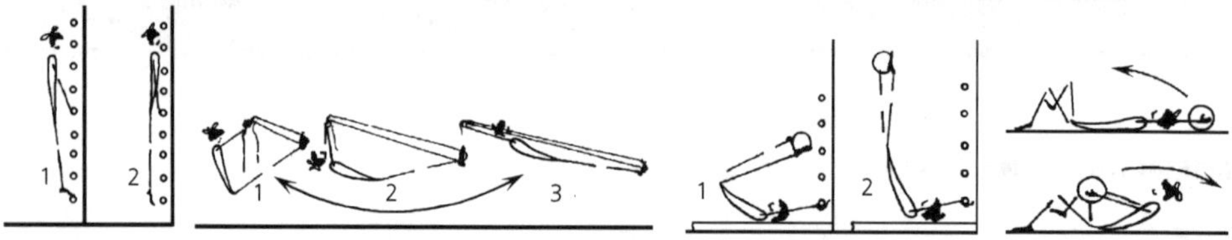

•3 •4 •5 •6

METHODISCHE ASPEKTE

Konditionelle Voraussetzungen	Übungen zum Erwerb der Voraussetzungen
1. Stemmkraft für den Felghang • Trizeps • die vordere Muskelschlinge von der Brust bis zum Oberschenkel • die HK der Hand- und Unterarmmuskulatur	Zu 1.: Im Stand vorlings an der Sprossenwand (Abb. 3/1) Lösen der Füße und Druck der Arme auf die Sprosse gegen die Oberschenkel. Drei Sekunden halten (Abb. 3/2). Fünfmal, eine Minute Pause, drei Serien.
2. Felgkraft • hintere Muskelschlinge von der Schulter über das Gesäß bis zu den Oberschenkeln • Schulterrückseite und Deltamuskulatur für die ARW-Öffnung	Zu 2.: Über das etwa brusthohe Reck wird eine Gummischnur so kurz gespannt, daß die Füße nicht auf den Boden kommen, wenn sie in die Gummischnur hineingestellt werden (Abb. 4/1). Strecken der Hüfte nach vorn und Druck mit den Armen nach hinten, bis Hüft- und Schultergelenke völlig gestreckt sind (Abb. 4/1–3). Fünfmal, eine Minute Pause, drei Serien. Rückenlage an der Sprossenwand. Die Hände fassen die untere Sprosse (Abb. 5/1). Die Beine werden nahe an die Sprossenwand gebracht (mit Medizinball 1–3 kg). Schnelle Hüftstreckung und zurückbewegen in die Ausgangslage (Abb. 5/2). Drei bis fünf Wiederholungen, eine Minute Pause, drei Serien.
3. Beweglichkeit • Öffnen des ARW bis 180°	Zu 3.: Rückenlage (Abb. 6). Rückführen des Medizinballs mit gestreckten Armen über den Kopf, bis er den Boden berührt. Dabei darf die Wirbelsäule den Boden nicht verlassen. Fünf- bis zehnmal, eine Minute Pause, drei Serien.

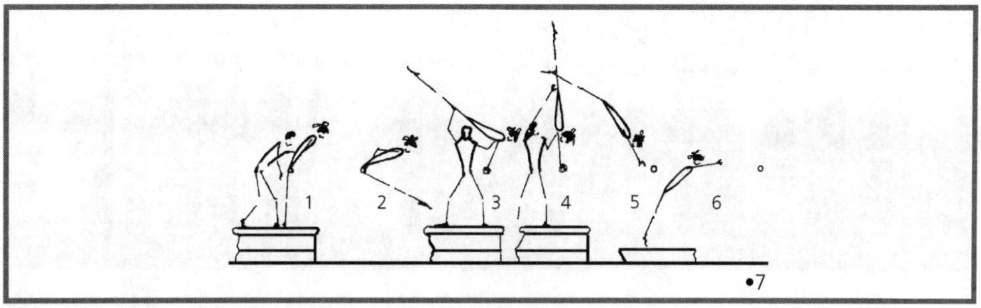

Koordinative Voraussetzungen

Nach dem Felgaufschwung muß ein Niedersprung folgen (Abb. 7/5–6). Die Erfahrung hat gezeigt, daß Schülerinnen beim Neulernen nach dem Felgaufschwung in den hohen Stütz bzw. Handstand zu turnen das Niederspringen nicht auf Anhieb umsetzen konnten. Der Rückschwung im Seitstütz wurde bereits erlernt, so daß für das Aufschwingen in den flüchtigen Handstand mit Helfer von dieser Erfahrung ausgegangen werden kann.

Niedersprung aus dem Handstand

Turn aus dem Stütz einen hohen Rückschwung bis fast in den Handstand (Abb. 7/1–4). Drück Dich bei Beginn des Abschwungs mit gebeugter Hüfte ab in den Stand (Abb. 7/5).

Die Helferinnen rechts und links auf den Kästen fassen bereits beim Rückschwung an Schulter und Oberschenkelvorderseite und unterstützen den Rückschwung bis in den flüchtigen Handstand und sichern die Landung.

Eigenwahrnehmung

- Hast Du mit dem Abdrücken zum Niedersprung gewartet, bis Du wieder in der Abwärtsbewegung warst?

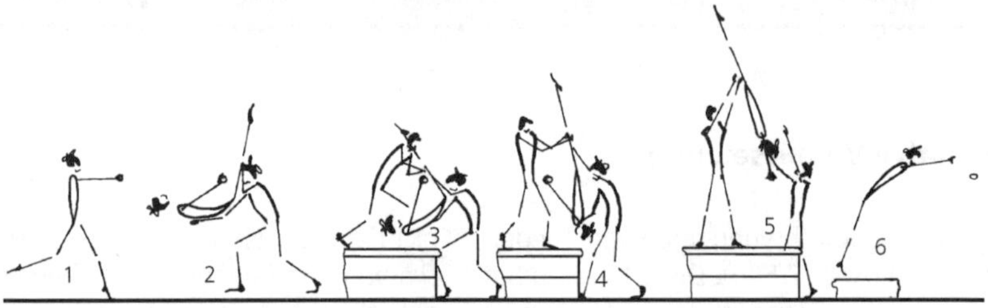

•8

Felgaufschwung in den Stütz und Niedersprung

Es hat sich als günstig erwiesen, wenn vor dem Felgaufschwung noch einmal der Felgunterschwung wiederholt wird.
Turn aus dem Stand alles gleich wie beim Felgunterschwung, verzögere jedoch den Beginn der Hüftstreckung, bis Deine Schultern unter der Stange sind (Abb. 8/3–4). Streck Dich über die Stange so, daß Du fast in den Handstand kommst (Abb. 8/5). Spring nach dem flüchtigen Handstand wie vorhin ab in den Stand.
Die zwei Helfer vor dem Reck fassen mit der recknahen Hand unter das Reck hindurch an die Schulter vor Beginn des Abschwungs (8/1–2). Die andere Hand faßt mit Beginn des Aufschwungs am Oberschenkel (Abb. 8/3). Die Helfer sichern so zuerst das Abschwingen in den Felghang und unterstützen danach **sehr stark an** der Schulter die Felgstreckung bis in den Handstand. Die Helfer auf den Kästen fassen über das Reck hinweg bereits beim Erreichen des Felghangs an den Oberschenkeln und ziehen die Übende bis in den flüchtigen Handstand (Abb. 8/3–5). Außerdem begleiten sie den Niedersprung bis in den Stand.

Eigenwahrnehmung

- Hast Du jetzt dasselbe Gefühl bei Deinen Hüft- und Armaktionen wie beim Felgunterschwung gehabt?
- Hast Du gemerkt, daß der Unterschied darin liegt, daß die Streckung nicht von der Stange weg, sondern über die Stange hinweg geturnt wird?
- Hast Du bei den ersten Versuche Orientierungsprobleme gehabt?
- Konntest Du nach einigen Versuchen, trotz der sehr schnellen Bewegung, Deine Körperaktionen in den einzelnen Bewegungsabschnitten spüren?

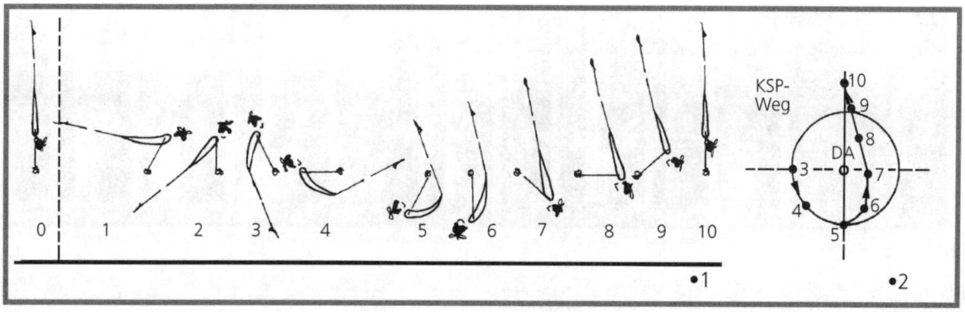

Felgumschwung (freie Felge)

Wie bereits beim Abschwingen aus dem „freien Stütz" in den Felghang erwähnt (vgl. S. 169), erreicht man mit dieser Form des Abschwingens eine relativ große Bewegungsgeschwindigkeit. Sie ist ein Teil der Voraussetzungen, um den Felgumschwung in guter Technik turnen zu können. Das bedeutet, daß das Abschwingen in den Felghang in unmittelbarem Zusammenhang mit der Hauptfunktionsphase steht und das Bewegungsergebnis auch weitgehend von der Geschwindigkeit und Qualität des Abschwingens abhängt. Ohne die sichere Beherrschung des Abschwingens und Erreichens des Felghangs (Abb. 1/5) kann der Felgumschwung nicht in Angriff genommen werden.

Biomechanische Aspekte

Der Felgumschwung ist eine Rückwärtsrotation von 360° um die feste DA und die KBA, wobei die Ausgangsposition des KSP und die Endposition nahezu identisch sind (falls das Element aus dem Handstand geturnt wird, Abb. 1/0). Die biomechanischen Betrachtungen beginnen bei Abb. 1/1. Vor dem Abschwung aus dem freien Stütz hat der Körper die optimale Lageenergie (Abb. 1/1). Mit dem Abschwingen aus dem freien Stütz in den Felghang wird die Lageenergie in Bewegungsenergie umgewandelt (Abb. 1/1–5). Sie muß ihre größte Geschwindigkeit dann erreichen, wenn der KSP senkrecht unter der DA ist und der Körper die optimale Ausgangsposition vor Beginn der Hauptfunktionsphase erreicht (Abb. 1/5). Zu diesem Zeitpunkt beginnt die Hüftstreckung, wodurch die Rotation in eine fußwärts gerichtete Translation übergeleitet wird (Abb. 1/5–8).

Durch die Hüftstreckung wird der KSP im ersten Abschnitt an die DA angenähert (Impulserhaltung, Abb. 1/5–7). Wenn der KSP die horizontale Achse passiert muß die Hüftstreckung blockiert werden, so daß eine Entlastung an den Griffstellen einsetzt (Impulsübertragung, Abb. 1/7–8).

Das Maximum der Impulsübertragung muß dann erreicht sein, wenn die Schulter die Horizontale zur DA nach oben passiert (Entlastung an den Griffstellen, Abb. 1/8). Gleichzeitig mit Beginn der Impulsübertragung wird der ARW geöffnet und die Hände vom Hang in den Stütz umgesetzt, um in die höchste Endposition zu gelangen (Abb. 1/6–10).

FUNKTIONALE ASPEKTE

Hilfsfunktions-phase	Foto 1–6	**Hauptfunktions-phase**	Foto 6–11
Aktionen	Funktionen	Aktionen	Funktionen
Zurückverlagern der Schulter und beim Abschwingen die Oberschenkel/Knie an die Stange bringen	Umwandlung von Lage- in Bewegungsenergie und Erreichen der optimalen Ausgangsposition vor Beginn der Hauptfunktionsphase	a) Hüftstreckung b) Blockieren der Hüftstreckung c) Öffnen des Arm-Rumpfwinkels und Umsetzen der Hände vom Hang in den Stütz mit Druck der Arme auf die DA	a) Pendelverkürzung (Impulserhaltung) und Beginn des translatorischen Abschnitts b) Impulsübertragung (Entlastung an den Griffstellen) und Umsetzen der Hände vom Hang in den Stütz c) Erreichen der angestrebten Endposition

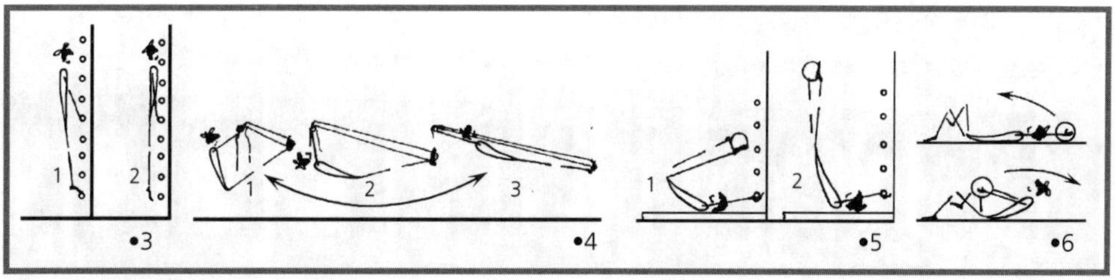

Methodische Aspekte

Konditionelle Voraussetzungen	**Übungen zum Erwerb der Voraussetzungen**
1. Stemmkraft für den Felghang • Trizeps • die vordere Muskelschlinge von der Brust bis zum Oberschenkel • die HK der Hand- und Unterarmmuskulatur	Zu 1.: Im Stand vorlings an der Sprossenwand (Abb. 3/1) Lösen der Füße und Druck der Arme auf die Sprosse gegen die Oberschenkel. Drei Sekunden halten (Abb. 3/2). Fünfmal, eine Minute Pause, drei Serien.
2. Felgkraft • hintere Muskelschlinge von der Schulter über das Gesäß bis zu den Oberschenkeln • Schulterrückseite und Deltamuskulatur für die Arm-Rumpf-winkelöffnung	Zu 2.: Über das etwa brusthohe Reck wird eine Gummischnur (oder Fahrradschlauch) so kurz gespannt, daß die Füße nicht auf den Boden kommen, wenn sie im Beugehang in die Gummischnur hineingestellt werden (Abb. 4/1). Strecken der Hüfte nach vorn und Druck mit den Armen nach hinten, bis Hüft- und Schultergelenk völlig gestreckt sind (Abb. 4/2–3). Fünfmal, eine Minute Pause, drei Serien. Rückenlage an der Sprossenwand. Die Hände fassen die untere Sprosse (Abb. 5/1). Die Beine werden nahe an die Sprossenwand gebracht (mit Medizinball, 1–3 kg). Schnelle Hüftstrekkung und zurückbewegen in die Ausgangslage (Abb. 5/2). Drei bis fünf Serien eine Minute Pause, drei Wiederholungen.
3. Beweglichkeit • Öffnen des Arm-Rumpfwinkels bis 180 Grad	Zu 3.: Rückenlage (Abb. 6), Rück- und Vorführen des Medizinballs mit gestreckten Armen über den Kopf, bis er den Boden berührt. Dabei darf die Wirbelsäule den Boden nicht verlassen, wenn der Ball hinter dem Kopf ist. Fünf- bis zehnmal, eine Minute Pause, drei Serien.

Koordinative Voraussetzungen

Nach dem Erlernen des Felgaufschwungs aus dem Stand kommt beim Felgumschwung erschwerend die Ausgangsposition (der freie Stütz, RB 1–2) und die Rotationsgeschwindigkeit (RB 5–6) hinzu.

Es hat sich als sinnvoll herausgestellt, wenn das Abschwingen aus dem freien Stütz in den Felghang vor dem Felgumschwung noch einmal wiederholt wird. Dies sollte zunächst mit geringem Schwung erfolgen, wobei unbedingt auf die bereits erlernten zeitlich wichtigen Positionen und Aktionen für das Abschwingen in den Felghang berücksichtigt werden müssen (vgl. S. 170–172).

Felgumschwung nach dem Abschwingen aus dem freien Stütz

Schwing rückhoch in den freien Stütz (Abb. 7/1). Turn das Abschwingen in den Felghang und sofort den Felgaufschwung. Versuch, Deine Körperstreckung bis in den flüchtigen Handstand zu turnen und spring danach ab in den Stand (Abb. 7/4–6).

Die Helfer vor dem Reck fassen bereits vor dem Erreichen der tiefsten Position an der Oberschenkelrückseite und an der Schulter. Sie unterstützen nach wie vor sehr stark an der Schulter die Aufwärtsbewegung durch Schubhilfe. Die Helfer auf dem Kasten müssen wie beim Felgaufschwung vor Beginn der Felgstreckung die Oberschenkel erfassen und die Übende bis in den Handstand begleiten.

Eigenwahrnehmung

- Konntest Du das Abschwingen in den Felghang kontrollieren?
- Hast Du den Zeitpunkt für den Beginn der Hüftstreckung registrieren können?
- Konntest Du die ersten Versuche mit wenig Schwung und exakter Kontrolle turnen?

Boden

Anlauf/Hopser

Schwungbewegungen
Aufschwingen in den Handstand

Rollbewegungen
Abrollen vorwärts aus den Handstand
Abrollen mit gebeugten Armen
Abrollen mit gestreckten Armen

Überschlagbewegungen
Handstütz-Überschlag seitwärts (Rad)
Handstütz-Überschlag seitwärts mit 1/4 Drehung (Radwende)
Kopfstütz-Überschlag
Handstütz-Überschlag vorwärts (beidbeinige Landung)
Handstütz-Überschlag vorwärts (einbeinige Landung/Schrittüberschlag)
Handstütz-Überschlag rückwärts (Flick-Flack)
Überschlag vorwärts gehockt (Salto)
Überschlag rückwärts gehockt (Salto)
Überschlag seitwärts (freies Rad)

Felgbewegungen
Felgrolle mit gebeugten Armen
Felgrolle mit gestreckten Armen

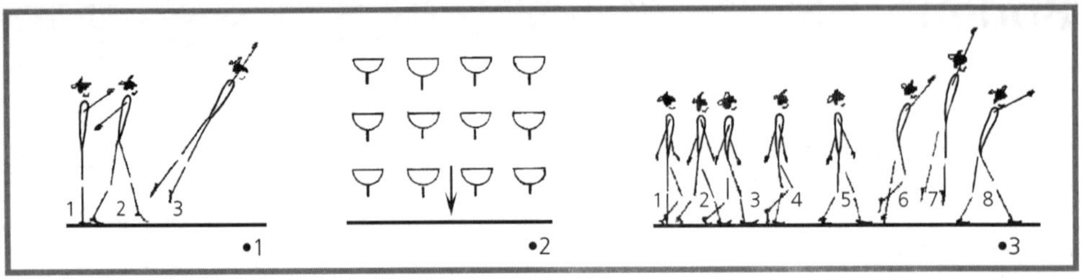

Anlauf / Hopser

Anlauf/Hopser werden als Bewegungseinleitung und zur Entwicklung von Bewegungsenergie für folgende Turnelemente benötigt:

- Handstützüberschlag sw. mit 1/4 Drehung (Rondat)
- Handstütz-Überschlag vw. (mit beid- und einbeiniger Landung)
- Überschlag sw. (freies Rad).

Da die Kombination Anlauf/Hopser für Lernende koordinativ anspruchsvoll ist und nicht für jedes Turnelement extra ausgewiesen werden soll, wird das methodische Vorgehen hier aufgezeigt.
Beim Hopser erfolgt die Landung auf dem Absprungbein, d.h., wenn der Absprung mit links ausgeführt wird, erfolgt die Landung auf links (links–links).
Der Hopser kann nach einem Schritt (Abb. 1/1–3) oder nach mehreren Laufschritten (Abb. 3/1–8) geturnt werden.

Da viele Schülerinnen den Übergang vom Laufen zum einmaligen Hopser nicht auf Anhieb umsetzen, sollte zunächst die zumeist bekannte alltagsmotorische Bewegung Hopser, Hopser geturnt werden. Durch Stampfen, Klatschen, Ausführen des Hopsers in Gruppenübungen mit Handfassung (zum Beispiel in Linie zur anderen Hallenseite, Abb. 2) kann der Hopser bewußtgemacht werden.

Kennenlernen der Schrittfolge

Führ den Hopser im Wechsel aus:

rechts – rechts;	links – links
Hopser	Hopser

Turn im ständigen Wechsel Laufen und Hopser:

rechts – links,	rechts – links;	rechts – rechts,	links – links
Laufen	Laufen	Hopser	Hopser

Lande nach einem beidbeinigen Absprung einbeinig und setz danach das andere Bein nach vorn (Abb. 4/1–5).

rechts/links;	links;	rechts
beidbeiniger Absprung	einbeinige Landung	Vorsetzen

Turn nach zwei Geh- (später Laufschritten) einen Hopser und setz das andere Bein vor (Abb. 3/1–8).

links – rechts;	links – links;	rechts
Gehen/Laufen	Hopser	Vorsetzen

Kennenlernen des Armschwungs

Turn den Hopser nach zwei Gehschritten (Abb. 3/1–8). Führ bei den Schritten (links – rechts) die Arme aus der Tiefhalte zurück und mit dem Vorsetzen des Absprungbeines zum Hopser (links) vorhoch. Die Arme bleiben beim Landen (links) und Vorsetzen des anderen Beines (rechts) in Hochhalte (Abb. 3/7–8).

Kopplung von Schrittfolge und Armschwung

Versuch, den Anlauf (mit 2, 4 oder 6 Laufschritten) und den Hopser mit dem gelernten Armschwung zu koordinieren (Abb. 5/1–5).

Kennenlernen einer Übungsverbindung mit Anlauf / Hopser

Wir empfehlen die Übungsverbindung Anlauf/ Hopser – „Rad", da sie zu den leicht realisierbaren zählt. Das Beherrschen des „Rades" wird in Grobform vorausgesetzt.

Turn das „Rad" (rechts) aus 2 Schritten (Anlauf) und Hopser (Abb. 5/1–9).

links – rechts;	links – links;	rechts
Laufen	Hopser	Vorsetzen des Druckbeins für das „Rad"

•6

Entwicklung von Bewegungsenergie mit Anlauf/Hopser

Lauf an und turn einen flachen Hopser mit Körpervorlage. Setz Druckbein und Hände etwa jeweils in Rumpflänge nach vorn, so daß Du mit viel Geschwindigkeit Dein Rad turnen kannst. Versuch, während des Hopsers soviel Vorlage in der Luft zu erreichen, daß Du fast in den Schritt zum „Rad hineinfällst" (Abb. 6/1–9).

Eigenwahrnehmung

- Hast Du gespürt, wieviel Geschwindigkeit Du mit dem Anlauf/Hopser entwickeln kannst?
- Bist Du so flach und weit mit Körpervorlage beim Hopser nach vorn gesprungen, daß Du in das „Rad hineingefallen" bist?
- Hast Du Dein Druckbein und die Hände rumpfweit vorgesetzt?
- Hast Du die Positionen und die Aktion der Arme wahrgenommen?
- War Dein Arm-Rumpfwinkel beim Hopser und beim Aufsetzen der Hände geöffnet?

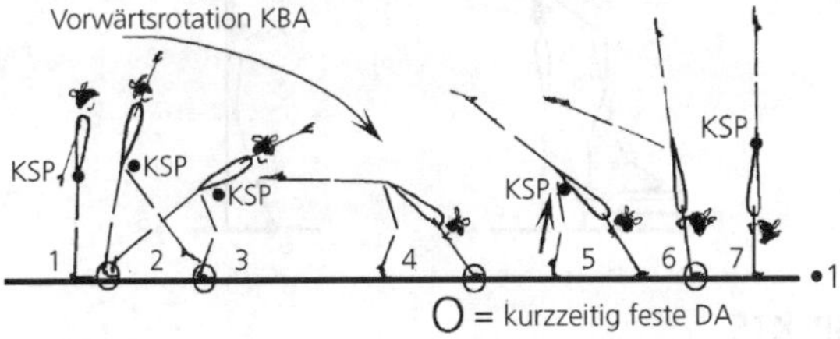

Schwungbewegungen

Aufschwingen in den Handstand

Biomechanische Aspekte

Das Aufschwingen in den Handstand ist eine Vorwärtsrotation von 180° um die KBA (Abb. 1/1–7). Dabei verändern sich die Drehachsen vom Standbein (Abb. 1/1–2) über das vorgesetzte Druckbein (kurzzeitig f. DA = Abb. 1/3) zu den Händen als DA (Abb. 1/4). Die Vorwärtsrotation wird durch Verlagerung des KSP vor das Standbein eingeleitet. Dabei muß das Gewicht zunächst auf das Druckbein (Abb. 1/1–3), danach auf die Hände (Abb. 1/5–7) verlagert werden.

Um eine kontinuierliche Verlagerung des Gewichts zu erzielen und eine optimale Ausnutzung von Schwung- und Druckbeinimpuls zu erreichen, muß der Abstand vom Stand- zum Druckbein (Abb. 1/2–3) und zu den Händen jeweils etwa eine Rumpflänge betragen (Abb. 1/4).

Die eingeleitete Vorwärtsrotation wird bei Handkontakt durch einen schnellkräftigen Schwungbeinimpuls weiter erhöht. Der Körper dreht sich dabei um das Hüftgelenk ähnlich wie eine Balkenwaage vorwärts.

Erreicht das Schwungbein nahezu die Spreizgrenze, erfolgt ein schnellkräftiger Abdruck vom vorderen Bein. Dieser Kraftstoß trifft nahezu auf den KSP (Abb. 1/5) und wirkt exzentrisch an den Händen vorbei, so daß der Körper um die Hände dreht und in den Handstand aufschwingen kann.

Kurz vor Erreichen der Senkrechten wird das Schwungbein abgebremst und das Druckbein holt das Schwungbein ein, bis der KSP senkrecht über der Unterstützungsfläche Hände ist (Abb. 1/7).

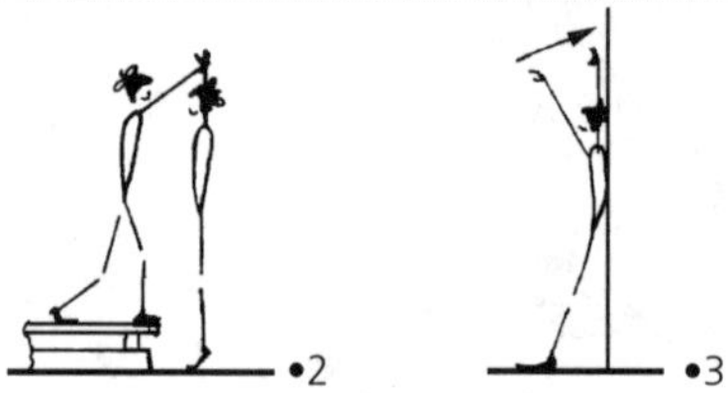

FUNKTIONALE ASPEKTE

Hilfsfunktions-phase	Foto 1–4	**Hauptfunktions-phase**	Foto 4–10
Aktionen	Funktionen	Aktionen	Funktionen
a) Vorsetzen des Druckbeins b) Vorabwärtssenken des OK, Beugen des Druckbeins und Handaufsatz	a) Verlagerung des KSP nach vorn und Einleiten der Vorwärtsrotation b) Gewichtsverlagerung vom Standbein über das Druckbein zu den Händen	a) Schwungbeinimpuls rückhoch b) Druckbeinimpuls und Blockieren des Schwungbeins, wenn die Hüftstreckung erreicht ist c) Heranschwingen mit Abbremsen des Druckbeins in der Senkrechten	a) Rotationsverstärkung b) Impulsübertragung auf den Rumpf c) Stabilisieren des Gleichgewichts, wenn der KSP senkrecht über den Händen ist

METHODISCHE ASPEKTE

Konditionelle Voraussetzungen	**Übungen zum Erwerb der Voraussetzungen**
1. Stützkraft • Armmuskulatur • Schultermuskulatur	zu 1. Für den Stütz mit gestreckten Armen: Im Ballenstand vorlings mit gestreckten und parallel nach oben gerichteten Armen dicht vor der Bank. Der Partner steht auf der Bank, hat Griff an den Handgelenken des Übenden und drückt in Richtung Fußboden (Abb. 2). Die Arme und der gesamte Körper des Übenden werden gegen den Widerstand des Partners Richtung Decke geschoben, so daß eine stabile Körperposition entsteht. Fünf Sekunden halten, Absenken zum Sohlenstand, fünf mal drei Serien.
2. Beweglichkeit / Schulter • Brustmuskulatur	zu 2. Für einen offenen ARW: Im Stand rücklings an der Wand mit den Fersen ca. 30 cm von der Wand entfernt (Abb. 3). Die vorhoch gestreckten Arme werden langsam parallel so weit nach oben Richtung Wand geführt, daß die LWS stets mit der Wand Kontakt behält. Die erreichte Position wird gehalten, drei mal fünfzehn Sekunden.

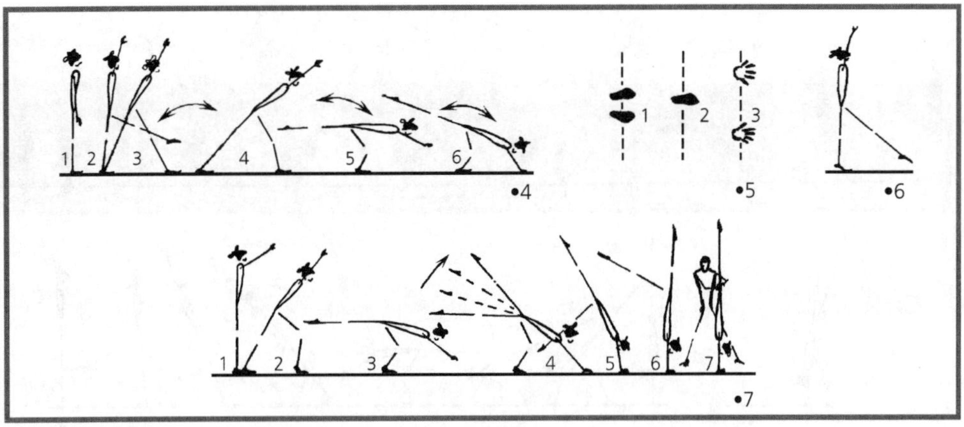

Koordinative Voraussetzungen

Kennenlernen der optimalen Ausgangsposition

Schwing aus dem Stand Deine Arme vorhoch (ARW ca. 180 °) mit gleichzeitigem Vorhochführen eines Beines (Druckbein), wobei das Standbein auf der Fußsohle steht (Abb. 4/1–2) oder auf den Ballen gehoben wird (Abb. 6). Setz das Druckbein auf die Markierung mit Beugen im Knie (Abb. 5/2 und 4/4). Dreh vorwärts wie eine Balkenwaage bis zum Stütz der Hände, die parallel und schulterbreit mit einem offengehaltenem Arm-Rumpfwinkel auf die Bodenmarkierung (Abb. 5/3 und 4/6) aufsetzen. Arme, Kopf, Oberkörper und Schwungbein bilden dabei fast eine Gerade.

Eigenwahrnehmung
- Hast Du die Bodenmarkierungen mit dem Druckbein und Deinen Händen erreicht?
- Waren Deine Hände schulterbreit aufgesetzt?
- Hast Du die Körpergerade bis zum Stütz einhalten können?
- Wie weit war Dein Arm-Rumpfwinkel geöffnet?
- Hast Du gespürt, wie sich Dein Körper um die Hüfte wie eine Balkenwaage dreht?

Kennenlernen des Schwung- und Druckbeinimpulses

Schwing in der Dreiergruppe nach dem Aufsetzen der Hände Dein Schwungbein schnellkräftig rückhoch, drück Dich mit dem Druckbein vom Boden ab und schwing es schnellkräftig an das Schwungbein heran.
Beachte die Markierungen für Druckbein und Hände. Vergiß nicht, Deine Beine ganz gespannt einzusetzen (Abb. 7/1–7).
Die Helfer können das Rückhochschwingen jeweils an der Oberschenkelvorderseite mit Schubhilfe unterstützen. Der Handstand wird an den Oberschenkeln mit Gleichgewichtshilfe stabilisiert.

Eigenwahrnehmung
- Wieviel Schwung und Abdruck benötigst Du, um Deinen Körper aufzuschwingen?
- Spürst Du, wie sich der Schwung von Deinen gestreckten Beinen auf den Rumpf überträgt?
- Hast Du die Bodenmarkierungen mit dem Druckbein und Deinen Händen erreicht?

•8

•9

Kennenlernen der Abbremsfunktion des Schwungbeines und Fixieren der Handstandposition

Brems Dein Schwungbein kurz vor der Senkrechten ab (Abb. 8). Wenn das Druckbein beim Schwungbein angekommen ist, sollst Du die Handstandposition erreicht haben. Nimm dabei den Kopf weder extrem in den Nacken noch auf die Brust.

Ein Helfer kann das Abbremsen des Schwungbeins durch Antippen nahe der Ferse unterstützen. Im Handstand wird mit Gleichgewichtshilfe an den Oberschenkeln geholfen (Abb. 7/7).

Eigenwahrnehmung

- Hast Du gespürt, daß Du mit dem Abbremsen des Schwungbeines zum Stehen im Handstand kommst?
- Ist Dir das Abbremsen des Schwungbeines zum richtigen Zeitpunkt gelungen?
- Konntest Du Dein Druckbein schnell genug nachschwingen?
- Hast Du die Handstandposition mit geschlossenen Beinen erreicht?
- Hast Du genügend Spannung aufgebaut, um den Handstand zu fixieren?
- Was passiert, wenn Du Deinen Kopf im Nacken hältst?
- Welche Position müssen Kopf und Körper einnehmen, um im Handstand stehen zu können?

Bewußtmachen des Abschwingens und Kopplung des Gesamtablaufs

Schwing aus dem Handstand (Abb. 7) mit ähnlicher Körperhaltung in den Stand zurück (Abb. 9/1–8). Dein Druckbein führt dabei zuerst nach unten (Abb. 9/2). Drück Dich sofort mit den Händen vorhoch vom Boden ab, wenn Dein Druckbein Bodenkontakt hat. Richte Dich dabei mit dem Oberkörper auf und laß den Arm-Rumpfwinkel offen.

Eigenwahrnehmung

- Konntest Du Deinen Oberkörper ohne Mühe zum Stand im Abschwingen aufrichten?
- Hast Du das Aufschwingen, das Fixieren des Handstandes und das Abschwingen koordinieren können?

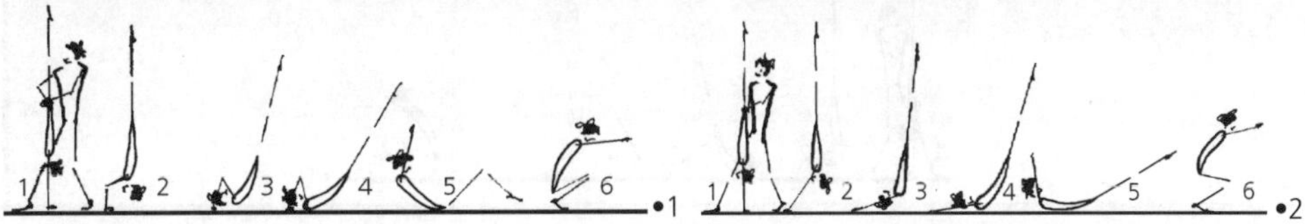

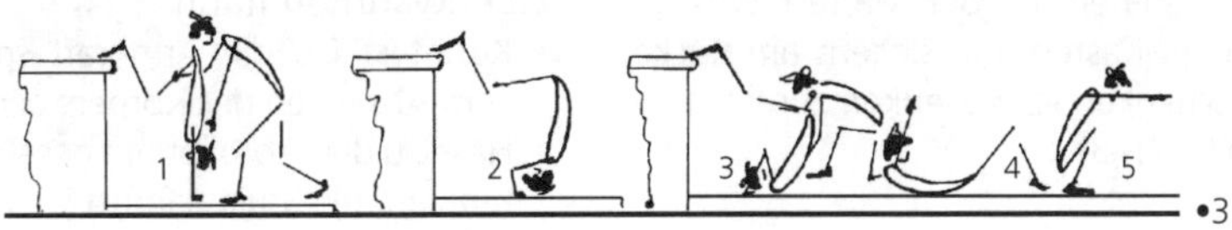

Rollbewegungen

Abrollen vorwärts aus dem Handstand

BIOMECHANISCHE UND FUNKTIONALE ASPEKTE
sowie **Konditionelle Voraussetzungen** siehe Aufschwingen in den Handstand, Seite 219–220.

METHODISCHE ASPEKTE
Koordinative Voraussetzungen

Das Abrollen vorwärts kann mit Beugen der Arme (Abb. 1) oder mit gestreckten Armen (Abb. 2) geturnt werden. Voraussetzung für diese Verbindung ist ein kurzzeitiges Fixieren im Handstand und das Beherrschen der Rolle vorwärts. Grundsätzlich gilt, daß der KSP vor die Hände verlagert werden muß, wenn abgerollt werden soll. Beim Abrollen mit gestreckten Armen ist die erreichbare Rollgeschwindigkeit wesentlich größer als mit gebeugten Armen. Dies hängt mit der Entfernung des KSP von DA/Hände und der Wirkung der Schwerkraft (Radiusabstand zur DA) zusammen.

Abrollen mit gebeugten Armen

Kennenlernen der Abrollaktion mit gebeugten Armen

Rutsch aus der Bauchlage auf dem hüfthohen Kasten so weit nach vorn und stütz mit den schulterbreit aufgesetzten Händen etwa eine Rumpflänge vor dem Kasten, so daß Du die Knie gebeugt hältst und mit den Füßen noch am Kastenrand Kontakt hast (Abb. 3/1). Streck Dich ganz aus den Schultern. Arme und Rücken bilden eine Gerade, so daß Dein Arm-Rumpfwinkel völlig geöffnet ist. Schieb Deine Schultern leicht nach vorn, beug die Arme und schau auf einen Punkt kurz vor Deinen Händen. Nimm erst kurz vor Kopfkontakt auf dem Boden das Kinn auf die Brust (Abb. 3/2–3).
Lös die Füße vom Kasten, wenn Du über den Nacken abrollst (Abb. 3/3).

Zwei Helfer stehen auf der Matte rechts und links vor dem Kasten und sichern am Rücken und Oberschenkel das Absenken zur Rolle vorwärts (Abb. 3/1–3).

Eigenwahrnehmung

- Konntest Du die Armkraft spüren, die Du zum Absenken des Körpers benötigst?
- Hast Du den Abrollpunkt gesehen, bis Du das Kinn auf die Brust nahmst?
- Warst Du in der Lage, ganz sanft über den Hinterkopf, Nacken und Rücken abzurollen?

Kennenlernen des Abrollens aus dem Handstand mit gestreckter Hüfte

Laß Dich von den Helfern aus dem Winkelhandstand am hüfthohen Kasten in den Handstand heben (Abb. 4/1–2). Schieb Dich aus den Schultern heraus und fixiere Deine gestreckte Körperposition. Verlagere mit Beugen der Arme Deine Schultern nach vorn und halte dabei Rumpf und Beine senkrecht. Setz den Hinterkopf und Nacken zum Abrollen auf den Boden und roll mit offenem Bein-Rumpfwinkel bis zur Hüfte ab (Abb. 4/3). Hock die Beine zum Aufrichten in den Hockstand an (Abb. 4/4–5).
Die Helfer stabilisieren kurzzeitig den Handstand an den Oberschenkeln mit Klammergriff und begleiten den senkrecht gehaltenen Körper bis zum flüchtigen Nackenstand (Abb. 4/1–3) zum Abrollen.

Eigenwahrnehmung

- Konntest Du spüren, welche Körperposition Du im Handstand eingenommen hast?
- Warst Du in der Hüfte gestreckt und hast Du das Absenken des Körpers bewußt ausgeführt?
- Konntest Du mit gestreckter Hüfte den Schulterkontakt am Boden spüren?
- Hast Du gespürt, ob Du schnell oder langsam gerollt bist?

Kennenlernen des Gesamtablaufs

Schwing mit Partnerhilfe oder in der Dreiergruppe in den kurzzeitig fixierten Handstand und turn das Abrollen wie zuvor vom Kasten mit gestreckter Hüfte. Hock erst dann Deine Beine an, wenn die Hüftrückseite Bodenkontakt hat (Abb. 5/5).
Geholfen wird mit Klammergriff am Oberschenkel.

Eigenwahrnehmung

- Konntest Du die erlernte Schulterverlagerung mit Beugen der Arme vom Kasten auf den Boden umsetzen?
- Hast Du gespürt, wie dynamisch Dein Körper mit gestreckter Hüfte über den Rücken rollt?
- Hast Du den Zeitpunkt, als die Hüfte Bodenkontakt hatte, erfaßt?
- Konntest Du Dich ohne Hilfe der Hände in den Stand aufrichten?

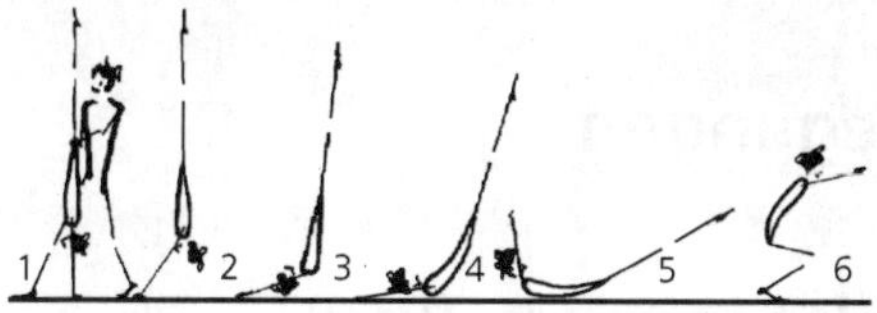

•6

Abrollen mit gestreckten Armen

Kennenlernen der Abrollaktion mit gestreckten Armen

Schwing in den Handstand, die Helfer halten Dich dort an. Schieb Deine Schultern mit gestreckten Armen nach vorn und schau so lange wie möglich den Boden an (Abb. 6/2). Dein Körper muß dabei senkrecht über den Schultern bleiben. Nimm das Kinn unmittelbar vor Kopfkontakt am Boden auf die Brust und roll mit gestreckten Armen und gestreckter Hüfte ab. Hock Deine Beine zum Aufrichten erst an, wenn die Hüfte Kontakt mit dem Boden hat (Abb. 6/1–5).

Die Helferinnen führen anfangs mit Klammergriff am Oberschenkel langsam durch die Bewegung (Abb. 6/1–4). Später wird nur der Handstand fixiert (Abb. 6/1).

Eigenwahrnehmung

- Hast Du gespürt, daß Deine Arme beim Vorschieben der Schultern und beim Abrollen gestreckt bleiben können?
- Hast Du gespürt, wie weit Du die Schultern vorverlagern kannst?
- Konntest Du den Zeitpunkt registrieren, wann Du das Kinn auf die Brust genommen hast?
- Hast Du gemerkt, daß Du wesentlich mehr Geschwindigkeit beim Abrollen bekommst, als beim Abrollen mit gebeugten Armen?

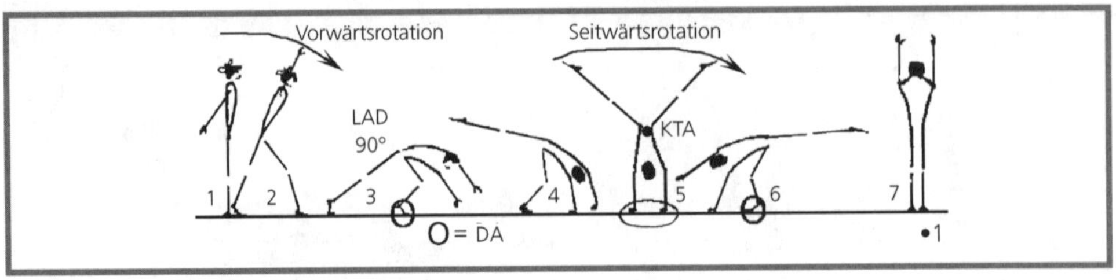

Überschlagbewegungen

Handstütz-Überschlag seitwärts (Rad)

Biomechanische Aspekte

Das „Rad" ist eine Rotation von 360°, die zunächst als Vorwärtsrotation um die KBA beginnt (Abb. 1/1–2). Durch eine zusätzliche Rotation um die KLA von ca. 90° (Abb. 1/2–3) dreht der Körper seitwärts um die KTA (Abb. 1/4–7). Die jeweiligen Kontaktpunkte vom Schwung- und Druckbeinfuß sowie die Hände sind dabei kurzzeitig feste DA. Durch Verlagerung des KSP vor die kurzzeitig feste DA wird die Vorwärtsrotation eingeleitet. Nachdem das Druckbein und die erste Hand etwa im Abstand einer Rumpflänge aufgesetzt wurde, beginnt der Schwungbeinimpuls (Abb. 1/3–4). Der unmittelbar darauf folgende Druckbeinimpuls verstärkt die Seitwärtsrotation und ermöglicht das Aufsetzen der zweiten Hand (Abb. 1/5). Je nach vorhandener Geschwindigkeit der Seitwärtsrotation muß/kann das Schwungbein nahe oder begrenzt weiter von der zweiten Hand aufgesetzt werden. Der Körper kann mit dem kurzzeitig nacheinander folgenden Handabdruck (Abb. 1/6) aus der Kopfunter-Position wieder in den Stand aufgerichtet werden.

Funktionale Aspekte

Hilfsfunktionsphase	Foto 1–2	**Hauptfunktionsphase**	Foto 2–4
Aktionen	Funktionen	Aktionen	Funktionen
a) Rumpfweites Vorsetzen des gebeugten Druckbeins b) 1/4 Drehung um die KLA und Aufsetzen der ersten Hand	a) Einleiten der Vorwärtsrotation b) Übergang in die Seitwärtsrotation und Erreichen der optimalen Ausgangsposition vor Beginn der Hauptfunktionsphase	a) Schwungbeineinsatz und Aufsetzen der ersten Hand b) Druckbeinimpuls mit Aufsetzen der zweiten Hand und Aufschwingen in den flüchtigen Seithandstand	a) Verlagerung der kurzzeitig f. DA und Verstärken der Seitwärtsrotation b) Kraftstoß auf den Körperstamm zum Erreichen der Kopfunter-Position

•2

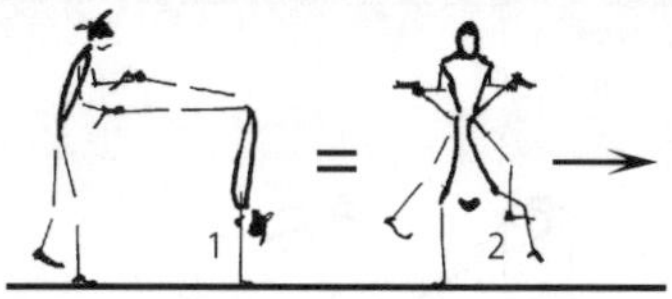

•3

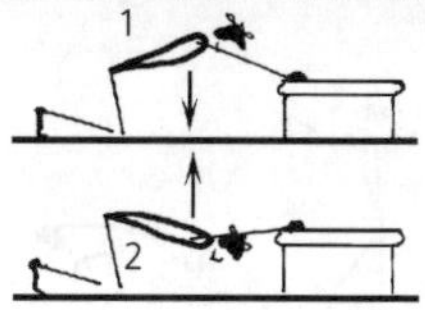

•4

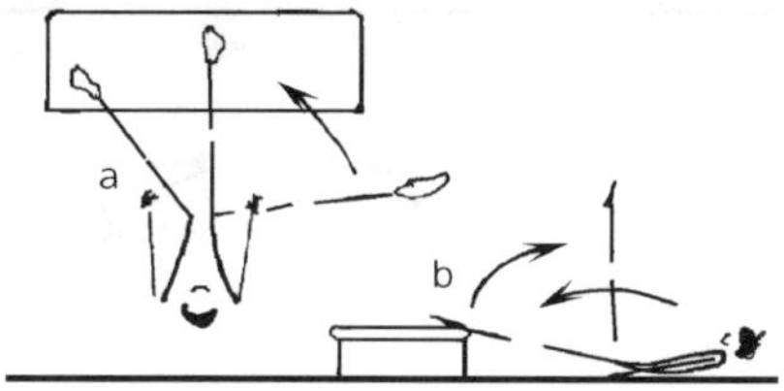

•5

Methodische Aspekte

Konditionelle Voraussetzungen	**Übungen zum Erwerb der Voraussetzungen**
1. Armkraft • Trizeps • Deltamuskel	zu 1. Für den Stütz: Im einarmigen Liegestütz seitlings (Abb 2/1). Das obere Bein wird nach oben abgespreizt und der Arm nach oben geführt (Abb. 2/2). Die Position soll zehn Sekunden gehalten werden. Drei Serien pro Seite, 1 Min. Pause.
2. Arm- und Schulterkraft • Unterarm- und Schultermuskulatur	zu 2. Für die Stützverlagerung auf einen Arm: Im Liegestütz vorlings mit Partnerhilfe, leicht gegrätschten Beinen und gewinkelter Hüfte (Abb. 3/1) Seitwärtswandern (Abb. 3/2). 3 bis 5 Meter, dann Partnerwechsel. 3 Wiederholungen.
3. Beweglichkeit / Schulter • Brustmuskulatur • Trizeps • Deltamuskel	zu 3. Für einen offenen ARW: Im Kniestand etwa eine Rumpf- und Armlänge hinter einem Kleinkasten (Abb. 4/1). Die gestreckten Arme werden schulterbreit aufgelegt. Weiches, langsames Tiefführen der Brust bis an die Dehngrenze (Abb. 4/2). 10–15 Sekunden halten, langsam zurück in die Ausgangslage. Fünf mal, 1 Minute Pause, drei Serien.
4. Beweglichkeit / Hüfte • innere Oberschenkelmuskulatur	zu 4. Für das Seitspreizen: In der Rückenlage, beide Fersen liegen auf einem Kastendekkel. Ein Bein wird bis an die Spreizgrenze seitwärts gespreizt (Abb. 5a). Mit einem Viertelkreis am Grenzbereich wird das Bein über die Hochhalte bis in die Ausgangsposition zurückgeführt (Abb. 5/b). 10 mal, dann Beinwechsel.

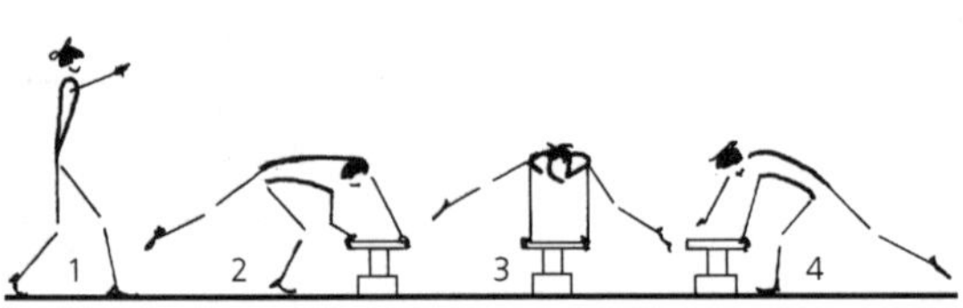

•6

•7

•8

Koordinative Voraussetzungen

Kennenlernen der Aufsatzseite von Druckbein und Händen

Setz aus dem Seitstand vor der Bank ein Bein (Druckbein) vor, stütz mit beiden Händen zur Seite des Druckbeines auf der Bank oder umfasse die Bankkanten. Schwing das Schwungbein über die Bank, drück Dich vom Druckbein ab und schwing es hinterher. Setz Dein Schwungbein danach auf den Boden dicht an die Bank (Abb. 6/4) und richte Deinen Oberkörper auf. Turn das gleiche zur anderen Seite und versuch herauszufinden, welche Seite Dir lieber ist. Merke Dir: Wenn das Druckbein rechts ist, setze auch die Hände nach rechts (und umgekehrt).

Eigenwahrnehmung

- Hast Du gespürt, auf welcher Seite das „Überradeln" für Dich leichter ist?

Kennenlernen von Handstellung und Rumpfdrehung

Setz aus dem Stand das Druckbein nach vorn in den Ausfallschritt (rechts), dreh im Rumpf und dreh den linken Arm nach rechts einwärts, Abb. 7). Die zweite Hand (links) kann parallel (Abb. 8) oder einwärts gedreht werden, so daß die Finger zur ersten Hand (rechts) zeigen (Abb. 10).

Eigenwahrnehmung

- Hast Du die Handposition in bezug zum Druckbein richtig koordiniert?

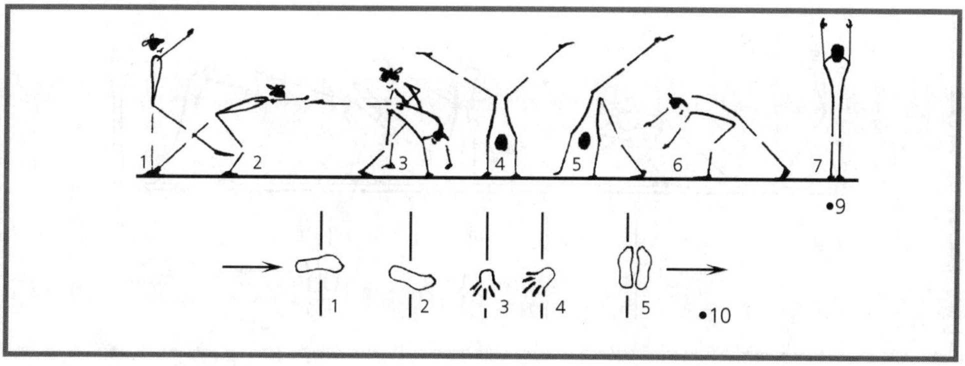

Kennenlernen des Überschlagens

Versuch, das Seitwärtsüberschlagen des Körpers beim „Rad" zu erfahren. Setz dafür Druckbein und Hände mit Drehung im Rumpf und gestreckten Armen auf dem Boden auf und schwing nacheinander schnellkräftig Schwung- und Druckbein rückhoch über die Senkrechte. Da das Schwungbein vorausschwingt, landet es auch zuerst (Abb. 9/1–7).

Der Helfer steht zur Körperrückseite des Lernenden (wird in Abb. 9 aus zeichnerischen Gründen anders dargestellt). Er greift beim Vorsetzen des Druckbeines mit Klammergriff in die Hüften und begleitet den Übenden mit Drehhilfe bis zum Stand.

Eigenwahrnehmung

- Hast Du gespürt, wie sich Dein Körper durch den Impuls von Schwung- und Druckbein um die Hände dreht?

Kennenlernen von Fuß- und Handaufsatz

Mach Dir mit Hilfe der Abb. 10 die Positionen der Hände und Füße auf dem Boden klar. Lege für Dich Deine Abstände fest.

Das gebeugte Druckbein (Abb. 10/2) und die erste Hand (Abb. 10/3) werden im Abstand von je einer Rumpflänge vorgesetzt. Die Position der zweiten Hand (Abb. 10/4) befindet sich parallel oder einwärts gedreht zur ersten in Schulterbreite. Das Schwungbein wird in Abhängigkeit von der Drehgeschwindigkeit relativ dicht oder weiter entfernt von der zweiten Hand aufgesetzt. Das Druckbein setzt an das Schwungbein heran (Abb. 10/5).

Eigenwahrnehmung

- Ist es Dir gelungen, Deine Rumpflänge als Maßstab für das Vorsetzen des Druckbeines und der ersten Hand festzulegen?

Turn das „Rad" und bring dabei Dein Druckbein, die erste und zweite Hand auf die Markierung (Abb. 9 und 10). Schau, wie Dein Schwungbein auf die Markierung, möglicherweise relativ dicht an die zweite Hand, setzt. Richte Dich mit Heransetzen des Druckbeines zum Stand auf.

Eigenwahrnehmung

- Konntest Du das Druckbein und die erste Hand im Abstand Deiner Rumpflänge auf die Markierung setzen?
- Hast Du die zweite Hand parallel zur ersten aufgesetzt?
- Hast Du Dein Schwungbein beim Aufsetzen auf die Markierung gesehen?

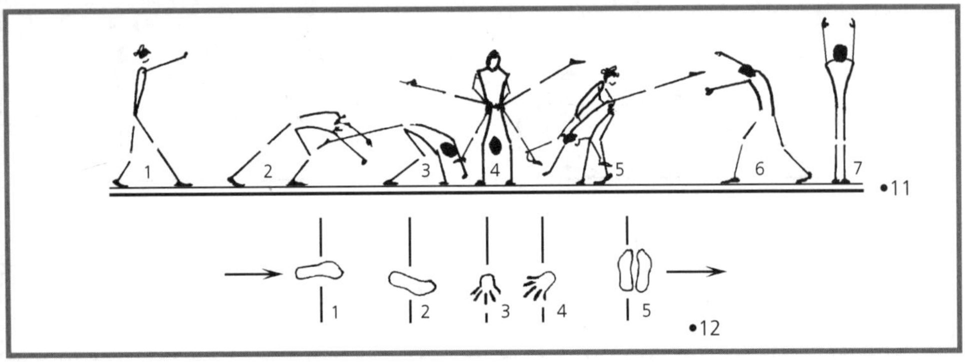

Kennenlernen der Reihenfolge der Fuß- und Handaktionen

Mach Dir anhand der Abb. 12 die Reihenfolge der Fuß- und Handaktionen klar.

Aufsetzen:	*Druckbein*
	1. Hand
	2. Hand
Lösen:	*1. Hand*
Aufsetzen:	*Schwungbein*
Lösen:	*2. Hand*
Aufsetzen:	*Druckbein*

Führ das „Rad" mit schnellem Schwung- und Druckbeineinsatz aus. Konzentrier Dich auf das nacheinander Aufsetzen und Lösen der Hände. Zähl in Gedanken für das Aufsetzen der Hände 1–2 und für das Lösen 1–2 (Abb. 11).

Der Helfer steht in der Regel zur Körperrückseite des Lernenden auf der Druckbeinseite (möglicherweise auch zur Körpervorderseite, Abb. 11/4–5) und greift beim Vorsetzen des Druckbeines mit Klammergriff in die Hüften.

Eigenwahrnehmung

- Konntest Du beim Aufsetzen und Lösen der Hände 1–2, 1–2 zählen?
- Hast Du gespürt, daß das nacheinander Aufsetzen und Lösen der Hände um so leichter fällt, je weiter Du Dein Druckbein und die 1. Hand vorsetzt?
- Hast Du gespürt, wie sich das nacheinander Aufsetzen und Lösen der Hände und der Impuls von den Beinen auf einen dynamischen Bewegungsablauf auswirken?
- Hast Du gespürt, daß Du Dein Schwung- und Druckbein schnell hintereinander einsetzen mußt?

Kopplung zum Gesamtablauf

Versuch, das „Rad" schwungvoll mit nacheinander Aufsetzen und Lösen der Hände zu turnen. Setz dabei Füße und Hände auf eine Linie und schwing die Beine nacheinander über die Senkrechte. Der Hüftwinkel ist dabei auf 180° geöffnet. Richt Dich mit dem Aufsetzen des gebeugten Schwungbeines schnellkräftig mit dem Oberkörper auf. Deine Arme unterstützen das Aufschwingen und bleiben bis zum Stand in Hochhalte (Abb. 11/1–7).

Die Handstandposition mit Seitspreizen (Abb. 11/4) kann zuvor mit Partnerhilfe an der Wand oder im freien Raum geübt werden.

Eigenwahrnehmung

- Hast Du gespürt, daß durch weites Vorsetzen von Druckbein und der ersten Hand das Aufschwingen erleichtert wird?
- Hast Du gespürt, daß Du Druckbein und Hände auf eine Linie setzen und Deine Beine schwungvoll rückhoch schwingen mußt, wenn Du das „Rad" über die Senkrechte turnen willst?
- War Dein Hüftwinkel auf 180° geöffnet?
- Hast Du gespürt, daß Du Deinen Oberkörper relativ leicht aufrichten kannst, wenn Du zuvor das Aufsetzen und Lösen der Hände nacheinander ausführen konntest?

Helfervarianten beim „Rad"

Erste Variante:
Der Helfer steht zur Körperrückseite des Lernenden (auf der Druckbeinseite) und greift beim Vorsetzen des Druckbeines mit Klammergriff an die Hüften.

Zweite Variante:
Werden Schwung- oder Druckbein unzureichend schwungvoll eingesetzt, hilft Schubhilfe mit beiden Händen am jeweiligen Oberschenkel in Bewegungsrichtung. Der Standort des Helfers befindet sich dann auf der Seite des zu unterstützenden Beines und der 2. Helfer stabilisiert das „Rad" mit Klammergriff an den Hüften.

Dritte Variante:
Führt der Schwung nicht über die Senkrechte („Tellerrad"), kann das Helfen auch an der Körpervorderseite (Abb. 11) erfolgen. Frühzeitiges Hineingreifen in den Bewegungsablauf (im Aufschwingen des Schwungbeines) ist hier notwendig, um den Lernenden an den Oberschenkeln in Richtung Senkrechte zu führen (Abb. 9). Ein zweiter Helfer kann von der Körperrückseite an den Hüften absichern.

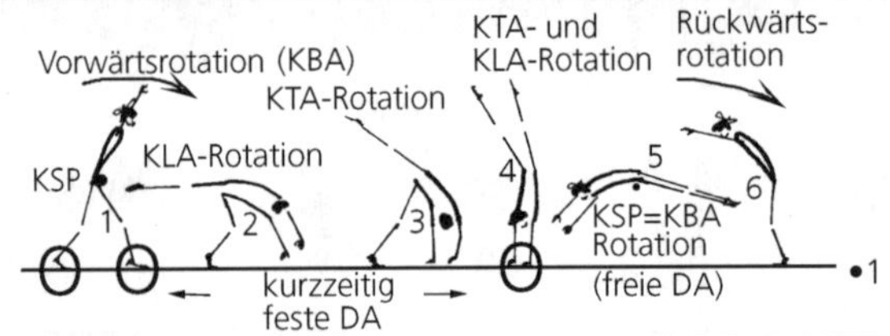

Handstütz-Überschlag seitwärts mit 1/4 Drehung (Radwende)

Biomechanische Aspekte

Die „Radwende" ist eine Rotation von 360° um alle Körperachsen (KBA, KLA und KTA, Abb. 1/1–6). Die zunächst eingeleitete Vorwärtsrotation (KBA) wird durch eine Teilrotation um die KLA überlagert, was zu einer Teilrotation um die KTA bis zum Stütz der zweiten Hand führt (120–140°; Abb. 1/2–4).
Mit dem Handabdruck und dem Beinschnepper (Kurbet) erfolgt eine weitere KLA-Rotation von ca. 40°.Dadurch dreht der Körper während der Flugphase (Abb. 1/4–6) um die KBA, so daß eine Position für alle Absprünge rückwärts erreicht wird (Abb. 1/6).

Das Landebein des Hopsers wird zum Schwungbein (erste kurzzeitig feste DA). Das etwa eine Rumpflänge vorgesetzte Druckbein dient als zweite kurzzeitig feste DA. Mit dem sanften Aufsetzen der ersten Hand, etwa eine Rumpflänge vor dem Druckbein, beginnt der Schwungbeinimpuls (Abb. 1/2). Der Druckbeinimpuls und das Aufsetzen der zweiten Hand (Hände als dritte kurzzeitige DA) folgt unmittelbar. Der Schwungbeinimpuls geht dabei am KSP und der DA vorbei und der Druckbeinimpuls (Abb. 1/3) trifft den KSP nahezu.
Die entstehende exzentrische Kraftwirkung verstärkt die Drehgeschwindigkeit der Seitwärtsrotation um die kurzzeitig festen DA Hände (Abb. 1/3).
Nach Passieren der Senkrechten holt das Druckbein das Schwungbein ein. Dabei weist der Körper eine Aktivüberstreckung auf. Die stark vorgespannte Muskulatur ermöglicht einen peitschenartigen abwärtsgerichteten Beinschlag (Kurbet, Abb. 1/4).
Mit dem Übergang von der Überstreckung zur Beugung im Hüftgelenk erfolgt ein energischer Abdruck aus Schultern und Händen mit Blokkieren des BRW. Der Körper kann um die freie DA (KSP/KBA, Abb. 1/4–6) mit fixiertem Hüftwinkel bis zur Landung rotieren.

Funktionale Aspekte

Hilfsfunktionsphase	Foto 1–6	**Hauptfunktionsphase**	Foto 6–10
Aktionen	Funktionen	Aktionen	Funktionen
a) Handaufsatz mit 3/8 Drehung und Aufschwingen des Schwungbeines rückhoch b) Druckbeineinsatz mit Heranschwingen an das Schwungbein in eine Aktivüberstreckung c) Schnelles Eindrehen der Hüfte mit 1/8 Drehung in der überstreckten Seithandstandposition	a) Verlagerung des KSP vor das Druckbein und Rotationsverstärkung um die KTA b) Rotation des Gesamtkörpers und Voraufbeschleunigung des KSP durch exzentrischen Kraftstoß, Erreichen einer starken Muskelvorspannung c) Erreichen der neuen Bewegungsrichtung	a) Peitschenartiger Beinschlag (Beinschnepper/Kurbet) abwärts mit Abbremsen b) Schulter- und Handabdruck	a) Beschleunigung und Impulsübertragung der Beinrotation auf den Gesamtkörper, Erhöhung der Rotationsgeschwindigkeit durch Verringerung des Trägheitsmomentes (Hüftbeugen) b) Aufrichten des Oberkörpers

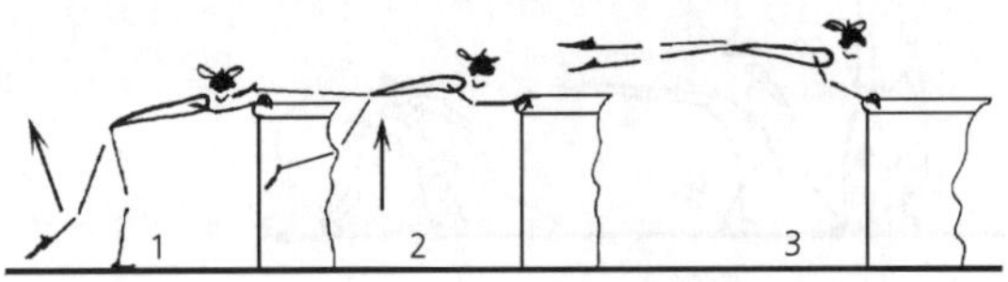

•2

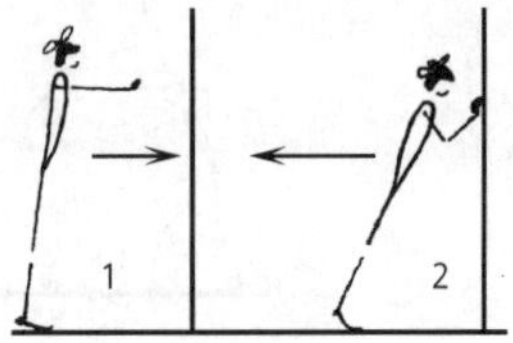

•3

Methodische Aspekte

Konditionelle Voraussetzungen	Übungen zum Erwerb der Voraussetzungen
1. Beinkraft / Hüftkraft • Untere Rückenmuskulatur • Teile der Gesäßmuskulatur • Vordere Oberschenkelmuskulatur • Wadenmuskulatur	zu 1. Für den Schwung- und Druckbeineinsatz: Im Stand vorlings etwa eine Rumpf- und Armlänge vor dem Kasten mit hüfthohem Griff (Abb. 2/1). Das Schwungbein wird schnellkräftig rückhoch geschwungen und gefolgt vom Druckbein (Abb. 2/2). Nach kurzzeitigem Schließen der gestreckten Beine (Abb. 2/3) erfolgt die Landung auf dem Druckbein. Fünf mal, 1 Minute Pause, in drei bis fünf Serien.
2. Armkraft / Schulterkraft • Trizeps • Deltamuskel	zu 2. Für den Abdruck aus Armen und Schultern: Im Stand vorlings etwa eine Rumpf- und Armlänge von der Wand entfernt (Abb. 3/1). Mit nach vorn gestreckten Armen zur Wand fallen lassen.Den Schwung durch Beugen der Arme abfangen (Abb. 3/2). Schnelles Wegschieben von der Wand mit Strecken der Arme und Druck aus den Schultern und von den Händen. Zehn mal, 1 Minute Pause, in drei Serien.

Koordinative Voraussetzungen

Fuß- und Handposition beim Aufschwingen seitwärts in den Handstand

Schwing in den Handstand mit 3/8 Drehung auf die Handmarkierung (Abb. 4). Setz das Druckbein rumpfweit vor, schließ die Beine in der Senkrechten und bück ab (Abb. 5/1–3).
Der Helfer steht zur Körperrückseite des Übenden und hilft mit Klammergriff an den Hüften.

Eigenwahrnehmung

- Hast Du mit beiden Händen die Markierung erreicht?
- Waren Deine Beine geschlossen?
- Hast Du gespürt, ob Du Dein Druckbein vorgesetzt hast?

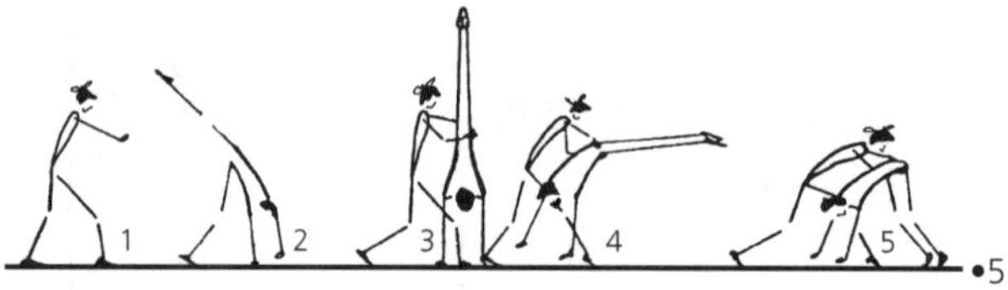

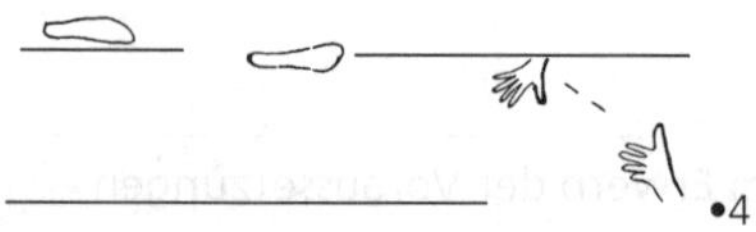

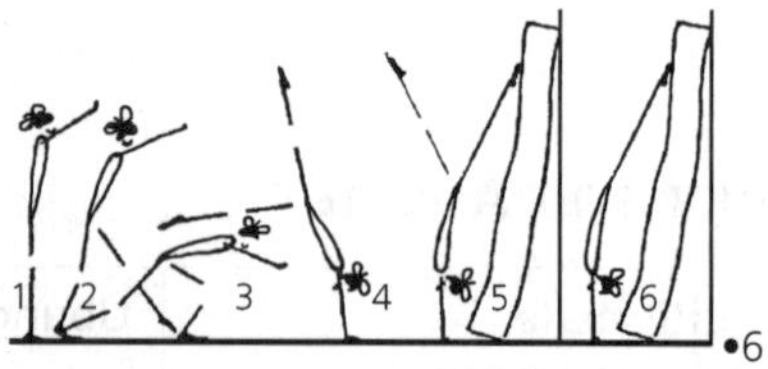

Kennenlernen der Aktionen in der Hüfte

Schwing in den Handstand mit 3/8 Drehung auf die Handmarkierung (Abb. 4). Führ nach Erreichen der Handstandposition eine 1/8 Drehung in den Hüften aus, bück die Beine (gestreckt) ab (Abb. 5/1–5) und richte Deinen Oberkörper mit Vorhochführen der Arme zum Stand auf. Turn nach einigen Versuchen die Aktionen ohne Hilfe und dann auch schneller.

Der Helfer steht zur Körperrückseite der Übenden und hilft mit Klammergriff an den Hüften (Abb. 5/3–5).

Eigenwahrnehmung
- Hast Du die Aktionen der Hüften, der Beine und des Oberkörpers (drehen–bücken–aufrichten) bewußt ausführen können?

Kennenlernen der Körperhaltung in der Handstandposition

Schwing in den Handstand gegen die Matte mit aktiv überstrecktem Körper. Setz dabei die Hände etwa 30 cm von der Matte entfernt auf und schwing, bis die Füßen die Matte berühren. Schau zwischen die Hände auf den Boden. Deine Schultern befinden sich über den Händen (Abb. 6/1–6).

Eigenwahrnehmung
- Spürst Du im Handstand Deine überstreckte Körperhaltung mit starker Vorspannung der vorderen Muskelschlinge?
- Konntest Du spüren, ob Dein Arm-Rumpfwinkel völlig gestreckt und die Schultern über den Händen waren?

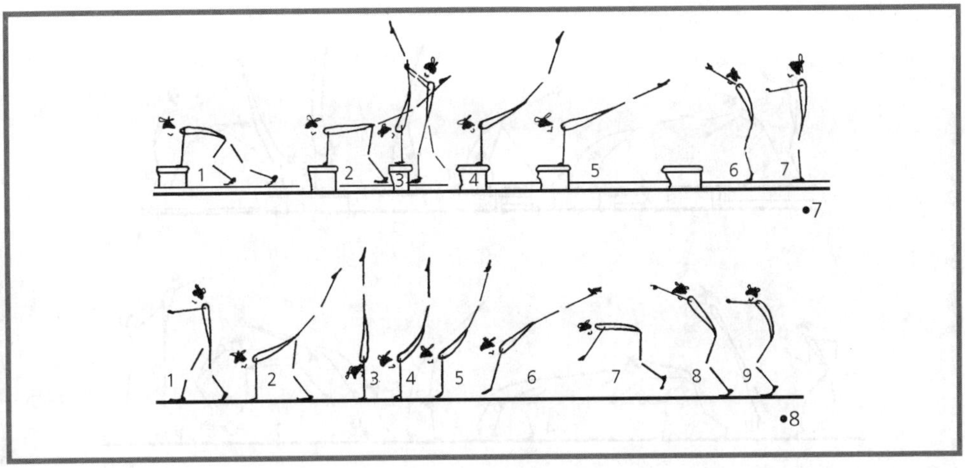

Kennenlernen des Beinschneppers mit Abdruck (Kurbet)

Schwing in den aktiv überstreckten Handstand (Abb. 7/1–3 und 8/1–3).
Drück zuerst Brust und Hüfte nach unten und schlag danach Deine Beine peitschenartig nach unten (Abb. 7/4–5 und 8/5–6). Führ Hand- und Schulterabdruck aus, so daß Du mit gebeugter Hüfte und fast aufgerichtetem Oberkörper in den Stand kommst.
Schwing die Arme dabei parallel vorhoch (Abb. 8/8–9).

Das Kurbet sollte zuerst von der Erhöhung mit Hilfe (Abb. 7/1–7) und dann am Boden (Abb. 8/1–9) geturnt werden.

Eigenwahrnehmung

- Hast Du gespürt, daß eine gute Muskelvorspannung in der Aktivüberstreckung den Beinschnepper begünstigt?
- Kannst Du das Zusammenwirken Deines explosiven Beinschneppers mit dem Hand-/Schulterabdruck (kurzzeitige Flugphase und Aufrichten des Oberkörpers) spüren?

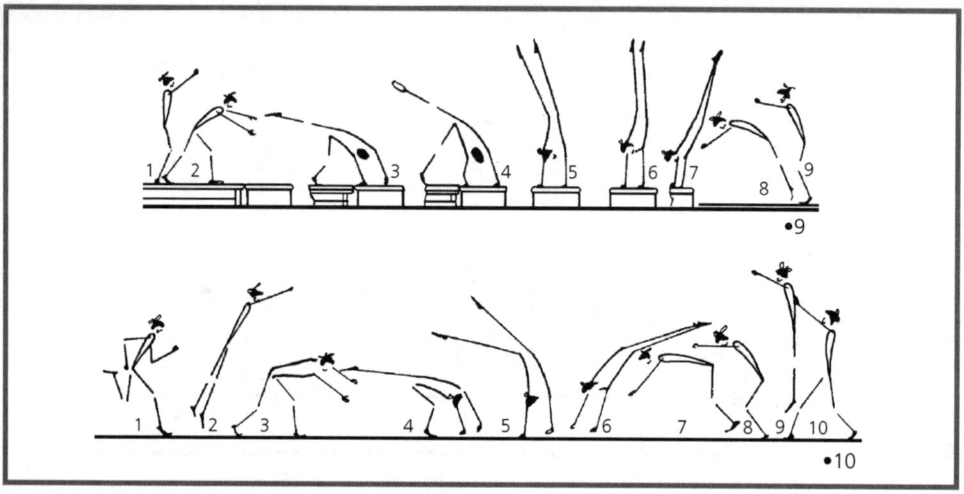

Kopplung von Handstand, Beinschnepper und Abdruck

Schwing aus dem Stand von der Erhöhung (Abb. 9) schnell in den aktiv überstreckten Handstand. Senk Brust und Hüfte nach unten, peitsch kurz danach die Beine mit einer 1/8 Drehung abwärts und drück Dich gleichzeitig von der Unterstützungsfläche ab. Schwing die Arme dabei parallel vorhoch und dreh mit offenem Arm-Rumpfwinkel und fixiertem Hüftwinkel bis zum Stand (Abb. 9/1–9).

Eigenwahrnehmung
- Wie ist Dir die Kopplung von Handaufsatz, Schließen der Beine in der Aktivüberstrekkung und Beinschnepper–Abdruck–Drehen gelungen?
- Hast Du gespürt, wie schnellkräftig Dein Beinschnepper mit Hand- und Schulterabdruck sein muß, um den Oberkörper zum Landen aufzurichten?
- Hast Du gespürt, daß Du mit den Armen kräftig abdrücken mußt, wenn Du von der Überstreckung in die Hüftbeugung kommst, um das Aufrichten des Oberkörpers zu erreichen?

Kopplung des Gesamtablaufs

Versuch, die Geschwindigkeit aus Anlauf/Hopser für das schnelle Aufschwingen des Körpers in die überstreckte Handstandposition zu nutzen und führ dann wie zuvor den peitschenartigen Beinschnepper mit Hand- und Schulterabdruck zur Drehung aus. Spring nach dem kurzen Fußkontakt mit Vorhochschwingen der Arme prellend ab.
Ein Helfer kann den Strecksprung an den Schultern der Körperrückseite sichern (Abb. 10/9).

Eigenwahrnehmung
- Ist Dir die Kopplung von Anlauf/Hopser mit rumpfweitem Hand- und Druckbeinaufsatz, Schließen der Beine in der Aktivüberstrekkung, Beinschnepper – Abdruck – Drehen zum Strecksprung gelungen?
- Hast Du bereits beim Seitaufschwingen die überstreckte Handstandposition gespürt?
- Konntest Du den Zeitpunkt für den Beinschnepper und Handabdruck auch im schnellen Bewegungsablauf wahrnehmen?

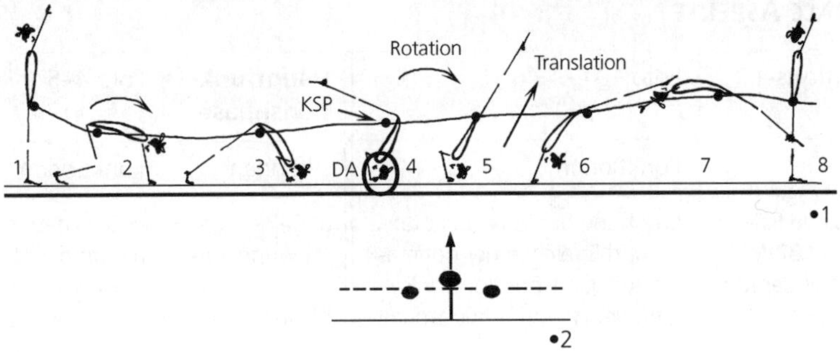

Kopfstütz-Überschlag

Der Kopfstütz-Überschlag wird in seiner bewegungstechnischen Bedeutung für alle Stützüberschläge vorwärts (teilweise auch für die freien Überschläge) vielfach unterschätzt. Als Fundamentalbewegung der Stützüberschläge vorwärts sollte er jedoch unverzichtbarer Bestandteil in der technischen Ausbildung von Turnerinnen sein.

Biomechanische Aspekte

Der Kopfstütz-Überschlag ist eine Vorwärtsrotation von 360° um die KBA (Abb. 1/1–8), die kurzzeitig feste DA (Füße-Hände-Kopf, Abb. 1/2–6) und die freie DA (KSP/KBA, Abb. 1/7).

Während der Körper um die genannten Drehachsen rotiert, bewegt sich der KSP in horizontaler Ebene translatorisch vorwärts (Abb. 1/1–8).

Die Vorwärtsrotation wird aus dem Stand durch die KSP-Verlagerung vor dem Kontaktpunkt Füße (DA) eingeleitet. Gleichzeitig dazu wird der KSP abgesenkt, wodurch die Lageenergie in Bewegungsenergie umgewandelt wird. Bei Handkontakt wird durch die Arm- und Schulterkraft die Bewegungsenergie so weit amortisiert, daß der Kopf sanft auf den Boden gesetzt werden kann (Abb. 1/3). Die „DA-Einheit: Hände-Kopf" sollte dabei möglichst auf einer Linie sein (Abb. 2). Dabei werden die gebeugten Knie gestreckt (Beinabstoß) und die Vorwärtsrotation verstärkt.

Nach dem Beinabstoß dreht der Körper mit einem BRW von ca. 90° um die Kontaktpunkte vorwärts, bis der KSP die Senkrechte über der Drehachse passiert und „umkippt" (Abb. 1/4). In diesem Moment beginnt der schnellkräftige Beinschwung vorwärts. Wenn die Beine die KLA passieren, beginnt der Armstoß (Kraftstoß auf den KSP, Abb. 1/5, Translation), um den KSP in eine höhere Position zu bewegen. Da die Beine während des Armschubs weiter „rotieren", wird durch den Armschub nicht nur Höhe erreicht, sondern auch die Rotation des Gesamtkörpers verstärkt (Abb. 1/5–6). Nach dem Lösen der Hände dreht der aktiv überstreckte Körper in der Flugphase um die freie DA KSP/KBA bis in den Stand (Abb. 1/7–8).

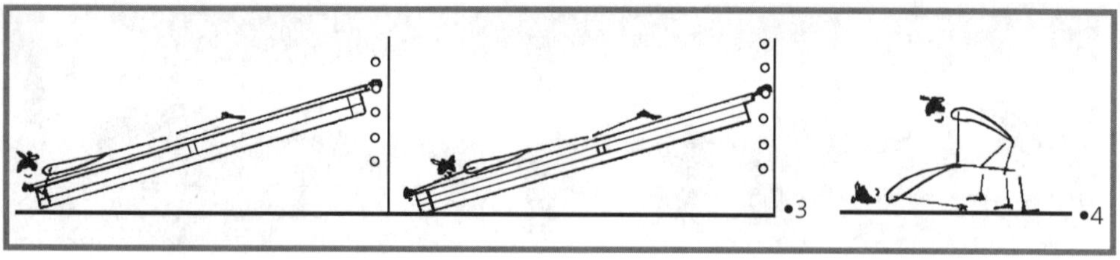

Funktionale Aspekte

Hilfsfunktions-phase	Foto 1–4	**Hauptfunk-tionsphase**	Foto 4–5
Aktionen	Funktionen	Aktionen	Funktionen
Beinabstoß und Einnehmen eines BRW von ca. 90° bis der Körper „umkippt"	Erhöhung der Vorwärtsrotation und Erreichen der optimalen Ausgangsposition vor Beginn der Hauptfunktionsphase	a) Beinschwung vorwärts b) Armschub	a) Teilrotation der Beine um das Hüftgelenk b) Höhengewinn und Rotationsverstärkung des Gesamtkörpers

Methodische Aspekte

Konditionelle Voraussetzungen	**Übungen zum Erwerb der Voraussetzungen**
1. Arm- und Schulterkraft • Bizeps (beim Halten) • Trizeps	zu 1. Für die Armstreckung: In Bauchlage auf der schräg eingehängten Bank mit Griff an den Bankkanten (Abb. 3/1).Aus den gebeugten Armen heraus schnellkräftig rückhoch bis zur Streckung der Arme schieben (Abb. 3/2). Danach in die Ausgangslage zurückrutschen (Abb. 3/1). Den Neigungswinkel der Bank so wählen, daß fünf bis acht „Schieber" ohne Abheben des OK schnellkräftig ausgeführt werden können. 5–8 mal, 1 Minute Pause, 3–5 Serien.
2. Rumpfkraft • Gesäßmuskulatur	zu 2. Für die Aktivüberstreckung: Aus der Rückenlage mit hüftbreit auf den Fußsohlen aufgestellten Beinen: Hochdrücken der Hüfte in die „Nackenbrücke" (Abb. 4). Ein Partner übt gefühlvoll mit Griff an den Hüftknochen Gegendruck Richtung Boden aus (Abb. 4). Die Übende soll die „Nackenbrücke" trotz des Drucks halten können. 5 Sek. drücken, 10 Sek. Pause, 5 Wiederholungen, 3 Serien.

Koordinative Voraussetzungen

Beim Erlernen des Kopfstütz-Überschlags treffen wir wieder auf eine Lehrsituation (vgl. S. 86–88), in der nicht mit den Aktionen der Ha.F.Ph. begonnen wird. Dies hängt mit der bewegungstechnisch optimalen Durchgangsposition vom Lösen der Hände bis in den Stand zusammen (Abb. 1/6–8).

Daß der Lehrweg für den Kopfstütz-Überschlag mit der Nackenkippe beginnt, hat folgende Gründe:

1. Die Nackenkipplage ist einfacher zu halten als der „Hände-Kopfstütz" und für alle Schülerinnen erlernbar.
2. Die Aktionen in der Ha.F.Ph. sind dieselben wie beim Kopfstütz-Überschlag (optimaler Bewegungstransfer).

•5

Kennenlernen der Durchgangsposition

Geh in die Nackenbrücke wie in Abb. 4 und spann die gesamte Rumpf- und Beinmuskulatur an. Setz Dich auf und nimm die Nackenbrücke mehrmals ein.

Eigenwahrnehmung
- Hast Du in der Nackenbrücke die Körperspannung spüren können?

Kennenlernen des Beinschwungs in die Aktivüberstreckung

Dreh aus der Kipplage mit hoher Hüftposition soweit nach vorn, bis Dein Hüftwinkel geschlossen ist (Abb. 5/1–2). Schwing dann, wenn Deine Knie über die Augen nach vorn gehen (Abb. 5/2), Deine Beine nach vorn in die Aktivüberstreckung zur „Brücke" (Abb. 5/4). Stabilisiere diese „Brücke" und laß Dich so in den Stand hochziehen (Abb. 5/4-6). Soll die Übung in Serie geturnt werden:
Setz Dich hin, ohne die Hände des Helfers loszulassen. Roll zurück in die Kipplage und turn diesen Ablauf erneut.

Zwei Helfer fassen jeweils am Handgelenk und unterstützen durch Zughilfe das Aufrichten in den Stand, nachdem die Nackenbrücke stabil ist.

Eigenwahrnehmung
- Hast Du gespürt, wie schnell Du mit Deinen Beinen schwingen mußt, um in die Überstreckung zu gelangen?
- Hast Du die Dehnung der vorderen Muskelschlinge in der Aktivüberstreckung gespürt?
- Konntest Du beim mehrmaligen Turnen die Bewegung wie zuvor koordinieren?

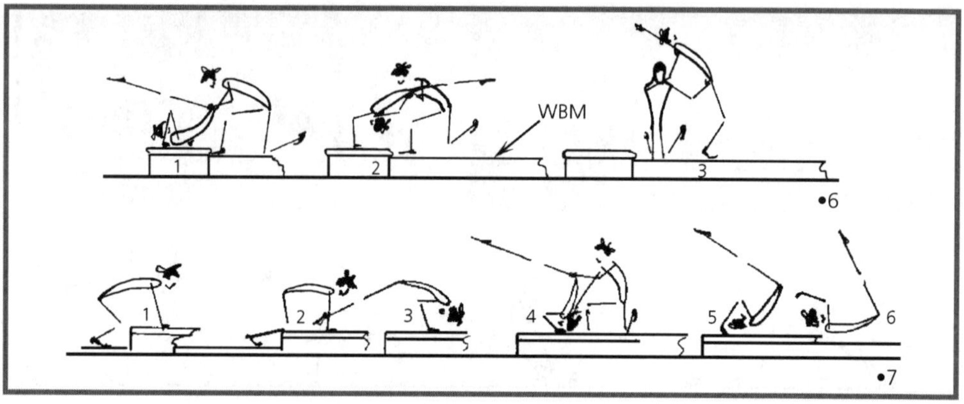

Kopplung von Armschub und Beinschwung aus dem Nackenstütz (Nackenkippe)

Dreh aus der Kipplage die Hüfte nach vorn bis sich Deine Knie über den Augen befinden (Abb. 6/1). Beginn dann schnellkräftig mit Deinem Beinschwung, drück Dich, wenn der Beinschwung die Körperlängsachse passiert, mit beiden Händen vom Kasten ab und streck dabei schnell Deine Arme. Dein Kopf ist im Nacken. Laß Dich über die Aktivüberstreckung in den Stand führen (Abb. 6/2–3).

Zwei Helfer fassen mit der kastennahen Hand unter die Schulter und sichern mit der anderen Hand am Gesäß. Schub- und Drehhilfe unterstützen die Aufwärtsverlagerung (Abb. 6/1–3).

Eigenwahrnehmung

- Konntest Du den Beginn für den Beinschwung und für die Armstreckung registrieren?
- Hast Du gespürt, daß Du beide Aktionen nacheinander durchführen mußt, um in den Stand zu kommen?
- Warst Du in der Lage, Deine Muskelspannung in der Aktivüberstreckung wahrzunehmen?

Kennenlernen der Kopfstütz-Position und des Zeitpunkts für den Beginn des Beinschwungs

Drück Dich aus dem Hockstützstand vom Boden mit den Beinen ab und verlagere Deinen Körper nach vorn. Versuch, die Kopfstütz-Position auf der Weichbodenmatte (Abb. 7/4) einzunehmen. Setz dabei das Stirnende etwa auf eine Linie zwischen den Händen. Mach den Rücken gerade und nimm einen Hüftwinkel von 90° ein. Verteil Dein Gewicht mehr auf die Hände und weniger auf den Kopf. Laß den Kopf leicht im Nacken. Präge Dir die Positionen von Kopf, Händen und Hüftwinkel ein. Wenn Du umkippst, ist der Zeitpunkt für den Beginn des Beinschwungs gekommen. Der Helfer hält Dich in dieser Kopfstütz-Position. Fall dann mit geradem Rücken auf die Weichbodenmatte (Abb. 7/4–6).

Der Helfer faßt mit einer Hand an der Schulter und mit der anderen am Gesäß. Das „Umkippen" (Abb. 7/4–5) wird nach Lösen des Helfergriffs möglich.

Eigenwahrnehmung

- Hast Du Hände und Kopf kontrolliert aufgesetzt und die Positionen von Oberkörper und Hüftwinkel erreicht?
- Warst Du in der Lage, den Zeitpunkt für den Beginn des Beinschwungs im Moment des Umkippens wahrzunehmen?

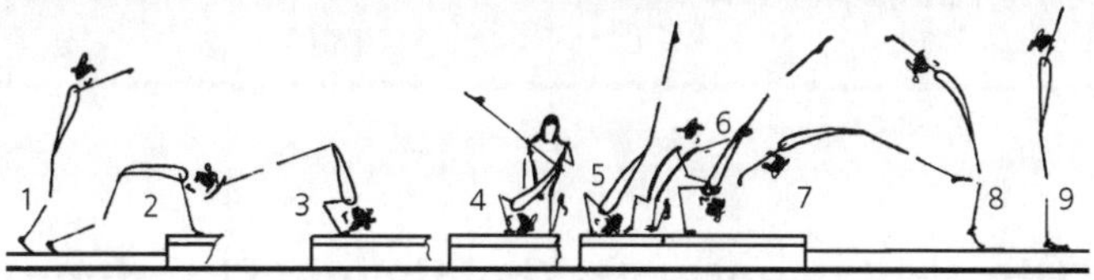

•8

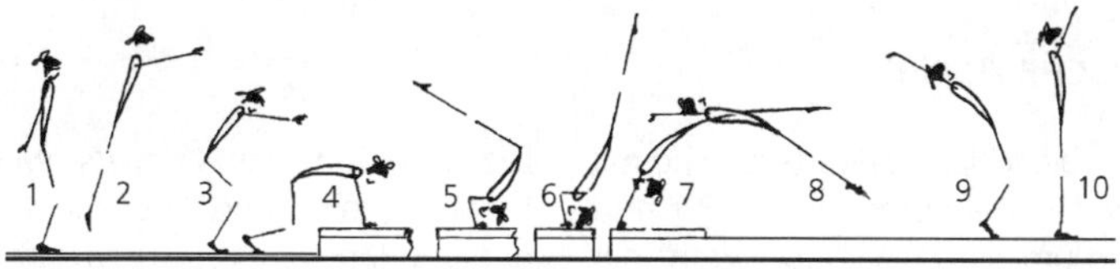

•9

Kopplung zum Gesamtablauf

Nimm die Kopfstütz-Position auf der Weichbodenmatte ein (Abb. 8/1–4). Schlag dann Deine Beine schnell nach vorn in die Aktivüberstreckung, wenn Du spürst „umzukippen". Drück Dich mit den Händen ab, wenn der Beinschwung die KLA passiert. Laß dabei den Kopf im Nacken, bis die Arme gestreckt sind. Die Helfer begleiten Dich mit dieser Körperhaltung durch die Flugphase bis zum Stand (Abb. 8).

Eigenwahrnehmung

- Hast Du gespürt, daß Du mit dem Beinschwung warten mußt, bis der Körper „umkippt"?
- Hast Du zum richtigen Zeitpunkt Deine Armaktion begonnen?
- Konntest Du die Aktivüberstreckung bis in den Stand kontrolliert beibehalten?

Der Kopfstütz-Überschlag sollte danach aus dem Ansprung auf einer WBM ohne Hilfe geübt werden (Abb. 9/1–10).

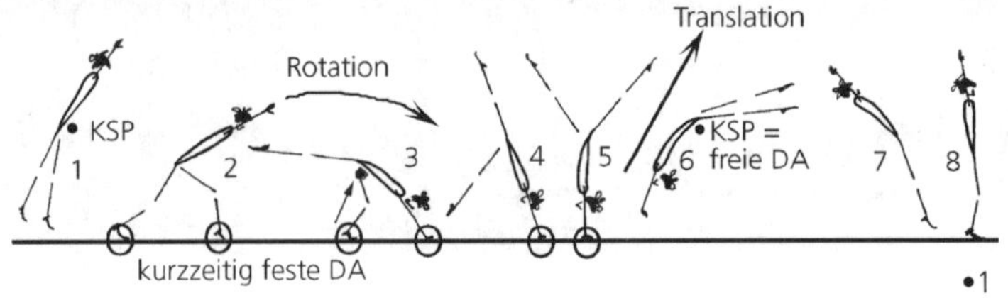

Handstütz-Überschlag vorwärts (beidbeinige Landung)

BIOMECHANISCHE ASPEKTE

Der Handstütz-Überschlag vorwärts ist eine mit Translation überlagerte Rotation von 360° in vertikaler Ebene um die KBA. Dabei dreht der Körper zunächst um kurzzeitig feste DA und danach um freie DA (Abb. 1/1–8). Die anfangs benötigte Energie wird aus dem Anlauf/Hopser gewonnen (vgl. S. 216–218).

Das etwa eine Rumpflänge vorgesetzte Druckbein ist eine kurzzeitig feste DA (Abb. 1/2–3). Mit den ebenfalls etwa eine Rumpflänge vorgesetzten Händen kann sich der Körper durch Blockieren in den Schultergelenken mit einem fixierten ARW von 180° um die kurzzeitig feste DA Hände (Abb. 1/4–5) drehen.

Die Rotation des Körpers wird durch den Schwungbein- und Druckbeinimpuls, der an den DA Händen exzentrisch vorbeiwirkt, weiter verstärkt (Abb. 1/3).

Durch die hohe Beschleunigung im Aufschwung, die Blockade in den Schultergelenken und durch Abbremsen des Schwungbeins in der Aktivüberstreckung (Abb. 1/5) lösen sich die Hände, wenn der KSP die Senkrechte über den Händen passiert. Der Körper geht in die Flugphase über (Abb. 1/5–6). Das Druckbein holt das Schwungbein ein, und der Körper dreht weiter um die freie DA = KBA/KSP (Abb. 1/6–7) bis zur Landung.

FUNKTIONALE ASPEKTE

Hilfsfunktionsphase	Foto 1–3	**Hauptfunktionsphase**	Foto 3–5
Aktionen	Funktionen	Aktionen	Funktionen
a) Aufsetzen des Schwungbeines, Vorabwärtsdrehen des OK b) Aufsetzen des gebeugten Druckbeins	a)–b) Erreichen der optimalen Ausgangsposition mit geöffnetem ARW für den Schwung- und Druckbeineinsatz	a) Schnelles Aufschwingen des Schwungbeins rückhoch und Aufsetzen der Hände b) Druckbeineinsatz mit Blockieren in den Schultern und Handabdruck	a) Rotationsverstärkung durch exzentrisch wirkenden Schwung- und Druckbeinimpuls b) Übergang in die Flugphase

•2 •3 •4

Methodische Aspekte

Konditionelle Voraussetzungen	**Übungen zum Erwerb der Voraussetzungen**
1. Armkraft / Schulterkraft •Deltamuskel •Trizeps	zu 1. Für die Abstoßkraft: In Bauchlage auf der Seitenfläche eines Kastenteils, die Schultern befinden sich vor dem Kastenrand und die gestreckten Arme werden auf den Boden gesetzt oder auf Matten, die vor dem Kastenteil liegen (Abb. 2/1). Explosives „Wegschieben" des Kastenteils aus den Schultern nach hinten. Die Arme bleiben gestreckt und werden dabei vorhoch geführt (Abb.2/2). Zehn mal, 1 Minute Pause, in drei bis fünf Serien
2. Beweglichkeit /Schulter •Brustmuskulatur	zu 2. Für einen offenen ARW: Im Stand rücklings an der Wand mit den Füßen ca. 30 cm von der Wand entfernt (Abb. 3). Die vorhoch gestreckten Arme langsam parallel nach oben an die Wand führen. Die LWS muß dabei an der Wand bleiben (Abb. 3). Die erreichte Position wird drei mal 10 Sekunden gehalten, 1 Minute Pause, 3 Serien.
3. Schulterkraft •Deltamuskel •Kapuzenmuskel	zu 3. Für das Blockieren im Schultergelenk: Aus dem Ausfallschritt Rotation vorwärts bis zum Stütz beider Hände auf dem Boden mit rückgespreiztem Bein (Abb. 4). Der ARW ist auf ca. 150° geöffnet, die Schultern befinden sich weit hinter den aufgesetzten Händen. Ein Partner schiebt von hinten, am OK rechts und links fassend, in Richtung Hände (Abb. 4). Die Übende drückt dagegen, indem sie ihre Schulterposition stabilisiert (blockiert). Fünf mal, 1 Minute Pause, drei bis fünf Serien.

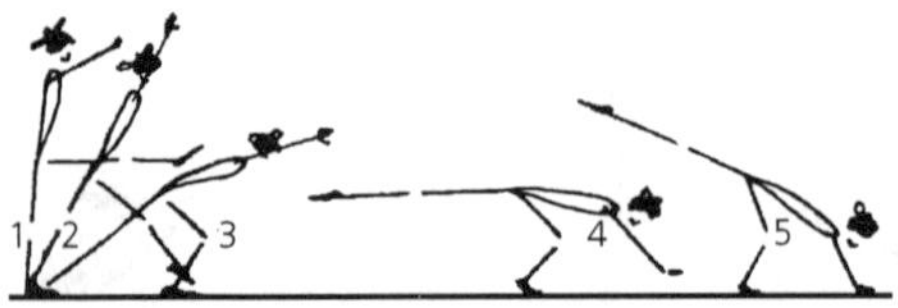

•5

•6

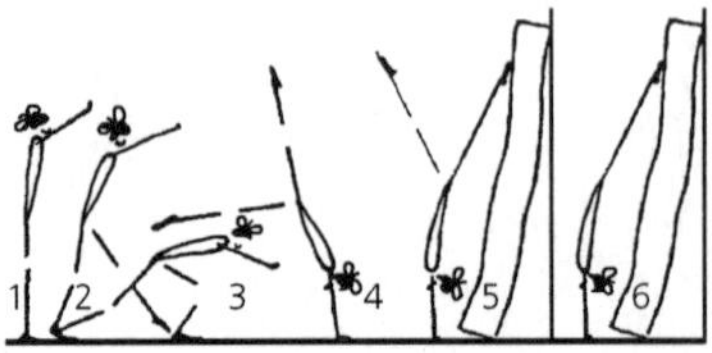

•7

Koordinative Voraussetzungen

Kennenlernen der optimalen Ausgangsposition

Schwing aus dem Stand Arme und Druckbein vorhoch. Setz das gebeugte Druckbein etwa eine Rumpflänge vor (Abb. 5/1–3).
Dreh wie eine Balkenwaage vorwärts bis zum Stütz der Hände. Setz die Hände parallel und schulterbreit mit einem weit geöffnetem Arm-Rumpfwinkel auf. Dein Schwungbein, der Oberkörper und die Arme bilden dabei annähernd eine Gerade (Abb. 5/5). Damit bringst Du Deinen Körper in die optimale Ausgangsposition für den Handstütz-Überschlag vorwärts mit den entsprechenden Abständen zwischen den Füßen und zwischen Druckbeinfuß und Händen (Abb. 6).

Eigenwahrnehmung
- Hast Du die Abstände beim Vorsetzen des Druckbeines und der Hände optimal kontrolliert?
- Hast Du gespürt, ob Schwungbein, Oberkörper und Arme annähernd eine Gerade bilden?

Kennenlernen der Schulterblockade

Schwing schnellkräftig in den Handstand mit aktiv überstrecktem Körper ohne mit den Schultern nach vorn auszuweichen (Abb. 7/1–6). Das Schwungbein schlägt zuerst an die Weichbodenmatte, kurz danach das Druckbein. Schau dabei auf Deine Hände und versuch, die Schultern genau darüber zu halten.
Eine WBM wird senkrecht an die Wand gelehnt (Abb. 7/5–6). Auf dem Boden liegt eine Turnmatte. Den Abstand im Stand zur WBM so wählen, daß die Hände ca. 30 cm von der WBM aufgesetzt werden können (Abb. 7/5–6).

Eigenwahrnehmung
- Hast Du Deine Hände beim Aufschwingen gesehen?
- Konntest Du in den Schultern blockieren als das Schwungbein die Matte erreicht hat?
- Hast Du gespürt, ob Du Deine Körperstabilität aufrechterhalten kannst?
- Bist Du so schnell aufgeschwungen, daß Schwung- und Druckbein kurzzeitig nacheinander die Matte berührt haben?
- Warst Du in der Lage, die Schulterposition im Handstand zu halten?

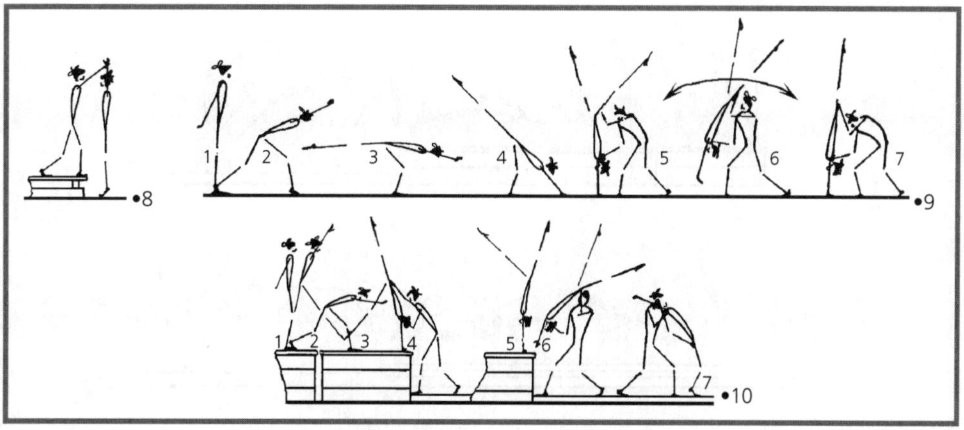

Kennenlernen der Schulteraktion

Geh in den Stand mit Armen in Hochhalte und angewinkelten Händen. Schieb Deine gestreckten Arme gegen den Widerstand des Partners aus den Schultern Richtung Decke und senk die Schultern wieder. Erfass so den Bewegungsspielraum Deiner Schultern (Abb. 8).

Der Helfer steht auf einer Erhöhung und faßt mit halbem Klammergriff unterhalb der Handgelenke. Er gibt geringfügig Widerstand gegen die Schubrichtung der Arme.

Eigenwahrnehmung

- Hast Du ein Gespür für den Bewegungsspielraum der Schultern entwickelt?

Koppeln von schnellem Handstandschwingen und Schulter-Handabdruck

Schwing schnell über den Handstand hinweg wie gegen die Weichbodenmatte (Abb. 9/1–5). Vergiß dabei nicht, in den Schultern zu blockieren und drück Dich aus den Schultern mit den Händen vom Boden ab, wenn das Schwungbein in der Aktivüberstreckung abgebremst wird (Abb. 9/5–6). Du gehst danach kurzzeitig in die Flugphase über. Schau stets auf die Hände und laß die Arme gestreckt.

Die Helfer fassen vor Erreichen der Handstandposition an Schulter und Gesäß/Oberschenkel. Die Übende wird zum Zeitpunkt des Schulter-Handabdrucks vom Boden gehoben und danach wieder zurückgesetzt (Abb. 9/5–7).

Eigenwahrnehmung

- Hast Du den Zeitpunkt für den Übergang in die Flugphase gespürt?
- Warst Du in der Lage, Dich durch schnellkräftiges Aufschwingen in die Aktivüberstreckung mit Blockieren der Schultern und Druck von Schultern und Händen leicht vom Boden mit Partnerhilfe zu lösen?
- Waren Deine Arme immer gestreckt?
- Hast Du Deine Hände dabei gesehen?

Kennenlernen der Flugphase mit Landung

Schwing auf dem Kasten mit Stütz der Hände am Kastenende schnellkräftig über die überstreckte Handstandposition (Abb. 10/1–5). Schieb Dich aus den Schultern heraus und drück Dich von den Händen ab (Abb. 10/5–6). Behalt Deine Körperposition bei und laß Dich mit Partnerhilfe in den Stand führen. Fang Deinen Schwung mit Beugen in den Knien ab (Abb. 10/6–7).

Die Helfer stehen im Seitstand zum Gerät und unterstützen mit Überschreiten der Senkrechten mit der kastennahen Hand an der Schulter und mit der anderen an Oberschenkel/Gesäß und begleitet so bis zur Landung. Ein Mitgehen ist erforderlich (Abb. 10/1–7).

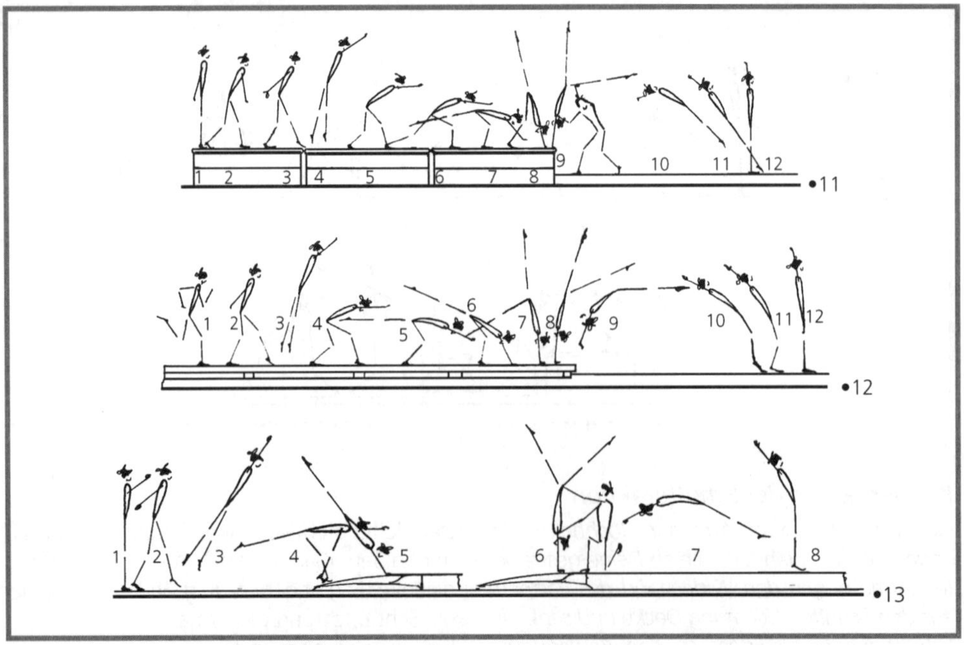

Eigenwahrnehmung

- Hast Du Dein Druckbein und die Hände rumpfweit vorgesetzt und dabei Deine Hände gesehen?
- Hast Du gespürt, wie Du durch schnelles Schwingen in die Aktivüberstreckung, Blockieren in den Schultern und durch Schulter- und Handabdruck relativ leicht in eine Flugphase kommst?
- Hast Du die Körperspannung bis zur Landung beibehalten und die Aktivüberstreckung im Flug gespürt?

Kopplung von Anlauf/Hopser und Handstütz-Überschlag vw.

Turn ein bis drei Laufschritte mit Hopser und erlerntem Vorsetzen von Druckbein und Händen so, daß die Hände am Kastenende stützen können. Schwing schnellkräftig über die überstreckte Handstandposition mit Abdruck aus den Schultern und von den Händen. Behalt Deine Körperposition bis zur Landung bei (Abb. 11).

Mit Partnerhilfe von einer Kastenbahn mit mindestens 3 Kästen (Abb. 11/1–12).

Eigenwahrnehmung

- Konntest Du Anlauf mit Hopser für den Handstütz-Überschlag verbinden?
- Hast Du gespürt, daß Du Dich mit Blockieren der Schultern und Handabdruck schnellkräftig vom Kasten lösen kannst?
- Hast Du gespürt, daß Dir mit optimaler Körperspannung in der Flugphase auch die Landung gelingt?
- Hast Du noch an die Abstände von Füßen und Händen gedacht?

Wenn zu erkennen ist, daß die Körperkontrolle von Schulterblockade und spätem „Beinschluß" (Abb. 12/8–9) vorhanden ist, kann zunächst die Kastenhöhe verringert und danach die aktive Bewegungshilfe reduziert werden. Bevor der Handstütz-Überschlag vw. ohne Gerätehilfe geturnt wird, empfiehlt es sich, das Reutherbrett (Abb. 13) für den Handstütz zu verwenden. Die Bewegungssicherung durch einen Helfer sollte beibehalten werden.

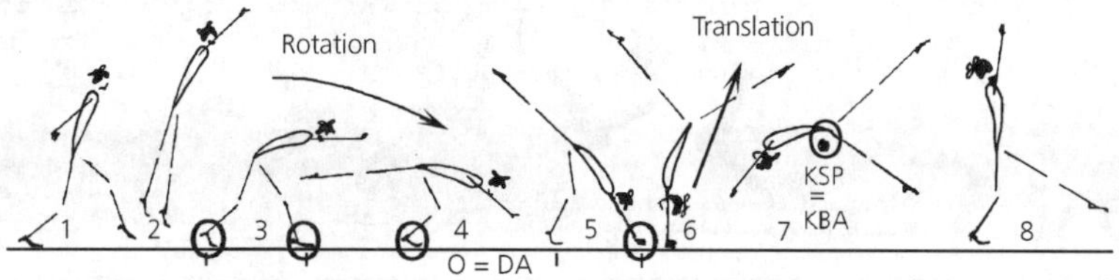

•1

Handstütz-Überschlag vorwärts (einbeinige Landung / Schrittüberschlag)

BIOMECHANISCHE ASPEKTE

Der Handstütz-Überschlag vorwärts ist eine mit Translation verbundene Rotation von 360° in vertikaler Ebene um die KBA. Dabei dreht der Körper zunächst um die kurzzeitig festen DA, danach um freie DA (Abb. 1/1–8).

Die anfangs benötigte Energie wird aus dem Anlauf/Hopser gewonnen (s. S. 216–218). Das etwa eine Rumpflänge vorgesetzte Druckbein ist eine kurzzeitig feste DA (Abb. 1/3–5).

Mit den ebenfalls etwa eine Rumpflänge vorgesetzten Händen (Abb. 1/5–6) kann sich der Körper durch Blockieren in den Schultergelenken mit einem fixierten ARW von 180° um die kurzzeitig feste DA Hände drehen.

Die Rotation des Körpers wird durch den Schwung- und Druckbeinimpuls, der an den DA Händen exzentrisch vorbeiwirkt, weiter verstärkt.

Während das Schwungbein über die Senkrechte in die Aktivüberstreckung schwingt, bleibt das Druckbein in der gespreizten Position (Abb. 1/7). Durch die hohe Beschleunigung im Aufschwung, die Schulterblockade und das Weiterführen des Schwungbeines in die Aktivüberstreckung geht der Körper in die Flugphase über und dreht um freie DA = KBA/KSP mit gespreizten Beinen bis zur Landung auf dem Schwungbein (Abb. 1/6–8).

FUNKTIONALE ASPEKTE

Hilfsfunktionsphase	Foto 1–3	**Hauptfunktionsphase**	Foto 3–5
Aktionen	Funktionen	Aktionen	Funktionen
a) Aufsetzen des Schwungbeines, Vorabwärtsdrehen des OK b) Aufsetzen des gebeugten Druckbeins	a)–b) Erreichen der optimalen Ausgangsposition mit geöffnetem ARW für den Schwung- und Druckbeineinsatz	a) Schnelles Aufschwingen des Schwungbeins rückhoch und Aufsetzen der Hände b) Druckbeineinsatz, Blockieren in den Schultern und Handabdruck mit Beibehalten des Spreizwinkels	a) Rotationsverstärkung durch exzentrisch wirkenden Schwung und Druckbeinimpuls b) Übergang in die Flugphase

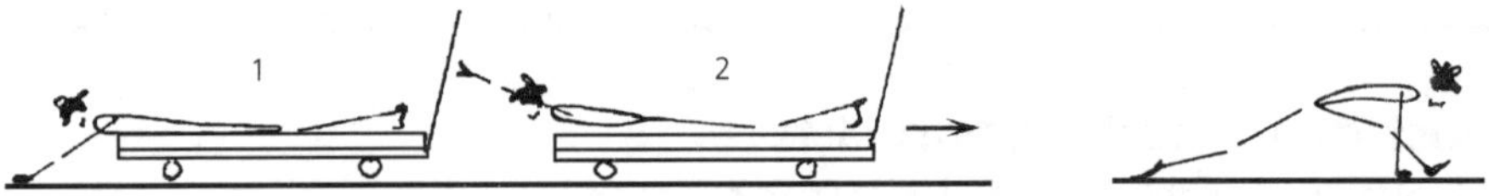

•2 •3

Methodische Aspekte

Konditionelle Voraussetzung	Übungen zum Erwerb der Voraussetzungen
1. Armkraft/Schulterkraft • Deltamuskel • Trizeps	zu 1. Für den reaktiven Stütz: In Bauchlage auf einem Mattenwagen mit Matte, die Schultern befinden sich vor dem Mattenrand. Die gestreckten Arme werden auf den Boden gesetzt (Abb. 2/1). Durch „Wegschieben“ des Bodens aus den Schultern heraus wird der Wagen zum Rollen gebracht. Die Arme werden dabei vorhoch geführt (Abb. 2/2). Zehn mal, 1 Minute Pause, in drei bis fünf Serien.
2. Beweglichkeit / Hüfte • Hüftbeuger • Schulter	zu 2. Für einen offenen Spreizwinkel: Im Ausfallschritt vorwärts (Kniewinkel über 90° im vorderen Bein; gestrecktes, auf die Fußspitze gestütztes, hinteres Bein) mit Abstützen der Hände am Boden. Langsames nach vorn unten Führen der Hüfte bis an die Dehngrenze (Abb. 3). Zehn Sekunden halten, langsam zurück und Beinwechsel. Fünf mal.

Koordinative Voraussetzungen

Die koordinativen Voraussetzungen für das Erlernen des Handstütz-Überschlags vw. mit einbeiniger Landung können mit geringfügiger Abänderung mit den vorgeschlagenen Übungen für den Überschlag vw. mit beidbeiniger Landung geschaffen werden (vgl. S. 244–246).

Im Gegensatz zum Handstütz-Überschlag vw. mit beidbeiniger Landung wird das Druckbein beim Überschlag vw. mit einbeiniger Landung nicht an das Schwungbein herangeschwungen, sondern nach dem Abdruck in der Position der aktiven Überstreckung bis zur Landung gehalten. Die Landung erfolgt auf dem Schwungbein.

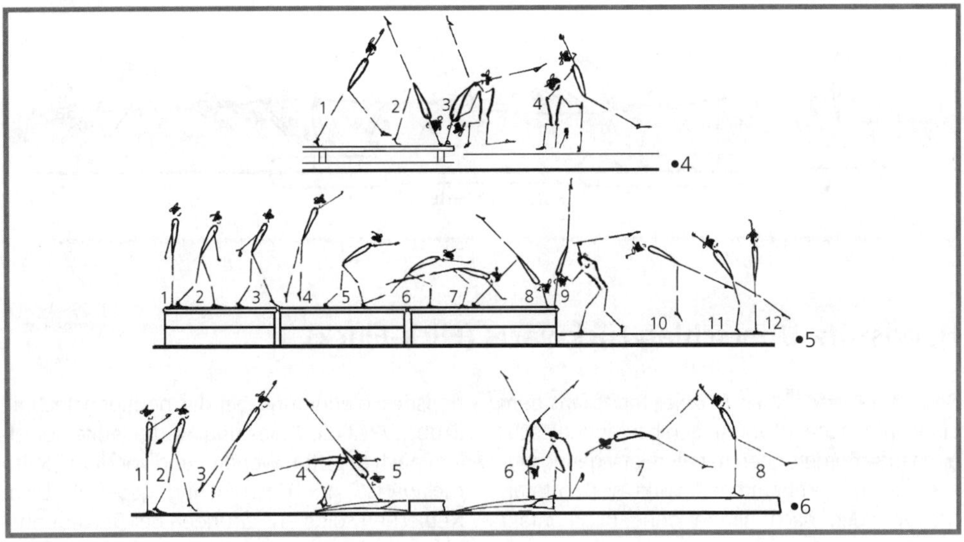

Kennenlernen des Überschlagens mit einbeiniger Landung

Schwing aus dem Stand auf der Bank oder einer Kastenbahn in den „Spreiz-Handstand" mit Aktivüberstreckung (Abb. 4/1–3). Setz dabei Druckbein und Hände rumpfweit vor (s. S. 244, Abb. 6) und blockiere in den Schultergelenken (s. S. 244, Abb. 7/5–6). Schau auf Deine Hände und laß Dich mit dieser Körperhaltung bis zur Landung auf dem Schwungbein tragen (Abb. 4/3–4). Schwing nach einigen Versuchen ohne Bewegungspause schnell über die Handstandphase weg.

Zwei Helfer unterstützen vor Erreichen der Handstandposition an Schulter und Oberschenkel/Gesäß und führen den Übenden über den Handstand bis zum Stand (Abb. 4/3–4).

Eigenwahrnehmung

- Hast Du nach dem Vorsetzen von Druckbein und Händen die Blockade im Schultergelenk bewußt ausführen können und Deine Hände beim Aufsetzen gesehen?
- Hast Du den weiten Spreizwinkel gespürt?
- Konntest Du die überstreckte Körperposition bis zur Landung beibehalten?
- Hast Du die Muskelspannung der Körpervorderseite in der Aktivüberstreckung gespürt?

Kopplung von Anlauf/Hopser und Handstütz-Überschlag vw.

Turn nach 1–3 Laufschritten den Hopser und das schnelle Aufschwingen über den Spreiz-Handstand zum Überschlag. Führ den Anlauf/Hopser so aus, daß Deine Hände weit genug vom Druckbein entfernt am Kastenende aufsetzen können (Abb. 5/8). Halt den Spreizwinkel bis zur Landung.

Anlauf/Hopser und Handstütz-Überschlag vw. können mit Partnerhilfe von einer Kastenbahn (Abb. 5/1–8), der Bank, mit Handabdruck vom Reutherbrett (Abb. 6/1–8) oder am Boden ausgeführt werden. Wird mit dem Sprungbrett gearbeitet, dann setzt in Abhängigkeit der Körpergröße die Übende den Druckbeinfuß entweder vor dem Brett oder auf das Brettende (Abb. 5/4) auf.

Eigenwahrnehmung

- Hast Du Anlauf und Hopser so einteilen können, daß Du ausreichend Platz für das Vorsetzen des Druckbeines und der Hände hattest?
- Konntest Du die Bewegungsgeschwindigkeit aus Anlauf/Hopser für die dynamische Ausführung des Handstütz-Überschlags vw. nutzen?
- Spürst Du die Kraft, die Du für Deinen Schwungbeineinsatz entwickeln mußt?
- Hast Du gespürt, daß das Sprungbrett Deinen Abdruck von den Händen/Schultern erleichtert?

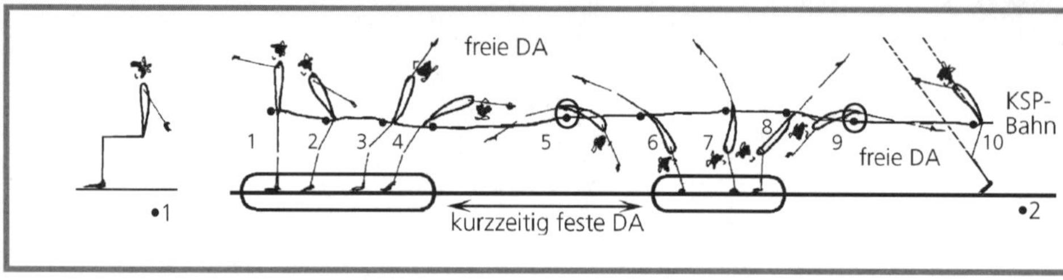

Handstütz-Überschlag rückwärts (Flick-Flack)

Der „Flick-Flack" ist als Einzelelement (aus dem Stand in den Stand) von seinen bewegungstechnischen Anforderungen her als relativ gering einzuschätzen. Lernhemmend wirkt sich oftmals das Springen nach hinten ohne Blickkontakt zum Boden während der ersten Flugphase aus. Während bis vor ca. 15 Jahren die sogenannte Sitzposition (Abb. 1) als optimale Ausgangsposition vor dem Absprung rückwärts angesehen wurde, werden zur Zeit aus Gründen der Rotationsbeschleunigung bei der heutigen Technik (Abb. 2/2-3)die Knie- und Hüftgelenke vor allem nach der „Radwende" und vor dem „Salto rückwärts" nur noch gering gebeugt. Beim Neulernen sollte aus Gründen der Bewegungshilfe und der Bewegungsverlangsamung sowie der räumlichen Orientierung bei den ersten Lernschritten jedoch nicht ganz auf die erwähnte Sitzposition verzichtet werden.

Biomechanische Aspekte

Der "Flick-Flack" ist eine Rückwärtsrotation von 360° um die KBA (Abb. 2/1–10). Als DA sind die kurzzeitig festen Drehachsen (Abb. 2/1–4 und Abb. 2/6–8) und die freien Drehachsen (KBA= KSP, Abb. 2/5 und 9) während der stützlosen Phase zu nennen. Während der Körper um die genannten Drehachsen rotiert, bewegt sich der KSP in horizontaler Ebene translatorisch rückwärts (KSP-Bahn, Abb. 2/1–10). Die Rückwärtsrotation wird durch die KSP-Verlagerung hinter die Füße ausgelöst (die SK wirkt auf den KSP und an den Drehachsen Füße vorbei, Abb. 2/2–4). Die Kniegelenke sollen nur so weit gebeugt werden, daß mit dem schnellkräftigen Strecken der Beine (Absprungaktion) der Körper eine erste Flugphase (Reaktion) erreicht (Abb. 1/3–5). Durch den Armschwung und das Zurücknehmen des Oberkörpers wirkt die Absprungkraft am KSP vorbei (Abb. 2/4), wodurch die eingeleitete Rückwärtsrotation beschleunigt und der Körper in eine Aktivüberstreckung überführt wird. In dieser Körperposition muß der Handstütz erreicht werden, bevor der KSP die Senkrechte über den Händen passiert (Stützpunktvertikale, Abb. 2/6). Mit dem Handstütz dreht der überstreckte Körper um diese DA weiter, bis der KSP etwa senkrecht über der kurzzeitig festen DA ist (Abb. 2/6–7). Zu diesem Zeitpunkt beginnt der schnellkräftige Beinschwung (Beinschnepper oder Kurbet) bis die Beine die KLA passieren (Übergang von Überstreckung zur Beugung im Hüftgelenk, Abb. 2/7–8). In diesem Moment setzt das Abbremsen des Beinschwunges ein und es folgt der Abdruck aus den Schultern, von Armen und Händen (Abb. 2/8–9). Der Körper geht in eine zweite stützlose Phase über (Abb. 2/9). Bei Fußkontakt nach der Flugphase sollte der Vorlagewinkel zum Boden und zwischen Unterschenkel und Oberkörper nahezu parallel sein. Die Kniewinkel und der BRW sind (je nach Folgeelement) nicht mehr als 20° gebeugt (Abb. 2/10).

FUNKTIONALE ASPEKTE

Hilfsfunktions-phase	Foto 1–4	**Hauptfunktions-phase**	Foto 4–7
Aktionen	Funktionen	Aktionen	Funktionen
a) Ausholbewegung der Arme nach unten hinten b) Beugen der Knie- und Hüftgelenke c) Verlagern des Gesäß hinter die Füße	a) Voraussetzung für einen langen Arbeitsweg der Arme zur Rotationsunterstützung b) Erreichen der optimalen Ausgangsposition für den Absprung c) Einleiten der Rückwärtsrotation	a) Armschwung vorhoch über den Kopf b) Zurücknehmen des Oberkörpers und des Kopfes c) Absprung rückwärts	a) Rotationsunterstützung und Erreichen einer völligen ARW-Öffnung b) Rotationserhöhung und aktive Überstrekkung c) Höhengewinn und Erreichen des Rotationsmaximums

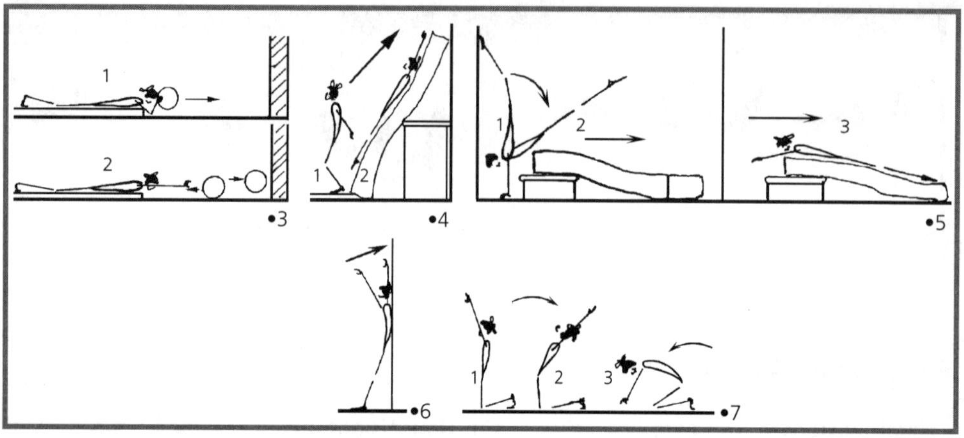

Methodische Aspekte

Konditionelle Voraussetzungen	**Übungen zum Erwerb der Voraussetzungen**
1. Schnellkraft im Schulterbereich • Trizeps • Deltamuskel	zu 1. Für einen schnellkräftigen Abdruck: Turnmatten im Abstand von zwei bis drei Metern vor einer Wand. Aus der Bauchlage bei etwa 90° gewinkelten Ellbogengelenken explosives Stoßen des Medizinballes gegen die Wand (Abb. 3/1–2). 10 mal, eine Minute Pause, drei bis fünf Serien.
2. Schnellkraft der Beine • vordere Oberschenkelmuskulatur • Wadenmuskulatur	zu 2. Für einen schnellkräftigen Absprung: Eine Weichbodenmatte wird mit einem Kasten schräg gegen eine Wand gelehnt (Abb. 4). Aus dem Stand rücklings (Abb. 4/1) schnellkräftiges Abspringen schräg nach hinten oben mit maximalem Krafteinsatz und Rückhochführung der Arme (Abb. 4/2). Abwärtsrutschen bis in den Stand. 10-15 mal, eine Minute Pause, drei Serien.
3. Mittelkörperkraft • Hüftbeuger • Rumpfmuskulatur • Handgelenksbeuger	zu 3. Für die Mittelkörperspannung: Im Abstand von ca. einem halben Meter vor der Wand wird ein Kastendeckel quer und eine Weichbodenmatte darüber gelegt (Abb. 5/1–2). Aufschwingen in den Handstand gegen die Wand. Einnehmen einer überstreckten Position in der Hüfte (Abb. 5/1). Beinschnepper mit Abbremsen und Abdruck von den Händen/Schultern in die Bauchlage (Abb. 5/1–3). 10 Versuche, eine Minute Pause, drei Serien.
4. Beweglichkeit im ARW-Bereich • Brustmuskulatur	zu 4. Für das Öffnen des ARW: Stand mit dem Rücken an der Wand, die Füße sind ca. 30 cm entfernt (Abb. 6). Hochführen der parallel gehaltenen Arme bis die Handrücken an der Wand sind. Die Wirbelsäule muß an der Wand bleiben. 10 mal, 1 Minute Pause, 3 Serien.
5. Beweglichkeit im Rumpf • Dehnung der vorderen Muskelschlinge	zu 5. Für die Aktivüberstreckung: Auf einer Matte im Kniestand. Langsames Vorschieben der Hüfte mit Rückbeugen des Oberkörpers (Abb. 7/1–2). Fünf Sekunden halten, Zurückführen in die Rumpfvorbeuge und entspannen (Abb. 7/3). Fünf Mal, 1Minute Pause, 3 Serien.

•8

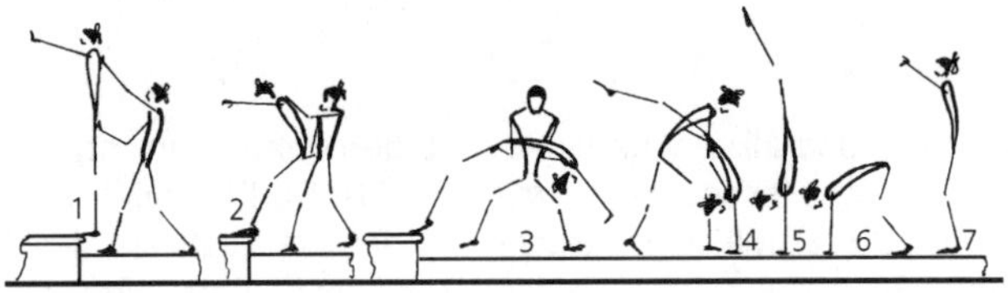

•9

Koordinative Voraussetzungen

Kennenlernen der Rückwärtsbewegungen aus dem Sitz

Führ aus dem Winkelsitz auf dem Kasten die Arme parallel rückhoch, zieh den Kopf in den Nacken und senk den Oberkörper langsam nach hinten, bis Du die Hände, die schulterbreit mit nach innen gedrehten Fingern auf den Boden setzen, sehen kannst (Abb. 8/1–3). Bleib in dieser überstreckten Position mit offenem Arm-Rumpfwinkel (Abb. 8/3) bis Dich die Helfer über den Handstand in den Stand führen (Abb. 8/4–7).

Zwei Helfer fixieren an den Oberschenkeln den Winkelsitz (Abb. 8/1). Das Rücksenken zum Handstütz wird durch zwei weitere Helfer, die mit dem Gesicht zueinander rechts und links hinter dem Kasten stehen, unterstützt. Die kastenentfernte Hand faßt mit einer Hand am Schulterblatt und die andere am Gesäß. Beim Abbücken kann an der Oberschenkelrückseite und der Schultervorderseite mit Schubhilfe geholfen werden.

Eigenwahrnehmung

- Hast Du beim Rücksenken die Schulterhand Deiner Helfer gespürt, wie sie Dich sicher in den Handstand bringen?
- Konntest Du Deine Hände sehen als sie schulterbreit mit nach innen gedrehten Fingern Bodenkontakt hatten?
- Warst Du während der ganzen Zeit in der Lage, Deine Bein-,Bauch- und Rückenmuskulatur anzuspannen?
- War Dein Arm-Rumpfwinkel in der Aktivüberstreckung offen?

Kennenlernen der Rückwärtsbewegung aus dem Stand

Stell Dich mit den Fußballen auf den Kastenrand (Abb. 9/1). Setz Dich mit leicht gebeugten Knien und aufrechtem Oberkörper auf die Hände Deiner Helfer. Turn nun dasselbe wie zuvor aus dem Sitz vom Kasten. Wenn Du willst, kannst Du die Rückwärtsbewegung auch mit einem kleinen Absprung unterstützen. Damit Du die Handstützposition (Abb. 9/4) kontrollieren kannst, wirst Du in dieser Position kurz angehalten. Schau dabei immer auf die Hände, halte den Arm-Rumpfwinkel offen und kontrolliere Deine Schulterposition.

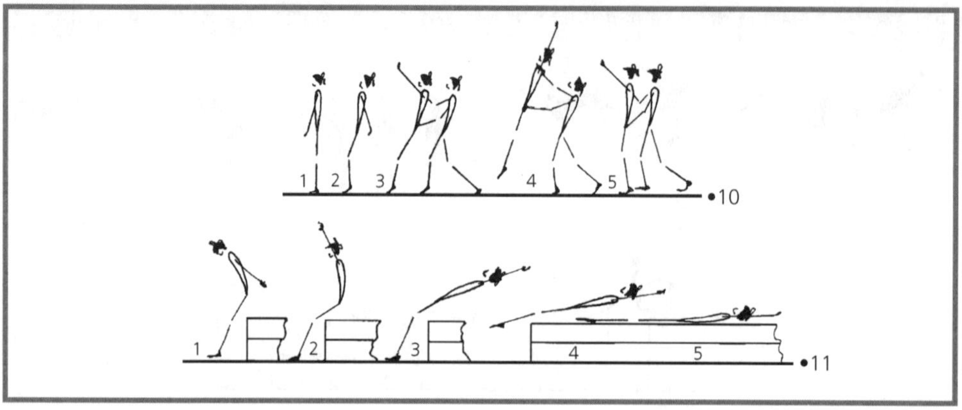

Zwei Helfer stehen rechts und links am Kastenende, fassen an Gesäß und Schulter und stabilisieren die „Stuhlposition" (Abb. 9/2). Mit dem Rücksenken bzw. dem Absprung tragen sie die Übende bis zum flüchtigen Handstand (Abb. 9/4–5). Beim Abbücken kann an der Oberschenkelrückseite und an der Schulter geholfen werden.

Eigenwahrnehmung

- Hast Du Dich mit Hilfe Deiner Partner sicher gefühlt, als Du aus dem Sitz bis in den Handstand geführt wurdest?
- Warst Du in der Lage, zu spüren, ob Dein Arm-Rumpfwinkel in der Handstandphase offen war?
- Konntest Du Deine Muskelspannung im Rumpf und in den Beinen bis über den Handstand hinweg spüren und kontrollieren?
- Hast Du die Hände im Handstütz gesehen?

Kennenlernen der Absprunghaltung

Spring aus dem Stand mit einem kleinen Kniewinkel und rückverlagertem Oberkörper zum Strecksprung nach hinten-oben. Schwing dabei Deine gespannten Arme schnellkräftig bis zur völligen Öffnung des Arm-Rumpfwinkels parallel vorhoch.

Ein Helfer faßt mit einer Hand an die Oberschenkelrückseite nahe am Gesäß und mit der anderen an die Schulter bis zur Landung (Abb. 10/3–5).

Eigenwahrnehmung

- Warst Du in der Lage, den Strecksprung mit Rücklage zu turnen?
- Hast Du Deine Arme bis zur völligen Schulterstreckung parallel aufschwingen können?

Kennenlernen des Absprungs rückwärts

Versuch über die kennengelernte Absprunghaltung rückwärts in die Rückenlage auf die Weichbodenmatte zu springen und dabei die Arme gespannt und schnellkräftig bis zur völligen Öffnung des Arm-Rumpfwinkels parallel hochzuschwingen (Abb. 11/1–5).

Eigenwahrnehmung

- Ist es Dir gelungen, die Absprunghaltung kontrolliert einzunehmen?
- Hast Du Deine Arme parallel und schnellkräftig bis zur völligen Öffnung des Arm-Rumpfwinkels hochgeschwungen?
- Warst Du in der Lage, Deine Körperspannung bis zur Landung beizubehalten?

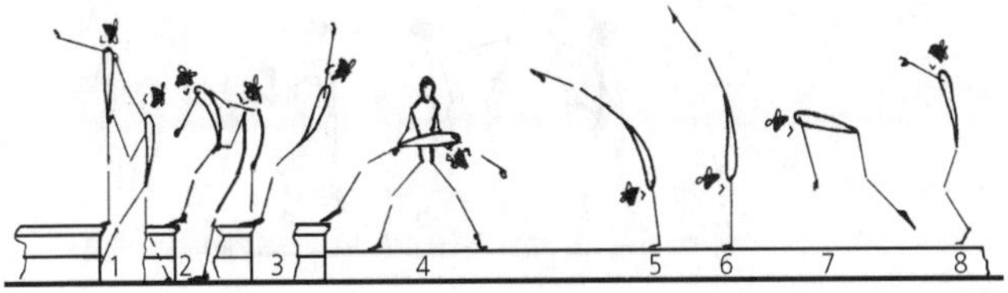

•12

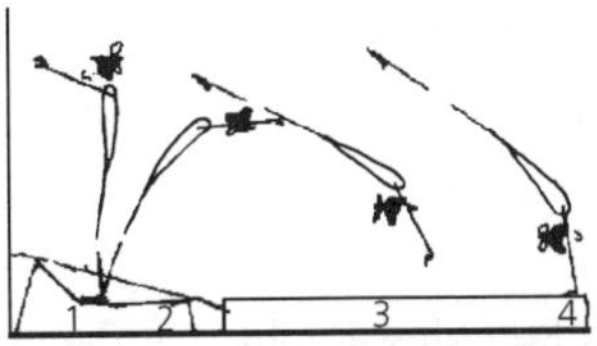

•13

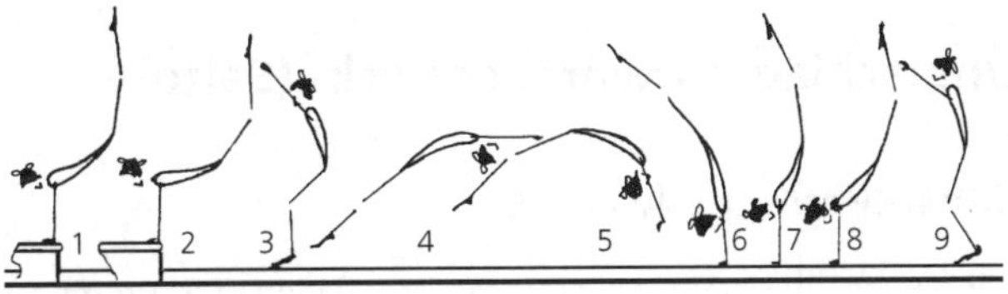

•14

Kennenlernen des Gesamtablaufes

Spring rückwärts von der kleinen Erhöhung über die Handstützposition mit Aktivüberstrekkung und Abbücken in den Stand. Achte darauf, daß Du Deine Arme parallel rückhoch schwingst und den Arm-Rumpfwinkel offen hältst. Gib beim Abbücken gleichzeitig Druck aus den Schultern und mit den Händen gegen den Boden, damit Du Deinen Oberkörper schnell aufrichten kannst. Deine Arme bleiben in Kopfhöhe (Abb. 12/1–8).

Zwei Helfer unterstützen an Schulter und Gesäß und geben Schub- und Drehhilfe bis zum Handstütz (Abb. 12/1–6).

Eigenwahrnehmung

- Hast Du die Absprunghaltung für den Sprung rückwärts und das Aufrichten in den Stand kontrollieren können?
- Hast Du die völlige Streckung in der Schulter gespürt?
- Hast Du die Dehnung der vorderen Muskelschlinge gespürt?

Sobald zu erkennen ist, daß der „Flick-Flack" von der erhöhten Plattform mit leichter Bewegungshilfe kontrolliert geturnt wird, kann das Minitrampolin als Absprunghilfe eingesetzt werden (Abb. 13).

Kopplung des Gesamtablaufes von Kurbet mit „Flick-Flack"

Der Beinschnepper aus dem flüchtigen Handstand (Kurbet, Abb. 14/1–3) ist die Voraussetzung, daß mehrere „Flick-Flack" hintereinander verbunden werden können.

Die Übungsverbindung von Kurbet und „Flick-Flack" bietet sich jedoch erst dann an, wenn beide Elemente erlernt wurden (Abb. 14/1–9). Darauf aufbauend kann die Übungsverbindung „Radwende" (s. S. 232–236) – „Flick-Flack" erarbeitet werden.

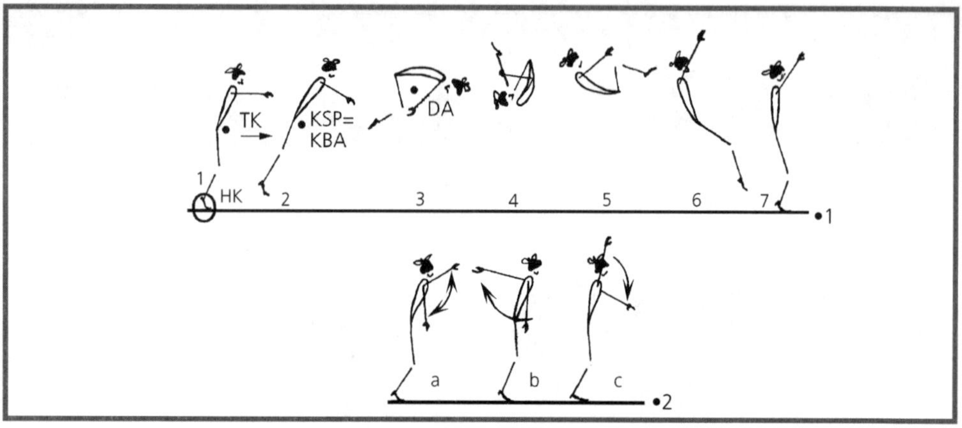

Überschlag vorwärts gehockt (Salto)

Biomechanische Aspekte

Der „Salto" vorwärts ist eine mit Translation überlagerte Rotation von 360° in vertikaler Ebene um die KBA (Abb. 1/1–7). Durch den Absprung wird sowohl Rotation als auch Höhe erreicht. Beim Absprung stellen die Füße eine kurzzeitig feste DA dar (Abb. 1/1). Während der Flugphase dreht der Körper um die KBA als freie DA, die den KSP schneidet (Abb. 1/3–6). Der Drehimpuls wird durch die Haltekraft (HK) an der kurzzeitig festen DA Füße (als Folge der Horizontalgeschwindigkeit und Absprungzeit) und der exzentrisch wirkenden Trägheits- und Absprungkraft ausgelöst (Abb. 1/1).
Mit Beginn der Flugphase wird die ausgelöste Drehgeschwindigkeit durch Annähern der „äußeren" Körperteile an die freie DA bei gleichbleibendem Drehimpuls durch Anhocken bzw. Krümmen des Rumpfes erhöht d.h. die Trägheit verringert (Abb. 1/3–4). Für die Landung muß die Drehgeschwindigkeit durch Strecken der vorher gebeugten Körpergelenke wieder verringert (d.h. die Trägheit vergrößert) werden (Abb. 1/5–6). Der Zeitpunkt für den Beginn der Streckung hängt von der vorhandenen Rotationsgeschwindkeit und Höhe des KSP ab. Grober räumlich – zeitlicher Bezugspunkt dafür ist eine etwa horizontale Rumpflage (Abb. 1/5).
Für die Landung werden die Beine aktiv nach unten gestoßen, die Arme während der Landephase vorhoch geschwungen und die am „Bremsvorgang" beteiligte Muskulatur vorgespannt. Der BRW und der Kniewinkel dürfen für das „Abbremsen" nur wenig gebeugt werden.

Beim „Salto" vorwärts kann der Armschwung auf **drei Arten** erfolgen:

- Auf- und Abschwingen der Arme (Abb. 2a),
- Rückschwingen der Arme (Abb. 2b),
- Abschwingen der Arme (Abb. 2c).

Wir haben uns aus Gründen des Bewegungstransfers für die Armaktion a) entschieden (Abb. 2).

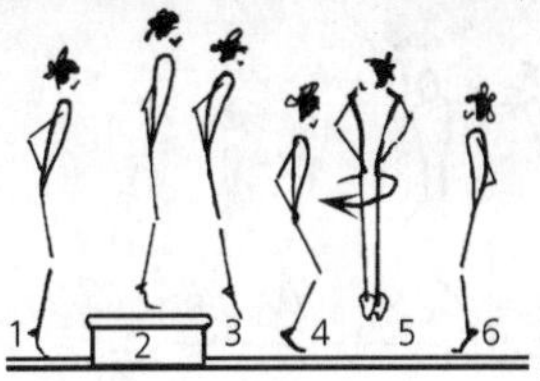

•3

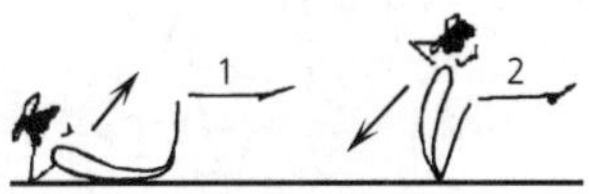

•4

Funktionale Aspekte

Hilfsfunktions-phase	Foto 1–2	**Hauptfunktions-phase**	Foto 3–6
Aktionen	Funktionen	Aktionen	Funktionen
a) Einbeiniger Ansprung zum beidbeinigen Absprung b) Vorhochschwingen der Arme	a) Umsetzen von Anlauf zum Absprung b) Arme in die Ausgangsposition für die nachfolgende Aktion in der Hauptfunktionsphase bringen	a) Beidbeiniger prellender Absprung b) Abschwingen der Arme c) Beugen im Hüft- und Kniegelenk mit Krümmen des Rükkens und Hochziehen des Gesäß	a) Rotationsauslösung durch die exzentrisch wirkenden Kräfte beim Absprung an der kurzzeitig f. DA/ Füße zur Flugphase b) Rotationsunterstützung c) Verringerung des Trägheitsmoments durch Annähern der äußeren Körperteile an die DA zur Erhöhung der Drehgeschwindigkeit

Methodische Aspekte

Konditionelle Voraussetzungen	**Übungen zum Erwerb der Voraussetzungen**
1. Beinkraft • Teile der Gesäßmuskulatur • Absprungmuskulatur	zu 1. Für den schnellkräftigen Absprung: Aus dem Schlußstand hinter dem Kastendeckel (Abb. 3/1). Beidbeiniges Aufspringen auf den Kastendeckel mit sofortigem Absprung zum Boden, Strecksprung mit einer halben Drehung und wieder Aufspringen. Alle Absprünge werden prellend ausgeführt (Abb. 3/1–6). Fünf mal, eine Minute Pause, drei bis fünf Serien.
2. Rumpfkraft • Hüftbeuger • Bauchmuskulatur	zu 2. Für ein schnelles Anhocken: In der Rückenlage mit angewinkelten Beinen (Kniewinkel 90°), Hände im Nacken verschränkt und leicht vorgeneigtem Kopf (Abb. 4/1). Schnelles Annähern des Rumpfes an die Oberschenkel ohne Veränderung der Beinposition (Abb. 4/2).

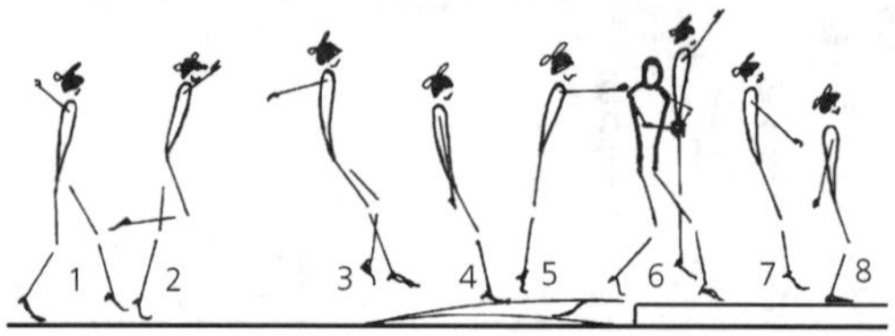

•5

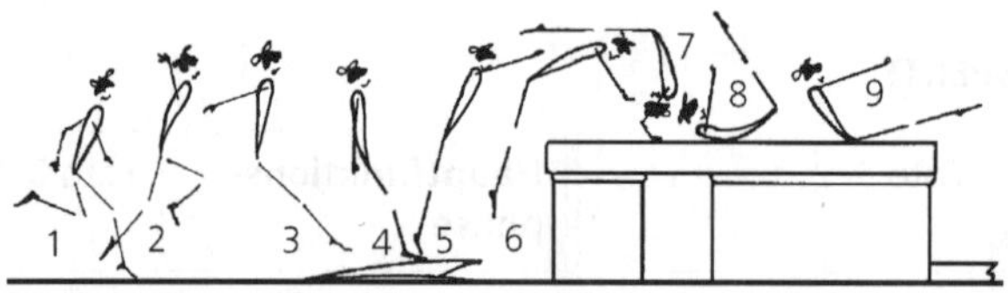

•6

Koordinative Voraussetzungen

Kennenlernen von Anlauf, An-, Auf- und Absprung

Spring nach drei bis fünf langsamen Anlaufschritten weit vor dem Brett (Abb. 5/2) mit einem Bein zum beidbeinigen Aufsprung auf das Brett (Abb. 5/1–4) und danach sofort prellend ab zum Strecksprung vom Brett (Abb. 5/4–6). Turn den Ansprung zum Brett weit und flach mit leichter Körperrücklage. Die Arme werden dabei von hinten vorhoch geschwungen (Abb. 5/3–5). Brems die Arme abrupt etwa in Kopfhöhe ab. Führ die Landung bewußt mit minimalem Beugen in den Knie- und Hüftgelenken aus.

Eine Helferin sichert im Absprung mit Klammergriff an den Hüften bis zur Landung (Abb. 5/5–8).

Eigenwahrnehmung

- Konntest Du spüren, ob Du mit einem weiten, flachen Ansprung die Körperrücklage erreichst?
- Hast Du den prellenden Absprung vom Brett gespürt?
- Warst Du in der Lage, Deine Armbewegung zu steuern und sie abrupt in Kopfhöhe abzubremsen?

Kennenlernen der Gesäßaktion

Turn eine Sprungrolle auf einen hohen Mattenberg oder Kästen mit Weichbodenmatten. Versuch, mit Beginn der Flugphase Dein Gesäß schnell rückhoch zu ziehen (Abb. 6/6–7). Stütz mit den Händen auf dem Mattenberg und roll in den Sitz ab (Abb. 6/7–9).

Ein oder zwei Helfer können den Absprung unterstützen. Sie stehen auf der Seite in Höhe des Zwischenraumes von Brett und Kasten und geben im Absprung mit beiden Händen Schubhilfe an Hüfte und Oberschenkel.

Eigenwahrnehmung

- Konntest Du vor dem Abrollen spüren, ob Du das Gesäß bewußt hochgezogen hast?

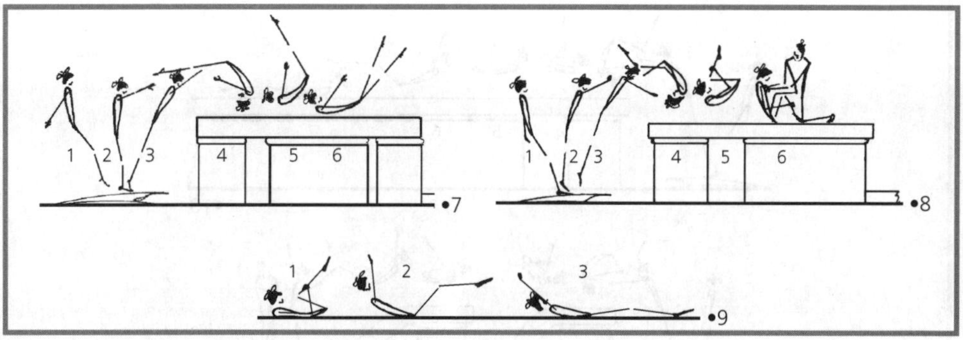

Kennenlernen des „freien Drehens" im Flug

Turn eine Sprungrolle auf einen hohen Mattenberg und zieh das Gesäß rückhoch über den Kopf (Abb. 7/4). Zieh die Arme kurz vor dem Stütz schnellkräftig unter Deinem Körper bis zu den Oberschenkeln. Nimm dabei das Kinn auf die Brust und die Beine etwas auseinander. Lande im Sitz mit gestreckten Beinen (Abb. 7/4–6).

Partnerhilfe wie zuvor beim Kennenlernen der Gesäßaktion.

Eigenwahrnehmung

- Hast Du gespürt, wie Du Dein Gesäß weit nach oben über den Kopf gezogen hast?
- Hast Du die schnelle Drehung im Flug gespürt?
- Konntest Du die Arme schnell unter dem Körper zu den Oberschenkeln ziehen?
- Hast Du gespürt, ob Deine Beine etwas geöffnet waren?

Kennenlernen der Hockposition während der Rotation

Zieh nach dem Absprung Dein Gesäß schnell rückhoch und roll Dich wie ein Igel ein (Abb. 8/4–5). Faß mit den Händen die leicht geöffneten Schienbeine und dreh in dieser gekrümmten Körperhaltung in den Hocksitz auf der Matte (Abb. 8/4–6).

Hilfestellung wie zuvor beim Kennenlernen der Gesäßaktion. Die Landung kann durch einen weiteren Helfer abgesichert werden (Abb. 8/6).

Eigenwahrnehmung

- Hast Du Dein Gesäß weit nach oben über den Kopf gezogen?
- Konntest Du Deine gekrümmte Körperhaltung bewußt ausführen und spüren?
- Hast Du Deine Hockposition bis zur Landung beibehalten?
- Hast Du gespürt, wie Dein Körper sich dreht?

Kennenlernen der Landevorbereitung mit Zeitpunkt und Aktionen

Nimm am Boden die Rückenlage mit angehockten Beinen und angehobenem Kopf ein. Umfasse die Schienbeine (Abb. 9/1). Wenn Du während des „Saltos" diese Körperposition erreichst (sich Dein Rücken etwa parallel zum Boden befindet), beginnt die Hüftstreckung zur Landung. Versuch, Dir diese Position als Zeitpunkt für den Beginn der Streckung genau einzuprägen. Stoß danach schnellkräftig Deine Beine nach unten und schwing die Arme gespannt vorhoch (Abb. 9/2–3).

Eigenwahrnehmung

- Hast Du (auch mit geschlossenen Augen) die waagerechte Körperposition (Abb. 9/1) wahrgenommen?
- Ist Dir bewußt, daß Du aus dieser Körperposition das Öffnen zur Landung turnen mußt?
- Hast Du das Öffnen im Bein-Rumpfwinkel und Arm-Rumpfwinkel schnellkräftig und mit gespannter Körperhaltung ausgeführt?

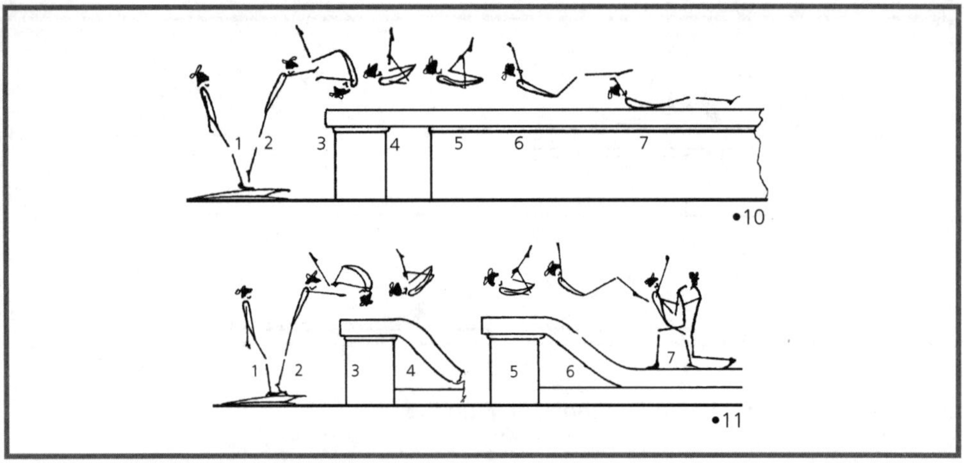

Kopplung von Rotation und Aktionen für die Landevorbereitung

Turn den „Salto" auf die Erhöhung in Rückenlage. Versuch dabei, die zuvor erlernte Hüftstreckung mit Öffnen des Arm-Rumpf-Winkels zum Zeitpunkt der waagerechten Körperlage auszuführen (Abb. 10/1–7).

Eigenwahrnehmung
- Hast Du den Zeitpunkt gespürt, an dem Dein Oberkörper etwa horizontal war?
- Konntest Du zu diesem Zeitpunkt Deinen Körper aktiv strecken?
- Hast Du die Aktionen von Hüfte und Armen gleichzeitig ausgeführt?

Kopplung von Rotation, Landevorbereitung und Landung

Turn den „Salto" über eine Erhöhung zum Stand. Beginn mit der Landeaktion (Aufstrecken des Körpers), wenn Dein Oberkörper etwa die Waagerechte erreicht hat (Abb. 11/5). Versuch mit Fußkontakt auf der Matte den Schwung durch Beugen in den Knie- und Hüftgelenken kontrolliert abzufangen. Beug Knie- und Hüftgelenke nur ganz wenig.
Rechts und links hinter dem Kasten steht je ein Helfer. Sie sichern beim Strecken für die Landung entweder bei zu geringer Drehung am Rücken, bei zu viel Rotation mit Klammergriff am Oberarm, mit einem Griff ins Trikot oder an der Schultervorderseite.

Der Geräteaufbau sollte so weit verändert werden, daß der Mattenberg entweder mit einer Schräge zur Landung hin verändert oder der Mattenberg etwa auf Hüfthöhe reduziert wird.

Eigenwahrnehmung
- Hast Du den Zeitpunkt für das Einleiten der Landeaktion gespürt?
- Warst Du in der Lage, Bein- und Arm-Rumpfwinkel so zu öffnen, daß Du exakt auf den Füßen gelandet bist?
- Hast Du beim Landen den Schwung durch Beugen in den Knie- und Hüftgelenken kontrolliert abgefangen?

•12

Kennenlernen des Gesamtablaufs

Turn aus dem Absprung vom Brett „Salto vorwärts" am Boden. Streck aktiv zum erlernten Zeitpunkt Hüfte und Beine für die Landung. Fang bei der Landung Deinen Schwung durch geringes Beugen in den Knien und Hüften ab und stabilisiere Deine aufrechte Haltung mit den Armen (Abb. 12/1–9). Versuch, den Zusammenhang von Drehgeschwindigkeit und Zeitpunkt für das Öffnen zum Landen zu erfahren.

Die Helfer fassen frühzeitig, unmittelbar nach dem Absprung und mit Beginn der Rotation mit der körpernahen Hand an die Hüfte und mit der entfernten an den Rücken /Schulter. Während der Rotation löst sich die Hand von der Hüfte und kann zur Absicherung der Landung an den Oberarm greifen.

Eigenwahrnehmung

- Konntest Du die Vorerfahrungen vom Mattenberg auf den Boden übertragen?
- Hast Du gespürt, daß Du früher zur Landung öffnen mußt, wenn Du schnell drehst oder später, wenn Du langsam drehst?

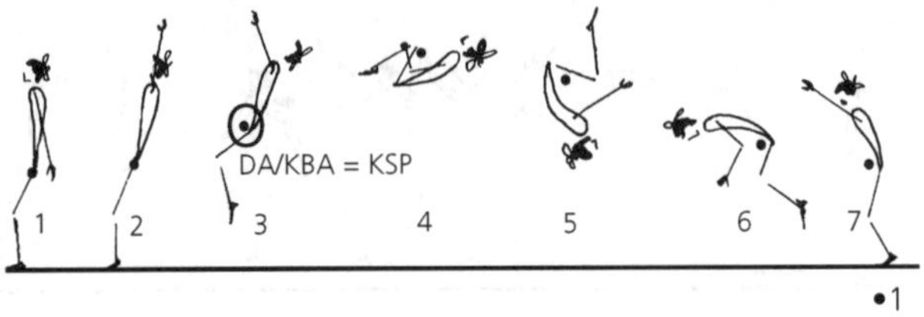

Überschlag rückwärts gehockt (Salto)

Der „Salto rückwärts" kann in seiner technischen Ausführung mit unterschiedlichen Armführungen geturnt werden:

- Nach dem Armschwung vorhoch hinter den Kopf schwingen die Arme seitabwärts (wie ein Armkreis rückwärts) bis an die Schienbeine oder an die Oberschenkelrückseite.
- Die Arme werden im Aufschwung vorhoch bis an die Beweglichkeitsgrenze geschwungen und danach wieder vorabwärts an die Schienbeine oder Oberschenkelrückseite.

Wir haben uns für die zweite Variante entschieden. Das Absprungverhalten in RB 3 und 4 entspricht nicht der optimalen bewegungstechnischen Leitlinie (vgl. Abb. 10/1–3 , S. 267).

Biomechanische Aspekte

Der „Salto rückwärts" aus dem Stand in den Stand ist eine Rückwärtsrotation von 360 Grad um die KBA, wobei die KBA als freie Drehachse den KSP schneidet (Abb. 1/3–6). Die Rückwärtsrotation wird durch Verlagerung des KSP hinter den Abdruckpunkt Füße eingeleitet (Abb. 1/1). Gleichzeitig werden die Bein- und Hüftgelenke gebeugt. Mit den Armen wird eine Ausholbewegung durchgeführt. Dadurch sind die Voraussetzungen für den Absprung und einen langen Arbeitsweg der Arme erreicht. Durch die Absprungkraft wird sowohl Höhe, als auch Rotation gegeben (Aktion). Der Armschwung muß zeitgleich mit dem Strecken der Beingelenke zum völligen Öffnen des ARW führen und vor dem Lösen der Füße beendet sein (Abb. 1/2). Mit dem Lösen der Füße und dem Beginn der Flugphase (Reaktion) werden die Arme wieder vorabwärts geführt (Abb. 1/3).

Mit dem schnellen Abwärtsführen der Arme und dem gleichzeitigen Anhocken und Krümmen der Wirbelsäule wird die Trägheit des drehenden Körpers durch Annähern der „entfernten" Körperteile an den KSP/KBA verringert und damit die Drehgeschwindigkeit erhöht (Abb. 1/3–5).

Je nach Höhe und Drehgeschwindigkeit beginnt etwa dann, wenn der Rücken die Horizontale passiert (Abb. 1/4–5), die Streckung der Körpergelenke (Erhöhung der Trägheit und Verringerung der Drehgeschwindigkeit). Der Kopf wird dabei leicht in den Nacken genommen. Dadurch entsteht Blickkontakt zum Boden und die Landung kann mit optischer Kontrolle gesteuert werden (Abb. 1/5–7).

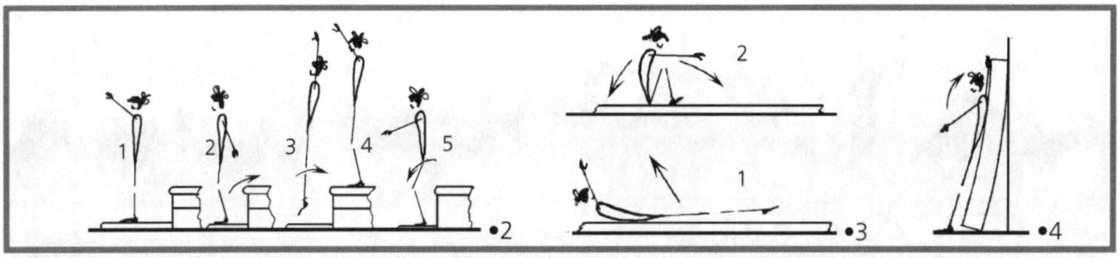

Funktionale Aspekte

Hilfsfunktionsphase	Foto 1–2	**Hauptfunktionsphase**	Foto 2–6
Aktionen	Funktionen	Aktionen	Funktionen
a) Verlagern des Oberkörpers hinter die Füße b) Beugen der Absprunggelenke c) Abschwingen der Arme hinter den Körper	a) Erreichen der optimalen Ausgangsposition für die Rotationsauslösung b) Voraussetzung zum Strecken der Beingelenke für den Absprung c) Ausholbewegung für eine optimale Armbewegung in der Ha.F.Ph.	a) Schnellkräftiges Strecken der Beine (Absprung) b) Armschwung vorhoch bis zum „Anschlag" c) Abschwingen der Arme mit Anhocken und Rumpfkrümmung	a) Höhengewinn und Rotationsauslösung b) Rotatorische Impulsübertragung der Arme auf den Körperstamm c) Verringern der Trägheit und Erhöhung der Drehgeschwindigkeit

Methodische Aspekte

Konditionelle Voraussetzungen	**Übungen zum Erwerb der Voraussetzungen**
1. Absprung- und Landekraft • Vordere Oberschenkelmuskulatur • Wadenmuskulatur	zu 1. Für den schnellkräftigen Absprung: Aus dem Stand rücklings zum Kasten mit etwa 20–30 cm Abstand (Abb. 2/1). Strecksprung rückwärts mit Armschwung vorhoch auf den Kasten in den ruhigen Stand (Abb. 2/1–4), (gegebenenfalls kann neben dem Kasten eine Helferin den Strecksprung rückwärts sichern). Niedersprung vorwärts mit kontrollierter Landung in den ruhigen Stand (Abb. 2/5). Je nach Alter und Sprungkraftfähigkeit ist die Kastenhöhe (zwei- bis dreiteiliger Kasten) zu differenzieren. 10 bis 15 Wiederholungen, eine Minute Pause, drei Serien.
2. Rumpfkraft • Hüftbeuger • Bauchmuskulatur	zu 2. Für das schnelle Hocken und Strecken: In der Rückenlage, die Beine sind etwas nach oben angehoben (Abb. 3/1). Schnelles Zusammenkrümmen und Aufrichten in den Hocksitz (Abb. 3/2). Langsames Strecken in die Ausgangslage (Abb. 3/1). 10 Wiederholungen, eine Minute Pause, drei Serien.
3. Schulterbeweglichkeit • Brustmuskulatur	zu 3. Für das Öffnen des ARW auf 180°: Eine WBM wird gegen eine Wand gelehnt. Die Füße sind etwa 30–40 cm vor der WBM (Abb. 4). Der Rundrücken wird an die Matte gepreßt und er darf dabei die Matte nicht verlassen. Hochschwingen der Arme bis an die Bewegungsgrenze (Handrücken an der Matte). Etwa 10 bis 15 Versuche, 1 Minute Pause, 3 Serien. Je besser die Beweglichkeit im Schultergelenk ist, desto dichter können die Füße an die Wand gestellt werden.

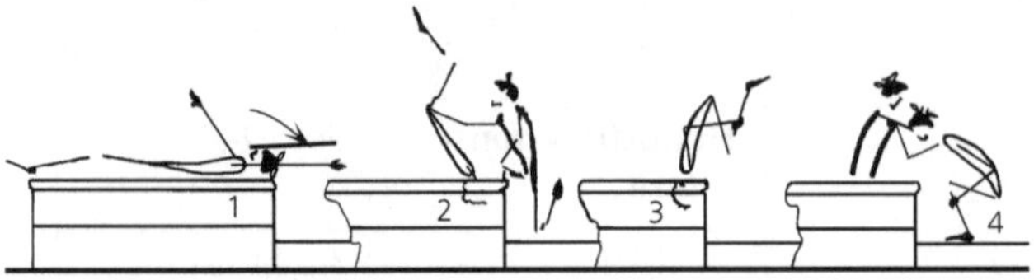

•5

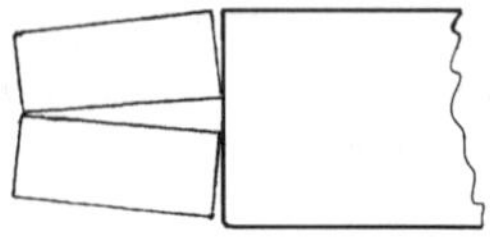

•6

Koordinative Voraussetzungen

Voraussetzung für das Erlernen des „Salto rückwärts" sind vielfältige Bewegungserfahrungen mit Drehungen rückwärts in unterschiedlichen Positionen (zum Beispiel Rolle rückwärts gehockt, Drehen rückwärts an den Tauen, am Barren oder an den Ringen).

Kennenlernen der Arm-, Rumpf- und Beinaktionen

Schwing aus der Rückenlage auf der Kastengasse (Abb. 6) zuerst die Arme über den Kopf, bis die Blockade im Schultergelenk erfolgt. Zieh die Oberschenkel an den Körper, hock die Beine an, nimm den Kopf in den Nacken und faß die Schienbeine. Roll so über die Schultern in den Hockstand auf die WBM und laß dabei die Beine nicht los (Abb. 5/1–4).

Zwei Helferinnen knien mit dem Gesicht zueinander neben dem Kastenende (Abb. 5/2). Sie unterstützen das Rückrollen mit der kastennahen Hand am Gesäß und mit der entfernten am Oberarm (Abb. 5/2–3). Beim Landen wird am Oberarm geholfen (Abb. 5/4).

Eigenwahrnehmung

- Hast Du die Aktionen Armschwung, Einnehmen der Hockposition mit Rückwärtsrotation voneinander abgrenzen und steuern können?
- Hast Du gespürt, wie hoch Deine Hüfte beim Rückrollen war?
- Warst Du in der Lage, Deine Hockposition so lange zu halten, bis Du im Hockstand auf der Weichbodenmatte gelandet bist?
- Hast Du beim Landen Deine Füße gesehen?

Orientierung für die Rückwärtsdrehung

Mit Partnerhilfe soll an der Wand hochgelaufen (hochgestiegen) werden, um die Rückwärtsbewegung aus der Höhe zu erfahren (Abb. 7/1–7). *Setz die Füße nacheinander an die Wand und steig langsam mit gebeugten Beinen in annähernd gleichem Abstand zur Wand nach oben, bis Deine Hüfte höher als Dein Kopf ist. Schau dabei immer die Füße an (Abb. 7/1–3). Drück Dich aus dieser hohen Position mit den Füßen von der Wand ab (Abb. 7/4), zieh die Knie mit gehockten Beinen an die Brust und schau nach hinten, damit Du ganz früh die Matte hinter Dir siehst (Abb. 7/4–5). Streck die Beine und Hüftgelenke zum Landen (Abb. 7/6–7).*

Die Helfer rechts und links fassen mit Dreh-Klammergriff rückwärts an den Oberarm und stehen so nahe an der Übenden, daß sich ihre Schultern direkt unter deren Oberarmen befinden.

Die Helfer achten darauf, daß sie beim Hochsteigen von der Übenden nicht von der Wand weggedrückt werden. Sie halten die Übende mit dem Helfergriff bis in den sicheren Stand.

Eigenwahrnehmung

- Konntest Du beim Hochsteigen den Abstand zur Wand beibehalten?
- Hast Du so lange mit dem Abdrücken von der Wand gewartet, bis Du Deine Hüfte über dem Kopf gesehen hast?
- Warst Du in der Lage, den Boden zu sehen, bevor Du wieder Fußkontakt nach dem „Salto rückwärts" hattest?

Kennenlernen des Absprungs rückwärts

Turn aus der Grundstellung mit Partnerhilfe einen Strecksprung rückwärts. Beug dabei die Knie, verlagere Dein Gewicht leicht nach hinten und nimm die Arme nach unten hinter den Körper (Abb. 8/2). Spring mit kräftigem Armschwung vorhoch nach hinten oben ab, so daß Du etwa einen Meter hinter der Ausgangsposition landest (Abb. 8/3–5). Dein Kopf bleibt dabei in Normalposition.

Ein oder zwei Helfer stehen rechts bzw. links hinter der Übenden und fassen mit einer Hand am Schulterblatt und mit der anderen am Gesäß (Abb. 8/3).

Eigenwahrnehmung

- Hast Du gespürt, daß Du in der Ausholbewegung und im Absprung Dein Gewicht nach hinten verlagert hast und dadurch nach hinten oben abspringen kannst?
- War Dein Körper in der Flugphase gespannt und völlig gestreckt?

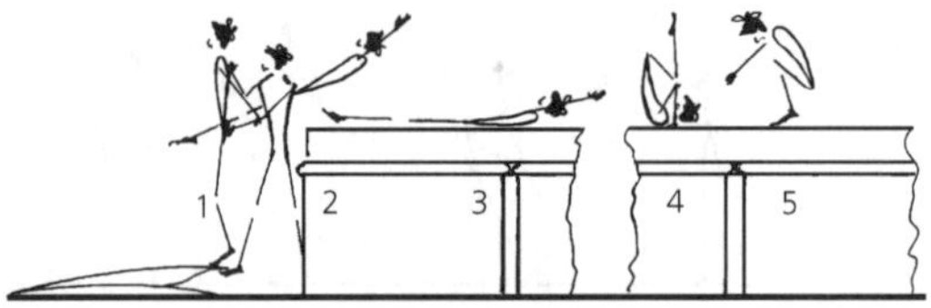

•9

Kopplung von Absprung rückwärts und Hockposition mit Rückwärtsbewegung

Spring aus dem Stand rücklings am Reutherbrett rückwärts ab in die Rückenlage auf die Weichbodenmatte. Hock danach die Beine zur Brust und zieh gleichzeitig Dein Gesäß nach oben, so daß Du nach dem Handaufsatz rückwärts in den Hockstand rollen kannst (Abb. 9/1–5).

Neben dem Reutherbrett steht eine Helferin und auf der WBM kniet eine zweite Helferin. Die Helferin neben dem Reutherbrett unterstützt den Absprung an Gesäß und Schulter mit Schubhilfe (Abb. 9/2). Die Helferin auf der WBM übernimmt die Übende an Gesäß und Schulter, sichert die Rückenlandung und unterstützt das Rollen rückwärts mit Drehhilfe an Gesäß und Oberarm (Abb. 9/3–5).

Eigenwahrnehmung

- Konntest Du kontrolliert mit Körperspannung und Öffnen des Arm-Rumpfwinkels in die Rückenlage kommen?
- Hast Du die Zweiphasigkeit der Bewegung - zuerst den Strecksprung in die Rückenlage, danach Hocken mit Rollen bewußt wahrgenommen?
- Hast Du gespürt, daß Du das Hocken mit Hochverlagern des Gesäß turnen mußt, um in die Rückwärtsrotation zu kommen?

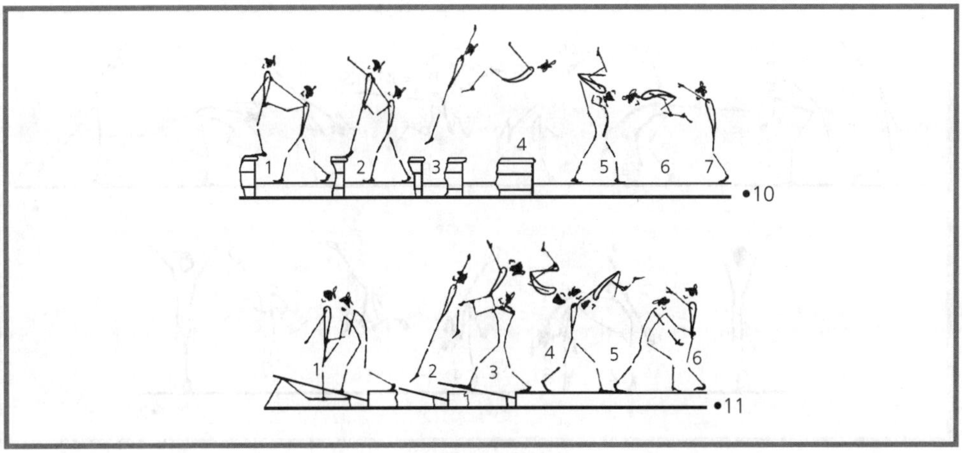

Kopplung des Gesamtablaufs

Spring aus dem Ballenstand vom Kastenende rückhoch. Hock nach dem Strecksprung nach hinten oben die Beine schnell an, umfass die Schienbeine und verlagere dabei Dein Gesäß nach oben. Dreh in dieser Körperhaltung rückwärts. Beginn mit der Streckung zur Landung, wenn Dein Rücken etwa die Horizontale passiert. Versuch, Blickkontakt zum Boden aufzunehmen, um die Landung zu kontrollieren (Abb. 10/5–6).

Die Helfer stehen rechts und links auf der WBM mit dem Gesicht zueinander.

Variante 1:

Sie helfen mit der kastennahen Hand am Gesäß und mit der entfernten Hand an der Schulter mit Schub- und Drehhilfe beim Absprung (Abb. 10/1–2) und in der Flugphase (Abb. 10/3–5). Bis zur Landung kann an der Schulter Dreh- und Stabilisierungshilfe gegeben werden (Abb. 10/5–7).

Variante 2:

Die kastenentfernte Hand des Helfers faßt von oben in den Hosenbund (Trainingshose ist optimal), die andere an der Oberschenkelrückseite. Die Hand am Hosenbund unterstützt die Höhe und die Hand am Oberschenkel die Höhe und Drehung. Die Übende wird bis in den sicheren Stand am Hosenbund gehalten.

Eigenwahrnehmung

- War beim Absprung Dein Arm-Rumpfwinkel geöffnet?
- Hast Du beim Hocken Dein Gesäß schnell hochziehen können?
- Hast Du beim Hocken mit den Händen die Schienbeine umfaßt?
- Hast Du die Hockposition bewußt wahrgenommen?
- Wie hast Du Deine Rotationsgeschwindigkeit (schnell, langsam) empfunden?
- Hast Du den Zeitpunkt für das Öffnen zur Landung gespürt?
- Warst Du in der Lage, den Boden zu sehen, bevor die Füße Kontakt hatten?

Für die Weiterführung des „Salto rückwärts" ist der Absprung vom MT ein erleichternder Zwischenschritt (Abb. 11/1–6).

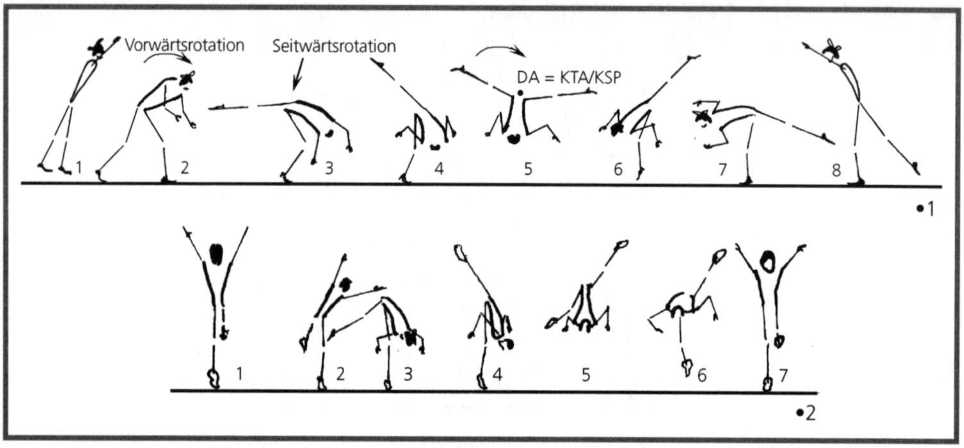

Überschlag seitwärts (freies Rad)

BIOMECHANISCHE ASPEKTE

Das „freie Rad" ist eine Rotation um 360°, die zunächst als Vorwärtsrotation um die KBA beginnt (Abb.1/1–2). Durch eine zusätzliche Rotation um die KLA von ca. 90° dreht der Körper seitwärts (Abb. 1/2–4) um die KTA als freie DA (Abb. 1/5–6).

Die anfangs benötigte Energie wird aus dem Anlauf/Hopser gewonnen. Das Schwungbein wird zuerst aufgesetzt (erste kurzzeitig feste DA, Abb. 1/1). Das etwa eine Rumpflänge weit vorgesetztem Druckbein ist die zweite kurzzeitig feste DA (Abb. 1/2–4). Durch schnellkräftiges Abwärtsschwingen von Rumpf und Armen mit Drehung von nahezu 90° zur Druckbeinseite wird der KSP vor das Druckbein verlagert (Abb. 1/3–4). Das Druckbein übernimmt eine stemmende Funktion. Die um die Tiefenachse eingeleitete Rotation wird verstärkt, indem der OK abgebremst wird und der unmittelbar danach folgende Druckbeinimpuls exzentrisch am KSP vorbei wirkt (Abb. 1/3–4).

Der Körper rotiert um die KTA=KSP als freie DA (Abb. 1/5–6) bis das Schwungbein zum Landen aufsetzt (Abb. 1/7).

Aus der Sicht von hinten sieht man deutlich die seitliche Auslenkung des OK (Abb. 2/3–4).

Funktionale Aspekte

Hilfsfunktions-phase	Foto 1–4	**Hauptfunktions-phase**	Foto 4–5
Aktionen	Funktionen	Aktionen	Funktionen
a) Weites Vorsetzen des gebeugten Druckbeines mit Vorverlagern des OK und Seitdrehen im Rumpf b) Abwärtsschwingen des OK	a) Rotationsauslösung um die KTA b) Einnehmen der optimalen Absprungposition vor der Ha.F.Ph.	a) Schwungbeinimpuls seithoch b) Absprung vom Druckbein, Seitabschwingen des OK mit Abbremsen unter Beibehaltung des maximalen Seitspreizens	a) Verstärkung der Seitwärtsrotation b) Höhengewinn mit Rotationsverstärkung durch weites Spreizen

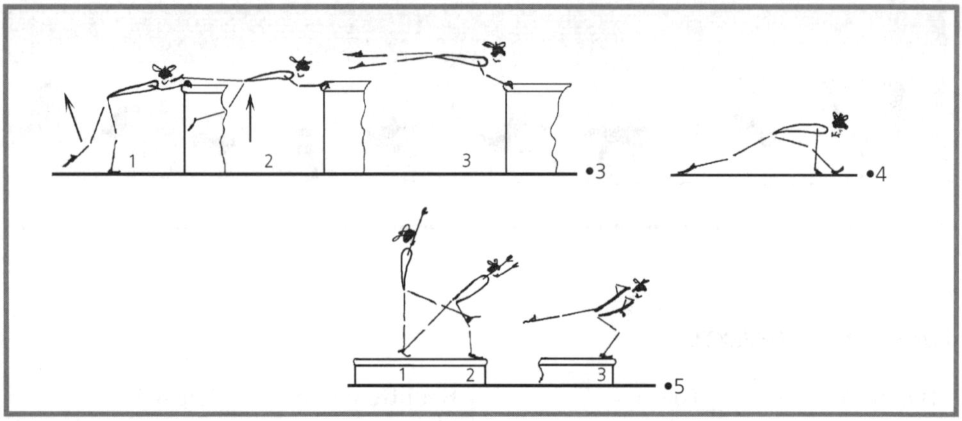

Methodische Aspekte

Konditionelle Voraussetzungen	Übungen zum Erwerb der Voraussetzungen
1. Beinkraft • Vordere Oberschenkelmuskulatur • Wadenmuskulatur • Teile der Gesäßmuskulatur • Untere Rückenmuskulatur	Zu 1. Für den Schwung- und Druckbeineinsatz: Im Stand vorlings etwa eine Rumpf- und Armlänge vor dem Kasten mit hüfthohem Griff (Abb. 3/1). Das Schwungbein wird schnellkräftig rückhoch bis zur Waagerechten geschwungen. Gleichzeitig erfolgt der Abdruck vom Druckbein (Abb. 3/2) mit Heranschwingen an das Schwungbein (Abb. 3/3). 5 mal, 1 Minute Pause, in drei bis fünf Serien.
2. Beweglichkeit / Hüfte • Hüftbeugemuskulatur	Zu 2. Für einen offenen Spreizwinkel: Im Ausfallschritt vorwärts (Kniewinkel im vorderen Bein über 90 Grad; gestrecktes, auf die Fußspitze gestütztes, hinteres Bein) mit Abstützen der Hände am Boden (Abb. 4). Langsames nach vorn-unten Führen der Hüfte bis an die Dehngrenze. Zehn Sekunden halten, langsam zurück und Beinwechsel. Fünf mal.

Koordinative Voraussetzungen

Kennenlernen der Absprungposition

Imitiere auf dem Kastendeckel aus dem Ausfallschritt mit einem rumpfweit vorgesetzten Druckbein (Stemmbein) und seitwärts gedrehten Oberkörper die Absprungposition. Brems in annähernd waagerechter Lage des Oberkörpers den Schwung ab und zieh Deine Arme gebeugt schnellkräftig rückhoch. Laß dabei die Arme dicht am Körper (Abb. 5/1–3).

Eigenwahrnehmung
- Hat Dich das weite Vorsetzen des Druckbeines, das Abbremsen des Oberkörpers und Rückhochziehen der Arme in die Absprungposition gebracht?
- Hast Du den Zeitpunkt für das Abbremsen des Oberkörpers gespürt?
- Hast Du gespürt, welche Funktion Dein Druckbein für das „freie Rad" übernehmen wird?

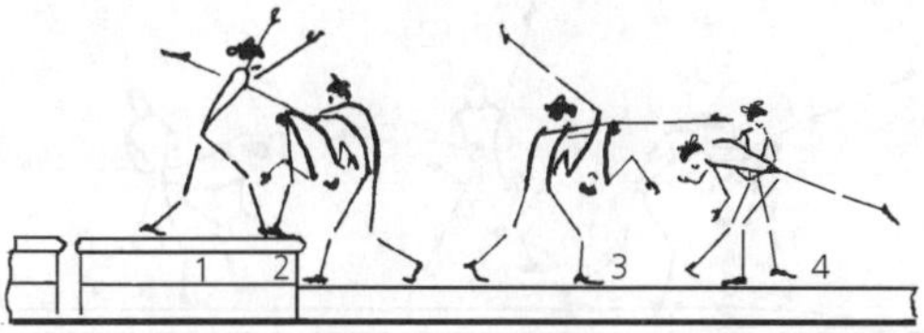

•6

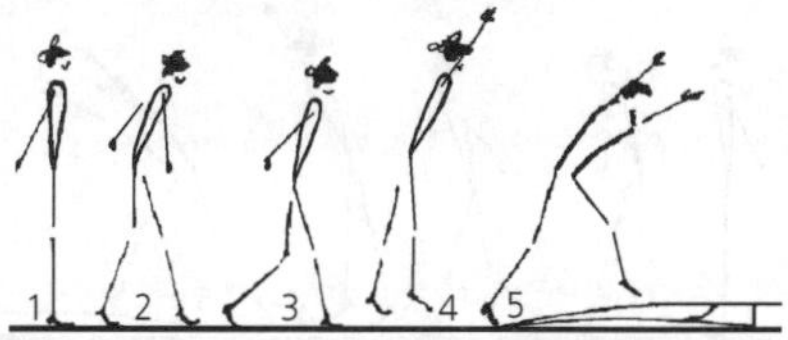

•7

Kennenlernen des Überschlags seitwärts

Drück Dich aus der erlernten Absprungposition explosionsartig ab, kurz nachdem Du den Oberkörper in der Waagerechten abgebremst und die Arme gebeugt rückhoch geschwungen hast. Schwing Dein Schwungbein schnellkräftig über die Senkrechte und laß den Spreizwinkel in der Flugphase weit geöffnet bis zur Landung (Abb. 6/2–4). Lande auf dem gebeugten Schwungbein.

Der Helfer greift zum Zeitpunkt des Einnehmens der Absprungposition ein (Abb. 6/2) und steht auf der Druckbeinseite (auf den Abb. ist dieser Sachverhalt aus zeichnerischen Gründen anders dargestellt).

Geholfen wird mit Klammergriff an den Hüften oder durch Schubhilfe mit beiden Händen an der Hüfte der Druckbeinseite (Abb. 6/2).

Eigenwahrnehmung

- Hast Du die Stemmwirkung des Druckbeines zusammen mit der Funktion des Abbremsens von Oberkörper und Armen für die Rotation gespürt?
- Hast Du gespürt, wie schnellkräftig Schwung- und Druckbein für die Rotation eingesetzt werden müssen?
- Blieb Dein Spreizwinkel in der Flugphase geöffnet?
- Bist Du sicher auf dem Schwungbein gelandet?

Kopplung von Anlauf/Hopser und Absprungposition

Anlauf/Hopser (vgl. Boden S. 216–218) und Absprungposition werden auf mindestens drei hintereinander gelegten Kastendeckeln oder auf dem Reutherbrett imitiert, so daß die Absprungposition am Kastenende (Abb. 6/2) oder auf dem Brett (Abb. 7/5) eingenommen wird.

Imitiere die Absprungposition aus dem Anlauf/Hopser. Denk an das weite Vorsetzen des Druckbeines. Es muß am Kastenende bzw. im Bereich des Brettes mit der größten Federwirkung aufsetzen. Richte darauf Deinen Anlauf/Hopser ein.

Eigenwahrnehmung

- Waren die Abstände für das Vorsetzen des Druckbeines am Kastenende oder auf dem Brett richtig gewählt?
- Ist die Koordination zwischen Anlauf/Hopser und Absprungsposition gelungen?

•8

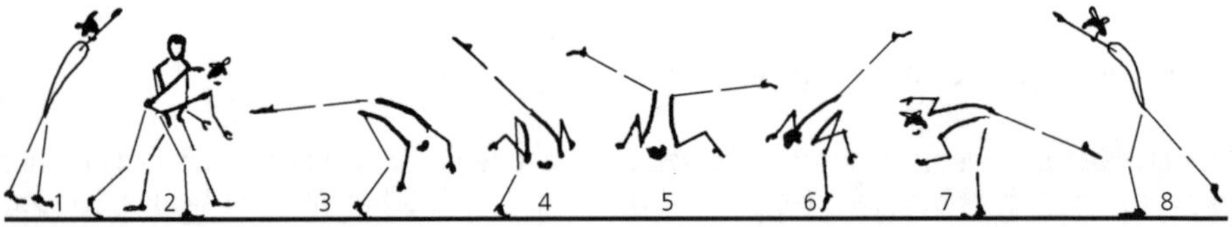

•9

Kopplung des Gesamtablaufs

Turn den Überschlag sw. aus dem Anlauf mit Hopser. Setz dabei Dein Druckbein so auf das Reutherbrett, daß Du eine große Stemmwirkung erzielst und die Federwirkung des Brettes beim Abdruck nutzen kannst (Abb. 8/1–5). Versuch, nach dem Abwärtsschwingen des Oberkörpers und dem Rückhochziehen der gebeugten Arme Deinen Körper in der waagerechten Lage abzubremsen (Abb. 8/5–6). Drück Dich gleichzeitig vom Druckbein ab und setz Dein Schwungbein schnellkräftig ein.

Hilfe wird an den Hüften mit Klammergriff (Abb. 8/6–8) oder mit Schubhilfe der beiden Hände an der Hüfte der Druckbeinseite gegeben. Mit dem Aufsetzen des Druckbeines auf das Brett (Abb. 8/5) oder auf den Boden (Abb. 9/2) muß das Helfen an der Hüfte beginnen.

Eigenwahrnehmung

- Hast Du die Stemm- und Abbremswirkung von Druckbein bzw. Oberkörper und Armen für die Rotationsumsetzung gespürt?
- Hast Du zum richtigen Zeitpunkt Oberkörper- und Armschwung abgebremst?
- Hast Du die Federwirkung des Brettes nutzen können?
- Bist Du auf dem Schwungbein sicher gelandet und konntest Du Dich leicht mit dem Oberkörper aufrichten?
- Konntest Du Anlauf/Hopser, Absprungposition und Überschlag sw. als dynamische Bewegung koordinieren?

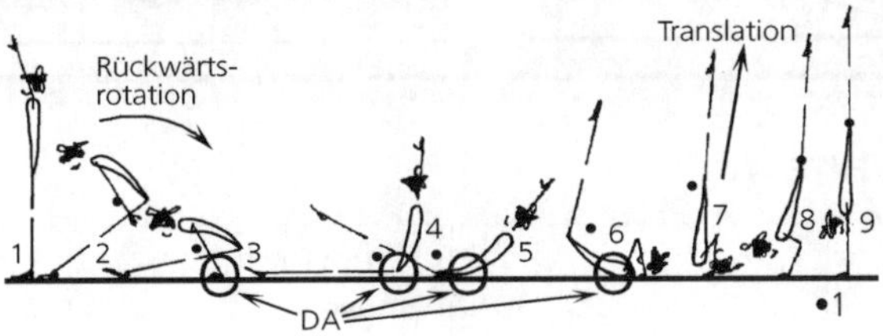

Felgbewegungen

Felgrolle mit gebeugten Armen

Biomechanische Aspekte

Die Felgrolle ist eine Rückwärtsrotation in vertikaler Ebene um die KBA, die in eine fußwärts gerichtete Translation übergeht (Abb. 1/1–9). Die Rückwärtsrotation wird durch Verlagern des KSP hinter die feste DA Füße eingeleitet (die SK wirkt an der DA vorbei, Abb. 1/2). Der Oberkörper wird an die Beine herangebracht (Hüftbeugung), um mit den Händen das Gesäß des drehenden Körpers sanft auf den Boden zu setzen (Abb. 1/2–3). Danach dreht der Körper um den konvex gekrümmten Rücken (momentane DA) mit einem BRW von ca. 90° (Abb. 1/4–6) weiter, bis die Finger der mindestens schulterbreit aufgesetzten Hände den Boden berühren (Abb. 1/6). Zu diesem Zeitpunkt beginnt die schnellkräftige Hüftstreckung (die Streckkraft wirkt auf die Unterstützungsfläche Boden (actio) mit Abbremsen bei völliger Hüftstreckung (Abb. 1/7). Die Folge davon ist eine Entlastung an der Unterstützungsfläche (reactio) mit dem Übergang in den translatorischen Bewegungsabschnitt (translatorische Impulsübertragung, Abb. 1/7–9). Diese Entlastung erleichtert den Armschub, der den Körper bis in den Handstand bringt (Abb. 1/7–9). Es bestehen Abhängigkeiten bei der Felgrolle zwischen Rollgeschwindigkeit, Hüftbeugung und Zeitpunkt für den Beginn der Hüftstreckung:

- größere Rollgeschwindigkeit, geringe Hüftbeugung und Beginn der Hüftstreckung, wenn die Beine etwa senkrecht sind und Handkontakt vorhanden ist.
- Langsame Rollgeschwindigkeit, starke Hüftbeugung und Beginn der Hüftstreckung, etwa wenn die Knie über den Augen sind.
- Die Hüftstreckung muß immer so schnell wie möglich durchgeführt werden, und der Armschub sollte erst mit Beginn des Abbremsens (Impulsübertragung) erfolgen.

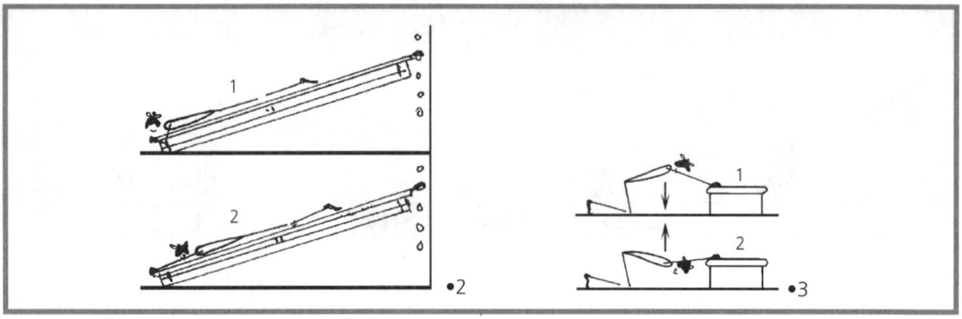

Funktionale Aspekte

Hilfsfunktions-phase	Foto 1–5	**Hauptfunktions-phase**	Foto 5–9
Aktionen	Funktionen	Aktionen	Funktionen
a) Rücksenken mit Hüftbeugung und Abwärtsführen der Arme mit Abstützen der Hände b) Rückrollen mit Handaufsatz	a) Einleiten der Rückwärtsrotation und Abbremsen der „Fallgeschwindigkeit" b) Erreichen der optimalen Ausgangsposition vor Beginn der Ha.F.ph.	a) Fußwärts gerichtete Hüftstreckung mit Abbremsen b) Öffnen des ARW durch Armschub	a) Translatorische Impulsübertragung und Entlastung an der Stützstelle b) Entfernen des KSP von der Drehachse

Methodische Aspekte

Konditionelle Voraussetzungen	**Übungen zum Erwerb der Voraussetzungen**
1. Arm- und Schulterkraft • Schulter- und Armmuskulatur	zu 1. Für das schnelle Öffnen des ARW: In Bauchlage auf der schräg eingehängten Bank mit Griff an den Bankkanten (Abb. 2/1). Aus den gebeugten Armen heraus schnellkräftig rückhoch bis zur Streckung der Arme schieben, ohne den OK von der Bank abzuheben (Abb. 2/2). Danach in die Ausgangslage zurückrutschen (Abb. 2/1). Den Neigungswinkel der Bank so wählen, daß gerade noch zehn „Schieber" schnellkräftig ausgeführt werden können. Zehn mal, 1–2 Minuten Pause, 3–5 Serien.
2. Beweglichkeit • Schulter- und Brustmuskulatur	zu 2. Für einen offenen ARW: Im Kniestand etwa eine Rumpf- und Armlänge hinter einem kleinen Kasten (Abb. 3/1). Die gestreckten Arme werden schulterbreit aufgelegt. Weiches, langsames Tiefführen der Brust bis an die Dehngrenze (Abb. 3/1–2). Fünf Sekunden halten, langsam zurück in die Ausgangslage. Fünf mal, 1 Minute Pause, drei Serien.

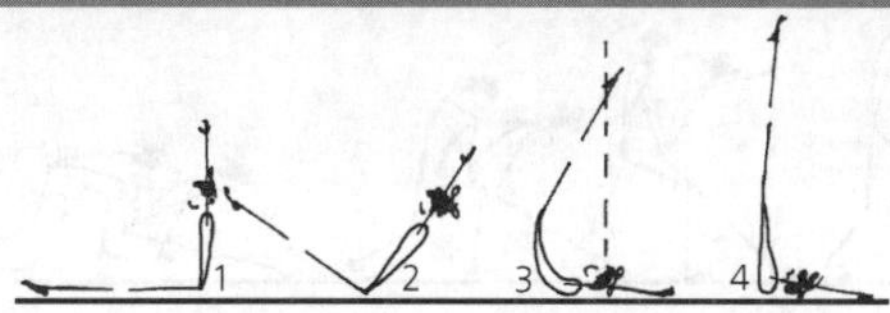

•4

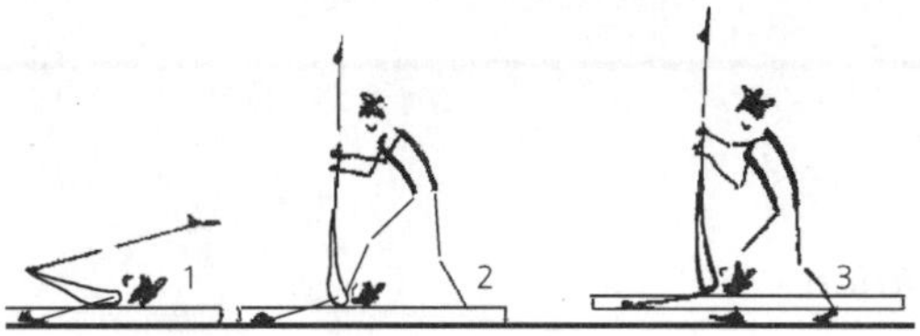

•5

•6

Koordinative Voraussetzungen

Kennenlernen von Hüftaktion und Zeitpunkt

Roll aus dem Winkelsitz mit gestreckten Beinen rückwärts in den Nackenstand. Behalt den Winkel von 90° so lange bei, bis sich Deine Fußspitzen über den Augen befinden (Abb. 4/1–3). Streck blitzschnell Deine Hüfte in den Nackenstand. Führ dabei die Arme gestreckt nach hinten zum Boden oder stütz Dich am Rücken ab (Abb. 4/3–4).

Eigenwahrnehmung

- Hast Du im richtigen Zeitpunkt die Hüfte gestreckt?
- Konntest Du schnell strecken und abbremsen?
- Hast Du den Nackenstand fixieren können?

Blockieren der Hüftstreckung

Halte Dich am Mattenrand in der Kipplage fest (Abb. 5/1). Streck schnell Deine Hüfte senkrecht nach oben (Abb. 5/2) und brems die Streckung abrupt ab, so daß Du mit der Matte nach hinten rutschst (Entlastung, Abb. 5/3).

Ein Helfer sichert mit Klammergriff am Oberschenkel das Gleichgewicht.

Eigenwahrnehmung

- Hast Du gespürt, wie Du beim Blockieren der Hüftstreckung mit der Matte rutschst?

Kennenlernen des Handaufsatzes

Führ aus der Rückenlage am Boden Deine Arme über die Vorhalte zurück und setz Deine Hände schulterbreit auf (Abb. 6).

Eigenwahrnehmung

- Gelingt Dir die Armbewegung und das Aufsetzen der Hände ohne Nachdenken?

Koppeln von Hüftstreckung und Armaktion

Roll aus dem Winkelsitz unter Beibehaltung des Hüftwinkels von 90° mit gestreckten Beinen rückwärts. Setz die Hände wie vorhin auf. Wenn Deine Fußspitzen über den Augen sind, streck schnellkräftig Deine Hüfte, brems die Hüftaktion abrupt ab und drück mit den Händen gegen den Boden (Abb. 7/1–4).

Zwei Helfer stehen seitlich neben dem Übenden mit gebeugten Beinen sowie geradem Rücken, um mit Klammergriff am Oberschenkel durch Zughilfe die Streckung nach oben zu unterstützen. Sie greifen in den Bewegungsablauf vor Beginn der Hüft- und Armaktion ein (Abb. 7/2).

Eigenwahrnehmung

- Hast Du gespürt, wie Du zuerst Deine Hüft- und dann die Armaktion ausgeführt hast?
- Konntest Du den Zeitpunkt für den Beginn der Hüftstreckung wahrnehmen?
- Warst Du in der Lage, die Hüftstreckung für den Armschub zu nutzen?
- Hast Du gespürt, in welche Richtung Deine Füße gingen?

Kennenlernen von Rücksenken zum Abrollen

Nimm im Stand Deine Arme in Vorhalte und bring Deinen Oberkörper so nahe wie möglich an die Oberschenkel (Abb. 8/1–4). Brems mit Beugen der Arme Deine Geschwindigkeit, damit Du sanft in den Sitz kommst (Abb. 8/4–5). Führ dabei die Arme nach hinten unten und setz die Hände auf den Boden (Abb. 8/1–5).

Der Partner steht im Ausfallschritt hinter dem Übenden, greift in die Hüften und läßt den Übenden auf seinen Oberschenkel setzen. Dann faßt der Helfer an OS/Gesäß des Übenden und läßt ihn bis zum Stütz mit den Händen auf den Boden absenken (Abb. 8/1–4).

Eigenwahrnehmung

- Hast Du weit vorgebeugt?
- Hast Du Deine Arme zum Abstützen Deines Körpers weit nach hinten gebracht?
- Hast Du gespürt, wie sanft Du Dein Gesäß auf den Boden setzen kannst?

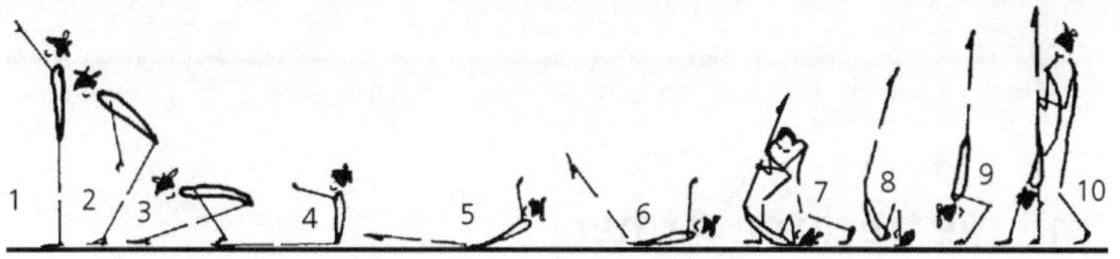

•9

•10

Kopplung des Gesamtablaufs

Im Gesamtablauf sollen mit Partnerhilfe die Zeitpunkte für die Aktionen im BRW und ARW erfahren werden.

Je nach Rollgeschwindigkeit ist die optimale Ausgangsposition (Hüftbeugung) und der Zeitpunkt für den Beginn der Hüftstreckung verschieden:

- Wird das Rückrollen schnell ausgeführt und mit einem Hüftwinkel von ca. 90° geturnt, muß die fußwärts gerichtete Streckung beginnen, bevor die Füße über den Augen sind (Abb. 9/7).
- Wird das Rückrollen langsam geturnt, muß die Hüftbeugung größer sein und die Hüftstreckung beginnt, wenn die Knie etwa über den Augen sind (Abb. 10/1).

Versuch, nach dem Rücksenken und Zurückrollen die Hüft- und Armaktion je nach Rollgeschwindigkeit und Hüftbeugung dann zu turnen, wenn entweder die Füße oder die Knie über den Augen sind.

Zwei Helfer stehen bei beiden Ausführungen neben der Übenden und unterstützen die Aufwärtsbewegung am Oberschenkel mit Klammergriff (Abb. 9/7 und 10/1).

Eigenwahrnehmung

- War der Zeitpunkt für den Beginn der Hüftaktion und des Armschubs in bezug auf die Rollgeschwindigkeit richtig gewählt?
- Spürst Du wie wichtig es ist, die Hüftaktion mit dem Zeitpunkt der Armaktion abzustimmen?
- Hast Du gespürt, daß sich die Hüftaktion nur mit gestreckten Beinen schnellkräftig realisieren läßt?

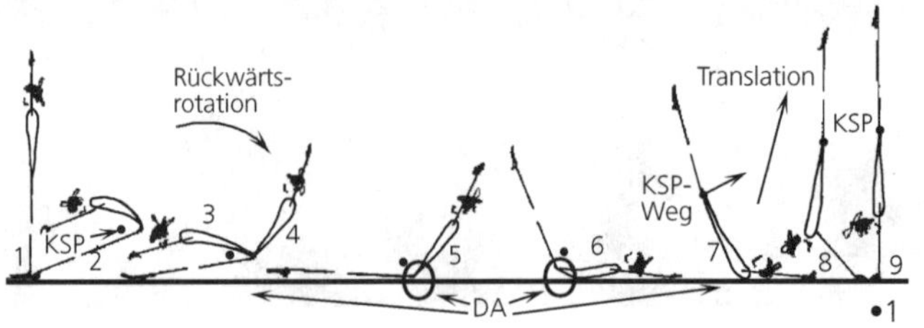

Felgrolle mit gestreckten Armen

Biomechanische Aspekte

Die Felgrolle ist eine rückwärts verlaufende Rotation um die momentane DA in vertikaler Ebene und die KBA, die in eine fußwärts gerichtete Translation geht. Durch Verlagerung des KSP hinter die Füße dreht sich der abbückende Körper um die Füße (Abb. 1/1–3). Der Hüftwinkel wird dabei maximal verkleinert, so daß eine optimale Entfernung des KSP von den Füßen erreicht wird und eine relativ hohe Drehgeschwindigkeit entsteht (Abb. 1/3). Unmittelbar bevor das Gesäß den Boden berührt, wird der Oberkörper zurückgeführt (Abb. 1/3–4). Dadurch verringert sich einerseits die Fallgeschwindigkeit der Hüfte und das Gesäß kann sanft auf den Boden gesenkt werden. Andererseits erhöht sich dadurch die Drehgeschwindigkeit weiter (der KSP wird weiter von der DA weg verlagert). Wenn die Hände Bodenkontakt haben, beginnt eine schnellkräftige Hüftstrekkung bis auf 180° (actio, Abb. 1/6–7) und die Rotation geht in eine weitgehend fußwärts gerichtete Translation über. Die Hüftstreckung wird abrupt abgebremst und führt zur Entlastung an der DA (reactio, Abb. 1/8–9). Durch den Druck der gestreckten Arme auf den Boden ist daher weniger Kraft erforderlich, um in den Handstand zu gelangen (Abb. 1/8–9). Durch die hohe Rotationsgeschwindigkeit einerseits, die Felgbewegung mit der Armaktion andererseits können sich die Hände fast abspringend vom Boden lösen, um in den flüchtigen Handstand zu gelangen (Abb. 1/8–9).

Funktionale Aspekte

Hilfsfunktionsphase	Foto 1–6	**Hauptfunktionsphase**	Foto 6–10
Aktionen	Funktionen	Aktionen	Funktionen
a) Rückrollen mit Öffnen des Hüftwinkels auf ca. 90–100° b) Vorhochführen der gestreckten Arme mit Aufsetzen der Hände auf dem Boden	a) Bereitstellen einer hohen Rotationsgeschwindigkeit b) Erreichen der optimalen Ausgangsposition vor Beginn der Ha.F.Ph.	a) Fußwärts gerichtete Hüftstreckung mit Abbremsen b) Öffnen des ARW durch Druck der Arme nach unten	a) Translatorische Impulsübertragung und Entlastung an der Stützstelle b) Arm- und Schulterarbeit zur Entfernung von der Drehachse

•2

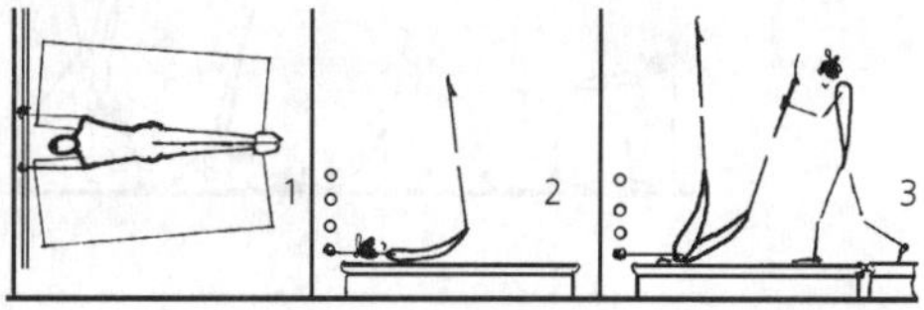

•3

Methodische Aspekte

Konditionelle Voraussetzungen	**Übungen zum Erwerb der Voraussetzungen**
1. Schulterkraft • Deltamuskel • Trizeps	zu 1. Für ein schnelles Öffnen des ARW: In Rückenlage mit angewinkelten Beinen und gestreckten oder verschränkten Armen vor dem Körper (Abb. 2/1). Die Arme werden schnellkräftig gegen den Widerstand eines Partners von oben nach hinten bis zum Boden gedrückt. (Abb. 2/2). Fünf bis zehn mal, 1 Minute Pause, in drei bis fünf Serien.
2. Rumpfkraft • Bauchmuskulatur • Rückenmuskulatur	zu 2. Für ein schnelles Öffnen im BRW: In Rückenlage auf zwei Kastenoberteilen mit gestreckten Armen und Griff an der Sprossenwand (Abb. 3/1). Gleichzeitiges Heben von Beinen und Gesäß (Abb. 3/1–2). Schnellkräftiges Strecken der Hüfte bis 180°, der Kopf ist in Normalstellung (Abb. 3/3). Langsames Senken mit Partnerhilfe und Beugen der Hüfte in die Ausgangsposition (Abb. 3/3). Fünf mal, 1 Minute Pause, in drei Serien.

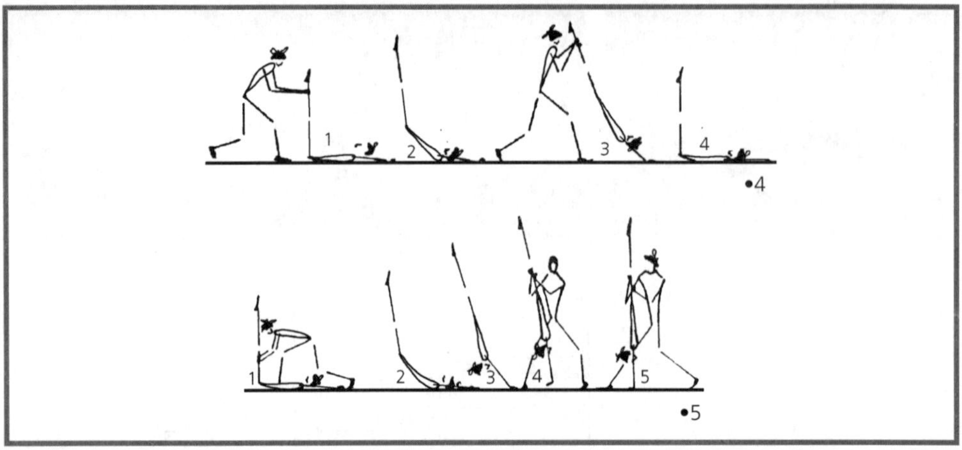

Koordinative Voraussetzungen

Kennenlernen der Hüft- und Armaktion

Leg Dich auf den Rücken, Deine gestreckten Beine sind senkrecht (Abb. 4/1). Drück die gestreckten Arme mit nach innen gedrehten Händen fest auf den Boden und turn eine fußwärts gerichtete Hüftstreckung mit Partnerhilfe (Abb. 4/ 1–3). Senk danach in die Ausgangsposition zurück (Abb. 4/4).

Zwei Helfer stehen jeweils seitlich vom Übenden und unterstützen die Hüftstreckung mit Klammergriff und Zughilfe an den Oberschenkeln.

Eigenwahrnehmung

- Waren Deine Hüftaktion und der Druck der Hände gegen den Boden schnellkräftig bzw. stark genug, um Dich vom Boden abzuheben?
- Hast Du gespürt, wie eine schnellkräftige Hüftaktion mit Abbremsen die Arm-Schulterarbeit erleichtert?

Kopplung von Hüft- und Armaktion mit Umspringen der Hände

Turn mit Partnerhilfe aus der gleichen Rückenlage mit gewinkelter Hüfte die Hüftstreckung (Abb. 5/1). Drück kräftig mit den Handrücken nach unten, so daß Du mit der Schulter fast senkrecht über die Hände kommst. Spring im Moment der Entlastung auf der Stützstelle (zum Zeitpunkt des Abbremsens der Hüftaktion) mit den Händen vom Handrücken auf die Handinnenflächen um (Abb. 5/1–5).

Zwei Helfer unterstützen die gesamte Bewegung durch Zughilfe mit Klammergriff am Oberschenkel.

Eigenwahrnehmung

- Hast Du die direkte Folge von Hüftstreckung und Druck mit dem Handrücken gegen den Boden vor dem Umspringen mit den Händen gespürt?
- Hast Du die Hüftstreckung so schnell Du kannst ausgeführt?
- Hast Du gespürt, zu welchem Zeitpunkt der Druck auf den Händen geringer ist?
- Hat Dir das Umspringen mit den Händen Mühe gemacht?

•6

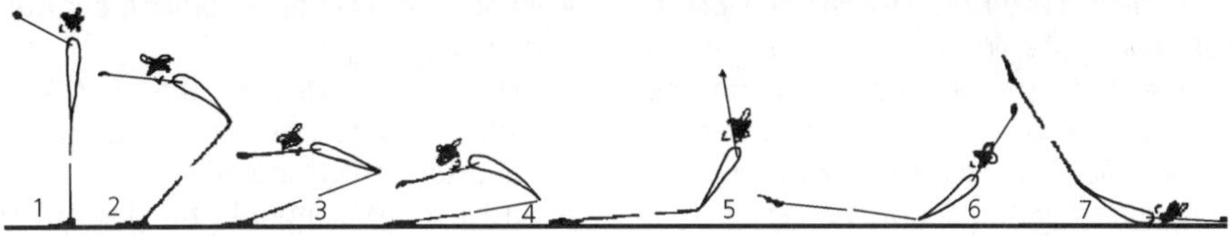

•7

Kennenlernen von Rücksenken zum Abrollen

Beginn aus dem Stand mit Partnerhilfe ein Rücksenken mit Rumpfvorbeugen. Schieb dabei Dein Gesäß mit gestreckten Beinen nach hinten und verlagere Deinen Oberkörper weit nach vorn bis Dein Gesäß Bodenkontakt hat. Öffne beim Rückrollen bewußt Deinen Bein-Rumpfwinkel durch Zurücknehmen des Oberkörpers. Achte auf die gestreckten Arme, die Druck gegen den Boden geben.

Helfer und Übende stehen sich mit Handfassung gegenüber (Abb. 6/1). Der Helfer stabilisiert durch Zug an den gestreckten Armen der Übenden das Rücksenken bis in den Sitz (Abb. 6/1–3).

Eigenwahrnehmung

- Wie hast Du den Gesäßkontakt am Boden empfunden?
- Hast Du Deinen Oberkörper weiter nach vorn verlagert?
- Konntest Du das Öffnen des Bein-Rumpfwinkels durch Zurücknehmen des Oberkörpers beim Rückrollen bewußt ausführen?
- Hast Du gespürt, wie die gestreckten Arme auf den Boden drücken?

Kennenlernen des Zeitpunktes für das Zurücknehmen des Oberkörpers

Führ die zuvor erlernte Übung zum Rücksenken ohne Hilfe aus. Versuch dann, wenn das Gesäß ca. 10 cm vom Boden entfernt ist, den Oberkörper schnell zu verlagern, damit Du das Gesäß sanft aufsetzen kannst. Roll weiter rückwärts mit Hüftstreckung und drück die Handrücken fest auf den Boden (Abb. 7/1–7).

Eigenwahrnehmung

- Hast Du gespürt, wie Dein Körper sanft abrollt?
- War der Zeitpunkt für das Zurückverlagern des Oberkörpers richtig gewählt?

•8

Kopplung des Gesamtablaufes

Turn aus dem Stand wie zuvor das Rücksenken zum Abrollen. Wenn die Handrücken Bodenkontakt haben, beginn mit der Hüftstreckung und gebe Druck mit den Händen gegen den Boden (Abb. 8/5). Setz mit Abbremsen der Hüftaktion die Hände vom Handrücken auf die Handinnenflächen um (Abb. 8/9). Versuch, im Handstand kurze Zeit zu stehen.

Zwei Helfer stehen seitlich vom Übenden und unterstützen mit Beginn des translatorischen Abschnitts mit Zug- und Klammergriff am Oberschenkel und sichern die Handstandphase mit Gleichgewichtshilfe ab.

Eigenwahrnehmung

- Inwieweit ist Dir die Kopplung der Körperaktionen gelungen?
- Warst Du mit Deiner Hüft- und Armaktion schnell genug, um mit wenig Hilfe in den Handstand zu gelangen?
- Hast Du den Zeitpunkt für das Aufstrecken im Bein-Rumpfwinkel und Arm-Rumpfwinkel richtig gewählt?
- Hast Du ein sanftes Absetzen und dynamisches Rollen gespürt?
- Konntest Du im Handstand stehen?

Schwebebalken

Hinweise für das Turnen am Schwebebalken

Sprungbewegungen
Sprungaufhocken
Drehsprungaufhocken
Sprungvorhocken
Sprungauflaufen
Sprungaufrollen

Schwungbewegungen
Aufschwingen in den Handstand
Rückschwingen im Querstütz

Rollbewegungen
Rolle vorwärts
Rückrollen in den Nackenstand

Überschlagbewegungen
Handstütz-Überschlag seitwärts (Rad)
Handstütz-Überschlag seitwärts mit 1/4 Drehung (Radwende/Abgang)
Überschlag seitwärts (freies Rad/Abgang)
Überschlag vorwärts gehockt (Salto/Abgang)

Hinweise für das Turnen am Schwebebalken

Das Turnen auf einem 10 cm breiten und 5 m langen Schwebebalken erfordert Anpassungsfähigkeit und Gewöhnung an die ungewohnten und schwierigen Gleichgewichtsbedingungen. Viel Übung ist mit einfachen Bewegungsformen unter erleichterten, immer wieder vielfältig veränderten Bedingungen notwendig.
Deshalb sollen alle **Hilfsmittel**, die für das Schwebebalkenturnen zur Verfügung stehen, in ihrer Gesamtheit für die methodische Arbeit genutzt werden.
In Kombination mit unterschiedlichen **Aufstellungsformen** der Geräte lassen sich interessante Variationen für das Üben entwickeln. Der Übungsprozeß kann – auch mit einem anspruchslosen Geräteaufwand – intensiviert und differenziert gestaltet werden.
Um zunehmend mehr Sicherheit auf dem Schwebebalken zu erlangen, wird empfohlen, balkentypische **Hand- und Fußpositionen** zu üben.
Nachfolgend werden ausgewählte Hilfsmittel, Varianten von Aufstellungsformen der Geräte sowie Hand- und Fußpositionen zusammengestellt.
Für die Darstellung wird teilweise auf die Absicherung mit Matten verzichtet.

1. Hilfsmittel

Kreidemarkierung auf dem Boden

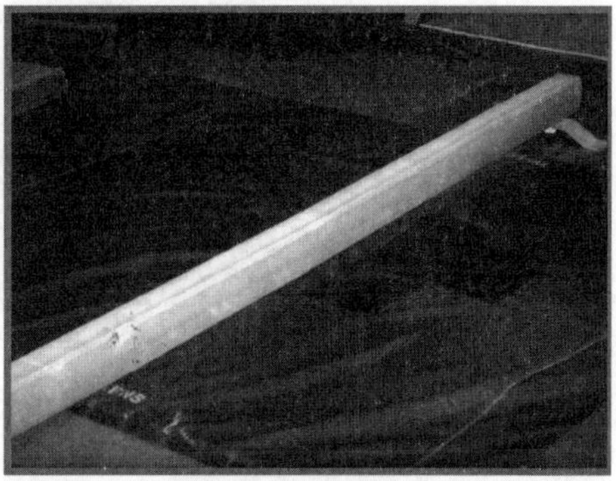

Balken am Boden

Auflage am Boden

Auflage auf dem Balken

Kombination von Kreidemarkierung
und Auflage

Bänke

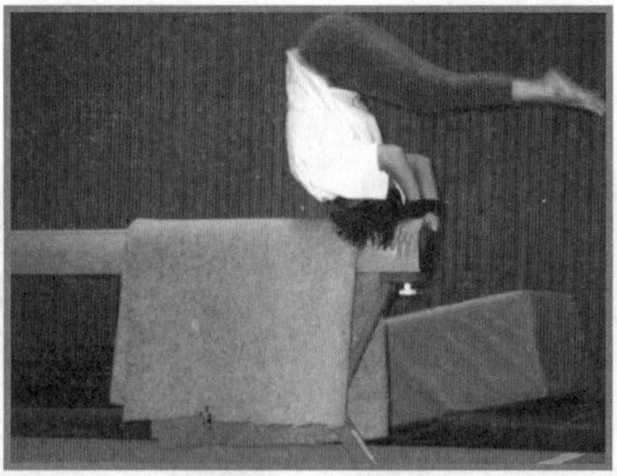

Balken mit Mattenauflage

2. Aufstellungsformen

Einfacher Geräteaufbau für ein vielseitiges Üben in unterschiedlichen Bewegungsrichtungen

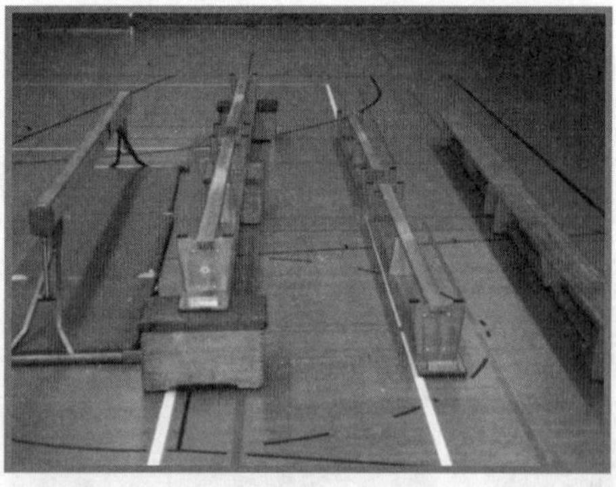

Differenzierte Gerätewahl unter Berücksichtigung verschiedener Leistungsvoraussetzungen

Zweckgebundener Geräteaufbau für rhythmische Bewegungsfolgen nach vorgegebenen Raumwegen (beispielsweise für Auf- und Abgänge)

Anspruchsvoller Geräteaufbau

Geräteaufbau für die Schulung von Abgängen

3. Hand- und Fußpositionen

Handpositionen

Anwendungsbeispiele

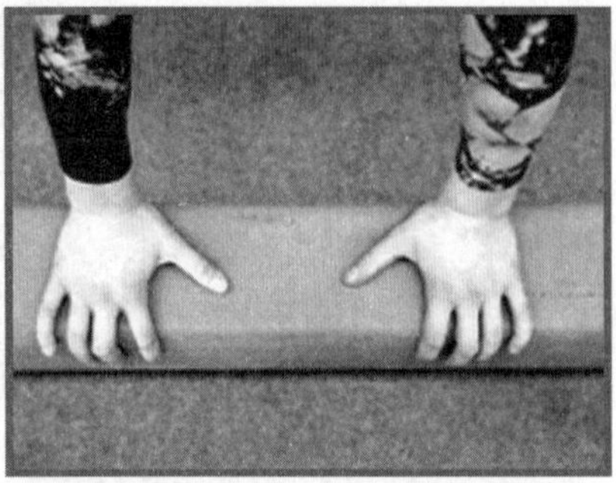

- Sprungaufhocken
- Sprungvorhocken

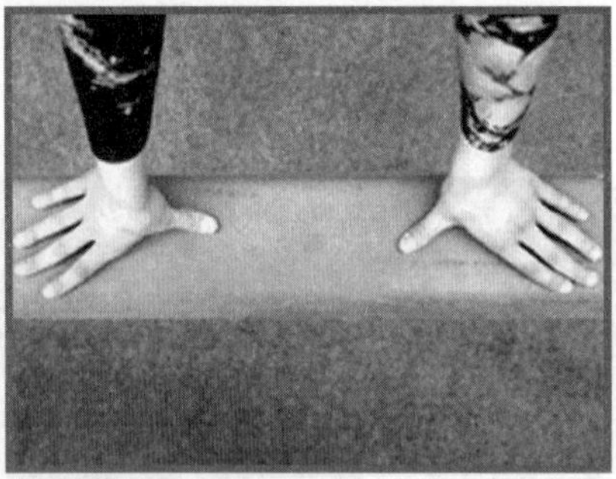

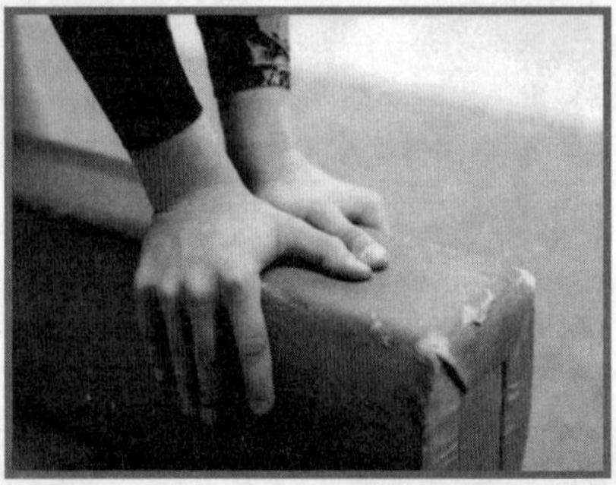

- Drehsprungaufhocken
- Schwingen in den Handstand (Querverhalten)
- Rückschwingen aus dem Quersitz
- Rolle vorwärts
- Sprungaufrollen

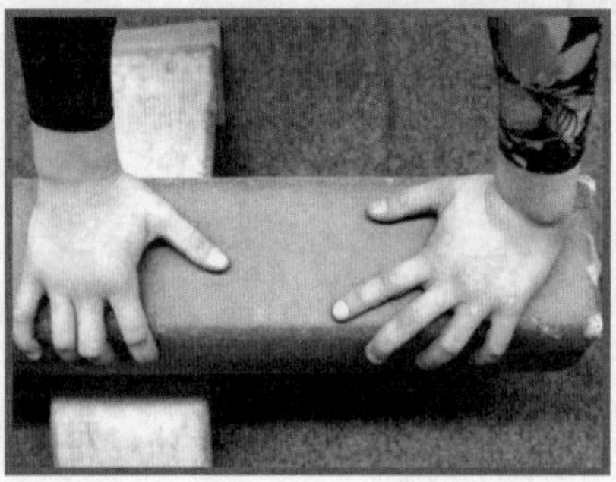

- Handstütz-Überschlag sw.
- Handstütz-Überschlag sw. mit 1/4 Drehung (Radwende)

Handpositionen

Anwendungsbeispiele

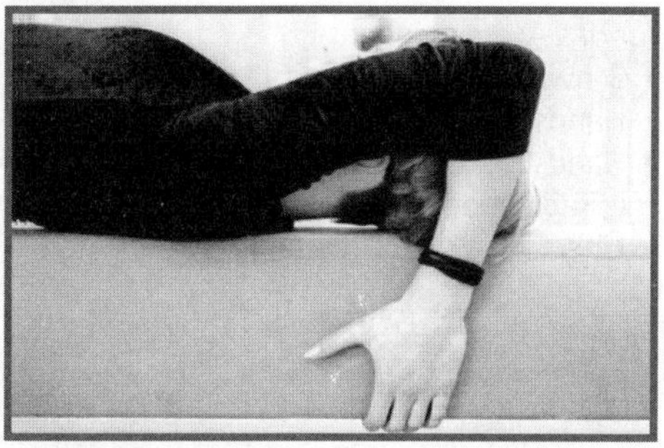

- Rückrollen in den Nackenstand (Untergriff)

Fußpositionen

- Sprungaufhocken

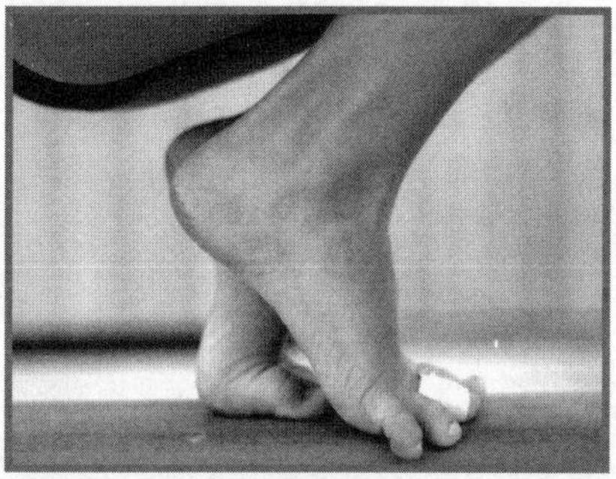

- Rolle vw.
- Drehsprungaufhocken
- Sprungaufrollen
- Aufhocken nach dem Rückschwingen im Querstütz

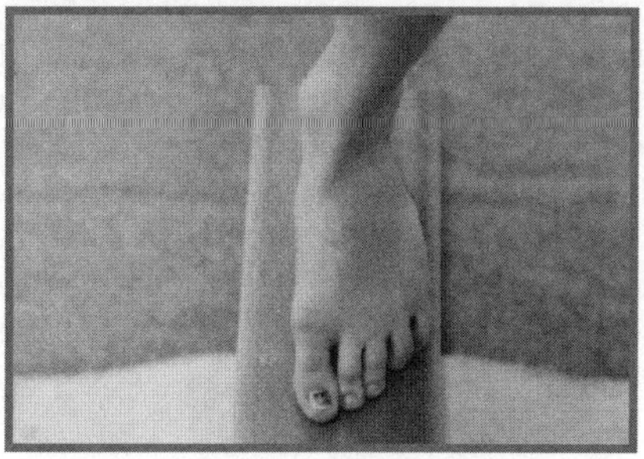

- Sprungauflaufen

Fußpositionen

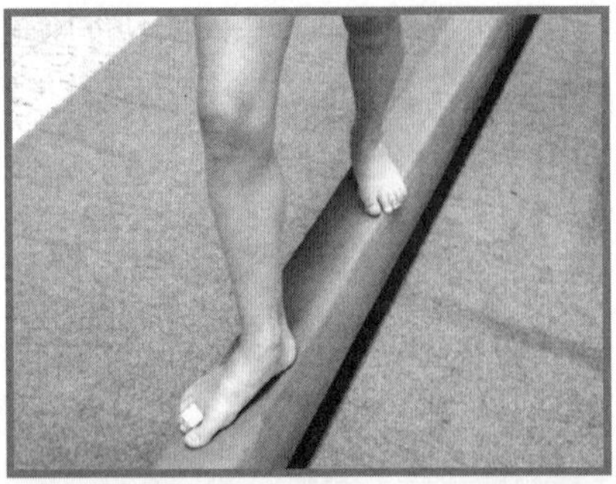

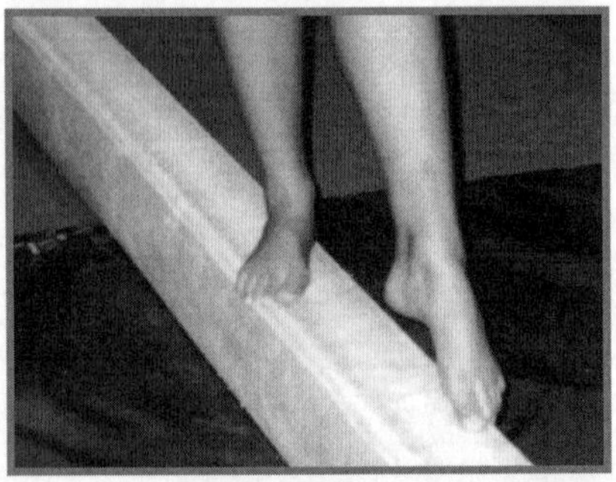

Anwendungsbeispiele

für das Aufschwingen:

- Schwingen in den Handstand
- Handstütz-Überschlag sw. („Rad")
- Handstütz-Überschlag sw. mit 1/4 Drehung („Radwende")
- Überschlag sw. („freies Rad")

für das Abschwingen:

- Handstand
- Handstütz-Überschlag sw. („Rad")

für das Abspringen:

- Überschlag vw. („Salto"/Abgang)

Die technikorientierte Aufbereitung der Turnelemente am Schwebebalken ist als Fortsetzung der methodischen Arbeit am Boden anzusehen. Treten technische Abweichungen am Boden auf, werden sie gesondert ausgewiesen. Das gleiche gilt für biomechanische und funktionale Aspekte. Da die Hand- und Fußpositionen im Vorwort zum Gerät Schwebebalken dargestellt sind, erscheinen sie im Text nur, wenn besondere Bedingungen zu berücksichtigen sind. Für Stand- und Hockpositionen der Füße haben wir uns zumeist für die „Schrittausführung" entschieden. Das Turnen der Elemente ist prinzipiell auch mit parallel ausgeführter Fußstellung möglich. Es sollte den Lernenden überlassen bleiben, welche Fußstellung favorisiert wird.

Sprungbewegungen

Sprungaufhocken

Biomechanische Aspekte

Das Sprungaufhocken ist eine Teilrotation vorwärts um die KBA, die von einer Translation überlagert wird. Durch den beidbeinigen Absprung wird sowohl Rotation als auch Translation erreicht. Nach dem Handstütz wird der KSP nach oben und die annähernd feste DA/Schulter leicht nach vorn verlagert. Während des Anhockens wird die annähernd feste DA wieder leicht zurückgenommen, damit der KSP zwischen Handstütz, Fußkontakt und Schultern ist und das labile Gleichgewicht gesichert werden kann.

Funktionale Aspekte

Hilfsfunktions-phase	Foto 1	**Hauptfunktions–phase**	Foto 2–5
Aktionen	Funktionen	Aktionen	Funktionen
Einbeiniger Ansprung zum beidbeinigen Aufsprung auf das Brett	Erreichen einer optimalen Ausgangsposition für den Absprung vom Brett	a) beidbeiniger Absprung mit Aufstützen der Hände und Rückhochziehen des Gesäß b) Hocken der Beine mit Vor- und Rückverlagern der Schultern	a) Höhengewinn des KSP b) Erreichen der Endposition bis der KSP über der DA im labilen Gleichgewicht ist

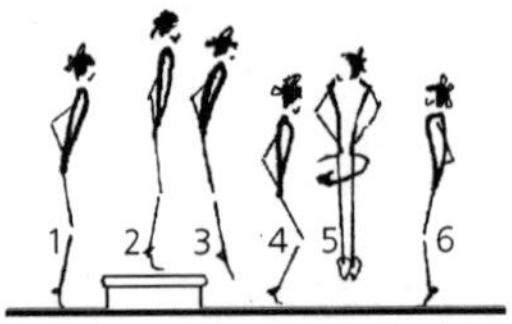

•1

•2

•3

METHODISCHE ASPEKTE

Konditionelle Voraussetzungen	Übungen zum Erwerb der Voraussetzungen
1. Absprungkraft • Wadenmuskulatur • Vordere Oberschenkelmuskulatur • Teile der Gesäßmuskulatur	zu 1. Für den Absprung: Im Schlußstand auf dem Boden vor dem Kastendeckel (Abb. 1/1). Beidbeiniges Aufspringen auf den Kastendeckel mit sofortigem prellenden Absprung zum Boden, 1/2 gesprungene Drehung am Boden und das gleiche, prellend ausgeführt, zurück (Abb. 1/1–6). Fünf mal, 1 Minute Pause, in drei bis fünf Serien.
2. Fußkraft • Fußstellmuskulatur	zu 2. Für die sichere Landung: Im Hochzehenstand mit Hochhalte der Arme (Abb. 2/1). Langsames Senken in die halbe Kniebeuge und drei Sekunden verharren (Abb. 2/2). Aufrichten in den Hochzehenstand (ohne die Fersen zu senken) und drei Sekunden verharren (Abb. 2/3). Fünf mal, 1 Minute Pause, in drei bis fünf Serien.

Koordinative Voraussetzungen

Kennenlernen des beidbeinigen Aufhockens

Hock so auf die Bank, daß beide Fußballen gleichzeitig aufsetzen und Deine Hände stets Druck Richtung Bank ausüben. Deine Fersen bleiben angehoben (Abb. 3/1–2).
Die Hände werden mit der ganzen Hand aufgesetzt, wobei die Fingerspitzen nach vorn zeigen. Oder es wird auf den gespreizten Fingern gestützt.

Eigenwahrnehmung
- Hast Du immer Kontakt mit beiden Händen zur Unterstützungsfläche gehabt?
- Bist Du auf beiden Fußballen gleichzeitig gelandet?
- Wie hoch hast Du Deine Fersen angehoben?

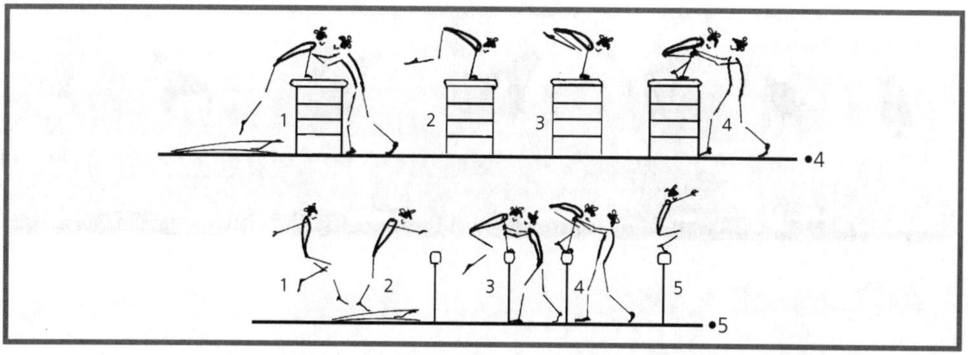

Kennenlernen der Hockposition mit Aufhocken

Spring aus dem Seitstand vorlings mit Stütz der gestreckten Arme auf den hüfthohen Kasten. Heb dabei Dein Gesäß weit nach oben (Abb. 4/2). Zieh die Oberschenkel eng zur Brust, verlagere Deine Schultern vor die Hände (Hockposition, Abb. 4/3). Hock Richtung Kasten ab, ohne die Hände zu lösen und schau, wie die Fußballen auf dem Kasten aufsetzen (Abb. 4/4).

Ein Helfer: Der Helfer steht im Seitstand vor dem Kasten/Balken und unterstützt mit dem Halben Klammergriff an den Oberarmen zum Zeitpunkt des Aufsetzens der Hände (Abb. 4/1).

Zwei Helfer: Die Helfer stehen im Querstand vor dem Kasten/Balken und helfen mit Klammergriff am Oberarm.

Drei Helfer: Bei „Hockproblemen" stehen zwei Helfer auf der Absprungseite im Querstand zum Gerät und helfen am Oberschenkel mit Klammergriff. Vor dem Kasten/Balken sichert ein weiterer Helfer mit dem Halben Klammergriff an den Oberarmen.

Eigenwahrnehmung

- Hast Du gespürt, wie bedeutsam das Erreichen der Hockposition ist, um die Beine bequem auf den Kasten setzen zu können?
- Waren Deine Schultern weit genug nach vorn verlagert?
- Hast Du die Füße gleichzeitig auf den Kasten gesetzt?
- Hatten Deine Hände stets Kontakt mit dem Kasten?
- Hast Du beim Aufhocken das Aufsetzen der Füße gesehen?

Kopplung des Gesamtablaufs

Turn aus dem kleinen Anlauf (einbeiniger Ansprung vor dem Brett und beidbeiniger Aufsprung auf das Brett) das Sprungaufhocken wie zuvor in den Hockstütz. Richte Dich danach mit Zurückverlagern Deiner Schultern, Lösen der Hände vom Balken und Vorhochführen der Arme zum Hockstand auf. Versuch, die Hockposition bewußt auszuführen (Abb. 5).

Eigenwahrnehmung

- Hast Du Anlauf, Auf- und Absprung mit dem Aufhocken koordinieren können?
- Warst Du beim Landen mit den Füßen auf dem Balken in einer Gleichgewichtslage?
- Hast Du gespürt, daß Du Deine Schultern zum Aufhocken vorverlagern und anschließend für die sichere Position im Hockstand zurücknehmen mußt?
- Hast Du gespürt, wie hoch Dein Gesäß in der Hockposition war?

Drehsprungaufhocken

BIOMECHANISCHE ASPEKTE

Drehsprungaufhocken ist eine mit Translation überlagerte Teilrotation um die KBA und KTA. Durch den Absprung und eine vorausdrehende Oberkörperteilrotation um die KTA wird beim Handstütz die annähernd feste DA seitwärts und leicht vorverlagert. Mit dem Anhocken und Hochziehen des Gesäß wird die DA/Schulter so weit zurückgenommen, daß bei Fußkontakt der KSP zwischen Hand- und Fußstütz ist und so das labile Gleichgewicht gesichert wird.

FUNKTIONALE ASPEKTE

Hilfsfunktionsphase	Foto 1	**Hauptfunktionsphase**	Foto 1–6
Aktionen	Funktionen	Aktionen	Funktionen
Einbeiniger Ansprung zum beidbeinigen Aufsprung auf das Brett	Erreichen einer optimalen Ausgangsposition für den Absprung vom Brett	a) beidbeiniger Absprung mit Aufstützen der Hände b) Vorausdrehen des Oberkörpers, der Schultern und Rückhochziehen des Gesäß c) Hocken der Beine mit Vor- und Rückverlagern der Schultern	a) Höhengewinn des KSP b) Dreheinleitung und Vorverlagerung der DA/Schulter c) Erreichen der Endposition bis der KSP zwischen Hand- und Fußstütz im labilen Gleichgewicht ist

METHODISCHE ASPEKTE

Konditionelle Voraussetzungen	Übungen zum Erwerb der Voraussetzungen
1. Absprungkraft • Unterschenkelrückseite • Oberschenkelvorderseite • Teile der Gesäßmuskulatur	zu 1. Für den Absprung: Im Seitstand vorlings vor dem maximal hüfthohen Kasten mit Handaufsatz (Abb. 1/1). Absprung mit Vorhochhocken der Beine und Landung im kurzzeitigen Hockstütz auf dem Kasten (Abb. 1/2). Sprung in die Ausgangsposition und Wiederholung mit prellendem Absprung (Abb. 1/3). Fünf mal, 1 Minute Pause, in drei bis fünf Serien.
2. Fußkraft • Fußstellmuskulatur	zu 2. Für das sichere Landen und Aufrichten: Im Hockschrittstütz am Boden mit angehobenen Fersen (Abb. 2/1). Langsames Aufrichten in den Hockschrittstand mit Vorhochführen der Arme und fünf Sekunden verharren (Abb. 2/2–3). Fünf mal, 1 Minute Pause, in drei bis fünf Serien.

Koordinative Voraussetzungen

Kennenlernen des beidbeinigen Aufhockens mit 1/4 Drehung

Hock mit 1/4 Drehung aus dem Seitstand vorlings auf den Kasten und setz dabei die Hände so, daß die Fingerspitzen in die neue Bewegungsrichtung zeigen. Zieh Dein Gesäß weit nach oben, hock die Oberschenkel eng zur Brust und versuch, Dein Körpergewicht nach vorn zu verlagern (Hockposition, Abb. 3/3). Schau auf die Füße, wenn die Fußballen auf dem Kasten aufsetzen. Richte Dich nach dem Landen mit Rückverlagern des Oberkörpers zum Hockschrittstand auf (Abb. 3/4–5).

Eigenwahrnehmung

- Konntest Du Absprung, 1/4 Drehung und Handaufsatz miteinander koordinieren?
- Hast Du gespürt, daß Du genügend Platz für das Aufhocken hast, wenn Du Dein Gesäß nach oben verlagerst und die Oberschenkel zur Brust ziehst?
- Hast Du gespürt, daß Du beim Anhocken Deinen Körper vor und beim Aufhocken zurück verlagerst?

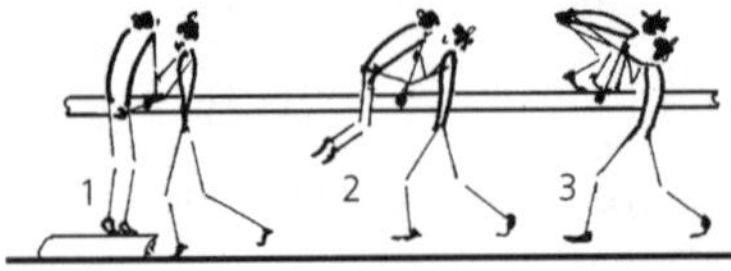

•4

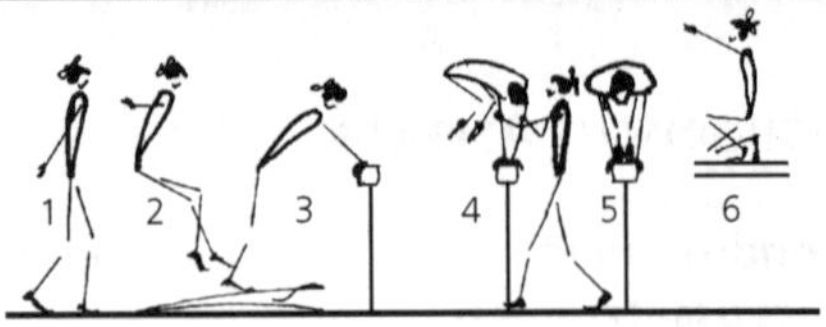

•5

Kennenlernen der Stützposition der Hände auf dem Schwebebalken

Setz die Hände parallel mit den Handballen (Daumen in Drehrichtung) auf dem Balken auf, spring aus dem Seitstand vorlings mit 1/4 Drehung ab und hock in Richtung Hände mit Schrittstellung auf. Schau auf den Balken und vergiß nicht, die Fußballen aufzusetzen (Abb. 4).

Der Helfer steht auf der Absprungseite seitlich vom Lernenden und unterstützt mit seiner balkennahen Hand zum Stabilisieren des Stützes mit dem Halben Klammergriff am Oberarm. Mit der anderen Hand wird Schub-Drehhilfe an der Hüfte gegeben, um die Aufwärtsbewegung mit Drehen zu erleichtern (Abb. 4/1–3).

Eine weitere Möglichkeit des Helfens: Der Helfer steht im Querstand auf der anderen Seite des Balkens und unterstützt mit dem Halben Klammergriff an den Oberarmen (Abb. 5/4).

Eigenwahrnehmung

- Hast Du mit Händen und Füßen so auf dem Balken stützen können, daß Dein Körper im Gleichgewicht war?
- Hast Du auf den Fußballen aufgesetzt und dabei den Balken gesehen?

Kopplung des Gesamtablaufs

Versuch, aus dem Anlauf/Absprung in den sicheren Hockstütz zu turnen (Abb. 5/1–5). Richte Dich danach mit dem Oberkörper auf, indem Du Dich mit den Händen vom Balken abdrückst und die Arme vorhoch führst (Abb. 5/6).

Eigenwahrnehmung

- Hast Du Anlauf, Auf- und Absprung mit 1/4 Drehung in den Hockstütz koordinieren können?
- Hast Du gespürt, daß Du Dich mit den Händen vom Balken abdrücken mußt, wenn Du Dich in den Hockschrittstand aufrichten willst?
- Warst Du nach dem Aufhocken auf dem Balken in einer Gleichgewichtslage?

Sprungvorhocken

Biomechanische Aspekte

Sprungvorhocken ist eine Teilrotation vor- und rückwärts um die KBA. Durch den beidbeinigen Absprung wird sowohl Rotation als auch Translation erreicht. Mit dem Handstütz dreht der Körper um die annähernd feste DA/Schulter vorwärts bis der KSP beim Anhocken die höchste Position erreicht. Mit dem Vorhocken muß die DA/Schulter wieder zurückverlagert werden, damit eine leichte Rückwärtsrotation erreicht wird. Sobald beim Vorhocken der KSP die Senkrechte unter der DA/Schulter passiert, werden die Bein- und Hüftgelenke gestreckt. Die DA/Schulter wird so weit zurückverlagert, daß der KSP unter dem Handstütz ist, damit der Seitstütz rücklings stabilisiert werden kann.

Funktionale Aspekte

Hilfsfunktionsphase	Foto 1	**Hauptfunktionsphase**	Foto 2–7
Aktionen	Funktionen	Aktionen	Funktionen
Einbeiniger Ansprung zum beidbeinigen Aufsprung auf das Brett	Erreichen einer optimalen Ausgangsposition für den Absprung vom Brett	a) beidbeiniger Absprung mit Aufstützen der Hände und Rückhochziehen des Gesäß b) Hocken der Beine mit Vorverlagern der Schultern c) Vorhocken der Beine mit Rückverlagern der Schultern	a) Höhengewinn des KSP b) Verlagern der annähernd festen DA über die Unterstützungsfläche Balken und des KSP über den Handstütz c) Rückverlagern der annähernd festen DA und Umwandlung von Vor- in Rückwärtsrotation zur Stabilisierung des Seitstütz rücklings

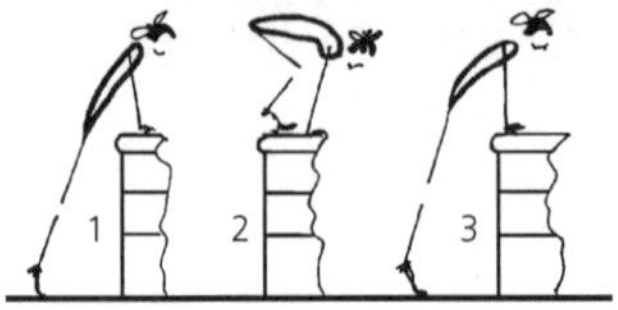

•1

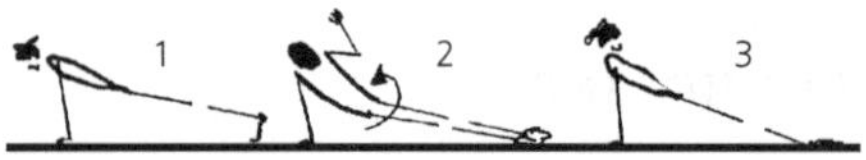

•2

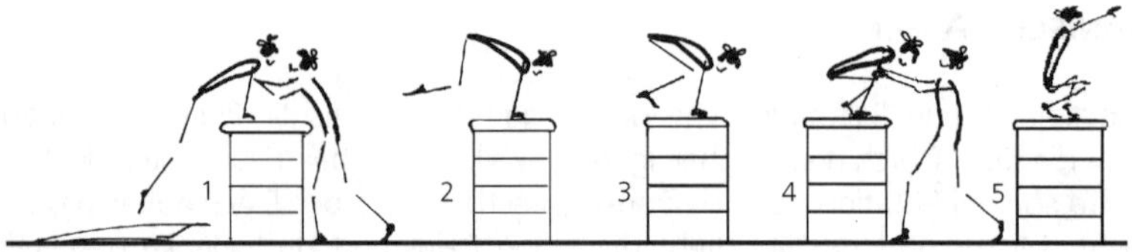

•3

Methodische Aspekte

Konditionelle Voraussetzungen	**Übungen zum Erwerb der Voraussetzungen**
1. Absprungkraft • Unterschenkelrückseite • Oberschenkelvorderseite • Teile der Gesäßmuskulatur	zu 1. Für den Absprung: Im Seitstand vorlings mit Handaufsatz (Abb. 1/1) vor dem maximal hüfthohen Kasten. Absprung mit Landung im kurzzeitigen Hockstütz auf dem Kasten und Sprung zurück in die Ausgangsposition, Wiederholung mit prellendem Absprung (Abb. 1/1–3). Fünf mal, 1 Minute Pause, in drei bis fünf Serien.
2. Armkraft • Trizeps • Schultermuskulatur	zu 2. Für den hohen Stütz: Im Liegestütz vorlings mit gestreckten Armen und gestreckter Hüfte (Abb. 2/1). Gewichtsverlagerung auf einen Arm mit langsam geführter 1/2 Drehung (Abb. 2/2) zum Liegestütz rücklings (Abb. 2/3). Fünf mal, 1 Minute Pause, in 3–5 Serien.

Koordinative Voraussetzungen

Kennenlernen der Gewichtsverlagerung des Oberkörpers

Turn Sprungaufhocken auf den Kasten (siehe S. 292–293) und führ bewußt die Gewichtsverlagerung in der Hockphase nach vorn aus. Verlagerung das Gewicht beim Aufsetzen der Füße auf den Kasten und beim Aufrichten in den Hockstand nach hinten.

Eigenwahrnehmung

- In welcher Position waren Deine Schultern in der Hockphase?
- Hast Du gespürt, daß Du für eine sichere Landung auf dem Kasten und für das Erreichen des Hockstandes die Schultern etwas zurückverlagern mußt?

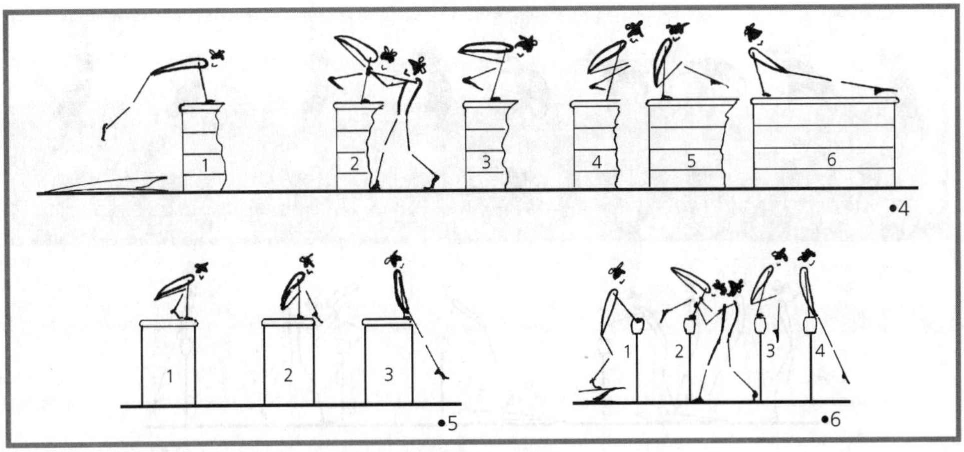

Kennenlernen der Hüftaktion beim Vorhocken

Spring aus dem Seitstand vl. am Langkasten in die Hockposition (Abb. 4/2). Versuch, aus dieser hohen Hüftposition durch Rückverlagern der Schultern und einer schnellen Hüftstreckung in die Liegestützposition rücklings vorzuhocken. Senk die Füße weit vor den Händen auf den Kasten (Abb. 4/6). Gelingt das nicht, sollen die Füße auf dem Kasten nach vorn rutschen, so daß die Hüftaktion kennengelernt werden kann.

Zwei Helfer können mit Klammergriff am Oberarm das Vorhocken in die Liegestützposition rücklings unterstützen (Abb. 4/2–6).

Eigenwahrnehmung

- Hast Du gespürt, daß sich zum Zeitpunkt des Rückverlagerns der Schultern Dein Bein-Rumpfwinkel aktiv öffnen läßt?
- Wo hast Du mit den Beinen den Kasten berührt?

Kennenlernen der Stütz- und Sitzposition

1. Heb Dich aus dem Hockstützstand kurzzeitig in den Hockstütz und öffne den Hüftwinkel mit Rückverlagern der Schultern in den Sitz rücklings (Abb. 5/1–3).

2. Versuch, aus dem Seitstand vorlings nach dem Absprung in die Hockposition (Abb. 6/2) zu gelangen. Hock die Beine schnell zwischen den Armen nach vorn, ohne den Handstütz zu verlieren und den Balken mit den Füßen zu berühren. Verlagere dabei Deine Schultern zurück und öffne gleichzeitig Deinen Hüftwinkel zum Seitsitz rücklings. Richte den Kopf im Sitz auf.

Zwei Helfer können mit Klammergriff am Oberarm oder mit Stützgriff Stabilisierungshilfe geben (Abb. 6/2–4).

Eigenwahrnehmung

- Konntest Du während des Vorhockens Deinen Stütz beibehalten, ohne die Hände zu lösen?
- Hast Du gespürt, daß Du mit hoher Hüftposition und engem Hocken ohne Balkenberührung vorhocken kannst?
- Hast Du gespürt, daß Du mit einem sicheren Seitsitz das Vorhocken beenden kannst, wenn Du gleichzeitig das Öffnen des Bein-Rumpfwinkels und das Rückverlagern der Schultern ausführst?

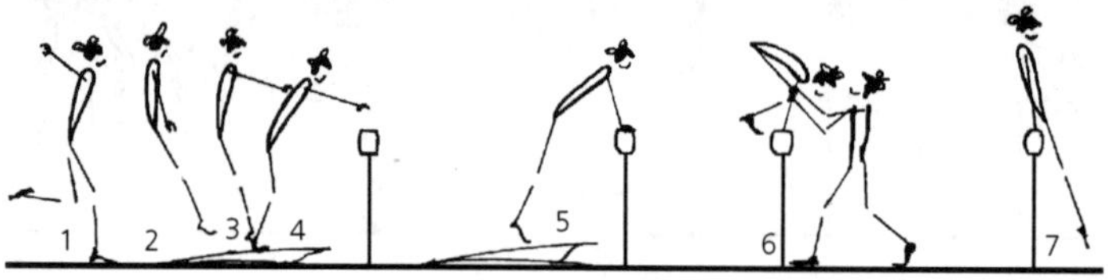

•7

Kopplung des Gesamtablaufes

Versuch, nach Anlauf, Auf- und Absprung in die Hockposition mit Körpervorlage (Abb. 7/6) zu kommen. Führ Vorhocken mit notwendiger Gewichtsverlagerung nach hinten und mit schnellem Öffnen des Bein-Rumpfwinkels aus. Senk aus dem Stütz in den Sitz, streck dabei Deinen Körper und heb den Kopf an.

Eigenwahrnehmung

- Konntest Du Anlauf, Auf- und Absprung mit Vorhocken und Hüftaktion koordinieren?
- Hast Du gespürt, wie sich Dein Oberkörper aus der Körpervorlage (Hockposition) in Rücklage dreht?
- Hast Du mit einem offenen Hüftwinkel das Vorhocken im Sitz beendet?
- Warum berührst Du mit den Füßen den Balken oder löst kurzzeitig eine Hand beim Stützen?

Sprungauflaufen

Biomechanische Aspekte

Sprungauflaufen ist eine Verzahnung von horizontaler und vertikaler Translation. Beim einbeinigen Absprung wirkt zwar die HK (Fuß) und TK (KSP-Weg) leicht drehauslösend für eine minimale Vorwärtsrotation, die jedoch durch die Rücklage (Einsprungwinkel) weitgehend wieder kompensiert wird. Während der kurzen Flugphase muß das Schwungbein so weit nach vorn gebracht werden, daß bei Fußkontakt auf dem Balken der KSP hinter dem Landefuß ist, damit ein relativ sicherer Stand erreicht wird.

Funktionale Aspekte

Hilfsfunktionsphase	Foto 1–2	**Hauptfunktionsphase**	Foto 3–8
Aktionen	Funktionen	Aktionen	Funktionen
Einbeiniger Ansprung zum einbeinigen Aufsprung auf das Brett	Erreichen einer optimalen Ausgangsposition für den Absprung vom Brett	a) Einbeiniger Absprung durch Strecken der Absprunggelenke b) Schwungbeineinsatz vorhoch mit Winkeln im Knie c) Landung auf dem Balken	a) Flugphase mit Höhengewinn des KSP b) Erreichen einer optimalen Körperlage für die einbeinige Landung c) Fußkontakt und Abbremsen der Horizontalgeschwindigkeit

Methodische Aspekte

Konditionelle Voraussetzungen	Übungen zum Erwerb der Voraussetzungen
1. Absprungkraft / Fußkraft • Unterschenkelrückseite • Oberschenkelvorderseite • Teile der Gesäßmuskulatur • Fußstellmuskulatur	zu 1. Für den Absprung mit Landung: Aus ein oder zwei Laufschritten vor dem kleinen Kasten (Abb. 1/1). Absprung mit dem vorderen Bein vom Boden und Landung mit dem Schwungbein auf dem Kasten (Abb. 1/2–3). Das Landebein ist gebeugt und das Sprungbein ist rückgespreizt. Position 3 Sekunden fixieren, Landebein strecken (Abb. 1/3–4) und in die Ausgangsposition zurückgehen. Fünf mal in drei bis fünf Serien, dann Beinwechsel, 1 Minute Pause.
2. Landekraft/Fußkraft • Fußstellmuskulatur	zu 2. Für die Landung: Auf der Bank mit gebeugtem Standbein und rückgespreiztem Bein (Abb. 2/1). Position fünf Sekunden halten und zum Stand langsam, mit Kraft strecken (Abb. 2/2). Langsames Tiefgehen in die halbe Kniebeuge mit Beibehalten der Körperspannung (Abb. 2/1). Fünf mal, 1 Minute Pause, in drei bis fünf Serien.

Koordinative Voraussetzungen

Kennenlernen der Schrittfolge

Lauf vom Boden über das Brett auf die Bank. Achte darauf, daß Du große Schritte machst und nur mit einem Schritt das Brett an der Stelle der größten Federwirkung triffst.
Versuch herauszufinden, mit welchem Bein Du vom Brett abspringst (Sprungbein, Abb. 3/1) und mit welchem Du auf der Bank landest (Schwung- bzw. Landebein, Abb. 3/2).

Eigenwahrnehmung
- Kannst Du die Schrittfolge ohne nachzudenken flüssig ausführen?
- Hast Du das Sprungbrett an der Stelle der größten Federwirkung getroffen?
- Welches Bein ist Dein Sprungbein und welches ist Dein Schwung- bzw. Landebein?

•4

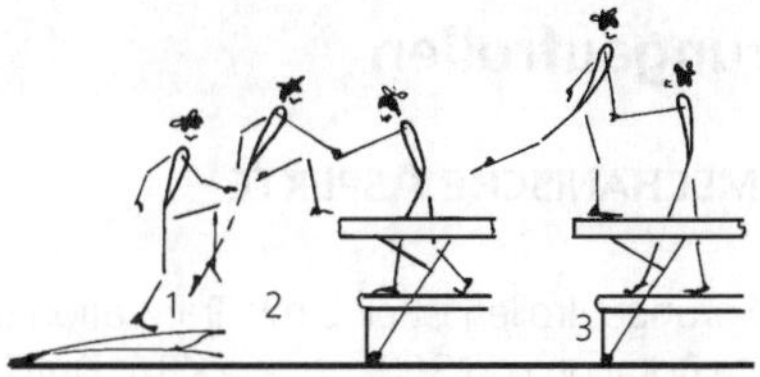

•5

Kennenlernen des Gesamtablaufes

Führ das Sprungauflaufen bewußt in der zeitlichen Abfolge – Absprung, Flugphase, exakt ausgeführte Landung – am Sprunghocker, Kasten (Abb. 4/1–4), an der Bank (Schmalseite), auf dem niedrigen und schrittweise höher gestellten Balken mit Hilfe (Abb. 5/1–3) und später ohne Hilfe aus. Laß den Oberkörper im Flug aufrecht, schau nach vorn oben und bring Dein Schwungbein Richtung Erhöhung nach vorn oben. Schau beim Landen auf die Aufsatzstelle des Landefußes, indem Du den Oberkörper nach vorn verlagerst. Fang den Schwung mit Beugen im Knie (Kniewinkel ca. 110°, Abb. 4/4) durch bewußte Ausführung der Landung ab.

Der Helfer steht im Querstand am Balkenende und reicht der Übenden im Flug die Hand (Abb. 5/2) und begleitet sie mit dieser Handfassung bis zur Landung auf dem Balken (Abb. 5/3).

Eigenwahrnehmung

- Hast Du das Sprungbrett zum Absprung dort getroffen, wo es am meisten federt?
- Warst Du aufrecht in der Flugphase?
- Konntest Du Dein Landebein bei Fußkontakt auf dem Balken sehen?
- Hast Du gespürt, daß Du Dir für das Landen Zeit lassen mußt, um Stabilität zu erreichen?
- Wie groß war etwa Dein Kniewinkel?

Sprungaufrollen

Biomechanische Aspekte

Das Sprungaufrollen ist eine mit Translation überlagerte Rotation von 360° um die KBA. Durch die exzentrische Wirkung der Haltekraft und die TK (KSP-Weg) während der Absprungzeit wird Rotation und durch den Absprung überwiegend Translation (Höhe) erreicht. Während der Flugphase dreht der Körper um die KBA als freie DA. Das Gesäß wird hochgezogen und der Hüftwinkel verkleinert, so daß die Rotationsgeschwindigkeit leicht erhöht wird. Beim Handstütz muß der KSP höher als die Schulter sein. Bedingt durch die KSP-Höhe, den Handstütz (kurzzeitig feste DA), die horizontale Geschwindigkeit und das Beugen der Arme verändert sich die DA beim Hinterkopf-Schulterkontakt in eine momentane DA. Um den konvex gekrümmten Rücken dreht der Körper mit gleichbleibendem Hüftwinkel und gestreckten Beinen bis der KSP die tiefste Position erreicht hat. In diesem Moment lösen sich die Hände, und mit dem Anhocken (Verringerung der Trägheit) beginnt die Erhöhung der Drehgeschwindigkeit (in Abhängigkeit zur vorhandenen Rollgeschwindigkeit). Bei Fußkontakt wird der Oberkörper aufgerichtet und die Drehgeschwindigkeit verringert.

Funktionale Aspekte

Hilfsfunktionsphase	Foto 1–2	**Hauptfunktionsphase**	Foto 2–8
Aktionen	Funktionen	Aktionen	Funktionen
Einbeiniger Ansprung zum beidbeinigen Aufsprung auf das Brett	Erreichen einer optimalen Ausgangsposition für den Absprung vom Brett	a) beidbeiniger Absprung mit Rückhochziehen des Gesäß b) Aufstützen der Hände, Beugen der Arme zum Abrollen mit Beibehalten der gestreckten Beine c) Lösen des Griffes, Hüftbeugen und Anhocken der Beine	a) Höhengewinn des KSP und Rotationsauslösung b) Verlagern des KSP vor die feste DA Hände und Erreichen der momentanen Drehachse c) Rotationsverstärkung durch Verringerung des Trägheitsmomentes

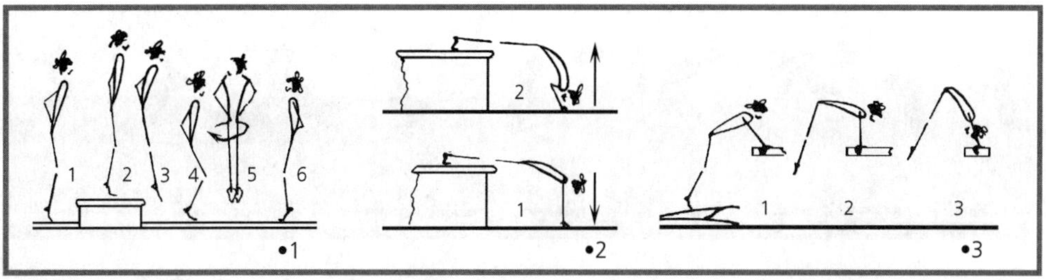

Methodische Aspekte

Konditionelle Voraussetzungen	Übungen zum Erwerb der Voraussetzungen
1. Absprungskraft • Wadenmuskulatur • Vordere Oberschenkelmuskulatur • Teile der Gesäßmuskulatur	zu 1. Für den schnellkräftigen Absprung: Im Schlußstand auf dem Boden vor dem Kastendeckel (Abb. 1/1). Beidbeiniges Aufspringen auf den Kastendeckel mit sofortigem prellenden Absprung zum Boden, einer 1/2 Drehung am Boden und das gleiche, prellend, zurück (Abb. 1/1–6). Fünf mal, 1 Minute Pause, drei bis fünf Serien.
2. Stützkraft • Trizeps	zu 2. Für das Abrollen: Im Liegestütz vorlings. Füße auf dem hüfthohen Kasten, Arme senkrecht und gestreckt (Abb. 2/1). Langsames Beugen und Strecken der Arme, Kopf leicht zur Brust geneigt (Abb. 2/1–2). Fünf mal, 1 Minute Pause in drei bis fünf Serien.

Koordinative Voraussetzungen

Kennenlernen der Hüftposition

Spring aus dem Stand oder kurzem Anlauf vom Brett ab. Setz nach dem Absprung die gestreckten Arme auf den Balken und zieh schnellkräftig Dein Gesäß nach oben. Verlagere dabei Dein Gewicht nach vorn oben, so daß sich Dein Arm-Rumpfwinkel öffnet. Laß die gestreckten Beine nach unten gerichtet und den Kopf zwischen den Armen (Abb. 3).

Der Absprung vom Brett kann mit und ohne Partnerhilfe ausgeführt werden. Der Helfer steht im Seitstand in Höhe der Absprungstelle und gibt im Absprung Schubhilfe am Oberschenkel mit Klammergriff.

Eigenwahrnehmung

- Hast Du die Körperposition, Gesäß ganz oben, Beine nach unten gestreckt und Kopf zwischen den gestreckten Armen, erreicht?
- Hast Du gespürt, wie weit Dein Arm Rumpfwinkel in der hohen Hüftposition geöffnet ist?

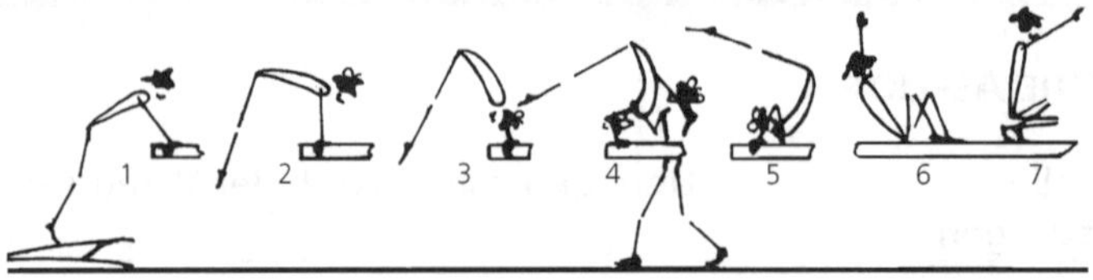

•4

•5

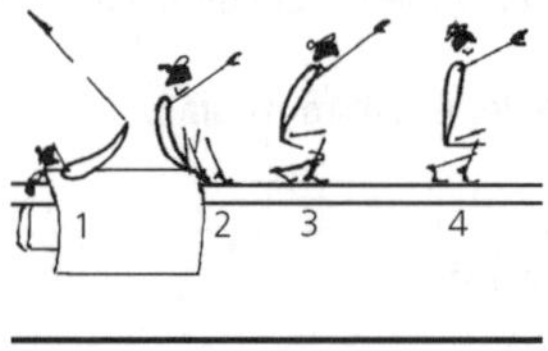

•6

Kopplung des Gesamtablaufes

Bring nach dem Absprung Dein Gesäß schnell nach hinten oben. Verlagere den Körper nach vorn und roll durch Rumpf- und Kopfneigen sowie Beugen der Arme über den Rücken mit gestreckten Beinen. Hock, nachdem Du über die Brustwirbelsäule gerollt bist, Deine Beine zum Aufrichten in den Hockstand eng an den Körper. Heb sofort nach dem Aufsetzen der Füße auf dem Balken Deine Fersen zum Hockstand. Richte Deinen Oberkörper auf.

Zwei Helfer stehen im Seitstand und unterstützen das Erreichen der hohen Hüftposition bereits beim Absprung vom Brett durch Klammergriff am Oberschenkel (Abb.4/3). Die Schubhilfe wird zuerst senkrecht nach oben zum Anheben des KSP und später für das Abrollen nach vorn gegeben. In der Phase des Anhockens wird der Griff gelöst. Ein Helfer faßt zum Stabilisieren mit Klammergriff von der Körperrückseite in die Hüften (Abb. 4/4) und unterstützt das Aufrichten in den Hockstand (Abb. 5/4).

Soll das Helfen reduziert werden, ist das Auflegen einer Matte zu empfehlen (Abb. 6). Der Helfer kann mit dem Griff ins Trikot an der Hüfte den Bewegungsablauf begleiten.

Eigenwahrnehmung

- Hast Du das Abrollen erst dann eingeleitet, als sich das Gesäß in höchster Position befand und die Arme eine stabile Stützfunktion hatten?
- Hast Du Kopf- und Rumpfneigen sowie Beugen der Arme gleichzeitig ausgeführt?
- Hast Du gespürt, wie Du Wirbel für Wirbel weiterrollst und dabei Deine Beine gestreckt hältst?
- Hast Du gespürt, daß das Aufrichten in den Hockstand durch schnelles Hocken der Beine, Fersenheben und Vorverlagern des Oberkörpers gelingt?

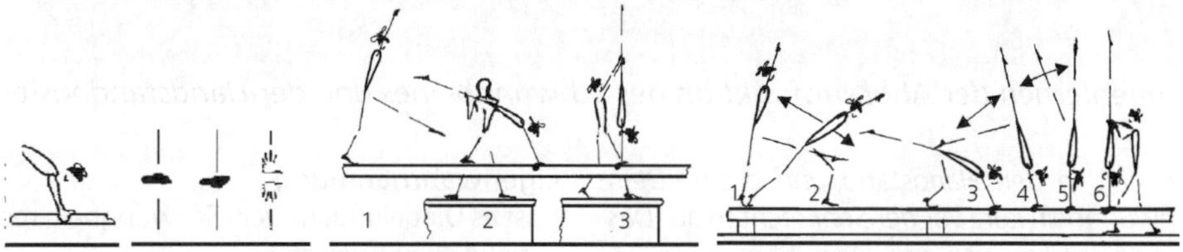

•1a •1b •2 •3

Schwungbewegungen

Aufschwingen in den Handstand

BIOMECHANISCHE, METHODISCHE UND FUNKTIONALE ASPEKTE

Siehe Aufschwingen in den Handstand am Boden, Seite 219–220.

Koordinative Voraussetzungen
(vgl. S. 221–222)

Kennenlernen des Handaufsatzes

Setz Deine Hände dicht nebeneinander so auf den Balken, daß sich Daumen und Handballen auf dem Balken befinden (Abb. 1a). Schwing wie am Boden in den Handstand und denk an das rumpfweite Vorsetzen des Druckbeins und Deiner Hände (Abb. 1b).

Der Helfer sichert den Handstand an den Oberschenkeln (Abb. *2/3*) oder an den Hüften mit Klammergriff ab (Abb. 3/6).

Eigenwahrnehmung

Markierung/Bank (Breitseite):
- Wie dicht hast Du Deine Hände nebeneinander aufgesetzt?

Balken:
- Hast Du mit dem Ballengriff Sicherheit beim Stützen gespürt?
- Konntest Du trotz des ungewohnten Stützverhaltens das Aufschwingen mit weitem Vorsetzen des Druckbeins und der Hände realisieren?

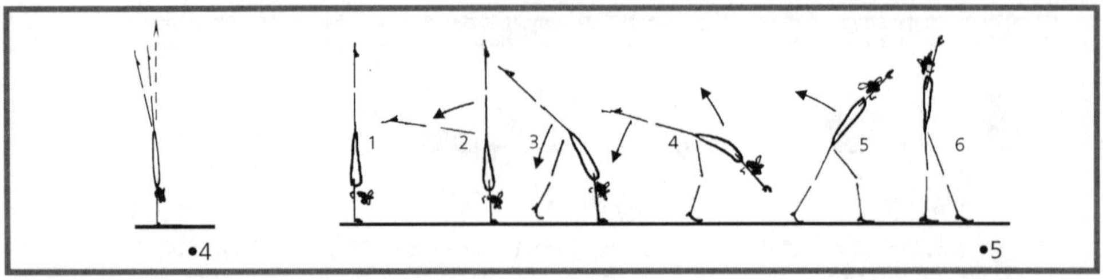

Kennenlernen der Abbremsfunktion des Schwungbeines und der Handstandposition

Schwing in den Handstand und brems Dein Schwungbein kurz vor der Senkrechten ab. Das ist notwendig, weil sich Dein Körper weiterdreht während Dein Druckbein dem Schwungbein nachschwingt. Wenn das Druckbein beim Schwungbein angekommen ist, sollst Du die Handstandposition erreicht haben. Versuch, Deine Körperposition im Handstand zu korrigieren (Abb. 4).

Der Helfer gibt im Handstand Gleichgewichtshilfe, indem er im Wechsel kurzzeitig an den Hüften/Oberschenkeln stabilisiert und dann wieder löst (Abb. 3/6).

Eigenwahrnehmung

- Ist es Dir gelungen, Dein Schwungbein rechtzeitig abzubremsen?
- Spürst Du die Wirkung des Abbremsens?
- Konntest Du Dein Druckbein schnell genug nachschwingen?
- Hast Du die Handstandposition mit geschlossenen Beinen erreicht?
- Hast Du genügend Spannung aufgebaut, um den Handstand zu fixieren?
- Was passiert, wenn Du Deinen Kopf im Nacken hältst?
- Welche Position müssen Kopf und Körper einnehmen, um im Handstand stehen zu können?

Bewußtmachen der Rückbewegung aus dem Handstand in den Querstand

Schwing nach dem Erreichen der Handstandposition zuerst mit dem Druckbein bis zum Aufsetzen auf die Unterstützungsfläche zurück und dann mit dem Schwungbein. Schau auf die Markierung, die Bank, den Balken, wenn Dein Druckbein gebeugt aufsetzt (Abb. 5/3). Drück Dich schnellkräftig mit den Händen von der Unterstützungsfläche ab. Führ die Arme parallel vorhoch, richte gleichzeitig Deinen Oberkörper auf und setz Dein Schwungbein hinter das Druckbein. Verlagere Dein Gewicht nach hinten auf das Schwungbein zum sicheren Stand (Abb. 5/1–6).

Eigenwahrnehmung

- Konntest Du Dein gebeugtes Druckbein beim Aufsetzen auf der Unterstützungsfläche sehen?
- Hast Du gespürt, daß Du sicher ohne Gleichgewichtsverlust in den Querstand gelangen kannst, wenn Du Dich über das gebeugte Druckbein mit schnellkräftigem Vorhochführen von Oberkörper und Armen aufrichtest?
- Konntest Du Ähnlichkeiten zwischen Auf- und Abschwingen feststellen?

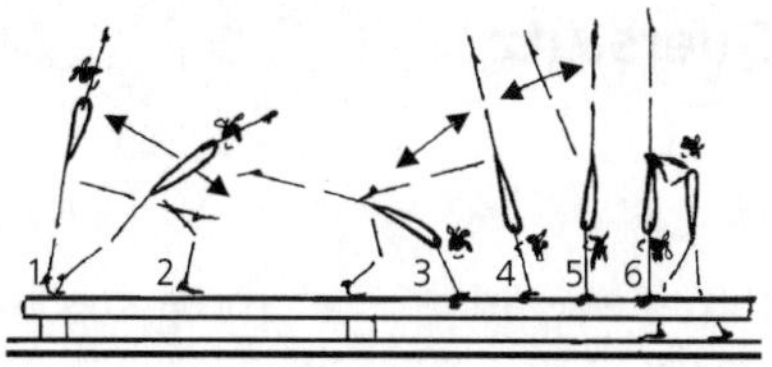

•6

Kopplung von Auf- und Abschwingen (Gesamtablauf)

Turn das Aufschwingen mit Partnerhilfe (Abb. 6). Versuch, eine optimale Ausgangsposition durch rumpfweites Vorsetzen des Druckbeines und der Hände und durch Einhalten der Körpergeraden einzunehmen. Führ den Druckbein- und Schwungbeinimpuls schnellkräftig aus und brems Dein Schwungbein kurz vor der Senkrechten ab. Wenn nötig, korrigiere Deine Kopf- und Beinhaltung in der Handstandposition. Schwing so zurück, wie Du aufgeschwungen bist. Dein Druckbein führt zuerst nach unten. Schau wie es gebeugt aufsetzt und drück Dich mit den Händen vorhoch vom Balken ab. Verlagere Dein Gewicht auf das Schwungbein, wenn es aufsetzt.

Eigenwahrnehmung

- Konntest Du das Auf- und Abschwingen ähnlich ausführen?
- Hast Du gespürt, wie wichtig es ist, das Aufsetzen des Druckbeines beim Abschwingen zu beobachten, um im Gleichgewicht zu bleiben?
- Konntest Du Deinen Oberkörper ohne Mühe zum sicheren Stand nach dem Aufsetzen des Druckbeins aufrichten?

Nach dem Üben mit Partnerhilfe kann auf dem niedrigen Balken, der mit einer Matte abgedeckt ist, die Gesamtbewegung selbständig ausgeführt werden.

Rückschwingen im Querstütz

BIOMECHANISCHE ASPEKTE

Das Rückschwingen im Querstütz ist eine Teilrotation vorwärts um die KBA, um die stützenden Hände und Arme als feste DA und im freien Stütz um die Schultern als annähernd feste DA.
Aus der Hüftbeugung im Querstütz wird durch den relativ langen Arbeitsweg der Beine (Beinrückschwung) die Vorwärtsrotation eingeleitet. Dabei werden die Schultern so weit nach vorn verlagert, daß der KSP annähernd über den stützenden Händen ist. Durch die „schmale" Stützfläche Balken sind die Arme während des Beinschwungs direkt am Rumpf. Sie stellen so mit den Händen eine „stabilisierende" feste DA dar bis durch Blockieren des Beinschwungs eine rotatorische Impulsübertragung auf den Körperstamm eintritt. In diesem Moment löst sich der Rumpf von den Armen, so daß der Körper von diesem Moment an um die feste DA/Hände und die annähernd feste DA/Schulter dreht (bei maximaler Bewegungsweite bis in den Handstand). Wird durch das Rückschwingen das Aufhocken geturnt, sollte die höchste KSP-Position (Umkehrpunkt) maximale Impulsübertragung aufweisen und sich die Vorwärtsrotation in eine Rückwärtsrotation umwandeln. Durch Beugen in den Hüft- und Kniegelenken (Hocken) werden die Füße aufgesetzt und der Körper im Hockstand stabilisiert.

FUNKTIONALE ASPEKTE

Hilfsfunktionsphase	Foto 1	**Hauptfunktionsphase**	Foto 1–6
Aktionen	Funktionen	Aktionen	Funktionen
Vorverlagerung des Oberkörpers mit Hüftbeugen	Erreichen der optimalen Ausgangsposition für den Rückschwung	a) Beinrückschwung in die Aktivüberstreckung mit Schultervorlage b) Abbremsen des Beinrückschwungs c) Öffnen des ARW	a) Vorwärtsrotation und Schwungverstärkung b) Impulsübertragung der Beinrotation auf den Körperstamm c) Veränderung von fester zu annähernd fester DA und KSP-Verlagerung nach oben

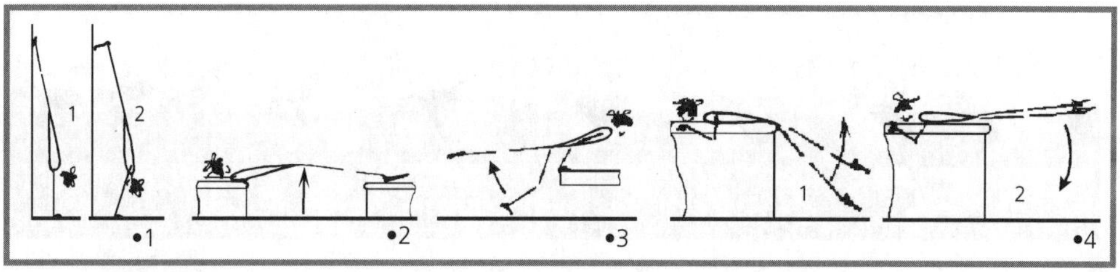

Methodische Aspekte

Konditionelle Voraussetzungen	**Übungen zum Erwerb der Voraussetzungen**
1. Stützkraft • Trizeps • Schultermuskulatur	Zu 1. Für den Stütz: Im Handstand vorlings an der Wand, mit senkrecht stützenden Armen (1/1). Vorlage der Schulter (Abb. 1/2) und diese Körperposition mit fest angespannter Rumpfmuskulatur fünf Sekunden halten. Zurückverlagern der Schultern (Abb. 1/1). Drei mal vor- und zurückverlagern, 1 Min. Pause, drei bis fünf Serien.
2. Rumpfkraft • Bauch- und Rückenmuskulatur • Gesäßmuskulatur	Zu 2. Für die Aktivüberstreckung: In Rückenlage mit gestrecktem Körper zwischen zwei kleinen Kästen, wobei Schultern und Fersen aufliegen. Das Gesäß wird langsam nach oben geführt und der Körper in der überstreckten Körperposition fünf Sekunden gehalten (Abb. 2). Danach wieder in die gestreckte Körperposition zurückgehen.
3. Rumpfkraft und Armkraft • Untere Rückenmuskulatur • Teile der Gesäßmuskulatur	Zu 3. Für die Stützposition: Auf dem niedrigen Balken Oberarm-Stützwaage mit gebeugten Armen (Abb. 3). Langsames „Hineingehen" in die Stützposition und fünf Sekunden halten. Drei mal, 1 Minute Pause, in drei bis fünf Serien. Zu 3. Für das Rückschwingen: Im Winkelliegen vorlings auf dem Kasten mit gegrätschten Beinen, Hände fassen mit leicht gebeugten Armen am Kastenrand (Abb. 4/1). Schnellkräftiges Rückschwingen der Beine mit Schließen in der aktiven Überstreckung. Langsames Senken in die Ausgangsposition (Abb. 4/1–2) Fünf bis zehn mal, 1 Minute Pause, in drei bis fünf Serien.

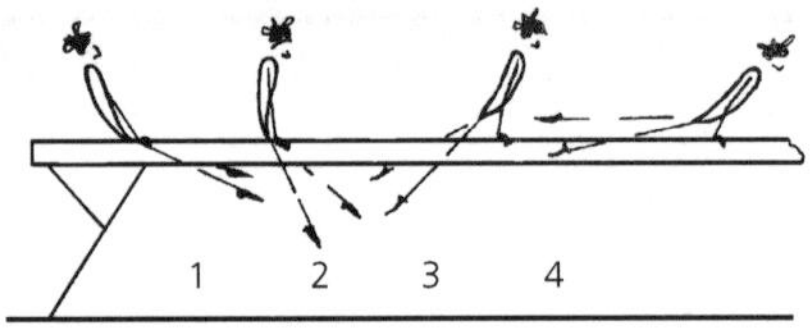

•5

•6

Koordinative Voraussetzungen

Kennenlernen des Schwingens

Versuch, aus dem Quersitz mit gegrätschten Beinen durch Vor- und Rückschwingen der Beine und einer entgegengesetzten Oberkörper-Verlagerung in eine dynamische Schaukelbewegung zu kommen. Nimm beim Vorschwung Deinen Oberkörper zurück (Abb. 5/1) und verlagere ihn beim Rückschwingen vor (Abb. 5/2–4).

Eigenwahrnehmung

- Spürst Du, wie Dich die entgegengesetzten Körperaktionen zum Schaukeln bringen?

Kopplung des Gesamtablaufs

Führ aus dem Quersitz mit gegrätschten Beinen das Rückschwingen mit gespanntem Körper schnellkräftig in die Aktivüberstreckung aus. Verlagere dabei Deine Schultern nach vorn. Mit dem Abbremsen des Schwungs in Balkenhöhe wird Dein Stütz entlastet und Du kannst die Arme strecken, den Arm-Rumpfwinkel öffnen und aufschwingen. Hock danach ab und setz Deine Beine dicht an die Hände auf den Balken zum Hockstand (Abb. 6/1–6).

Der Rückschwung wird durch Helfer unterstützt. Je ein Helfer steht im Seitstand zum Balken und gibt nach dem Durchschwingen der Senkrechten Schubhilfe an Hüfte und Oberschenkel (Abb. 6/3–5).

Eigenwahrnehmung

- Konntest Du das Rückschwingen mit einer weiten Schultervorlage koordinieren?
- Hast Du die Wirkung des Abbremsens in der Aktivüberstreckung (Entlastung an der Stützstelle) gespürt?
- Wie leicht ist Dir das Strecken der Arme und das Öffnen des Arm-Rumpfwinkels gelungen?
- Hast Du gespürt, daß die Höhe Deines Rückschwungs von einem gespannten, schnellkräftigen Schwung in die Aktivüberstrekkung und vom Abbremsen in Balkenhöhe abhängen?

Rollbewegungen

Rolle vorwärts

Biomechanische Aspekte

Die Rolle vorwärts ist eine mit Translation verbundene Rotation um die KBA und um die momentane DA (die DA ist die jeweilige Berührungsstelle zwischen dem konvex gekrümmten Körper und der Unterstützungsfläche Balken). Durch die Verlagerung des Oberkörpers wird der KSP vor die kurzzeitig feste DA/Füße gebracht und die Rotation eingeleitet. Der Beinabdruck verstärkt die Rotationsgeschwindigkeit, und die Hände (kurzzeitig f. DA) werden bei offenem ARW aufgesetzt. Mit dem Beugen der Arme, der Krümmung des Rückens müssen Hinterkopf und Schultern so aufgesetzt werden, daß der KSP genau über der momentanen DA bleibt. Wenn die Lendenwirbelsäule Balkenkontakt hat (tiefste KSP-Position), werden die Beine angehockt und der OK an die Oberschenkel herangebracht. Dadurch wird die Trägheit verringert und die Drehgeschwindigkeit erhöht. Beim Aufsetzen der Füße wird der Oberkörper aufgerichtet, wodurch die Trägheit vergrößert und die Drehgeschwindigkeit auf Null abgebremst wird.

Funktionale Aspekte

Hilfsfunktionsphase	Foto 1–3	**Hauptfunktionsphase**	Foto 3–8
Aktionen	Funktionen	Aktionen	Funktionen
Vorwärtssenken des Oberkörpers mit Kopfneigen zur Brust und Anheben des Gesäß bis zum Aufsetzen der Hände mit offenem ARW	Einleiten der Vorwärtsrotation mit Anheben des KSP	a) Beinabdruck mit Strecken der Beine b) Rollen vorwärts mit fixiertem Hüftwinkel c) Lösen des Griffes und Anhocken der Beine	a) Erhöhen der Rotationsgeschwindigkeit und Einleiten des translatorischen Abschnitts b) Drehimpulserhaltung c) Erhöhung der Drehgeschwindigkeit durch Verringern des Trägheitsmoments

Methodische Aspekte

Konditionelle Voraussetzungen	Übungen zum Erwerb der Voraussetzungen
1. Rumpfkraft • Bauchmuskulatur	zu 1. Für das Einrollen: In Rücklage mit angewinkelten Beinen (Kniewinkel 90°), Händen im Nacken verschränkt und leicht vorgeneigtem Kopf (Abb. 1/1). Rumpfaufrichten ohne Veränderung der Beinposition (Abb. 1/2). Langsames Zurücksenken in die Ausgangsposition. Fünf mal, 1 Minute Pause, in drei bis fünf Serien.
2. Fußkraft • Fußstellmuskulatur	zu 2. Für ein sicheres Aufrichten in den Hockstand: Im Hockstand mit einem Kniewinkel von ca. 90° und den Armen in Vorhalte (Abb. 2/1). Fersen anheben und Position drei Sekunden halten (Abb. 2/2), Aufrichten in den Ballenstand, drei Sekunden fixieren (Abb. 2/3) und Senken in die Ausgangsstellung (Abb. 2/1).Fünf bis zehn mal, 1 Minute Pause, in 3–5 Serien.

Koordinative Voraussetzungen

Kennenlernen der Körperposition zum Rollen

Geh am Boden in die Kipplage mit aufgesetzten Händen neben dem Kopf (die Daumen zeigen zu den Schultern) und press Deine gestreckten Beine fest aneinander. Versuch, Dir diese Körperposition einzuprägen (Abb. 3).

Die Beinspannung wird durch einen Partner mit Halbem Klammergriff an den Fußgelenken überprüft, indem er gefühlvoll versucht, die gestreckten, fest aneinander gepreßten Beine zu öffnen (Abb. 3).

Eigenwahrnehmung

- Waren Deine Beine völlig gestreckt?
- Wieviel Spannkraft mußtest Du aufbringen, um die Beine bei der Partnerübung geschlossen zu halten?

Kennenlernen des Abrollens

Versuch, aus der Kipplage am Boden durch Bein-Rumpfwinkelöffnen in den Winkelsitz zu rollen. Bring die Arme in die Hochhalte (Abb. 4/1–4).

Eigenwahrnehmung

- Spürst Du wie Dein Körper dynamisch vorwärts rollt, wenn Du Deinen Hüftwinkel öffnest?

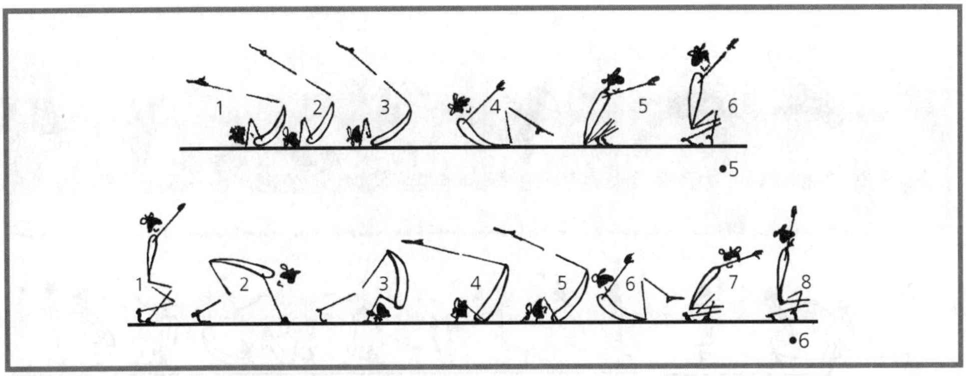

Kennenlernen des Aufrichtens in den Hockschrittstand

Roll aus der Kipplage am Boden mit gestreckten Beinen vorwärts. Hock mit Lendenwirbelsäulenkontakt Deine Beine an und zieh die Oberschenkel an den Oberkörper (Abb. 5/4). Bring mit dem Aufsetzen der Beine auf dem Boden den Oberkörper mit vorgestreckten Armen weit nach vorn. Roll über den gesamten Fuß von der Ferse bis zum Ballen (Fersenheben, Abb. 5/5–6).
Das Fersenheben bzw. Aufrichten in den Hockschrittstand (oder Hockstand) kann mit Partnerhilfe durchgeführt werden.
Dabei fassen die vorgestreckten Arme der Rollenden die Hände des Helfers (Abb. 5/5), der frontal vor der Übenden steht und beim Handfassen einen Schritt zurückgeht.

Eigenwahrnehmung
- Hast Du das Rollen mit gestreckten Beinen begonnen?
- Hast Du gespürt, wann Du die Beine anhocken mußt?
- Hast Du die Körpervorlage mit vorgestreckten Armen erreicht, um in den Hockschrittstand zu gelangen?
- Hast Du gespürt, daß Du durch Fersenheben dynamisch bis zum Hockschrittstand über Deine Füße weiter rollen kannst?

Kennenlernen der Körperaktionen vor dem Rollen und Kopplung zum Gesamtablauf

Beginn aus dem Hockschrittstand am Boden mit den Armen in Hochhalte (Abb. 6/1). Neig Oberkörper und Kopf nach vorn (mit unwesentlicher Veränderung der Armposition) mit gleichzeitigem Anheben des Gesäß. Setz die Hände auf den Boden und drück Dich danach kräftig mit den Beinen vom Boden ab. Streck dabei sofort die Beine und beug die Arme (Abb. 6/2–3). Roll über die Wirbelsäule wie zuvor ab in den Hockschrittstand. Vergiß beim Aufrichten das Fersenheben nicht (Abb. 6/7–8).

Eigenwahrnehmung
- Spürst Du, daß Du mit dem Anheben des Gesäß und mit einem guten Beinabdruck dynamisch rollen kannst?
- Wie offen war Dein Arm-Rumpfwinkel beim Aufsetzen der Hände auf dem Boden?
- Waren Deine Beine nach dem Abdruck vom Boden gestreckt?
- Hast Du zum richtigen Zeitpunkt Deine Beine angehockt?
- Ist Dir das Fersenheben zum Aufrichten in den Hockschrittstand gelungen?

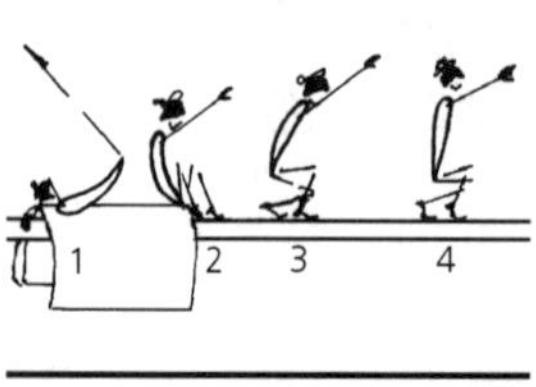

•7

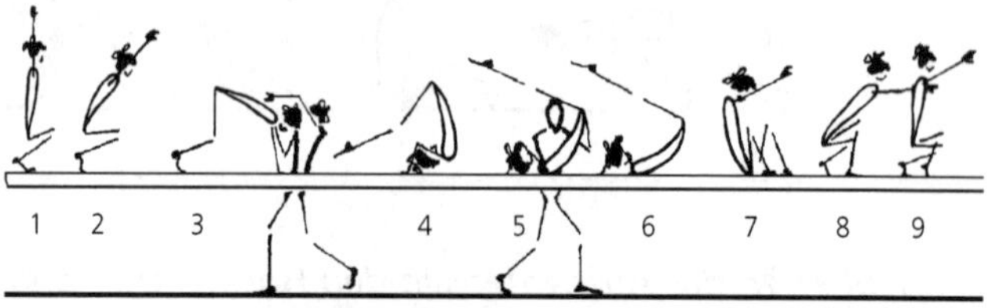

•8

Kennenlernen des Gesamtablaufes auf dem Balken

Turn die Rolle vorwärts auf dem Balken mit Partnerhilfe und aufgelegter Matte. Deine Hände stützen auf dem Balken. Hinterkopf und Rücken rollen über die Matte (Abb. 7). Setz die Hände so, daß Daumen und Handballen auf der Balkenoberfläche stützen und sich die Finger an der Balkenseite befinden. Treten Unsicherheiten auf, versuch, auf den Füßen neben dem Balken zu landen.

Ein oder zwei Helfer stehen im Seitstand und unterstützen mit der einen Hand das Anheben des Gesäß mit Schubhilfe. Die zweite Hand greift in Hüfthöhe als Gleichgewichtshilfe ins Trikot. Ein Mitgehen ist während des Rollens erforderlich. Zur Unterstützung der Endphase (Aufrichten in den Hockschrittstand) wird aus dem Querstand von der Rückseite an den Hüften Schub- und/oder Stabilisierungshilfe gegeben.

Eigenwahrnehmung

- Bist Du auf dem Balken genau so dynamisch gerollt wie am Boden?
- Hast Du das Rollen über die Wirbelsäule gespürt und gemerkt, daß Du sicher auf dem Balken landen kannst?
- Hast Du zum richtigen Zeitpunkt angehockt?
- Hast Du gespürt, wie wichtig das Anheben der Fersen für den Abschluß der Rolle ist?
- Hast Du gespürt, daß Du neben dem Balken am Boden sicher landen kannst, wenn Du schief rollst?

Für die weitere Vorgehensweise empfiehlt sich:

- Rolle vorwärts mit Partnerhilfe ohne Matte
- Rolle vorwärts ohne Partnerhilfe mit Matte
- Rolle vorwärts ohne Partnerhilfe ohne Matte.

Rückrollen in den Nackenstand

Biomechanische Aspekte

Das Rückrollen in den Nackenstand ist eine rückwärts verlaufende Teilrotation um die KBA in vertikaler Ebene. Durch Verlagerung des KSP hinter die DA wird die Rückwärtsrotation eingeleitet. Der Körper dreht über den konvex gekrümmten Rücken (momentane DA) bis zum Handaufsatz. Durch Beugen im Hüftgelenk bis auf ca. 90° wird die Rotationsgeschwindigkeit erhöht (Verringerung der Trägheit). Unmittelbar nach dem Handaufsatz erfolgt das Öffnen des Hüftwinkels auf 180°. Dadurch verringert sich die Rotation bis der KSP mit fast gestreckter Hüfte nahezu senkrecht über der DA ist. Durch Druck der Hände auf den Balken kann der Körper im labilen Gleichgewicht gehalten werden.

Funktionale Aspekte

Hilfsfunktionsphase	Foto 1–3	**Hauptfunktionsphase**	Foto 3–6
Aktionen	Funktionen	Aktionen	Funktionen
Verlagern des Oberkörpers hinter die DA	Einleiten der Rückwärtsrotation	a) Rückrollen mit Hüftbeugen b) Handaufsatz und Hüftstreckung	a) Erhöhen der Rotationsgeschwindigkeit b) Vergrößerung der Trägheit mit Verringerung der Drehgeschwindigkeit bis in die labile Gleichgewichtslage

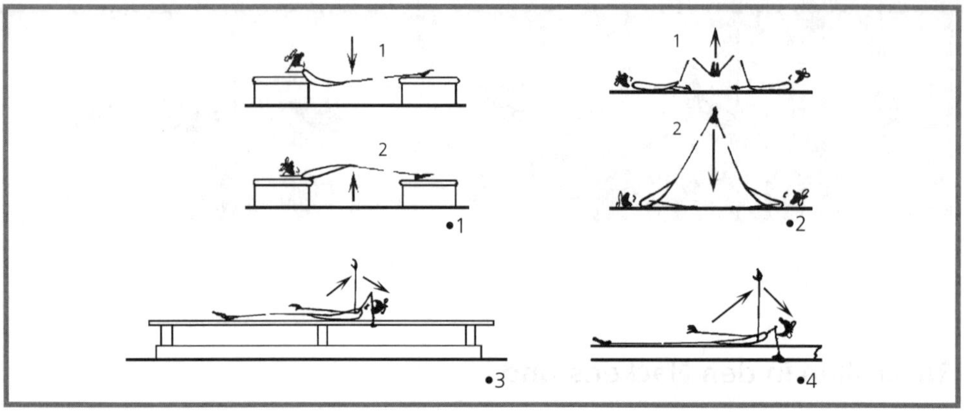

Methodische Aspekte

Konditionelle Voraussetzungen	Übungen zum Erwerb der Voraussetzungen
1. Rumpfkraft • Teile der Gesäßmuskulatur • Untere Rückenmuskulatur	zu 1. Für die Hüftstreckung: In Rückenlage mit gestrecktem Körper zwischen zwei kleinen Kästen, wobei Schultern und Fersen aufliegen. Abwechselnd das Gesäß langsam leicht nach unten absenken (Abb. 1/1), Position fünf Sekunden halten und dann wieder zurück in die leicht übergestreckte Körperposition bringen (Abb. 1/2). Zehn mal, 1 Minute Pause, drei bis fünf Serien.
2. Rumpfkraft • Bauch- und Rückenmuskulatur • Gesäßmuskulatur	zu 2. Für die Mittelkörperspannung: Zwei Partner in Rückenlage mit angewinkelten Beinen und gegeneinander gestellten Fußsohlen (Abb. 2/1). Gemeinsam die Füße langsam Richtung Decke schieben bis die Hüften gestreckt sind (Abb. 2/2). Die Position fünf Sekunden halten und langsam zurück in die Ausgangslage. Fünf mal, 1 Minute Pause, in drei bis fünf Serien.

Koordinative Voraussetzungen

Kennenlernen des Handaufsatzes

Geh in die Rückenlage auf der Bank und setz Deine Hände so neben dem Kopf auf, daß Du die Bankkanten umklammern kannst. Die Daumen liegen auf der Bank und die anderen Finger drücken gegen die Bankunterkante. Press Deine gebeugten Arme an den Kopf und halte Deinen Körper gespannt (Abb. 3).
Die gleiche Übung sollte auf dem niedrigen Schwebebalken ausgeführt werden, weil sich die Position der Finger ändert. Die Daumen drücken gegen die Balkenseiten und die Fingerspitzen der anderen Finger geben Druck auf die Balkenunterseite (Untergriff; Abb. 4).

Eigenwahrnehmung

- Hast Du den Balken mit Untergriff ohne Verzögerung fassen können und dabei die gebeugten Arme an den Kopf gepreßt?
- Hast Du gespürt, daß Du nur mit einem völlig gespannten Körper und den enganliegenden Armen am Kopf im Gleichgewicht auf dem Balken bist?

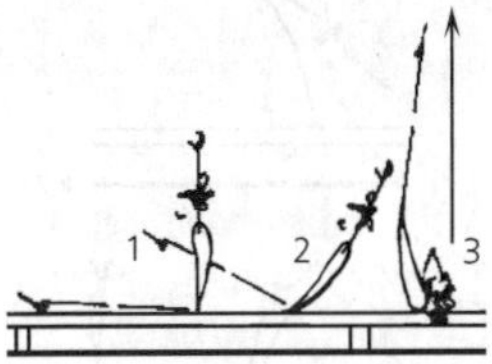

•5

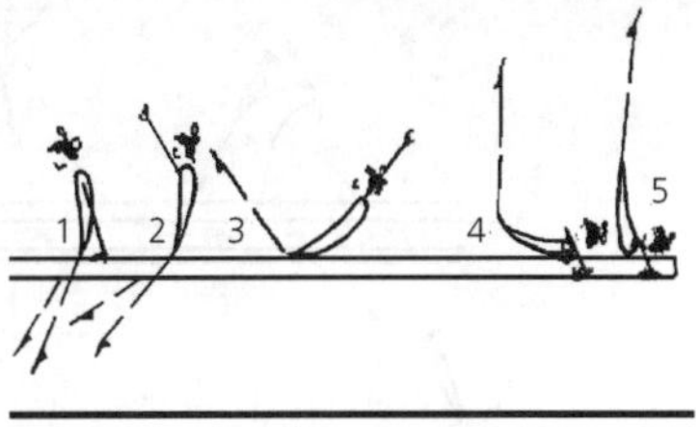

•6

Kennenlernen der Hüftaktion

Setz Dich mit Winkelsitz auf die Bank. Roll rückwärts und behalt den Hüftwinkel von 90° so lange bei, bis sich Deine Fußspitzen kurz vor der Senkrechten über den Augen befinden. Faß mit Untergriff den Balken, preß die gebeugten Arme an den Kopf und öffne schnell Deinen Bein-Rumpfwinkel bis in den Nackenstand (Abb. 5).

Die Übung sollte zuerst mit Hilfe ausgeführt werden, damit die Hüftstreckung vertikal (Abb. 5/3) verläuft. Der Helfer greift mit Klammergriff an den Oberschenkel und gibt Schub- bzw. Zughilfe in Richtung Vertikale.

Der Helfer hat darauf zu achten, daß die Beine nicht hinter die Vertikale gebracht werden, weil der Druck auf die Halswirbelsäule zu groß wird.

Eigenwahrnehmung

- Hast Du Sicherheit durch den Griff am Balken und durch Pressen der Arme Richtung Kopf gespürt?
- Hast Du Deine Fußspitzen über den Augen zu Beginn der Hüftstreckung gesehen?

Kopplung des Gesamtablaufs

Roll aus dem Quersitz mit gegrätschten Beinen rückwärts. Beug dabei Deine Hüfte auf ca. 90° (Abb. 6/1–3). Setz die Hände in Kopfhöhe unter den Balken und öffne den Bein-Rumpfwinkel auf 180° in die Vertikale (Abb. 6/4–5).

Eigenwahrnehmung

- Wie ist Dir das Koppeln von Rücksenken, Handaufsatz mit Hüftaktion gelungen?
- Konntest Du den Nackenstand durch Pressen der Arme Richtung Kopf stabilisieren?
- Hast Du gespürt, daß der Bewegungsablauf dynamisch ausgeführt werden kann?

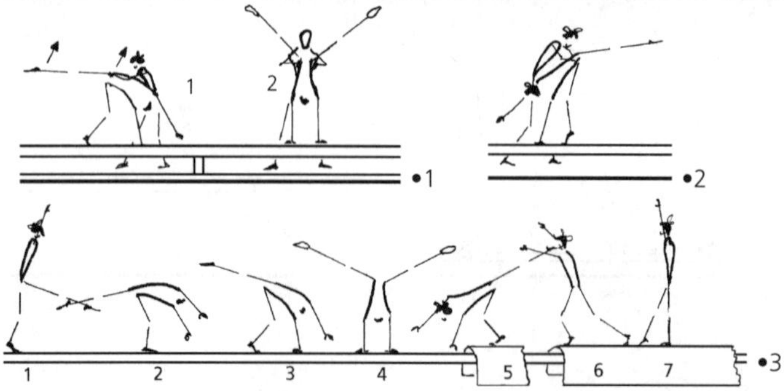

Überschlagbewegungen

Handstütz-Überschlag seitwärts (Rad)

BIOMECHANISCHE, FUNKTIONALE UND METHODISCHE ASPEKTE

Siehe „Rad", Seite 226–231.
Auf dem Schwebebalken wird das Aufrichten in den Stand über den Ausfallschritt geturnt (Abb. 3, RB).

Koordinative Voraussetzungen

Kennenlernen des Gesamtablaufs auf schmaler Unterstützungsfläche

Turn das „Rad" auf der Bank mit Partnerhilfe und schwing dabei genauso schwungvoll mit den Beinen über die Senkrechte wie zuvor am Boden. Schau, wo und wie Dein Schwungbeinfuß beim Landen auswärts gedreht aufsetzt. Richte Dich schnell mit dem Oberkörper auf und bring danach Dein Druckbein auf den Balken.
Der Helfer steht zur Körperrückseite des Übenden und unterstützt mit Beginn des Aufschwingens bis zur Landung an der Hüfte mit Klammergriff und Drehhilfe (Abb. 1/1–2). Wird das „Rad" mit Hüftbeugung geturnt („Tellerrad"), bietet sich zusätzlich das Helfen von der Körpervorderseite an (Abb. 2).

Eigenwahrnehmung

- Hast Du ein schwungvolles „Rad" geturnt?
- Hast Du den Druckbeinfuß und die erste Hand weit genug vorgesetzt?
- Hast Du die Hände nacheinander aufgesetzt und wieder nacheinander gelöst?
- Konntest Du Dein Schwungbein beim Aufsetzen sehen?
- Hast Du Dich schnell mit dem Oberkörper aufgerichtet und Dein Druckbein auf den Balken gesetzt?
- Hast Du gespürt, ob Deine Beine durch die Senkrechte geschwungen sind?

Für die **weitere Vorgehensweise** empfiehlt es sich:

- das „Rad" auf dem Balken mit Mattenauflage und Partnerhilfe (Abb. 3/5–7),
- das „Rad" auf dem Balken mit Mattenauflage ohne Partnerhilfe (dabei kann der Handstütz oder der Fußkontakt auf dem Balken oder auf der Matte nach Bedarf variiert werden),
- das „Rad" auf dem Balken ohne Matte zunächst mit, danach ohne Partnerhilfe zu turnen.

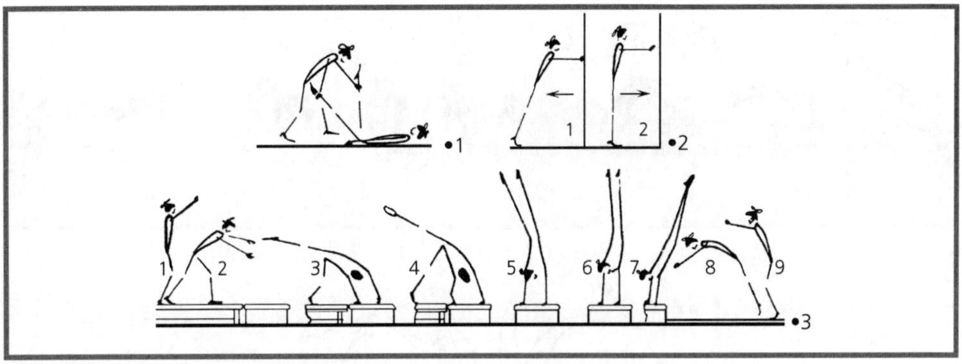

Handstütz-Überschlag seitwärts mit 1/4 Drehung (Radwende/Abgang)

BIOMECHANISCHE, FUNKTIONALE UND METHODISCHE ASPEKTE

Siehe „Radwende", Seite 232–236.

Konditionelle Voraussetzungen	Übungen zum Erwerb der Voraussetzungen
1. Beinkraft • Adduktoren (Oberschenkelinnenseite)	Zu 1. Für das Schließen der Beine: In der Rückenlage mit senkrecht gestreckten im Winkel von ca. 45° geöffneten Beinen. Die Beine werden gegen den Widerstand eines Partners schnellkräftig geschlossen (Abb. 1). Zehn mal, 1 Minute Pause, in drei bis fünf Serien.
2. Armkraft / Schulterkraft • Trizeps • Deltamuskel	Zu 2. Für den Abdruck aus Armen und Schultern: Im Stand vorlings etwa eine Rumpf- und Armlänge von der Wand entfernt (Abb. 2/1). Mit nach vorn gestreckten Arme zur Wand fallen lassen. Schnelles Abdrücken von der Wand durch Druck aus den Schultern (Abb. 2/1–2). Zehn mal, 1 Minute Pause, in drei Serien.

Koordinative Voraussetzungen

Kopplung von Handstandposition, Beinschnepper und Abdruck

Die „Radwende" soll ohne Hopser von der Erhöhung (Kästen, niedriger Balken usw.) geturnt werden (Abb. 3/1–9).
Schwing mit 3/8 Drehung schnell in die überstreckte Handstandposition. Senk Brust und Hüfte nach unten (Abb. 3/6–7), peitsch kurz danach mit einer1/8 Drehung die Beine abwärts und drück Dich gleichzeitig vom Kasten ab. Dreh rückwärts mit offenem Arm–Rumpfwinkel und fixiertem Bein-Rumpfwinkel bis zum Stand.

Eigenwahrnehmung

- Ist Dir die Kopplung von Handaufsatz, Schließen der Beine in der Aktivüberstreckung, Beinschnepper und Abdruck mit Drehen gelungen?
- Konntest Du die Vorspannung der Muskulatur in der Aktivüberstreckung für den Beinschnepper spüren und für das Aufrichten des Oberkörpers nutzen?

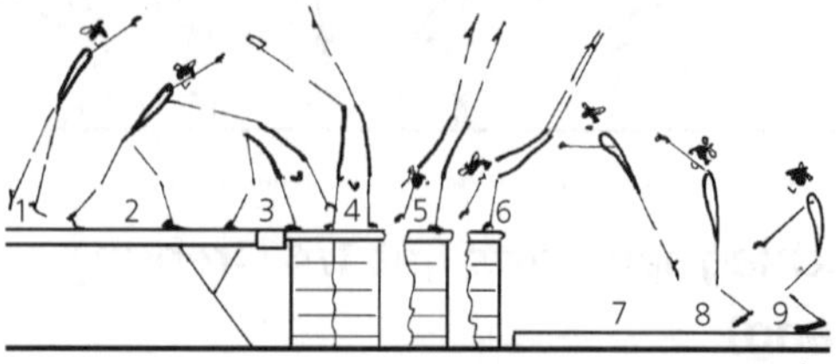

•4

Anlauf/Hopser

Siehe Anlauf/Hopser Seite 216–218.
Die Auftaktbewegung soll auf schmaler Unterstützungsfläche geübt werden.
Versuch, Anlauf/Hopser genauso dynamisch auf dem Balken zu turnen wie am Boden.

Eigenwahrnehmung

- Konntest Du auf der schmalen Unterstützungsfläche eine dynamische Auftaktbewegung ausführen?

Kopplung von Anlauf/Hopser und „Radwende"

Versuch, beim Turnen der „Radwende" die Geschwindigkeit aus Anlauf/Hopser für das schnelle Aufschwingen der Beine in die überstreckte Handstandposition zu nutzen. Führ dann den peitschenartigen Beinschnepper mit Hand-, Schulterabdruck und Drehung aus. Lande in Verlängerung des Balkens.
Die „Radwende" kann mit Stütz der Hände auf einem vor dem Schwebebalken quer gestellten Kasten geturnt werden (Abb. 4/1–9). Auf dem Kasten ist die Verlängerung des Balkens mit Kreide markiert (vgl. S. 287). Die Hände setzen einwärts gedreht auf.
Ein Helfer steht erhöht auf der Druckbeinseite, er kann mit Klammergriff an den Hüften das Aufschwingen in die Handstandposition und das „Eindrehen" des Körpers unterstützen.

Eigenwahrnehmung

- Konntest Du die Hände innerhalb der Kreidemarkierung aufsetzen?
- Hast Du gespürt, daß Du den Bewegungsablauf „Radwende" vom Boden auf den Balken übertragen kannst?

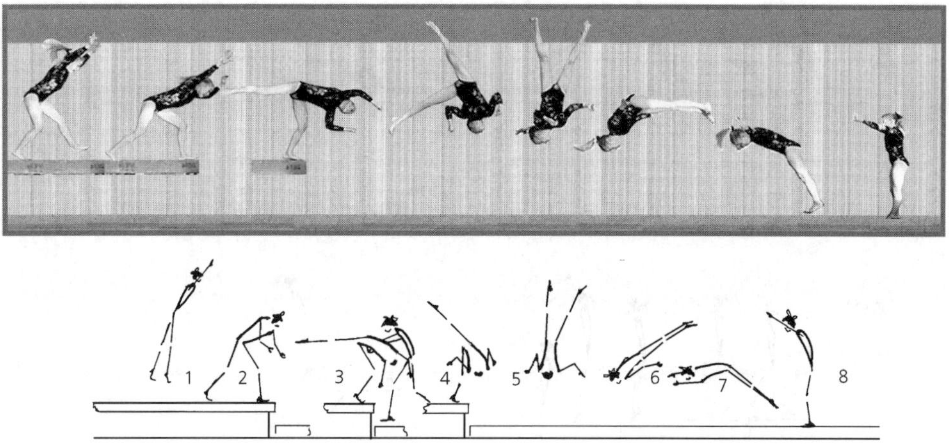

•1

Überschlag seitwärts (freies Rad/Abgang)

Biomechanische, Funktionale und Methodische Aspekte

Siehe Überschlag seitwärts am Boden, Seite 268–272.

Koordinative Voraussetzungen

Im Gegensatz zum Boden wird das „freie Rad" als Abgang **mit beidbeiniger** Landung ausgeführt. Nach Passieren der Senkrechten holt das Druckbein das Schwungbein ein (Abb. 1/5–6).

Der Körper rotiert mit geschlossenen Beinen zunächst um die KTA seitwärts, dann um die KBA rückwärts bis zur Landung (Abb. 1/5–8).

Kennenlernen des Gesamtablaufs

Turn das „freie Rad" mit Hilfe aus Anlauf/Hopser zunächst von drei hintereinandergelegten-Kastendeckeln, später vom niedrigen Balken. Brems Dein Schwungbein dabei kurz nach Passieren der Senkrechten ab, so daß Dein Druckbein das Schwungbein für die beidbeinige Landung einholen kann.

Der Helfer steht auf der Druckbeinseite und greift zum Zeitpunkt des Vorsetzens des Druckbeines (Abb. 1/2) mit Klammergriff an die Hüften des Übenden. Mit Schub- und Drehhilfe wird bis zur Landung unterstützt.

Oder: Der Helfer steht auf der Druckbeinseite und gibt im Moment des Absprungs mit beiden Händen, die sich dicht nebeneinander an der bodennahen Hüfte befinden, Schub- und Drehhilfe (Abb. 1/3). Beim Vorsetzen des Druckbeines werden die Hände in diese Helferposition (Abb. 1/2) gebracht.

Eigenwahrnehmung:

- Hast Du gespürt, daß das Druckbein das Schwungbein relativ leicht einholen kann, wenn Du das Schwungbein kurz nach Passieren der Senkrechten abrupt abbremst?

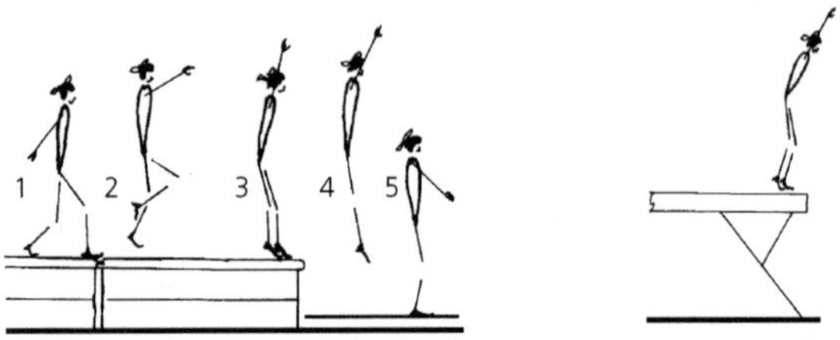

•1a •1b

Überschlag vorwärts gehockt (Salto/Abgang)

Biomechanische, funktionale und methodische Aspekte

Siehe Überschlag vorwärts gehockt am Boden, Seite 256–261.

Koordinative Voraussetzungen

Zu berücksichtigen sind:

1. Die Fußstellung im Absprung unterscheidet sich von der Ausführung des „Salto vw." am Boden. Auf dem Schwebebalken setzen die Füße eng hintereinander auf (vgl. S. 290).

2. Die Armführung beim Absprung führt von oben nach unten (Abb. 1a/3–5 und 1b).

3. Aufgrund der Absprunghöhe vom Balken bewegt sich der KSP während der KBA-Rotation von 360° ca. 1,50 m abwärts. Das heißt, für den Absprung ist überwiegend Rotation und weniger Höhe erforderlich. Neu zu erlernen ist deshalb die räumlich-zeitliche Steuerung für die Höhendistanz.

Kennenlernen des Absprungverhaltens

Nimm Anlauf und schwing dabei Deine Arme bis in Kopfhöhe vorhoch (Abb. 1a/1–3).
Turn am Kastenende aus einem prellenden Absprung (Füße eng hintereinander gesetzt) einen Strecksprung (Abb. 1a/3–5).

Eigenwahrnehmung
- Bist Du vom Kastenende prellend mit der geforderten Fußstellung abgesprungen?
- Hast Du gespürt, wie fest Deine Muskulatur gespannt sein muß, um prellend abspringen zu können?
- Waren beim Absprung Deine Arme in Hochhalte?

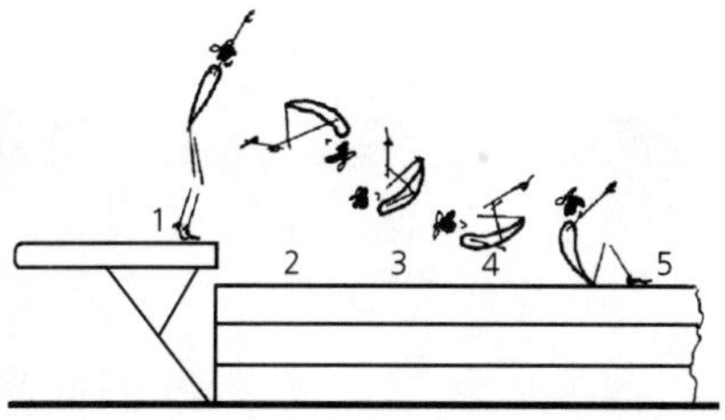

•2

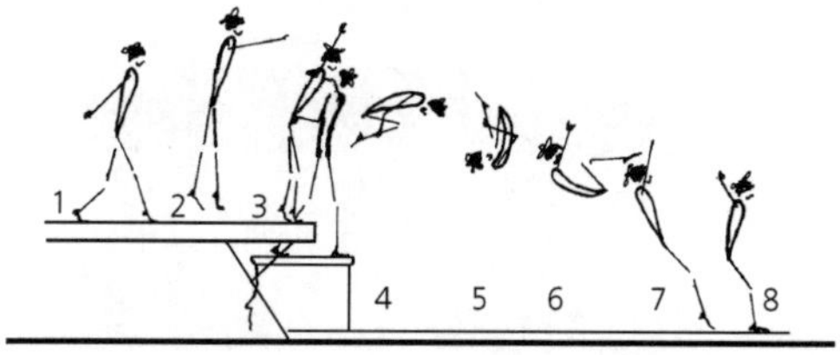

•3

Kopplung von Absprung, Rotation und Zeitpunkt für die Landeaktion

Beginn zuerst aus dem Stand mit eng hintereinander gesetzten Füßen. Die Arme sind in Hochhalte. Versuch, nach dem Absprung das Gesäß rückhoch zu ziehen und alle Körperteile anzunähern, indem Du Deine Schienbeine umfaßt. Wenn Du mit dem Rücken parallel zur Weichbodenmatte bist, lös die Hände von den Beinen und schwing die Arme gestreckt vorhoch zum Kopf. Es ist der Zeitpunkt für den Beginn Deiner Landeaktionen. Lande im Hocksitz auf der Weichbodenmatte (Abb. 2/1–5). Turn den „Salto" wie zuvor mit Anlauf (Abb. 3/1–3 und 2/1–5).

Eigenwahrnehmung

- Waren beim Absprung Deine Füße eng hintereinander gesetzt und Deine Arme in Hochhalte?
- Hast Du nach dem Absprung Dein Gesäß rückhoch ziehen und Dich wie ein Igel einrollen können?
- Hast Du Deine Rotationsgeschwindigkeit wahrgenommen?
- Hast Du den Zeitpunkt für den Beginn der Landeaktionen gespürt und die Arme vorhoch geschwungen?

Kopplung zum Gesamtablauf

Turn „Salto vorwärts" aus dem Anlauf mit Partnerhilfe in den Stand (Abb. 3/1–8).

Im Absprung geht die balkennahe (rechte) Hand des Helfers in die Hüfte und die entfernte (linke) Hand zum Rücken/Schulterbereich (Abb. 3/3), um das Einleiten der Rotation mit Drehhilfe (an der Schulter) und mit Schubhilfe (an der Hüfte) zu unterstützen.

Zum Zeitpunkt des Aufstreckens der Hüfte (Abb. 3/6) kann ein Helfer die Landung an der Schulter durch Griff ins Trikot, durch Klammergriff an den Hüften oder Oberarm absichern.

Gymnastische Grundformen

Obwohl der Übungsprozeß auf eine in sich geschlossene Ausbildung von gymnastischen und turnerischen Bewegungen ausgerichtet sein sollte, haben wir auf eine Zuordnung der gymnastischen Grundformen zu den Geräten Boden und Schwebebalken in der „Praktischen Umsetzung" verzichtet.
Eine bessere Übersicht des Übungsgutes insgesamt und die abweichende Strukturierung zu den Turnelementen waren die Gründe für den eigenständigen Abschnitt.
Mit den Bereichen der Funktionellen Gymnastik und den Körpertechniken der Rhythmischen Sportgymnastik übernimmt die Gymnastik im Turnen die Aufgabe, auf physische Belastungen vorzubereiten, Belastungen zu kompensieren, Körperbewußtsein und -kontrolle auszuprägen, die Ausführungsqualität zu sichern und zur Entwicklung individuell geprägter Bewegungs- und Ausdrucksmöglichkeiten beizutragen.

Unser Angebot orientiert sich an den Bewegungsgrundformen der Rhythmischen Sportgymnastik mit:
- Gehen, Laufen, Federn, Hüpfen
- Sprüngen
- Schwüngen
- Wellen
- Drehungen
- Ständen und
- Bodenteilen.

Auf die Inhalte der Funktionellen Gymnastik wird nicht eingegangen, jedoch können einige Übungsangebote den Abschnitten „Konditionelle Voraussetzungen" der „Praktischen Umsetzung" entnommen werden.
Die gymnastischen Grundformen werden aus gerätturnspezifischer Sicht systematisiert. Ihre Übersichten erlauben einen schnellen Überblick über die große Vielfalt der gymnastischen Formen. Die dazugehörigen bewegungstechnischen Beschreibungen und die darauf abgestimmten Bilder und Bildreihen sind als Hilfe für die Ausbildung des gymnastischen Bewegungsrepertoires gedacht.

Versteht man die Gymnastik nicht als „schmückendes Beiwerk", sondern zunehmend als integrierter Bestandteil der Turnausbildung, dann ist eine darauf abgestimmte gymnastische Ausbildung erforderlich.
Mit dieser Ausbildung wird angestrebt, die immer wieder in Kürübungen zu beobachtende Monotonie in der Zusammenstellung der Bewegungsfolgen, die Disharmonie zwischen Bewegung und Musik, die oft überflüssigen Konzentrationspausen und die fehlenden Übergänge zwischen akrobatischen und gymnastischen Bewegungen zu überwinden.

Gymnastische Grundformen sollen dabei
- in vielfältigen Variationen von Raum, Zeit, Form und Dynamik erfahren,
- phantasievoll abgewandelt und weiterentwickelt, aber auch
- exakt in Übungsverbindungen mit Bewegungen des Turnens erarbeitet und vertieft werden.

Mit dieser Zielstellung sind Übende beispielsweise nicht darauf beschränkt, Drehungen auf dem Ballen zu turnen, sondern sie können auch auf der Ferse oder gar Fußsohle, möglicherweise mit hochgezogenen Schultern usw., drehen.

Folgende Variationen in **Raum, Zeit und Dynamik** bieten sich für eine vielseitige Gymnastikausbildung im Turnen nach GIENGER (1988, 79 f.) an:

„Räumliche Variation
Das Kriterium der räumlichen Variation bezieht sich auf Veränderungen der
- Raumdimensionen (z.B. Höhe, Weite),
- Raumebenen (frontal, horizontal, sagittal, diagonal),
- Raum- und Bewegungsrichtungen (vorwärts, rückwärts, seitwärts, nach unten, oben),
- Raumornamente am Boden (kurvig oder gerade),
- Bewegungsebenen (hoch oder tief),
- Gruppierungsformen (zwei Gruppen kanonartig, gleichzeitig nacheinander, in unterschiedlicher Stellung zueinander),
- Ausmaß (eng–weit, groß–klein, hoch–tief, breit–schmal).

Zeitliche Variation
Das Kriterium der zeitlichen Variation bezieht sich auf Veränderungen
- des Tempos,
- der Zeitdauer bzw. des Rhythmus

sowie auf
- Zäsuren (Wechsel zwischen Bewegung und Stillstand),
- Gleichzeitigkeit oder Nacheinander von Bewegungen.

Dynamische Variation
Das Kriterium der dynamischen Variation bezieht sich auf

- Veränderung der Intensität (impulsartig oder kontinuierlich),
- den Wechsel von Spannung und Entspannung,
- den Wechsel von Höhepunkten und Ruhepunkten,
- Bewegungsfluß und Bewegungsstopp,
- den Einsatz des Gewichts,
- innere Intensität,
- muskuläre Spannung.

Hieraus resultieren unterschiedliche Bewegungsqualitäten wie gelöst, zart, weich, leicht, flüchtig, stark, gespannt, kräftig, schwer, energisch."

Der Weg zur Gestaltung von Kürübungen führt über das Variieren mit den angegebenen Möglichkeiten. Die unterschiedlichsten Bewegungsformen können so in spontaner und spielerischer Auseinandersetzung selbst entdeckt und erprobt werden, was dazu führt, daß Übende

- Bewegungsgrundformen aneignen und variieren lernen,
- Bewegungsformen variabel miteinander verbinden,
- fließende Übergänge zwischen einzelnen Formen entwickeln

sowie eine

- Elastizität in ihrer Bewegungsausführung erreichen.

Mit Hilfe von inszenierten Bewegungsanlässen lassen sich weitere Ideen für Bewegungsfolgen „herauslocken". Innere Bilder, Stimmungen usw. können individuell in Bewegung umgesetzt werden und so zu einem eigenen Stil führen.

Ausgangspunkte für kreatives Bewegen können sein (vgl. VENT/DREFKE 1982; POLLÄHNE/POTUWKA 1995):

- *Bewegungsmöglichkeiten des Körpers*
  Rollen und drehen, schwingen, springen, laufen und gehen, beugen und strecken, Halteelemente (auch gemeinsam mit einer Partnerin oder in der Gruppe durchzuführen)
- *Bezug zwischen Partnerinnen oder Gruppen*
  Kontaktaufnahme, sich anlehnen oder abstoßen, Kommunikationsprobleme, Kontraste
- *Musikvorlagen, Rhythmen, Klänge, Geräusche*
  Selbstproduzierte Stücke oder „fertige Musik", live gespielt oder vom Tonträger, Gesprochenes oder Gesungenes, Geklatschtes oder Getrommeltes usw.
- *einen Aspekt zum Schwerpunkt erklären*
  Kontraste bilden in bezug auf die räumliche (z.B. Hoch-Tief-Bewegungen), die zeitliche (z.B. Zeitlupe-Zeitraffer-Bewegungen) oder die dynamische (z.B. fließende-abgehackte Bewegungen) Gliederung einer Bewegung
- *Gelernte Fertigkeiten oder Bewegungsmotive*
  Tänze bzw. Tanzmotive oder -figuren, Kunststücke, ritualisierte Alltagsbewegungen, sportliche Techniken etc. zu einem Gesamtablauf verbinden (z.B. Szenencollagen).

Die beim Üben klar erkennbaren Formen sind für Gestaltungsversuche reproduzierbar. Sie können „konserviert" und mit den eingeübten Bewegungstechniken verbunden und zu einer durchdachten Anordnung zusammengefügt werden.

Es läßt sich nachvollziehen, wie unerschöpflich groß die Quelle von Bewegungen für Gestaltungen von Turnübungen, aber auch für ein freudvolles und kreatives Arbeiten im Gerätturnen sein kann.
In der heutigen Übungspraxis sind Interesse und Aufgeschlossenheit gegenüber diesem Thema besonders gefordert.
Da wir mit diesem Abschnitt des Buches, den im Gerätturnen erkannten Nachholbedarf nicht auffangen können, soll für den Themeneinstieg Literatur empfohlen werden:

- HASELBACH, B.: Improvisation, Tanz, Bewegung. Stuttgart 1989, 5.
- MEYERHOLZ, U./RIECHLE-ERNST, S.: Einfach lostanzen (mit CD), Bern 1992.
- MEUSEL, W./WIESER, R. (Hrsg.): Handbuch Bewegungsgestaltung, Seelze-Velber 1995.

Neben dem eher spielerisch–variantenreichen Umgang mit den gymnastischen Grundformen ist das systematische und exakte Herausarbeiten der **Körpertechniken** erforderlich.
Ähnlich wie in der Rhythmischen Sportgymnastik wird im Gerätturnen zum Beispiel für einen Stand gefordert:

- den Kopf gerade gehalten
- die Schulterblätter nach hinten unten zusammenziehen
- den Rumpf aufrecht halten
- Bauch- und Gesäßmuskeln anspannen
- das Becken aufrichten
- die Beine und Füße gespannt auswärts drehen.

Übungsformen des klassischen Balletts am Boden, auf Bänken oder auf dem Schwebebalken sind u.a. geeignet, diese Körperhaltung in Präzision und Ausdruck anzueignen.

Einfache gymnastische Elemente können je nach Leistungsstand der Lernenden ganzheitlich und beidseitig erlernt werden.
Bei schwierigen Elementen empfiehlt sich ein sukzessiver Aufbau.
Das Üben kann auf eine gymnastische Grundform beschränkt sein, aus der Verbindung verschiedener oder aus der Verbindung von gymnastischen Grundformen und Turnelementen entstehen. Da die Übergänge zwischen den Elementen hohe Anforderungen stellen, sind sie besonders zu beachten und präzise anzueignen.

Die technische Ausführung der gymnastischen Grundformen ist an den Geräten Boden und Schwebebalken weitestgehend gleich. Trotz der schmalen Unterstützungsfläche auf dem Balken sollen sich die Bewegungsformen im räumlich-zeitlichen und dynamischen Verlauf möglichst nahekommen. So ist für das sichere Bewegen auf dem Schwebebalken der gestreckte Körper mit aufrecht gehaltenem Kopf und Blickrichtung zum Balkenende, besonders nach dynamischen Bewegungen, immer wieder erforderlich.

Gehen – Laufen – Federn – Hüpfen

Gehen

Das charakteristische Merkmal der Gehschritte ist der fließende Wechsel von einbeinigem und beidbeinigem Stütz bei ständiger Bodenberührung. Beim gymnastischen Gehen (vw.) setzt der gestreckte, auswärts gedrehte Fuß mit der Fußspitze auf und rollt bei gleichzeitiger Verlagerung des Körpergewichts auf das Schwungbein über die Sohle bis zur Ferse ab. Es übernimmt die stützende Funktion, während das hintere Bein von der Ferse auf die Fußspitze rollen kann, sich vom Boden löst, locker mit dem Unterschenkel vorpendelt und bei gleichzeitiger Körperverlagerung nach vorn auswärts gedreht mit der Fußspitze aufsetzt.

Beispiele für Schrittverbindungen:

Laufen

Das Laufen wird als „Ballendrucklauf" ausgeführt. Es wird dabei ein Wechsel vom einbeinigen Stütz zur kurzen Flugphase durch Abdrükken vom Stützbein vollzogen. Der Oberkörper ist leicht vorgeneigt. Beim Landen rollt der Fuß über die Fußspitze Richtung Ferse ab, ohne den Boden mit der Ferse zu berühren.

Federn

Beim Federn dominiert die Vertikalbewegung, es findet eine ständige Hoch-Tiefbewegung statt.
Nach der Tiefbewegung mit kontrolliertem Nachgeben in den Gelenken erfolgt ein Gegenimpuls mit aktiver Streckung der Beine nach oben. Federn weist keine bzw. eine kaum sichtbare Flugphase auf. In der Regel bleibt auch in der Streckphase der Bodenkontakt erhalten.

Das Federn ist wichtige Grundlage für andere Bewegungen wie Laufen, Hüpfen, Springen. Neben der Kräftigung der Fußgelenke durch Abdruck in der Aufwärtsbewegung und dem Abrollen bis zur Sohle in der Abwärtsbewegung bereitet es ein elastisches Abspringen und Landen vor.
Federn kann am Ort, in der Fortbewegung, mit Zwischenfederungen, mit Akzentuierungen in Höhe und Tiefe, beidbeinig usw. durchgeführt werden.

Hüpfen

Das Hüpfen wird mit geringer Flugphase geturnt. Charakteristisch ist, daß der Beinwechsel erst dann erfolgt, wenn Absprung und Landung mit einem Bein abgeschlossen sind (rechts-rechts/links-links). Es entsteht dadurch das rhythmische Motiv lang–kurz/lang–kurz.

Sprünge

Sprünge bestehen aus Absprung, Flug- und Landephase.
Der *Absprung* ist gekennzeichnet durch einen ein- oder beidbeinigen kräftigen Abdruck aus leicht gebeugten Gelenken, wobei sich der KSP über dem Absprungbein befindet. Es folgt ein schnelles aktives Strecken in die beabsichtigte Bewegungsrichtung.
Die *Flugphase* läßt sich durch unterschiedlich ausgeführte Bewegungen/Körperhaltungen variieren. Sie charakterisieren den jeweiligen Sprung. Die Arme haben Gestaltungs-, Steuer- und Gleichgewichtsfunktion.

Die *Landung* kann einbeinig, auf dem Absprung- oder Schwungbein bzw. beidbeinig erfolgen. Sie wird in jedem Fall mit Aufrechterhalten der Körperspannung elastisch ausgeführt, indem das Körpergewicht durch schnelles Nachgeben in allen Gelenken aufgefangen wird und der Fuß bzw. die Füße bis zur Ferse abrollen. Der Körperschwerpunkt bleibt über der Unterstützungsfläche.

Sprünge werden nach Absprung, Landung und Art der Ausführung unterschieden.

Absprünge: einbeinig — beidbeinig

Sprungarten: Anschlagsprünge, Schersprünge, Schrittsprünge
Durchschlagsprünge, Schlußsprünge usw.

Landungen: einbeinig — beidbeinig

Sprungbein-
landung

Schwungbein-
landung

Beispiele für Sprünge:

Beidbeiniger Absprung – beidbeinige Landung

Beidbeiniger Absprung – einbeinige Landung

Einbeiniger Absprung – einbeinige Landung
Sprungbeinlandung

Einbeiniger Absprung – einbeinige Landung
Schwungbeinlandung

Einbeiniger Absprung – beidbeinige Landung

Drehungen

Drehungen auf den Füßen sind Gleichgewichtselemente mit Rotation um die Körperlängsachse. Sie lassen sich ein- und beidbeinig im hohen Ballenstand mit gestreckten oder gebeugten Beinen ausführen. Sie weisen Ansatz–, Dreh- und Absetzphase auf.
In allen Phasen muß sich der Körperschwerpunkt über dem Drehpunkt befinden.
Ein hoher Ballenstand ist Voraussetzung für den erforderlichen Spannungsaufbau im Körper und für das Drehen auf kleiner Unterstützungsfläche. Er trägt entscheidend zum Erhalt des Gleichgewichts bei.

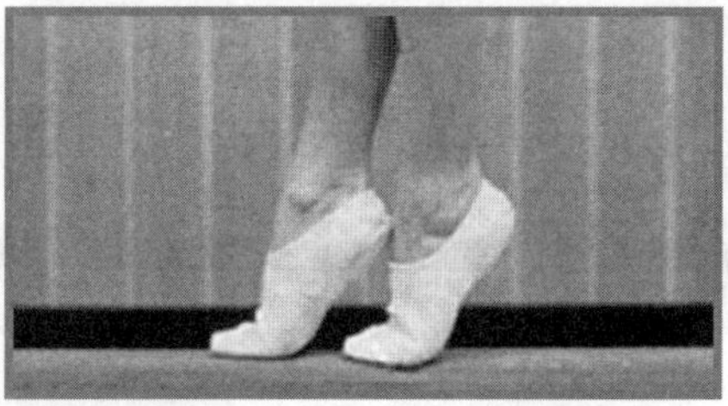

Einbeinige Drehungen

In der *Ansatzphase* wird die Drehung durch Abdruck eines Beines vom Boden und durch Armeinsatz in Drehrichtung bei gleichzeitiger Hochverlagerung des Körperschwerpunktes über den Ballen des Drehbeines eingeleitet. Der gesamte Körper ist gespannt.

Der Dreh-Ansatz kann über zwei Varianten erfolgen:

- Beim Piqué-Ansatz wird der Körper auf den Fußballen durch Hochverlagern des Körperschwerpunktes (nach vorn, zur Seite oder nach hinten) über den Drehfuß gehoben (RB1 /1–4).

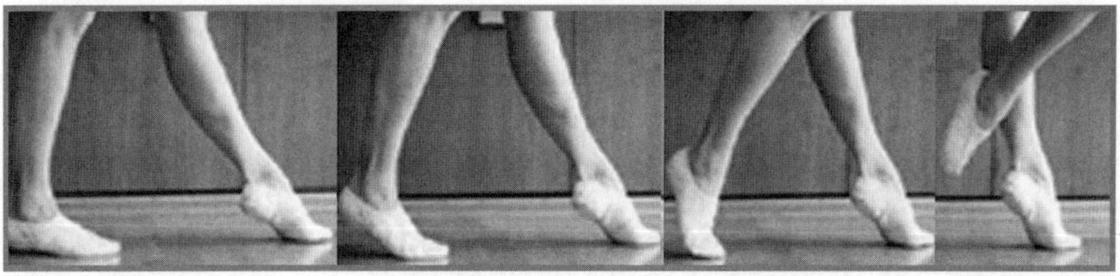

•1

- Beim Relevé-Ansatz wird der Körper von der Fußsohle auf den Ballen durch Heben der Ferse und Hochverlagern des Körperschwerpunktes (nach vorn, zur Seite oder nach hinten) über das Drehbein gehoben (RB 2/1–3).

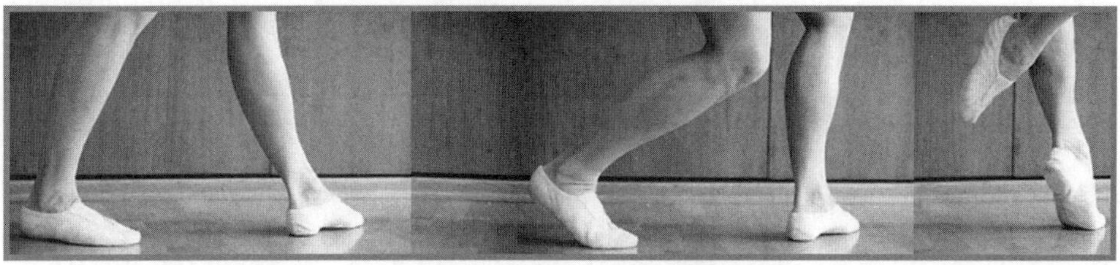

•2

Die Drehung kann sowohl in Richtung Drehbein (auswärts gedreht, RB 3/1–6) oder in Richtung Spielbein (einwärts gedreht, RB 4/1–7) ausgeführt werden.

•3

•4

Der Schwungbeineinsatz kann vertikal (RB 5/1–8) oder in Richtung Horizontale mit gebeugtem oder gestrecktem Bein (RB 6/1–5) geturnt werden.

•5

•6

Die in der *Drehphase* eingenommene Körperposition wird entweder während des Drehens fixiert oder unter Beibehalten der Gleichgewichtslage verändert. Eine Annäherung der Körperteile an die Drehachse führt dabei zur Beschleunigung und das Entfernen verlangsamt die Drehung.

Während der Drehung ist der Körperschwerpunkt immer senkrecht über der Unterstützungsfläche zu halten. Zur Stabilisierung dieser Position strebt der Rumpf fortwährend nach oben, ohne daß die Schultern hochgezogen werden. Durch langes Fixieren des Blickes in Augenhöhe auf einen Punkt im Raum und durch spätes „Nachdrehen" des Kopfes wird der Drehung zusätzliche Stabilität verliehen und dem Übenden Orientierungshilfe gegeben.

Nach vollendeter Drehung folgt in der *Absetzphase* das Senken der Drehbeinferse auf den ganzen Fuß mit anschließendem Aufsetzen des Spielbeines oder das Drehbein bleibt auf dem Ballen, bis das Spielbein nach vorn bzw. nach hinten dicht an das Drehbein herangesetzt wird.

Beidbeinige Drehungen

Bei beidbeinigen halben Drehungen werden die Ballen eng hintereinander aufgestellt. Das Drehen wird im hohen Ballenstand zur offenen Seite ausgeführt (RB 7/1–4).

•7

Wenn mehr als eine 1/2 Drehung mit geschlossenen Beinen durchgeführt wird, muß das Spielbein geringfügig nach oben verlagert und vom Boden gelöst werden (Abb. 8).

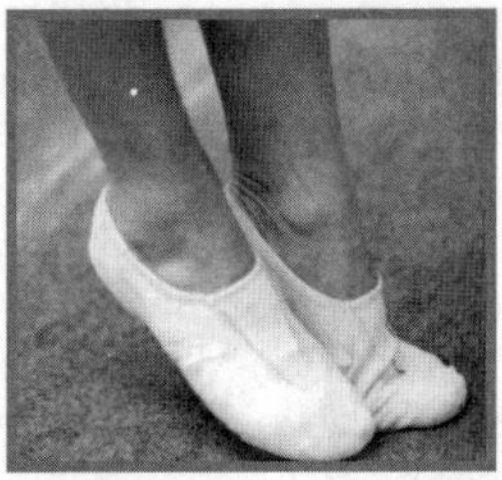

•8

Drehungen lassen sich wie folgt systematisieren:

Drehungen

- **einbeinig**
  - vertikaler **Schwungbeineinsatz**
    - einwärts gedreht
    - auswärts gedreht
  - horizontaler Schwungbeineinsatz
    - einwärts gedreht
    - auswärts gedreht
- **beidbeinig**

Beispiele für Drehungen

Beidbeinige Drehung

Einbeinige Drehung

Stände

Stände sind gekennzeichnet durch Verharren oder kurzzeitig ausgeführtes Halten der Körperposition in einer bestimmten Gleichgewichtslage. Sie können ein- und beidbeinig als Sohlen- und Ballenstände oder kombiniert ausgeführt werden. Die *beidbeinigen Stände* lassen sich mit Sohlen- und Ballenstand sowie mit Aufzehen oder Aufsetzen eines Beines kombinieren. Durch Verändern von Kopf-, Arm-, Rumpf- oder Beinhaltungen entstehen neue Stände, sofern sie kurzzeitig gehalten werden.

In der Regel weisen *einbeinige Ballenstände* Ansatz-, Stand- und Absetzphase auf. Sie können wie Ballen-Drehungen auf zwei verschiedene Arten angesetzt werden (vgl. S. 335–336).

In der *Ansatzphase* wird der Körperschwerpunkt über die Stützfläche verlagert. Gleichzeitig beginnen sich Rumpf, Arme, Kopf und Spielbein in die beabsichtigte Position zu bewegen.

In der Standphase ist die Position erreicht. Sie wird fixiert und entweder über die Dauer der Standphase hinweg gehalten oder durch Körperteilbewegungen verändert, ohne daß sich die Stützfläche ändert.

In der *Absetzphase* wird der Körper ohne Gleichgewichtsverlust in eine sichere Gleichgewichtsposition gebracht. Dabei senkt sich entweder die Ferse des Standbeines zum Sohlenstand bevor das Spielbein herangesetzt wird oder das Standbein bleibt auf dem Ballen bis das Spielbein mit dem Ballen oder der Fußsohle aufsetzt.

Stände lassen sich wie folgt systematisieren:

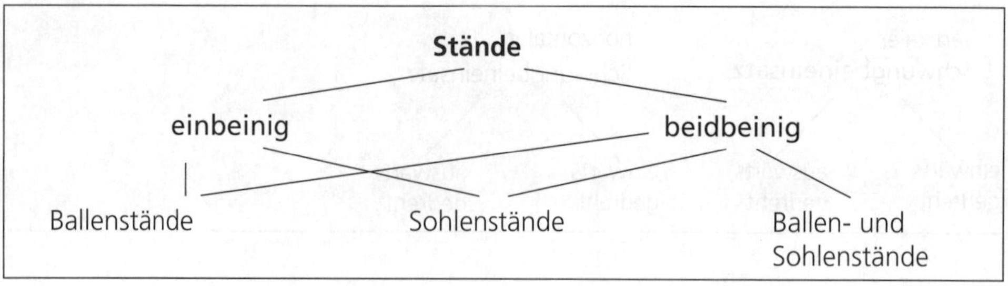

Beispiele für Stände:

Beidbeinige Stände

Einbeinige Stände

Von Stand zu Stand

Schwünge

Die klassische Form des Schwingens ist durch drei Phasen gekennzeichnet. Nach einer Auftaktbewegung, die als Gegenbewegung oder Überstrecken beginnt, erfolgt eine schwungvolle, die Wirkung der Schwerkraft nutzende abwärtsgerichtete Bewegung. In der dritten Phase klingt der Schwung aus oder wird als Auftakt der folgenden Bewegung gewählt.
Schwünge können mit beiden Armen oder mit einem Arm bzw. Bein in Verbindung mit Rumpf- und Kopfbewegungen ausgeführt werden.
Sie lassen sich als Pendel- und Kreisschwünge mit den Varianten von Achter-, Mühl-, Spiral- oder Gegenschwung durchführen. Durch aktives Beugen und Strecken in den Knien kann das Schwingen unterstützt werden.
Schwünge können aber auch, wenn die Ausnutzung der Schwerkraft keine Rolle spielt und das Tempo gleichbleibend gestaltet ist, als geführte Bewegungen dargeboten werden.

Schwünge lassen sich wie folgt darstellen:

Arm- und Beinschwünge

Achter-, Mühl-, Gegen-, Spiralschwünge

Pendelschwünge **Kreisschwünge**

Beispiele für Schwünge:

Pendelschwung

Kreisschwung

Wellen

Die Wellen sind durch nacheinanderfolgendes Beugen und Strecken in den Gelenken charakterisiert. Die Bewegung geht von einem Gelenk aus, wird fließend auf das nächste übertragen und kann wellenförmig in die Ausgangslage zurückgehen.

Wellen lassen sich wie folgt systematisieren:

Wellen

Armwellen | Körperwellen | Kombinierte Wellen

Beispiele für Wellen:

Armwelle

Körperwelle

Bodenteile

Bodenteile sind Positionen oder Bewegungen, bei denen der Körper (nicht ausschließlich mit den Füßen) Bodenkontakt herstellt. Sie können mit formativen Aktionen, wie Spreizen, Hokken, Grätschen der Beine oder anderen Formen überlagert werden.
Bodenteile schaffen beispielsweise Übergänge vom Stand zum Knien in Stütze oder vom Sitzen in Knie- und Liegepositionen oder führen Bewegungen am Boden/Balken durch Rollen/Abrollen über verschiedene Körperteile, durch Stützüberschwünge und Drehungen weiter. Durch fließendes Verbinden der unterschiedlichsten Bodenteile miteinander und mit anderen gymnastischen Grundformen können interessante und abwechslungsreiche Übergänge mit und zwischen den akrobatischen Elementen entstehen. Damit bereichern Bodenteile Kürkombinationen und setzen auffällig Kontrast zu den Übungen, die überwiegend auf den Füßen gestaltet werden.

Beispiele für Bodenteile:

Literatur

ADAMS, J.A.: Lernen, Behalten und Transfer von menschlichen motorischen Fertigkeiten. In: KAUL, P./ZIMMERMANN, K.W. (Hrsg.): Psychomotorik in Forschung und Praxis, Band 1. Kassel 1989.

ARNOLD, K.: Zur Bezeichnung von Übungen des Gerätturnens unter Berücksichtigung ihrer strukturellen Systematik. (Diss. A) Leipzig 1968.

ARNOLD, K./WEBER, R.: Zur strukturellen Systematik von Elementen des Gerätturnens, „Schwingbewegungen". In: Wissenschaftliche Zeitschrift der DHFK. Leipzig 1981.

BAUMANN, H.: Methoden der Fehleranalyse durch Bewegungsbeobachtung. Frankfurt 1986.

BAUR, J./BÖS, K./SINGER, R.: Motorische Entwicklung. Schorndorf 1994.

BECKER, W./KRUBER, D.: Information und motorisches Lernen. In: Sportunterricht (1992) 8.

BEIER, G.: Bewegungserfahrungsaustausch – Eine Methode zur Effektivierung motorischer Lernprozesse im Gerätturnen. In: Theorie und Praxis Leistungssport (1989) 8/9.

ders.: Psychologische Methoden zur Effektivierung im Gerätturnen/Kunstturnen – Möglichkeiten der Umsetzung im Training. In: Trainersymposium DTB (Hrsg. Schwäbischer Turnerbund) Kirchentellinsfurt 1990.

ders.: Das Regulieren und Korrigieren turnerischer Informationen – Informationsaufnahme und Verarbeitungsprozesse beim Lerntraining. In: Trainersymposium DTB (Hrsg. Schwäbischer Turnerbund) Kirchentellinsfurt 1992.

BREHM, W./TIEMANN, M.: Körpererfahrung. In: Röthig, P. (Red.): Sportwissenschaftliches Lexikon. Schorndorf (6) 1992.

BRUCKMANN, M.: Gerätturnen in der Schule heute: Aus wenig viel machen! In: Sportuterricht (1993) 1.

BRUCKMANN, M./DIECKERT, J./HERRMANN, K.: Gerätturnen für alle. Freies Turnen an Geräten. Celle 1991.

BUCHMANN, K. u.a.: Terminologie Gerätturnen. Berlin (2) 1985.

CERBURAJEW, W.: Ausbildung koordinativer Fähigkeiten. In: Leistungsturnen im Kindesalter. (Wiss. Symposium Kunstturn-Weltmeisterschaften) Schorndorf 1989.

FARFEL, W.: Bewegungssteuerung im Sport. Berlin (Ost) 1977.

FREY, G./HILDENBRANDT, E: Einführung in die Trainingslehre, Teil 1: Grundlagen. Schorndorf 1994.

dies.: Einführung in die Trainingslehre, Teil 2: Anwendungsfelder. Schorndorf 1995.

FUNKE, J.: Unterricht öffnen – offener unterrichten. In: Sportpädagogik (1991) 2.

GERLING, I.: Bewegungsgestaltung an und mit Geräten: Kreatives Turnen mit Matten. In: Handbuch der Bewegungsgestaltung. Seelze-Velber 1995.

dies.: Kinderturnen, Helfen und Sichern. Aachen 1996.

GIENGER, S.: Rhythmische Sportgymnastik. Reinbek bei Hamburg 1988.

GÖHNER, U.: Mechanische und biomechanische Begriffe, Größen, Gesetze und ihre sportspezifische Anwendung. In: Sportliche Bewegungen beschreiben und beobachten. (Scriptum zur Vorlesung) Tübingen 1992.

ders.: Praxisrelevante Grundlagen der Bewegungslehre und Biomechanik des Sports. (Scriptum zur Vorlesung) Tübingen 1993.

ders.: Einführung in die Bewegungslehre des Sports, Teil 1. Schorndorf 1992.

ders.: Wie lehrt und lernt man Bewegungsbeobachtung? In: Sportunterricht (1990) 8.

GRUPE, O.: Sport in der Schule. Pädagogisch-didaktische Rahmenüberlegungen. In: Sportunterricht (1978) 27.

HÄRTIG, R./BUCHMANN, G.: Gerätturnen. Trainingsmethodik. Berlin 1987.

HASELBACH, B.: Improvisation, Tanz, Bewegung. Stuttgart 1976.
HIRTZ, P.: Koordinative Eignung und Zielsetzung, Variationsreiche Forderung. In: 5. Internationaler Workshop. Dortmund 1989.
ders.: Koordinationstraining gleich Techniktraining? In: Academica (Schriften der Deutschen Vereinigung für Sportwissenschaft) 1995.
HOTZ, A.: Qualitatives Bewegungslernen. Zumikon 1986.
ders.: So wenig wie nötig korrigieren – so oft wie nur möglich variieren. In: Leistungssport (1996) 3.
JANSSEN, J.P.: Gedächtnispsychologische Aspekte der Ansteuerung sportmotorische Techniken. In: Leistungssport (1983) 5.
KAMINSKI, G.: Bewegung – von außen und von innen gesehen. In: Sportwissenschaft (1972) 2.
KASPER, H. u. a.: Laßt die Kinder lernen. Offene Lernsituationen. Braunschweig 1989.
KASSAT, G.: Verborgene Bewegungsstrukturen. Rödinghausen 1995.
KINZEL, W.: Das menschliche Gehirn, der unerreichbare Superrechner. In: Forschung – Mitteilungen DFG (1990) 4.
KNAPP, U.: Schnepper- und Konterschwünge im Gerätturnen. (Wissenschaftliche Zulassungsarbeit) Heidelberg 1987.
KNIRSCH, K.: Fundamentum des Gerätturnens. Kirchentellinsfurt 1996.
ders.: Lehrbuch des Gerät- und Kunstturnens, Band 1 und Band 2. Kirchentellinsfurt (2) 1994.
ders.: Die Schnepper- und Konterbewegungen, Trainingsmethodische Aspekte. In: Trainersymposium (Hrsg.: Schwäbischer Turnerbund) Kirchentellinsfurt 1994.
KNIRSCH, K./LEIRICH, J. u.a.: Unveröffentlichte Manuskripte der Arbeitsgruppe zur Fortschreibung der strukturellen Systematik des Gerätturnens. Halle/Tübingen 1991.
dies.: Unveröffentlichte Manuskripte der Arbeitsgruppe zur Fortschreibung der strukturellen Systematik des Gerätturnens. Tübingen 1993.
KRUG, J.: Positionen zur Weiterentwicklung der Sporttechnik und des sporttechnischen Trainings in den akrobatischen Sportarten. In: Theorie und Praxis des Leistungssports (1986) 3.
ders.: Techniktraining – eine aktuelle Standortbestimmung. In: Leistungssport (1996) 3.
KUHN, W.: Motorisches Gedächtnis. Schorndorf 1984.
LAGING, R.: Stundenblätter Turnen. Bewegungsgelegenheiten zum Erkunden – Lernen – Gestalten 5.–7. Schuljahr. Stuttgart/Dresden 1991.
LANDESSPORTBUND NORDRHEIN-WESTFALEN (Hrsg.): Rahmentrainingsplan weibliches Kunstturnen. Düsseldorf 1992.
LEHMANN, G.: Zum Problem der Interferenz und der Transferenz im motorischen Lernen. In: Wissenschaftliche Zeitschrift (1974).
LEIRICH, J./RIELING, K./HESS, R. u.a.: Zur strukturellen Anordnung der Übungen des Gerätturnens. In: Theorie und Praxis der Körperkultur, 10 Beiträge, von 1967–1969.
ders.: Zur Strukturklasse „Schwingen". Vorlage zur Beratung der Arbeitsgruppe Strukturelle Systematik. Unveröffentl. Manuskript. Halle 1994.
LEIST, K.-H./LOIBL, J.: Wahrnehmung als Grundlage von Bewegung und Bewegungslehre. In: Motorik und Bewegungsforschung. Schorndorf 1983.
MARÉES, de H./MESTERS, J.: Sportphysiologie III (Studienbücher Sport), Frankfurt am Main/ Berlin/München 1984.
MARTIN, D.: Grundlagen der Trainingslehre, Teil II. Schorndorf 1980.
MARTIN, D. (Red.): Handbuch. Vielseitige sportartübergreifende Grundausbildung. Wiebaden 1994.

MARTIN, K./BANTZ, H.: Vielseitigkeitsschulung für Kinder an Geräten. (Schriftenreihe zur Praxis der Leibeserziehung und des Sports, Band 199) Schorndorf 1992.

MEINEL, K./SCHNABEL, G. (Autorenkollektiv): Bewegungslehre – Sportmotorik. Berlin (8) 1987.

MEUSEL, W./WIESNER, R. (Hrsg.): Handbuch der Bewegungsgestaltung. Seelze-Velber 1995.

MEYERHOLZ, U./RIECHLE-ERNST, S.: Einfach lostanzen. Bern 1992.

NÜSKE, F.: Kognitive Aspekte der Bewegungssteuerung bei jüngeren Schulkindern. In: Psychomotorik in Forschung und Praxis, Band 15. Kassel 1993.

POLLÄHNE, H.: Tanzwerkstatt in der Grundschule. In: Haltung und Bewegung (1995) 4.

PROML, R./SEEWALD, J. (Hrsg.): Bewegungen verstehen, Facetten und Perspektiven eine qualitativen Bewegungslehre. Schorndorf 1995.

ROTH, K.: Wie lehrt man schwierige geschlossene Fertigkeiten? In: Methoden im Sporunterricht. (Beiträge zur Lehre und Forschung im Sport Band 96) Schorndorf (2) 1993.

SCHMIDT, D.: Zur Klassifizierung der Übungen des Gerätturnens. In: Wissenschaftliche Zeitschrift DHFK. Leipzig 1979.

ders.: Methodische Grundlagen für die Klassifizierung von Turnelementen. In: Wissenschaftliche Zeitschrift der DHFK. Leipzig 1985.

ders.: Zum gegenwärtigen Entwicklungsstand und zu den Problemen der Weiterentwicklung des Lehrgebietes Theorie und Methodik des Trainings in den technisch-kompositorischen Sportarten. In: Wissenschaftliche Zeitschrift der DHFK. Leipzig 1987.

ders.: Gerätturnen, Anleitung für den Übungsleiter. Berlin (Ost) 1986.

SCHWÄBISCHER TURNERBUND (Hrsg.): Lehrplan Kindersportschule. Allgemeine sportartübergreifende Grundlagenausbildung für Kinder. Stuttgart 1993.

SÖLL, W.: Was hat die Theorie der Praxis zu sagen? In: Sportunterricht (1993) 6.

STARK, G.: Zur weiteren Erschließung des Faktors Sporttechnik und zur Erhöhung der Wirksamkeit des sporttechnischen Trainings in Vorbereitung auf Wettkampfhöhepunkte bis 1988. In: Theorie und Praxis Leistungssport (1986) 39.

ders.: Fundamentalübungen für die sportlich-technische Ausbildung jugendlicher Turner. (Diss. A) Leipzig 1968.

SUCILIN, N.G.: Zeitschrift für Körperkultur und Sport. Moskau 1978.

TREUTLEIN, G./FUNKE, J./SPERLE, N. (Hrsg.): Körpererfahrung im Sport. (ADH – Schriftenreihe des Hochschulsports, Band 13) Aachen (2) 1992.

TROSS, R.: Untersuchungen zur Entwicklung und zum Stellenwert des Grätturnens an Gymnasien in Baden-Württemberg. (Diss.) Heidelberg 1992.

WEBER, R.: Leistungsvorgang für das Lerntraining der Schnepper- und Konterschwünge. In: Trainersymposium 1994 DTB (Hrsg. Schwäbischer Turnerbund) Kirchentellinsfurt 1994.

WIEMANN, K.: Biomechanik des Schwingens – erfahren und interpretieren. In: Sportunterricht (1993) 4.

WIEMEYER, J.: Hic Rhodus, hic salta! Zum Lern- und Anwendungskontext von Bewegungsfertigkeiten. In: Sportunterricht (1993) 5.

ders.: Schau her und mach's mir nach. In: Sportunterricht (1993) 4.

WILLEMCZIK, K.: Biomechanik der Sportarten. Reinbek 1989.

Anmerkungen zur „Gliederpuppe"

Die Gliederpuppe kann, wie auf dem Foto 1 zu sehen und auf den Seiten 20, 33, 59 und 70 erwähnt, im Lernprozeß gute Dienste leisten. Sie erlaubt, als „stehendes Bild" exakte Gelenkwinkel in unterschiedlichen Positionen zu demonstrieren (Foto 2).
Das Modell kann man entweder selbst herstellen oder in größeren Mal- und Zeichenbedarfsgeschäften kaufen.

Foto 1

Foto 2

Sportfachbücher

Lehrbuch des Gerät- und Kunstturnens

Kurt Knirsch
Technik und Methodik in Theorie und Praxis
für Schule und Verein.
Band 1 – Theorieteil, Boden, Pauschenpferd, Ringe, Schraubenbewegungen
376 Seiten, 44 Fotos sowie 98 Reihenbildserien und 539 textergänzende Phasenzeichnungen.
Dieses Standardwerk wird vom Technische Komitee Männer für die Traineraus- und fortbildung empfohlen.
Jedes Element wird zuerst auf einer Doppelseite durch eine Reihenbildserie vorgestellt.

Band 2 – Barren, Reck
380 Seiten, 61 Fotos sowie 91 Reihenbildserien und 503 textergänzende Phasenzeichnungen.
Der Band 2 ist die Fortsetzung des Praxisteils mit den Geräten Barren, Reck. Die Reihenbildserien wurden mit einer 35 mm Filmkamera (Ariflex) bei 30 Aufnahmen pro Sekunde gefilmt.

Für die Reihenbilder in beiden Bänden wurden nicht alle Einzelbilder verwendet. Je nach Bedeutung der einzelnen Bewegungsabschnitte wurden für die Hilfsfunktionsphasen weniger und für die Hauptfunktionsphasen meistens alle Einzelbilder verwendet.
Völlig neu in beiden Bänden ist die darauf aufbauende Bewegungsanalyse mit der Beschreibung der Bewegungstechnik nach Funktionsphasen. Texterläuternde Zeichnungen und exakt beschriebene Lernschrittfolgen sind als methodische Konsequenz aus analytischen und theoretischen Überlegungen eine wesentliche Hilfe zum Erlernen der Turnelemente.

Gerätturnen mit Kindern

Kurt Knirsch
Methodische Turnfibel zur Erarbeitung der Fundamentalbewegungen des Gerätturnens für Jungen und Mädchen
276 Seiten, 44 Fotos, 380 Zeichnungen.
Zu diesem Buch schreibt Ommo Grupe im Vorwort:
„Seit vielen Jahren bemüht sich Kurt Knirsch in seiner praktischen und theoretischen Arbeit im Verein, in Schule und Hochschule, in der Lehrerfortbildung und in nationalen und internationalen Lehrgängen darum, dem Gerätturnen den Platz in der Bewegungs- und Leibeserziehung zu sichern, der ihm aufgrund seiner besonderen Möglichkeiten und Werte zukommt. Er will zweierlei erreichen: einmal das Turnen in seinen vielfältigen körper- und bewegungsbildenden Möglichkeiten, in seiner Koordination, Geschicklichkeit und Kraft fördernden Wirkung für Anfänger und Fortgeschrittene zu erschließen; zum anderen aber auch die besonders Talentierten auf direktem Wege zum Kunstturnen zu führen. Beides ist zunächst eine Frage von Unterricht und Lehren.
So wendet sich dieses Buch in erster Linie an diejenigen, die in Schule und Verein unterrichten und lehren und will ihnen das notwendige Wissen über die Strukturen der Bewegung, ihre Zerlegung in Bewegungsphasen (ohne daß ihre Ganzheit aus dem Blick gerät) vermitteln, um sie besser lehr- und lernbar zu machen.
Nichts von dem, was Kurt Knirsch in diesem Buch beschreibt, ist dabei am grünen Tisch entstanden. Alle methodischen Lehrstufen wurden mit Kindern und Jugendlichen in Schulen und Vereinen erprobt; sie berücksichtigen deren Aufnahme- und altersspezifische Leistungsfähigkeit und verarbeiten das gegenwärtige Wissen über Funktionsphasen, „Fundamentalbewegung" und ihre Einbeziehung in turnmethodische Konzepte.
Für die Weiterentwicklung der Turnmethodik ist das vorliegende Buch eine wertvolle Grundlage."